出土竹書的微觀考古與復原

甲辰冬劉釗題耑

賈連翔 著

中西書局

本書是國家社科基金重大項目“以定縣簡爲代表的極端性狀竹書的整理及其方法研究”（21&ZD306）階段性成果

序

殷先人有典有册，見於《尚書》記載，甲骨文“典”“册”等字構形表現出的典册形制與古書記載、出土墨迹互證，不僅可以確定商代有典有册，而且可以推斷當時通用的主體書寫載體就是竹木的簡。這種材料一直沿用到東晉時期，才被紙取代，在這漫長的歷史時期内，無論是公私文書還是供人閲讀的古書今著，簡册竹書汗牛充棟。隨着紙的普及，簡牘這種相對笨重的載體被廢棄，典册的製作過程與形制也被淡忘，文獻中只留下一些零零碎碎的記載，學者也無意深究。

二十世紀初發現了西北文書簡，王國維先生據以寫出《簡牘檢署考》，結合古書文獻，首發文書簡的形制之覆。文書有時效，一旦過時就被廢棄，偶然留存，偶然發現，與刻意保存供人閲讀的書籍很不相同，《多士》所説的“惟爾知惟殷先人有典有册，殷革夏命”中的“典”與“册”大概不包括那些基層應用的文書。真正的典册古書是什麽樣的？余嘉錫先生没能見到，但他從文獻中探賾索隱，深耕細作，成《古書通例》一書，對“古書”的形制與成書過程進行了深入的探討，用功之深，用思之精，令人驚歎，但未見實物，終歸不够真切。

自二十世紀五十年代開始，楚簡陸續發現，信陽出土的殘簡從詞句上看是“古書”，但無一支完整，無從探討形制。隨着銀雀山漢簡、郭店楚簡、上博楚簡等古書簡册的問世，學者對古書的形制有了新認識。程鵬萬教授根據已公布的材料完成了《簡牘帛書格式研究》，是形制研究的一部力作。

2008年清華簡入藏，這是目前所見數量最大、内容最豐富的一批古書典册，大部分形制完整，可以與歷史上的壁中書、汲冢書媲美。賈連翔博士有機會直接參與原始材料的整理與研究，他不僅有獨特的天賦和專業背景，而且用功之勤也令人感歎，多年來我看他一直在高效率工作！從拍照到各種信息的提取，他一直是主力；從每一篇竹書的形制，到每一個字的結構與書寫過程，都細心觀察，深入研究，《戰國竹書形制及相關問題研究：以清華大學藏戰國竹簡爲中心》就是對竹書實物觀察與研究的成果，目前出版的三部《清華大學藏戰國竹簡文字編》中的每一個字，都利用他所發明的

"基於數字圖像處理的出土簡帛字形圖像的提取方法"精心處理,所以他對每一篇古書的形制與每個字的起筆收筆等書寫過程都能瞭若指掌,養就了對形制與字形高度敏感,作文立説言不虛發的習慣。

如果離開出土文獻的整理,古書形制或許僅僅是一些冷門知識。從事過出土文獻整理工作的學者都知道,文本復原是進一步整理的基礎和前提,而形制又是文本復原的首要條件。清華簡入藏時已經散亂,文本復原的難度不一,公布的第一篇竹書是在《文物》上發表的《保訓》,就是因爲它的形制是獨特的,不會與其他篇目相混,在分篇没有全部完成之前,這些竹簡可以獨立成篇。有些文本的復原難度非常大,對學者提出很高的要求,如果不明形制、不識字、不解文義,不可能完成竹書的綴合編連復原。連翔經過不懈的努力,在形制、釋字、文意解讀等各方面積累了豐富的經驗,取得很多卓越成就。清華簡中有一些長篇殘斷嚴重,在文意不明的情況下依靠文意綴連,幾乎無從下手,可以説這類竹書綴合編連復原完成,基本上大功告成。比如《治邦之道》本來是《治政之道》的一部分,因爲形制特别,前半部分很多簡從中間斷爲兩節,就誤把比較完整的後半部分當作一篇先發表了。前半部分由我執筆整理,難度很大,是連翔運用"最科學的方法"首先完成編連,繼而發現、解決了一系列重大問題。再如《兩中》也是一個長篇,文本復原的難度更大,連翔捕捉更加微小的信息,提出"出土竹書的微觀考古",文本復原中的一些難關也被攻克。

《出土竹書的微觀考古與復原》一書,不僅有竹書形制與文本復原過程中新現象的發現,以及規律總結和理論探索,而且解決了出土古書中的很多問題。可以説這是一部立足最前沿,充分運用新技術,解決實際問題,創新度非常高的研究成果。

江山代有人才出,各領風騷數百年。每一個時代都有每一個時代的學問,祝願連翔在古文字與出土文獻等方面的研究繼續深入和拓展,取得更大的成就!

李守奎

二〇二四年十月二十六日於雙清苑

前　言

這本小册子題目上有“微觀考古”一詞，是前幾年我在一篇小文中提出的方法名稱(《淺談竹書形制現象對文字識讀的影響——以清華簡幾處文字補釋爲例》，《出土文獻》2020 年第 1 期。第一次以之爲題，則是 2021 年 11 月 19 日應邀在武漢大學“青年學者講堂”上所作的講座，題目是“微觀考古視角下的戰國竹書整理與研究”)，目的並不是爲了標新立異，而只是想强調一下考古學的思維和方法在出土竹書復原、整理和研究中的重要性。

出土竹書是古代書籍的早期形態，具有一般書籍的“文本性”和“物質性”雙重屬性，而前者則依附於後者存在。出土竹書的微觀考古，立足於其雙重屬性，通過層位辨别、細節觀察、模擬實驗、數字化手段等，對竹書的物質形態信息進行微觀分析和實證研究，以還原竹書的材料製作、文字抄寫校對、卷册分合形式、藏存形態等，爲竹書的文本復原、内容理解及其涉及的古文字學、歷史學、語言學、哲學等問題，提供新的證據和思路。

以往受到歷史學傳統的影響，學界習慣將這類内容稱爲“簡册制度”“簡牘形制(或形製)”等，已取得了許多成果。如今重審這類研究，既然是以物質形態信息爲中心，則也理應屬於考古學的研究範疇。同時，由於它關注的内容相對細微瑣碎，與我們熟知的宏觀上的“田野考古”等差異明顯，並且與目前已廣泛應用於石器研究的“微痕考古”既有一定相似性，又有較大區别，因此，爲了不致於彼此混淆，我試着提出這一名稱。從稍大一點的範圍看，“微觀考古”並不限於出土竹書研究以及其所從屬的簡帛學研究，比如過去在甲骨文分組分期、甲骨形態學、青銅器銘文鑄刻、斷代等方面所取得的重要成果，其實都是在考古學的思維和方法引導下進行的，在出土文獻研究領域，這種方法可謂由來已久，只是尚缺乏系統的梳理和理論總結。

近年來古代竹書不斷出土，爲古文字學、歷史學、語言學、哲學以及考古學等提供了大量前所未見的研究資料，其重大學術價值早已被相關領域的學者們所公認。由於絶大多數竹書出土時已散亂或殘損，在利用這些資料之前，儘可能恢復其原始面貌，是一切研究的基礎，因此"出土竹書的復原"也勢所必然地成爲一個具有重要現實意義的課題。

在相當長的時間裏，古文字學及相關學科爲出土文獻整理積累了大量成果，爲跨越出土竹書中文字的閱讀障礙提供了堅實保障，使得傳統上以文字内容釋讀爲主的整理方法，通過對簡文内容的理解和邏輯推理，以及部分文本的對讀等，可以成功完成多數竹書的復原。正因這種方法具有廣泛的行之有效性，從一定程度上也阻礙了我們在竹書復原方法上的反思與提升。尤其是當簡文内容殘缺、綴合編連有困難或理解上有爭議時，復原整理也隨之進入僵局，以致後面的研究工作或無法推進，或陷入拉鋸的爭論。在出土竹書的整理研究過程中，有意識地引入考古學的思維和方法，可以獲取更多的信息和證據，不僅能够推動一些傳統上單純依靠對文字内容的考釋和理解所難以解決的復原問題，也可以利用獨特的觀察視角重新審視一些與簡文内容相關的重要疑難問題，或提出新的問題。從既有的經驗看，竹書整理研究中的一些重要疑難問題，往往需要依靠多種研究方法的綜合運用而向前推動，這也是未來研究的必然趨勢之一。

十年前我曾出版過一本以"形制"爲題的小書——《戰國竹書形制及相關問題研究：以清華大學藏戰國竹簡爲中心》（上海：中西書局，2015 年，以下簡稱"《形制》"），討論了一些在清華簡整理過程中對竹書物質形態信息的發現、利用和思考。書稿當時寫得倉促，現在來看，有很多認識的局限，謬誤亦不少。此後的十年，我的工作依然以清華簡整理爲中心，負責全部竹簡的編連綴合等復原工作，同時也旁及一些漢代竹書的整理，如銀雀山漢簡、定縣漢簡等。隨着這些竹書整理工作的推進，也時有一些新發現和認識，其中一部分内容，擬在對《形制》一書的修訂時進行補充和糾正，當然，這項工作最好是在全部清華簡刊布完竣後進行。

這本小册子收録了我這十年間撰寫的學術論文二十二篇，另有兩篇十年前的舊作，出於不同的考慮而收入本書，我在編按中作了説明。它們大多是針對我當時正在參與整理的竹書中所面臨的具體問題而作，所談内容顯得有些雜亂，但總體上都是在"微觀考古"方法的引導下，以竹書的篇、卷爲單位進行個案復原研究，或在復原的基礎上進行引申研究。這些内容可以看作《形制》一書的案例補充，也是出土竹書"微觀考古"的一些實踐探索。在閱讀這些内容時讀者一定會發現，我在竹書復原研究過程中，也有從"形制研究"到"微觀考古"的認識變化，其中以最近撰寫的《清華簡〈兩中〉篇復原研究——出土竹書的微觀考古實踐》（《出土文獻》2024 年第 4 期）一文，最能體現我目前在竹書復原和整理上的總體看法。

"微觀考古"這一名稱的提出或許還不够成熟，但其所投射的研究方向和領域確實已初具形態並有待開拓。這本小册子中的内容受我的學識和能力所限,必有許多不妥、粗疏之處,懇望讀者多予以批評指正。也希望能以此拋磚引玉,使更多的學者重視這種出土文獻的研究路徑,致力於有關的探討。

賈連翔

二〇二四年十月十七日

目　録

出土竹書微觀考古的幾個基本問題

戰國竹書的復原與整理研究

漢代竹書的復原與整理研究

出土竹書微觀考古的幾個基本問題

淺談竹書形制現象對文字識讀的影響

——以清華簡幾處文字補釋爲例

近年來竹書形制問題受到學者們越來越密切的關注，利用書手的字迹風格、簡背劃痕、竹節位置以及編繩契口等基本信息，對竹書進行編連復原，已經逐漸成爲常識，這些内容或可視爲狹義的竹書形制研究。廣義的竹書形制研究的範疇當不僅限於此，應以考古學的視角，全面考察書寫載體呈現出的現象、樣式和規律，以及它們與文字之間的關係，由於關注的問題比較細微、瑣碎，或可稱之爲"微觀考古"。其中關於竹書載體作用於文字所産生的諸多現象，似乎談到的人並不多。筆者不揣淺陋，試從幾個不同的方面，以清華簡中的例子，來説明深入瞭解竹書形制現象對辨識古文字的重要作用，同時也是對以往整理工作中的一些問題進行檢討，希望這類問題能够引起大家更多的關注。

一、污痕、編繩殘痕的影響

竹簡上時常會殘留各種污垢，有的來自於藏存環境，有的來自於竹書本身。編繩殘痕就是竹書散亂後留下的最爲常見的遺迹，這些污痕、殘痕有時會覆蓋在文字墨迹之上，造成筆畫消減的假象。比如《清華大學藏戰國竹簡》(以下簡稱"整理報告")第一輯《尹至》簡2—3有下面一段：

> 民沇(噂)曰："余返(及)女(汝)皆芒(喪)。"隹(惟)烖(災)蠱(虐)悳(極)瘻(暴)軆(瘇)，【簡2】亡籅(典)。[①]

所謂"軆"字，原圖像如圖1-C1。整理者認爲該字從身、童聲，是一個新見字，我們在做《字形表》時對此字形所作處理如圖1-H1。不少學者受到這一誤識的影響，又對

① 清華大學出土文獻研究與保護中心編，李學勤主編：《清華大學藏戰國竹簡(壹)·下册》，上海：中西書局，2010年，第128頁。芒，原讀爲"亡"。

此字構形做了進一步討論。細審圖版，該字左下有編繩殘痕覆蓋（如圖 1－C2 所示）【編按：今補該字紅外圖版，見圖 1－I2】，殘痕邊緣尚有墨迹露出，可據此推斷左下所從爲"心"，所謂近似"千"形的"身"旁，其實是由於"心"被遮擋了一角所致。已有學者指出此字又見於《芮良夫毖》簡 12，應改隸作"憧"，[①]是正確的，其原形當如圖 1－H2。當然，由於該字聲符部分早已正確釋出，並不影響其在文中讀法的討論，句子可改讀爲"隹（惟）烖（災）盧（虐）悳，瘵（暴）憧（動）亡箕（典）"。

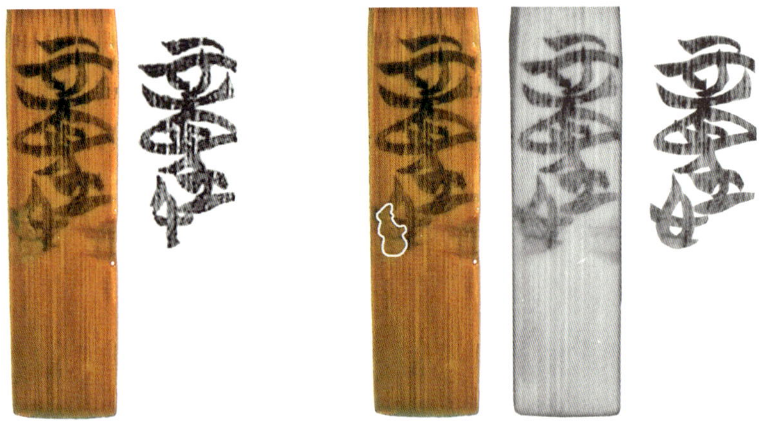

圖 1 《尹至》簡 2 之"憧"字

"憧"是本簡最末一字，契口已進入文字結構内，編痕又對文字筆畫有遮擋，説明該篇應是先寫後編的。這個例子提醒我們，位於或鄰近編痕、契口處的文字，最易受到殘痕的遮擋，在釋字過程中要充分考慮到這些因素的干擾。

二、漫漶墨迹的影響

與鑄造、鐫刻等相對堅固的成型方式不同，竹簡上的文字是靠墨汁原有的附著力，干固於竹材之上的。時間久了，墨迹的脱落在所難免，因此殘損字、漫漶字在竹簡中比比皆是。有些時候漫漶的部分十分不巧，會使研究者忽略文字的整體構造。比如整理報告第三輯《周公之琴舞》簡 10—11 有下面一段：

> 六攼（啟）曰：亓（其）畬（余）沓（沖）人，備（服）才（在）清寃（廟），隹（惟）克少（小）心，命不巳（夷）箸（歇），㙯（對）【簡10】天之不易。[②]

① 明珍（網名）：《〈清華簡・尹至〉釋字一則》，簡帛網論壇，2014 年 4 月 11 日，http://www.bsm.org.cn/forum/forum.php?mod=viewthread&tid=3175&extra=page%3D14。

② 清華大學出土文獻研究與保護中心編，李學勤主編：《清華大學藏戰國竹簡（叁）・下册》，上海：中西書局，2012 年，第 133 頁。

材料公布後已有不少學者指出，所謂“𡰥”字，原釋文遺漏了部分筆畫，應與“彝”字相關。[①] 後來我們又對該字作了紅外綫圖像采集，如圖 2 所示：

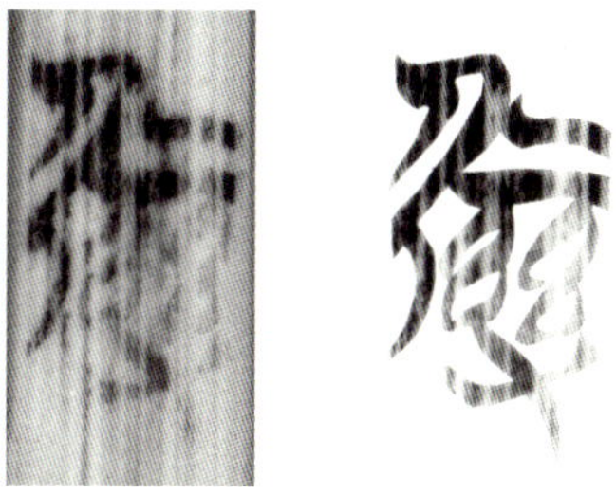

圖 2 《周公之琴舞》簡 2 之“屖”字

此字形體包括𡰥、丝、又三個部分，丝、又在楚文字中可視作“彝”的特徵部件，如清華簡《皇門》簡 7 的“彝”就寫作“”，故此字可分析爲從𡰥、彝省，隸作“屖”。無語（網名）、陳劍先生都曾討論過“屖”所從“𡰥”的來源問題，𡰥與彝同屬喻母脂部，無論來源如何，在此已兼有表聲功能了，因此“屖”可視作一個雙聲字。過去的釋讀雖然遺漏了“彝”的部分，却恰巧釋出了“𡰥”，對於文字辨識而言是一個失誤，但在文本釋讀上也算歪打正著。

三、竹材滲墨的影響

與筆畫消滅的情況相反，受到竹材特性的影響，文字墨迹在書寫過程中會產生筆畫衍增的假象，“滲墨”現象就是其中最典型的一類。我們過去曾揭示，在竹簡上書寫，有時墨迹會順着竹材的縱向纖維滲透，[②]滲出比較多的墨迹，每每會被誤辨爲竪畫或相類的筆畫。比如整理報告第八輯《治邦之道》簡 1 有這樣一句内容：

<u>𠔀（凡）皮（彼）刿（削）坓（邦）臧（戕）君</u>，以返（及）𢦏（滅）由虛丘，【簡1】……[③]

句中所謂“臧”字見圖 3。

---

① 參看黄傑：《再讀清華簡（叁）〈周公之琴舞〉筆記》，簡帛網，2013 年 1 月 14 日，http://www.bsm.org.cn/show_article.php?id=1809；無語：《釋〈周公之琴舞〉中的“彝”字》，簡帛網，2013 年 1 月 16 日，http://www.bsm.org.cn/show_article.php?id=1813；陳劍：《清華簡與〈尚書〉字詞合證零札》，《出土文獻與中國古代文明：李學勤先生八十壽誕紀念論文集》，上海：中西書局，2016 年，第 211—220 頁。

② 賈連翔：《清華簡九篇書法現象研究》，《書法叢刊》2011 年第 4 期。

③ 清華大學出土文獻研究與保護中心編，李學勤主編：《清華大學藏戰國竹簡（捌）·下册》，上海：中西書局，2018 年，第 136 頁。在《清華大學藏戰國竹簡（玖）》中，本篇已與《治政之道》合爲一篇，參看清華大學出土文獻研究與保護中心編，黄德寬主編：《清華大學藏戰國竹簡（玖）》，上海：中西書局，2019 年，第 109—136 頁；賈連翔：《從〈治邦之道〉〈治政之道〉看戰國竹書“同篇異制”現象》，《清華大學學報（哲學社會科學版）》2020 年第 1 期。

圖 3 《治邦之道》簡 1 之“疨”字

該字右側筆畫受滲墨的影響，構件頗不易識。整理者據其整體形態，釋爲“減”，於字形並不契合。排除右側縱向滲墨的干擾，此字當分析爲從疒從勺，隸作“疨”。[①]【編按：此字曾見於上博簡《競公瘧》簡 10。】勺當是此字的聲符，屬禪母藥部，疒可理解爲意符，字可讀爲日母藥部之“弱”，與前文之“削”義同。“疨”很可能是“弱”的一個形聲異體字。此前造成誤釋的很大原因在於，將中間一豎道滲連的墨迹也當作筆畫來考慮了。

四、竹材裂痕的影響

竹簡上偶爾也會看到一些裂痕，有的是由於乾燥收縮所致，有的則是竹材天然的罅隙。在對竹簡進行圖像采集時，受光綫照射角度的影響，這些地方往往是一道暗縫，顏色很深，有時也會與墨迹相混。比如《治邦之道》簡 17—18：

> 古（故）興善人，必筥（熟）餌（聞）亓（其）行，女（焉）雚（觀）亓（其）貇（貌），女（焉）聖（聽）亓（其）訇（辭）。既餌（聞）亓（其）訇（辭），女（焉）少（小）穀（穀）亓（其）事，以粄（程）亓（其）攻（功）。女（如）可，以差（佐）身相豪（家）。【簡17】上女（如）以此巨（矩）■雚（觀）女（焉），則可以智（知）之。[②]

“■”被整理者列爲不識字，其原形見圖 4：

圖 4 《治邦之道》簡 18 之“征”字

① 楊蒙生先生亦有此看法，參看其《讀清華簡第八輯〈治邦之道〉叢劄》，待刊稿。【編按：此文已發表在《中國文字研究》2020 年第 1 期。】

② 清華大學出土文獻研究與保護中心編，李學勤主編：《清華大學藏戰國竹簡（捌）·下册》，第 137 頁。筥餌，原讀爲“熟問”。我們在“則可以智（知）之”後結句，與原文不同。

此字所處的位置背面爲竹節，故正面形成了一條開裂的中縫。中縫的上端與一個短小的豎畫相連，造成了一條長豎畫的假象。如果排除這道裂痕的干擾，再與同篇類似的筆畫、部件進行比較(參看表 1)，就會發現此字其實從彳從正，即"征"字。簡文前面講如何求賢任賢，對賢才加以考量，而後講用"此矩"對其進行"征(徵)觀"，即徵召審察，前後呼應。

表 1 《治邦之道》"征"字與同篇構件相近文字比照

征	正		是	從	让	逐

處理字形	簡 7	簡 8	簡 2	簡 9	簡 12	簡 21

五、繕寫空間的影響

竹簡窄長的形態特點，對整個漢字構形的發展都産生了深遠的影響。在繕寫過程中，受空間侷促的限制，鄰近竹簡邊緣的筆畫或部件，往往最易發生形變甚至筆畫的丢失。而在文字辨識的過程中，這也是容易造成誤識的内容。比如整理報告第三輯《芮良夫毖》簡 5—6：

> 卑(譬)之若【簡5】童(重)載以行隋(崤)險，莫之敉(扶)道(導)，亓(其)由不遉(顛)丅(傾)。①

諸家對句中所謂"道"字的釋讀似並無異議，其原圖見圖 5。細審字形，除去"辵"的部分並非"首"，而與楚文字中增加飾筆的"且"旁相合，比如與本篇屬同一書手的《祭公》中的"且"就寫作""，②又《迺命二》中從且的"祖"字也寫作""。故此字當釋爲"迌"。【編按：趙思木先生曾將這類有飾筆的形體釋爲"俎"，應是正確的，故此字當隸作"逧"。】《説文》："迌，往也。"或體作"徂"。"莫之敉(扶)迌"句意爲如果没有輔助就去前往。③

① 清華大學出土文獻研究與保護中心編，李學勤主編：《清華大學藏戰國竹簡(叁)·下册》，第 145 頁。遉，原整理者釋作"邋"，讀爲"攝"，此從郭永秉先生意見改釋爲"遉"，讀爲"顛"，參看其《釋清華簡中倒山形的"覆"字》，《古文字與古文獻論集續編》，上海：上海古籍出版社，2015 年，第 262—272 頁。有關"丅"字的討論，詳見下節。

② 參看李松儒：《再論〈祭公〉與〈尹至〉等篇的字迹》，復旦大學出土文獻與古文字研究中心編：《戰國文字研究的回顧與展望》，上海：中西書局，2017 年，第 252—260 頁。

③ "扶"與"迌"是兩個不同的動詞，按語義當點斷，考慮到此段整體的句式應當在"其由"前點斷，故這裏作一個短句處理，參看蔡偉：《讀新見的出土文獻資料札記二則》，復旦大學出土文獻與古文字研究中心網，2012 年 12 月 24 日，http://www.gwz.fudan.edu.cn/Web/Show/1982。

圖 5 《芮良夫毖》簡 6 之“退”字

我們知道竹簡的編連和繕寫可分爲兩種情況：一種是先寫後編，一種是先編後寫。對於先編後寫的竹簡，除了會出現文字避讓編繩、契口的情況外，偶爾也會在相鄰的兩簡上出現筆畫溢出的情況。比如整理報告第三輯《良臣》簡 10 中出現的“肥中(仲)”之“肥”，形體就頗爲奇怪(見圖 6)，給人以左側所從之“肉”上有兩點飾筆的印象。其實，如果將簡 10 的左側與簡 11 的右側拼合在一起就會發現，“肥”字左上的所謂“飾筆”是右側“楚恭王”之“王”上兩個横畫的尾筆，與此同時，“王”下的斷讀符號也溢出到了簡 10 的左側。

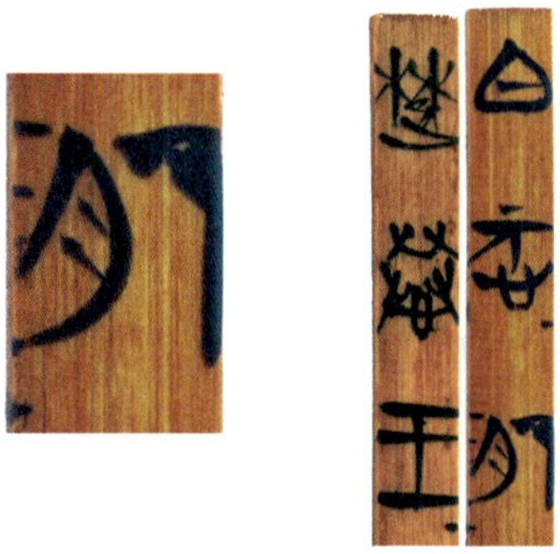

圖 6 《良臣》簡 10 之“肥”字

除了竹簡兩邊的筆畫、部件外，在筆畫圍合空間中的筆畫、部件，由於書寫空間更爲狹促，往往也容易被誤識。如整理報告第五輯《封許之命》簡 2—3：

> 則隹(惟)女(汝)吕丁，庫(肈)槖(右)玟(文王)，謐(毖)光氒(厥)剌(烈)，【簡2】□司明型(刑)，耋(鳌)氒(厥)猷，鬻(祗)事帝(上帝)。①

所謂“槖”字原形見圖 7。整理者推測此字：“疑從又聲，讀爲‘右’，《左傳》襄公十年杜注：‘助也。’”②

① 清華大學出土文獻研究與保護中心編，李學勤主編：《清華大學藏戰國竹簡(伍)·下册》，上海：中西書局，2015 年，第 118 頁。

② 清華大學出土文獻研究與保護中心編，李學勤主編：《清華大學藏戰國竹簡(伍)·下册》，第 119 頁。

圖 7 《封許之命》簡 2 之“槼”字

不少學者已對此字的形體辨識提出質疑，或認爲此字中間從又從丁，即“叚”之異體，然順此思路，該字在句中的讀法仍難以落實。[①] 仔細分析中間部件筆畫的起承轉折，我們認爲這個部件當釋爲“叏”，即“規”字。[②] 只是由於受到書寫空間的影響，“ㄱ”這一筆畫與“又”貼得過近，因此特徵變得不明顯了。“叏”是此字的聲符，其外所從的部分，蓋爲代表圓形的“○”與圓規的“×”的合體，而後類化爲“槼”形，可視作意符。字可隸作“槼”，視作“規”的異體。[③] “槼（規）”在簡文中用作動詞，訓爲規勸、矯正。《左傳》襄公十一年：“《書》曰：‘居安思危。’思則有備，有備無患，敢以此規。”杜注：“規，正公。”[④]“規”前的“肇”字也有類似的詞義，如《國語·齊語》“竱本肇末”，韋注：“肇，正也。”[⑤]“肇”“規”這裏屬同義並用，義指矯正、勸誡文王。

六、筆畫書寫方向的影響

與繕寫相關的還可舉出一類特殊情況，就是我們過去在討論竹簡文字的基本筆畫和書寫順序時曾指出的“逆向筆畫”（或可稱爲“逆向書寫”）。這種筆畫是書手通過將竹簡倒置而書寫完成的，屬於非常規的行爲，書手采用這種方式往往是爲了專門强調該字或部件具有“顛倒”一類的含義，比如竹書中的“弃”字，其上所从的倒“子”形就常常用逆向筆畫書寫。[⑥]

無獨有偶，清華簡中有一個倒“山”形的字（本文以“㠪”表示）引起不少學者關注，所涉及的簡文除上節所引《芮良夫毖》簡 5—6 的内容外，還有這樣幾條：

① 相關討論情況可參看黄凌倩：《清華伍〈厚父〉、〈封許之命〉集釋》，碩士學位論文，安徽大學，2016 年，第 65—67 頁。

② 有關“規”字的考釋參看李守奎：《釋楚簡中的“規”——兼説“支”亦“規”之表意初文》，《復旦學報（社會科學版）》2016 年第 3 期，後收入其《漢字學論稿》，北京：人民美術出版社，2016 年，第 58 頁。

③ 從畫像磚等資料上記録的圓規造型看，其“×”端上有鉤，正可與“槼”上部的形體相呼應。

④ ［清］阮元校刻：《十三經注疏（清嘉慶刊本）·春秋左傳正義》，北京：中華書局，2009 年，第 4235 頁。

⑤ 徐元誥：《國語集解》，北京：中華書局，2002 年，第 218 頁。

⑥ 參看賈連翔：《談清華簡文字的基本筆畫及其書寫順序》，《出土文獻研究》第 13 輯，上海：中西書局，2014 年，第 77—89 頁。

亓(其)一白兔不旻(得),是訇(始)爲埤丅者(諸)麈,以戠(御)白兔。(《赤鴼之集湯之屋》簡 14—15)①

見丅嚳(數),乃亦旻(得)。(《筮法・得》簡 11—12)②

肩(厭)非坪(平),亞(惡)非槑。(《殷高宗問於三壽》簡 7)③

這些"丅"字形體見圖 8。學者們已指出此字過去還見於璽印,根據新見文例,大家進一步形成了四種主要釋讀意見,可分别概括爲釋"丁"説、④釋"覆"説、⑤釋"亭"説、⑥釋"傾"説。⑦

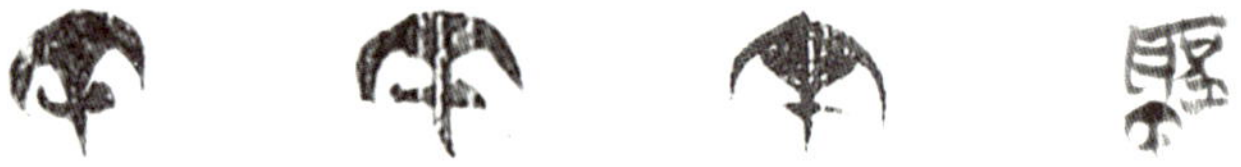

《芮良夫毖》　　《赤鴼》　　《筮法》　　《三壽》

圖 8　清華簡新見一組倒山形字

"丁"一般認爲是象形字,按傳統説法爲"釘"之初文。然而這組字的形體與"丁"的區别很大,比如兩側下垂的筆畫十分突出,且中間的竪畫上都有一個横畫的飾筆,這都是各個時期的"丁"字所不具備的特點。因此釋"丁"説從字形上就難以成立。《説文》:"亭有樓,从高省,丁聲。"趙平安先生舉出一組戰國文字中的"亭",其下部所從與圖 8 相類,據之認爲此字爲另一系"亭"的寫法。然而,除了一些時代略晚的形體下部明顯從"丁"外,很多用爲"亭"的字從形體上與"京"字並無明確分别,趙文所舉字例下部所從的部分,究竟應當視爲高臺建築物的三個柱足之形,還是"丁"聲,或者是

---

① 清華大學出土文獻研究與保護中心編,李學勤主編:《清華大學藏戰國竹簡(叁)・下册》,第 167 頁。

② 清華大學出土文獻研究與保護中心編,李學勤主編:《清華大學藏戰國竹簡(肆)・下册》,上海:中西書局,2013 年,第 83 頁。

③ 清華大學出土文獻研究與保護中心編,李學勤主編:《清華大學藏戰國竹簡(伍)・下册》,第 150 頁。

④ 這個意見由李守奎先生提出,見李學勤先生《關於清華簡中的"丁"字》(收入《初識清華簡》,上海:中西書局,2013 年,第 186—187 頁)一文所引,李學勤、趙平安先生(《"京""亭"考辨》,《復旦學報(社會科學版)》2013 年第 4 期)以及清華簡整理報告均主此説。

⑤ 這個意見由郭永秉先生提出,見其《釋清華簡中倒山形的"覆"字》,《古文字與古文獻論集續編》,第 262—272 頁。侯乃峰(《清華簡(三)所見"倒山形"之字構形臆説》,簡帛網,2013 年 1 月 14 日,http://www.bsm.org.cn/show_article.php?id=1811)、白於藍先生(《〈清華大學藏戰國竹簡(三)〉拾遺》,《中國文字研究》2014 年第 2 期,又載《漢語言文字研究》第 1 輯,上海:上海古籍出版社,2015 年,第 142—148 頁)支持此説。

⑥ 趙平安先生先從釋"丁"説,後提出釋"亭"説,見其《再論所謂倒山形的字及其用法》,《深圳大學學報(人文社會科學版)》2014 年第 2 期。

⑦ 這個意見由裘錫圭先生提出,見郭永秉《釋清華簡中倒山形的"覆"字》一文所引。張崇禮先生(《清華簡〈芮良夫毖〉考釋》,復旦大學出土文獻與古文字研究中心網,2016 年 2 月 4 日,http://www.gwz.fudan.edu.cn/Web/Show/2740)、李松儒女士(《清華簡五字迹研究》,《簡帛》第 13 輯,上海:上海古籍出版社,2016 年,第 87 頁)支持此説。

“亭”的初文，已有學者對此做了很詳細的分析，目前來看是第一種情況的可能性更大，[①]故此字釋“亭”亦不理想。尤其值得注意的是，除《筮法》以外的三個形體，都采用“逆向筆畫”書寫。這三篇的字迹特徵一致，應屬同一書手，[②]從他對這個字形書寫的表達來看，“丅”當理解爲倒“山”之形，應是一個會意字，因此在“傾覆”一類的字義上考慮是更合理的。

“丅”究竟應釋“傾”還是“覆”？郭永秉先生《釋清華簡中倒山形的“覆”字》一文有詳細論證，可供參看。文中認爲在《芮良夫毖》中，此字與“復、窖、道”爲幽、覺合韻，以此作爲釋“覆”説的積極證據。上節已揭，其中“道”字的釋讀本是錯誤的，因此這種韻脚的總結恐怕也不能成立。綜合現有材料來看，將此字歸入耕部，釋爲“傾”更佳。

七、底本傳抄的影響

複製底本是竹書流傳的一種主要方式，在録抄副本的過程中，除了載體性狀的影響外，書手本人對文字的影響更爲巨大，大量脱衍錯訛等都是在這個過程中形成的，近年發表了多篇可與今本對勘，或有不同抄本的竹書，爲我們提供大量的實例。其中比較特別是清華簡《鄭文公問太伯》甲、乙本，這是迄今僅見的同一書手謄寫同一文獻的兩個不同抄本，因此這兩個本子具有自然的“共時性”特點。將二者進行對比不難發現，多數異文都屬於用字上的差異，反映了它們的底本來源很不相同。當然，其中也不乏抄寫訛誤的内容，整理者已在注釋中指出了不少。[③] 這裏要補充的是一處有明顯歧義的異文。甲本簡 7—8 文作：

> 枼(世)及虐(吾)先【簡7】君臧(莊)公，乃東伐齊勸之戎爲敓(徹)，北鹹(城)郞(温)、原，徲(遺)郐(陰)、樞(鄂)宋(次)，東啟遺(隤)、樂，虐(吾)逃(逐)王於鄗(葛)。[④]

“東伐齊勸之戎”之“伐”，在甲、乙本中對應的字形見圖 9。甲本的“伐”乙本對應的實

---

① 關於“京”“亭”以及“亳”這組字的討論，可參看曹方向：《清華簡〈繫年〉及郭店簡中的“京”字》，簡帛網，2012 年 1 月 2 日，http://www.bsm.org.cn/show_article.php?id=1615；吴振武：《談齊“左掌客亭”璽印——從構形上解釋戰國文字舊釋爲“亳”的字應是“亭”字》，《社會科學戰綫》2012 年第 12 期；趙平安：《“京”“亭”考辨》，《復旦大學學報(哲學社會科學版)》2013 年第 4 期；郭永秉：《“京”“亭”“亳”獻疑》，《出土文獻》第 5 輯，上海：中西書局，2014 年，第 148—162 頁。

② 參看賈連翔：《戰國竹書形制及相關問題研究：以清華大學藏戰國竹簡爲中心》，上海：中西書局，2015 年，第 167—168 頁；李松儒：《清華簡五字迹研究》，《簡帛》第 13 輯。

③ 參看清華大學出土文獻研究與保護中心編，李學勤主編：《清華大學藏戰國竹簡(陸)·下册》，上海：中西書局，2016 年，第 125—126 頁。

④ 清華大學出土文獻研究與保護中心編，李學勤主編：《清華大學藏戰國竹簡(陸)·下册》，第 119 頁。

是“戍”字。二字形體有相近之處，又屬簡單的常見字，受甲本的影響，乙本的異文在文字識讀時就被大家忽略掉了。

甲本簡 8

乙本簡 7

圖 9 《鄭文公問太伯》甲、乙本中的“伐”與“戍”

“伐”與“戍”的詞義正相反，前者表進攻，後者指防禦，必有一誤。整理者推測“齊蘄之戎”指“北戎”：“《左傳》隱公九年（鄭莊公三十年）：‘北戎侵鄭，鄭伯禦之……大敗戎師’；桓公六年（鄭莊公三十八年）：‘北戎伐齊，齊使乞師於鄭。鄭大子忽帥師救齊。六月，大敗戎師，獲其二帥大良、少良，甲首三百，以獻於齊。’”①若從隱公九年的材料看，似用“戍”字比較貼切，若以桓公六年的材料爲據，蓋“伐”字較勝，因此，目前還無法判斷哪個是正字。

以上七個方面概括得未必妥當，所舉之例也並不周全，有些内容雖在文字考釋中也屬常識，但鮮少有人將其與竹書形制研究相聯繫。竹書上的文字，以竹簡爲書寫載體，以書籍爲使用形式，必然受到相關形制的制約和傳用過程的影響。在對文字進行辨識、考釋的過程中，若能充分考慮到這些内容，無疑也會提高我們識讀文字的準確性。

【編按：本文曾提交 2019 年 12 月 7—8 日中心舉辦的“李學勤先生學術成就與學術思想國際研討會”，因辦會原因並未宣講，會議論文稿得到了李松儒女士的指正；後刊發於《出土文獻》2020 年第 1 期，第 82—90 頁；又收入上述李先生紀念會論文集《半部學術史，一位李先生》，北京：清華大學出版社，2021 年，第 654—663 頁。因文中首次嘗試使用“微觀考古”一詞，故排在本書之首。】

① 清華大學出土文獻研究與保護中心編，李學勤主編：《清華大學藏戰國竹簡（陸）·下册》，第 122 頁。

試借助數字建模方法分析清華大學藏戰國竹簡簡背劃痕現象

2008 年秋，清華大學經校友捐贈入藏了一批戰國竹簡，總數約 2500 枚，相關整理研究工作正在緊張而順利地進行。其整理報告《清華大學藏戰國竹簡》的第三輯剛剛出版，加上之前業已出版的第一、二輯，内容上共有竹書 18 篇，竹簡共計 344 支。[①] 在上述整理報告中，整理小組首創性地公布了全部竹簡的背面圖版，使我們看到了竹簡背面的編號、篇題以及竹節、劃痕現象等重要信息。尤其是劃痕現象的發現，引起了學者們的廣泛關注，也使我們對簡册的編連以及竹簡的製作工藝有了新的認識，與此同時有關劃痕如何産生這一基本問題尚待澄清。本文試圖借助數字 3D 建模手段，以模擬實驗的方式分析竹簡簡背劃痕現象，其間必有不妥，敬希指正。

一、簡背劃痕現象的分組觀察

首先，對清華簡已發表的 18 篇竹書所使用的 344 支竹簡，按照兩個基本原則分别進行分組。原則一：簡背竹節位置、形態相同，分組情況詳見表 1。

表 1 [②]

分組	簡　序　號	簡數(支)
組 1	尹至 1 至尹至 3、赤鵠 1 至赤鵠 15	18
組 2	尹至 4、尹至 5、尹誥 1 至尹誥 4	6

① 清華大學出土文獻研究與保護中心編，李學勤主編：《清華大學藏戰國竹簡(壹)》，上海：中西書局，2010 年；清華大學出土文獻研究與保護中心編，李學勤主編：《清華大學藏戰國竹簡(貳)》，上海：中西書局，2011 年；清華大學出土文獻研究與保護中心編，李學勤主編：《清華大學藏戰國竹簡(叁)》，上海：中西書局，2012 年。

② 組 4、組 35 簡背均無竹節，我們按照其尺寸形制的相同進行分組。

續　表

分組	簡　序　號	簡數(支)
組 3	程寤 1 至程寤 9	9
組 4	保訓 1 至保訓 11	11
組 5	耆夜 1 至耆夜 4	4
組 6	耆夜 5 至耆夜 8	4
組 7	耆夜 9、耆夜 10	2
組 8	耆夜 11 至耆夜 14	4
組 9	金縢 1 至金縢 14	14
組 10	皇門 1 至皇門 9	9
組 11	皇門 10 至皇門 13	4
組 12	祭公 1 至祭公 11	11
組 13	祭公 12 至祭公 21	10
組 14	楚居 1 至楚居 14	14
組 15	楚居 15、楚居 16	2
組 16	繫年 1 至繫年 25	25
組 17	繫年 26 至繫年 44	19
組 18	繫年 45 至繫年 69	25
組 19	繫年 70 至繫年 95	26
組 20	繫年 96 至繫年 120	25
組 21	繫年 121 至繫年 134	14
組 22	繫年 135 至繫年 138	4
組 23	説命上 1 至説命上 5	5
組 24	説命上 6	1
組 25	説命上 7	1
組 26	説命中 1、説命中 3	2
組 27	説命中 2、説命中 4 至説命中 7	5
組 28	説命下 2 至説命下 7	6

續 表

分組	簡 序 號	簡數(支)
組 29	説命下 8 至説命下 10	3
組 30	琴舞 1 至琴舞 14	14
組 31	琴舞 15 至琴舞 17	3
組 32	芮良夫 1 至芮良夫 22	22
組 33	芮良夫 23 至芮良夫 26	4
組 34	芮良夫 27、芮良夫 28	2
組 35	良臣 1 至良臣 11、祝辭 1 至祝辭 5	16

原則二：簡背具有劃痕且劃痕的位置、形態可以貫連。分組情況詳見表 2。

表 2

分組	簡 序 號	簡數(支)
組 1	尹至 1 至 3、赤鵠 1 至赤鵠 15	18
組 2	尹至 4、尹至 5、尹誥 1 至尹誥 4	6
組 3	程寤 1 至程寤 9	9
組 4	保訓 4、保訓 10	2
組 5	保訓 7、保訓 11	2
組 6	耆夜 1 至耆夜 4	4
組 7	耆夜 11 至耆夜 13	3
組 8	金縢 1 至金縢 14	14
組 9	皇門 1 至皇門 9	9
組 10	皇門 10 至皇門 13	4
組 11	祭公 12 至祭公 14、祭公 16 至祭公 21	9
組 12	祭公 15	1
組 13	楚居 2 至楚居 9、楚居 12	9
組 14	繫年 1 至繫年 25	25
組 15	繫年 26 至繫年 44	19

續 表

分組	簡 序 號	簡數(支)
組 16	繫年 45 至繫年 69	25
組 17	繫年 70 至繫年 95	26
組 18	繫年 96 至繫年 120	25
組 19	繫年 121 至繫年 134	14
組 20	繫年 135 至繫年 138	4
組 21	説命上 1 至説命上 5	5
組 22	説命中 1、説命中 3	2
組 23	良臣 1 至良臣 11、祝辭 1 至祝辭 5	16

這裏需要説明的是,爲了能够更清楚地瞭解簡背劃痕産生的具體時間段,我們暫時不考慮竹書抄寫的步驟,這樣就可以粗略地將簡册的成型分爲三個階段,即一、將整根竹材切割成爲規定長度的竹筒,二、將竹筒切分成若干支規定寬度的竹簡,三、將竹簡逐支編連形成簡册。這三個階段也可以簡要地稱爲竹筒形態、竹簡形態和簡册形態。按照這樣的劃分,上述表格可以提供三個重要信息:

(1) 如果簡背竹節位置和形態相同的竹簡可以認爲是取材自同一段竹筒的話,表 1 劃分的 35 個組所反映的情況是,用於編連 18 篇竹書的 344 支竹簡取材於 35 段不同的竹筒。與此同時還可看出,取材於同一段竹筒的竹簡往往被用於編連同一篇竹書。①

(2) 由表 2 的情況可以得知,344 支竹簡中有 251 支簡背有劃痕現象,約占總數的 73%,説明這種現象在清華簡中普遍存在。

(3) 由表 1 與表 2 的比對可以發現,同一組劃痕的竹簡具有相同的竹節位置和形態,這就更進一步地説明,劃痕現象與竹筒形態有直接的對應關係。

① 【編按:《形制》書中補充説道:“也有同一段竹筒用於兩篇竹書的情況,如清華簡第五輯中公布的《湯處於湯丘》全篇使用了兩種不同形制的竹簡,簡 1 至簡 17 爲第一組,簡 18、19 爲第二組,《湯在啻門》也使用了兩種竹簡,簡 1 至簡 20 爲第一組,簡 21 别爲一組,從竹簡長度、寬度以及簡背竹節位置和形狀來看,《湯在啻門》簡 21 與《湯處於湯丘》第一組的 17 支簡應同屬一段‘竹筒’。參見清華大學出土文獻讀書會:《清華簡第五册整理報告補正》,清華大學出土文獻研究與保護中心網,2015 年 4 月 8 日,http://www.tsinghua.edu.cn/publish/cetrp/6831/2015/20150408112711717568509/20150 408112711717568509_.html。”現在看來,正文中的“同一篇竹書”改作“同一卷(或册)竹書”更允當。】

二、簡背劃痕現象的分類分析

接下來,對所有具有劃痕現象的23組竹簡分類進行形態特徵分析。

在分析過程中,我們依次完成四步工作:(1)對上述251支竹簡簡背圖像進行數字處理,對有明顯貫連關係的"有意刻劃"劃痕按照其原始位置和形態進行更加清晰的標示。[①]（2）打散原來的整理排序,按照劃痕的位置和形態關係重新排序。(3)對於劃痕形態存在聯繫但却没有直接貫連的幾組竹簡,筆者按照該組竹簡的形制通過數字建模手段製作了深灰色的"模擬簡",然後將其逐支補入到劃痕無法直接貫連的竹簡之間,再補刻劃痕,使該組竹簡劃痕能貫連一致。(4)在前三步工作的基礎上對24組劃痕的總體特點進行總結,並按劃痕數量將其分爲A、B兩大類型,每一類型又按照刻劃方向分爲Ⅰ、Ⅱ兩式。具體情況如下:

A型,具有一道劃痕,或者具有可以首尾貫連的兩道劃痕。[②]

AⅠ式:斜綫劃痕方向爲由左上至右下。包括:

組1:尹至1至尹至3、赤鵠1至赤鵠15。[③] 此組有一道劃痕,位於簡背上部迫近竹節處。尤其值得注意的是尹至3的劃痕有被切削竹節所破壞的現象,參看圖1。

組2:尹至4、尹至5、尹誥1至尹誥4。此組有一道劃痕,位於簡背上部。假如在尹至4與尹至5之間補入1支模擬簡,尹誥3與尹誥4之間補入2支模擬簡後,則劃痕可以貫連一致,參看圖2。

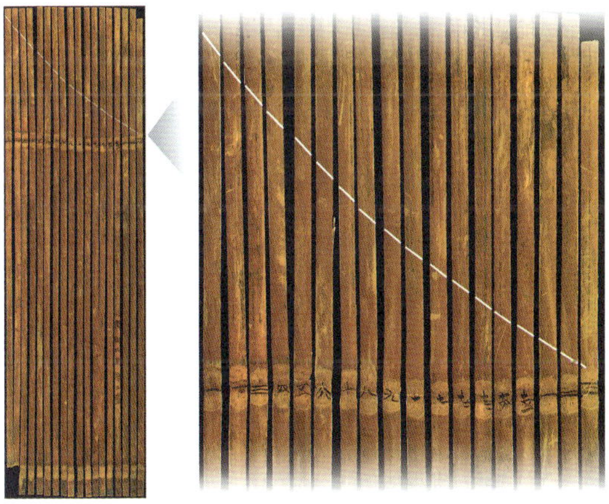

圖1

圖2

① 通過對高清圖版的分析,我們發現簡背劃痕可分爲"有意刻劃"和"非有意刻劃"兩類,其中"非有意刻劃"的劃痕推測是在使用中的磨損,在此從略處理;部分"有意刻劃"的劃痕或因污垢覆蓋,或因使用磨損,又或因拍照效果的影響而顯得漫漶不清,也需要經過仔細地分辨然後再加以標示。

② 後者實際是一道劃痕被分爲兩段,這點將在後文得到證明,故在此同列爲A型。

③ 圖版中的竹簡按照此順序從左至右排列,圖中包括劃痕的整體面貌及局部放大效果,下文情況相同,不再贅述。

組 3：程寤 1 至程寤 9。此組有一道劃痕，位於簡背上部。假如在程寤 3 與程寤 4 之間補入 1 支模擬簡後，則劃痕可以貫連一致，參看圖 3。

組 4：保訓 4、保訓 10。此組兩支竹簡形制相同，有一道劃痕，位於簡背中下部，可以貫連，參看圖 4。

圖 3

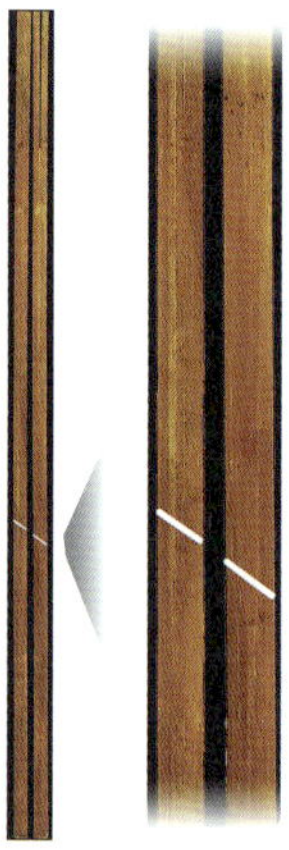

圖 4

組 5：保訓 11、保訓 7。此組兩支竹簡形制相同，有一道劃痕，位於簡背上部，可以貫連，參看圖 5。

組 6：耆夜 1 至耆夜 4。此組有一道劃痕，位於簡背上部。假如在耆夜 2 與耆夜 3 之間補入 2 支模擬簡後，則劃痕可以貫連一致，參看圖 6。

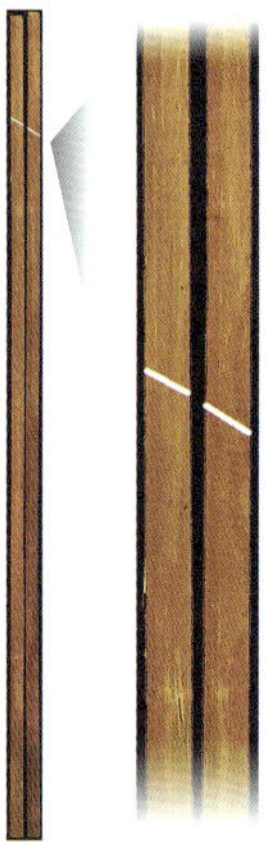

圖 5

圖 6

組 8：金縢 1 至金縢 14。此組有兩道劃痕，位於簡背上部。假如在金縢 5 與金縢 6 之間補入 1 支模擬簡後，則位於上方的第一道劃痕可以貫連一致。第二道劃痕僅存在於金縢 1＋金縢 2＋金縢 3 上，參考組 17、18 的特徵，假如在金縢 14 右側補入約 4 支模擬簡，則第一道劃痕結尾處可以與第二道劃痕起始處相銜接，且貫連一致，參看圖 8。

圖 8

組 10：皇門 10 至皇門 13。此組有一道劃痕，位於簡背下部。在皇門 10 與皇門 11 之間補入 1 支模擬簡，皇門 11 與皇門 12 之間補入 3 支模擬簡，在皇門 12 與皇門 13 之間補入 6 支模擬簡，劃痕可以貫連一致，參看圖 10。

組 11：祭公 17、祭公 16、祭公 18、祭公 20、祭公 13、祭公 14、祭公 21、祭公 12、祭公 19。此組有一道劃痕，位於簡背下部。假如在祭公 13 與祭公 14 之間補入 3 支模擬簡，祭公 14 與祭公 21 之間補入 5 支模擬簡，祭公 21 與祭公 12 之間補入 1 支模擬簡後，則劃痕可以貫連一致，參看圖 11。

圖 10

圖 11

組 13：楚居 12、楚居 8、楚居 9、楚居 7、楚居 6、楚居 5、楚居 4、楚居 3、楚居 2。此組有兩道劃痕，位於簡背中上部。假如在楚居 12 與楚居 8 之間補入 2 支模擬簡，楚居 8 與楚居 9 之間補入 1 支模擬簡，楚居 7 與楚居 6 之間補入 5 支模擬簡，楚居 3 與楚居 2 之間補入 4 支模擬簡後，則第一道劃痕可以貫連一致。第二道劃痕僅存在於楚居 12，參考組 17、18 的特徵，假如在楚居 2 的右側補入 1 支模擬簡後，該劃痕可以與第一道劃痕銜接。參看圖 13。

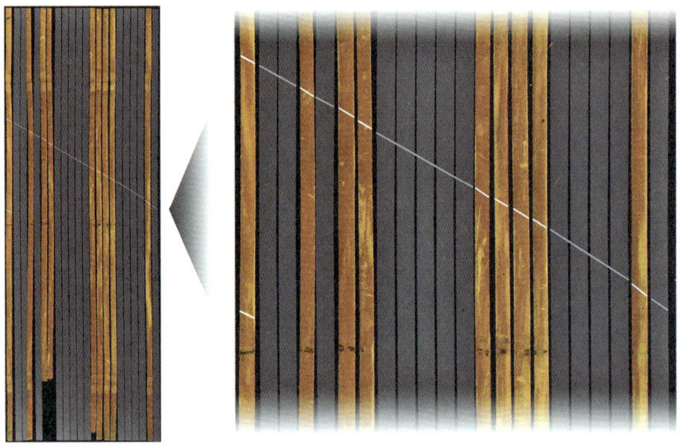

圖 13

組 14：繫年 1 至繫年 25。此組有兩道劃痕，位於簡背上部。第一道劃痕完整地貫連一致。第二道劃痕僅存於繫年 1 上，參考組 17、18 的特徵，假如在繫年 1 左側補入 1 支模擬簡，則第一道劃痕結尾處可以與第二道劃痕起始處相銜接，且貫連一致，參看圖 14。

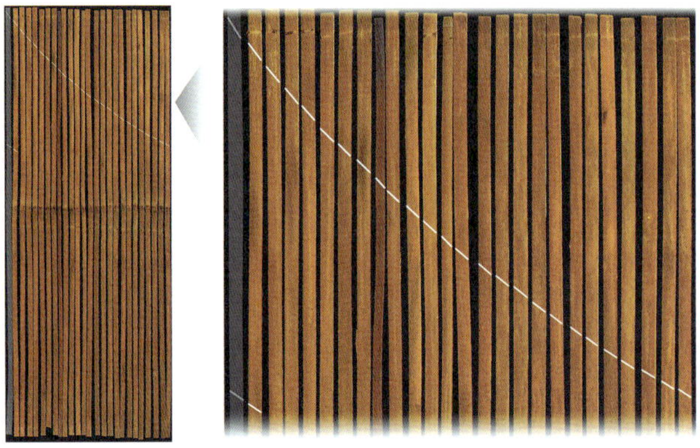

圖 14

組 15：繫年 26 至繫年 37、繫年 44、繫年 38 至繫年 43。此組有一道劃痕，位於簡背上部，完整地貫連一致，參看圖 15。

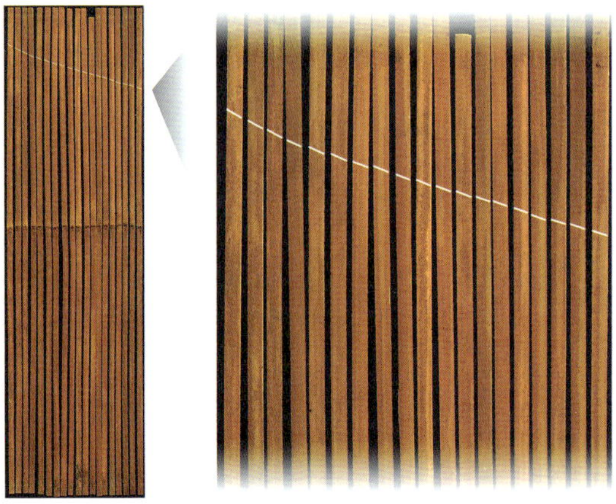

圖 15

組 16：繫年 45 至繫年 69。此組有兩道劃痕，位於簡背上部。假如在繫年 63、64 上部殘斷的位置補入兩段模擬簡，則第一道劃痕可以貫連一致竹簡。第二道劃痕僅存於繫年 45 上，並且可以與第一道劃痕結尾處相銜接，參看圖 16。

圖 16

組 17：繫年 70 至繫年 95。此組有兩道劃痕，位於簡背上部。劃痕貫連十分完整，並且第一道劃痕結尾處可以與第二道劃痕起始處相銜接，參看圖 17。

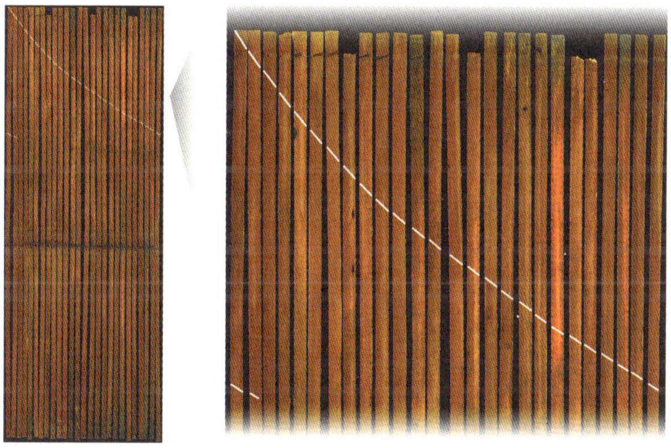

圖 17

組 18：繫年 96 至繫年 120。此組有兩道劃痕，位於簡背上部。劃痕貫連十分完整，並且第一道劃痕結尾處可以與第二道劃痕起始處相銜接，參看圖 18。

組 19：繫年 121 至繫年 134。此組有一道劃痕，位於簡背上部。假如在繫年 132 與繫年 133 之間補入 1 支模擬簡，則劃痕可以貫連一致，參看圖 19。

組 20：繫年 135 至繫年 138。此組有兩道劃痕，位於簡背上部。第一道劃痕繫年 136＋繫年 137＋繫年 138 貫連關係很明確。繫年 135 的編排存在兩種可能，若上端殘缺部分原有劃痕，則可排在繫年 136 左側；若殘缺部分原來没有劃痕，則可排在繫年 138 右側，補入若干支模擬簡後，與第一道劃痕貫連，參看圖 20。

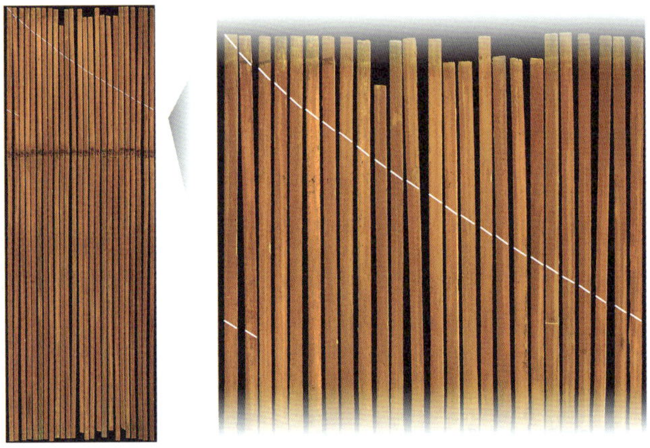

圖 18

圖 19

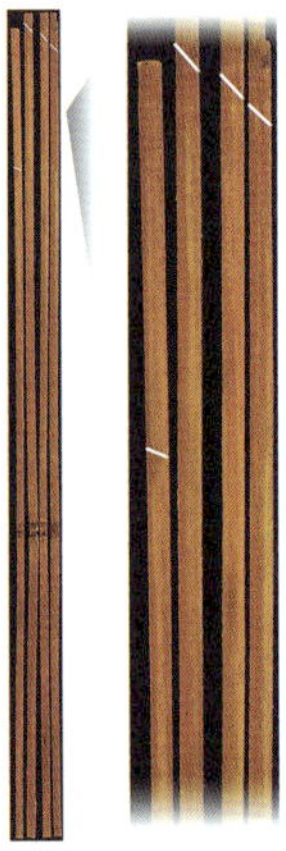

圖 20

AⅡ式：斜綫劃痕方向爲右上至左下。包括：

組 12：祭公 15。此組僅一支簡，形制與組 11 相同，有一道劃痕，位於簡背下部，參看圖 12。

組 21：説命上 1、説命上 2、説命上 4、説命上 5、説命上 3。此組有一道劃痕，位於簡背上部。假如在説命上 2 與説命上 4 之間補入 1 支模擬簡，在説命上 4 與説命上 5 之間補入 5 支模擬簡，在説命上 5 與説命上 3 之間補入 2 支模擬簡，則劃痕可以貫連一致，參看圖 21。

組 22：説命中 1、説命中 3。此組有一道劃痕，位於簡背中部偏上，可以貫連，參看圖 22。

B 型，具有兩道無法貫連的劃痕。

BⅠ式：兩道斜綫劃痕呈平行關係。包括：

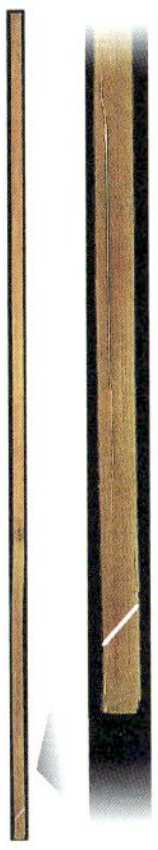

圖 12

圖 21

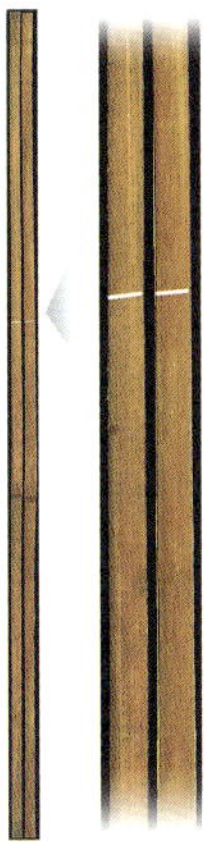

圖 22

組 9：皇門 6、皇門 5、皇門 4、皇門 3、皇門 2、皇門 1、皇門 9、皇門 8、皇門 7。此組有兩道劃痕，位於簡背上部。第一道劃痕存在於皇門 6＋皇門 5＋皇門 4＋皇門 3＋皇門 2＋皇門 1 上，假如在皇門 6 與皇門 5 之間補入 1 支模擬簡後，則此道劃痕可以貫連一致。第二道劃痕存在於皇門 1＋皇門 9＋皇門 8＋皇門 7 上，[①]假如在皇門 1 與皇門 9 之間補入 1 支模擬簡，在皇門 9 與皇門 8 之間補入 3 支模擬簡後，則此道劃痕可以貫連一致。兩道劃痕存在進一步銜接的可能性，但考慮到中間有竹節相隔，暫不做補入其他模擬簡的嘗試。參看圖 9。【編按：後文已指出劃痕產生於竹節修治之前，因而由竹節相隔的兩道平行劃痕，實際上仍是可以穿過竹節相銜接的一道劃痕，此應歸入 A 型 Ⅰ 式，B 型 Ⅰ 式的分類不能成立，應取消。】

圖 9

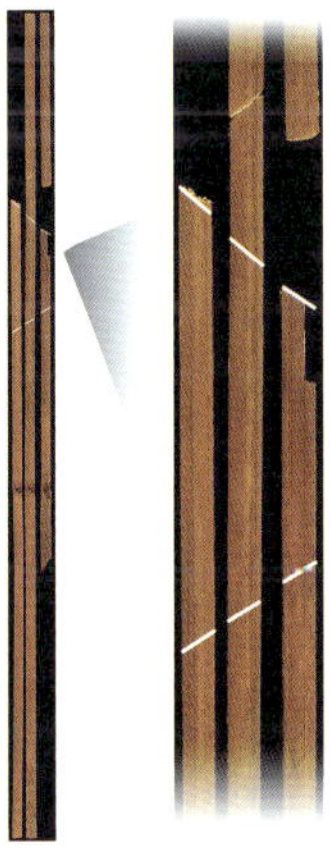

圖 7

BⅡ式：兩道斜綫劃痕呈相交關係。包括：

組 7：耆夜 11 至耆夜 13。此組有兩道劃痕，位於簡背中上部，劃痕方向趨於相

① 此道劃痕的起始處很有可能存在於皇門 2 上，但由於該簡上部殘損，無法復原。

交，參看圖 7。

組 23：良臣 1 至良臣 11、祝辭 1 至祝辭 5。此組有兩道劃痕，位於簡背中部。兩道劃痕約成 20°夾角分布，均可以貫連。參看圖 23。

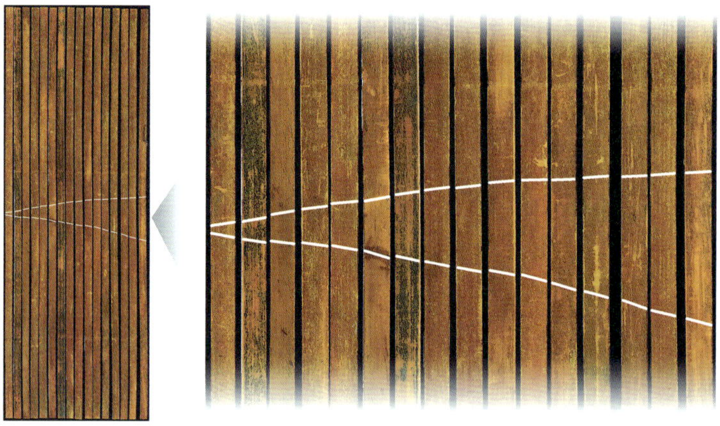

圖 23

除了劃痕數量、方向的特點外，可以觀察到劃痕斜綫通常不是筆直的狀態，而是每每具有一定的弧度，同時斜綫的角度也表現出了隨意性的特點。

三、劃痕現象的數字建模分析

緊接着，我們挑選出了劃痕現象最爲完整的組 17、組 18 以及比較完整的組 8、組 14、組 16，借助 3D 軟件，通過數字建模的方式進行模擬實驗。實驗的主要步驟爲，(1) 按照清華簡整理報告中竹簡信息表的形制資料，對此 5 組竹簡逐支進行數字建模，同時建立每組"模擬簡"的數字模型，(2) 按照整理報告中的竹簡原大圖版製作模型貼圖，並清楚地標示出劃痕形態，(3) 依本文第二部分分析中對竹簡的排序，將每組竹簡的數字模型按照筒狀形態在三維空間裏進行圍合，並記録筒狀形態模型的尺寸信息，(4) 對模型進行 3D 渲染，得出多視角的效果圖。具體情況如下：

組 17，經過圍合渲染後，繫年 95 的劃痕能與繫年 70 的第二道劃痕貫連銜接，在三維空間中合併爲一道螺旋形綫段，參看圖 24。該竹筒高度約 45 釐米，截面直徑約 5.36 釐米。

組 18，經過圍合渲染後，繫年 120 的劃痕能與繫年 96 的第二道劃痕貫連銜接，在三維空間中合併爲一道螺旋形綫段，參看圖 25。該竹筒高度約 45 釐米，截面直徑約 5.16 釐米。

組 8，假如在金縢 5 與金縢 6 之間補入 1 支模擬簡，在金縢 14 右側補入約 4 支模擬簡後，再進行圍合渲染，則該組中的兩道劃痕在三維空間中合併爲一道螺旋形綫段，參看圖 26。該竹筒高度約 45.1 釐米，截面直徑約 4.74 釐米。

組 14，假如在繫年 1 左側補入 1 支模擬簡後，再進行圍合渲染，則該組中的兩道劃痕在三維空間中合併爲一道螺旋形綫段，參看圖 27。該竹筒高度約 45 釐米，截面直徑約 5.69 釐米。

組 16，假如在繫年 63、64 上部殘斷的位置補入兩段模擬簡後，再進行圍合渲染，則該組中的兩道劃痕在三維空間中合併爲一道螺旋形綫段，參看圖 28。該竹筒高度約 45 釐米，截面直徑約 5.14 釐米。

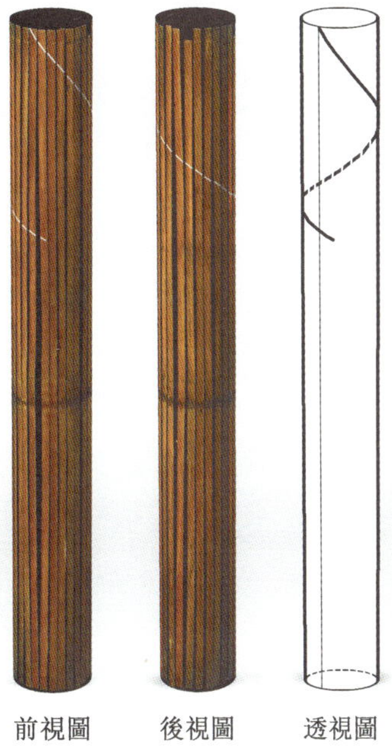

圖 24

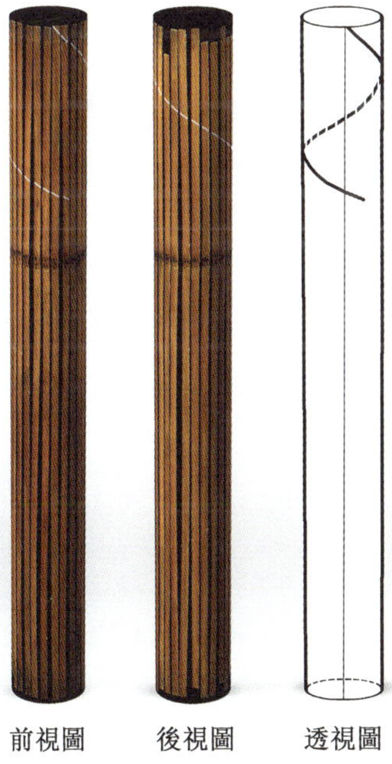

圖 25

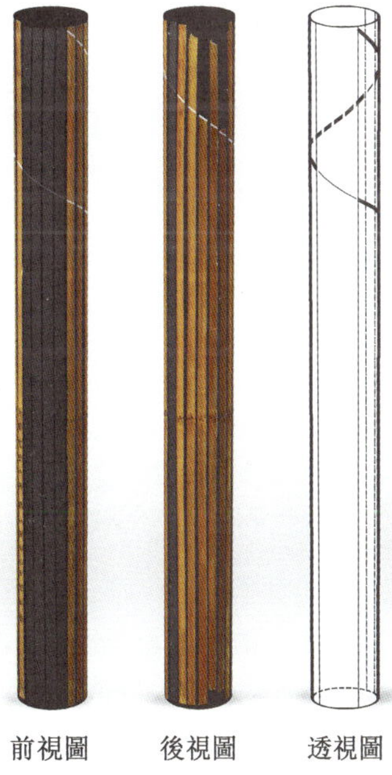

圖 26

這 5 組模擬實驗同時指出，簡背的斜綫劃痕具有明顯的空間螺旋結構，這一結構所附著的筒狀形態直徑約在 4.7 至 5.7 釐米。受清華大學委託，中國林業科學院曾對

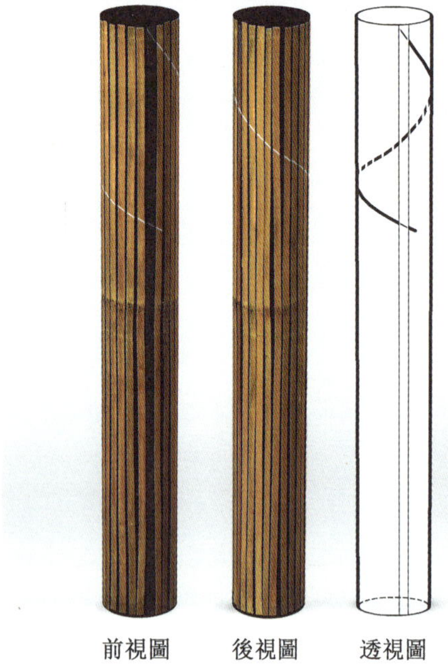

圖 27

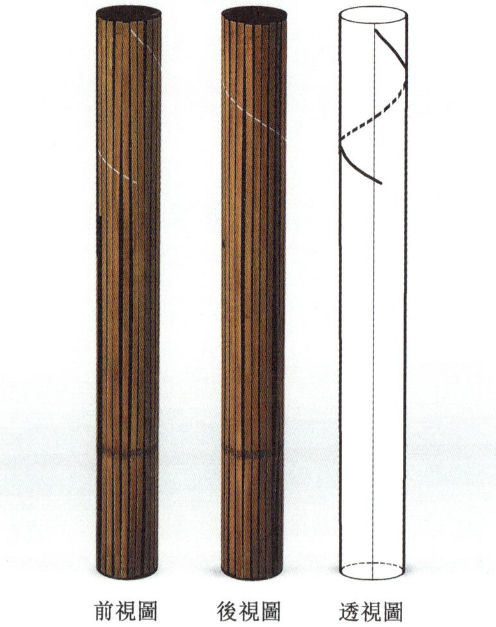

圖 28

清華簡無字殘片做樹種鑒定,其結果爲"剛竹"。根據《中國植物志》中的介紹,剛竹竿高 6～15 米,直徑 4～10 釐米,中部節長 20～45 釐米,壁厚約 5 毫米。① 模擬實驗所圍合的筒狀形態,其尺寸數據也與剛竹的屬性信息相符。

至此我們可以得到這樣的結果,上述 5 組竹簡所圍合的筒狀形態應爲竹簡被切割前的"竹筒形態",而簡背的劃痕現象在"竹筒形態"已然形成。同時,在分析組 1 劃痕特徵時發現,該組尹至 3 的劃痕有被切削竹節所破壞的現象,②可以進一步地説明,劃痕現象是在竹筒上的竹節被修治之前即已形成。學者們普遍認爲劃痕現象産生於竹簡編連之前,③實驗的結果與大家的推測是一致的,同時將形成的時段更加具體化了。

① 中國科學院中國植物志編輯委員會編:《中國植物志》第九卷第一分册(禾本科),北京:科學出版社,1996 年,第 251—252 頁。

② 【編按:《形制》書中補充道:"清華簡第五輯《殷高宗問於三壽》篇,全文使用了三種不同形制的竹簡,簡 1 至簡 7 爲第一組,簡 8 至簡 16 爲第二組,簡 17 至簡 28 爲第三組。每組簡背皆有'有意劃痕',其中簡 2 削製竹節的位置、簡 28 題記下削痕均對劃痕有打破關係。清華大學出土文獻研究與保護中心編,李學勤主編:《清華大學藏戰國竹簡(伍)》,上海:中西書局,2015 年,第 20、21 頁。"】

③ 參見孫沛陽:《簡册背劃綫初探》,復旦大學出土文獻與古文字研究中心編,劉釗主編:《出土文獻與古文字研究》第 4 輯,上海:上海古籍出版社,2011 年,第 449—462 頁;李均明、趙桂芳:《清華簡文本復原——以〈清華大學藏戰國竹簡〉一、二集爲例》,"文本中國"國際學術研討會論文,美國芝加哥大學 2012 年 5 月。

四、刻劃工藝過程及功能

從前文的實驗結果可以推知,刻劃斜綫應是在竹筒形態的加工工藝環節中的重要步驟。它的形成方式可以大致推測爲:把整根竹竿裁切成規定長度的竹筒後,用夾刻刀等刻劃工具,按照相應的角度,在竹筒的非竹節部位上,進行旋轉刻劃,A 型劃痕是一個方向旋轉刻劃一周而成,B 型劃痕則分兩個方向旋轉刻劃而成。

如此一來,簡背劃痕現象呈現出的諸多特點就能得到相對合理的解釋了。第一,由於劃痕産生於竹筒形態,因此,劃痕具有貫連關係的竹簡,其竹節的位置和形態也必然相一致。第二,工匠在竹筒上製作劃痕時難以保證旋轉方向和角度的絶對一致,因此延展開的簡背斜綫劃痕每每具有一定的弧度,而且斜綫角度並不規律。第三,在旋轉刻劃時難以控制準確旋轉了一周,當超過一周時,就會在迫近劃痕結尾處的幾支竹簡背面形成上下兩道平行劃痕,當不足一周時,又會出現竹節位置、形態都相同但簡背却没有劃痕的竹簡。

除此之外,在實驗中補入的"模擬簡",按照劃痕的貫連關係推測,它們應該曾經真實存在過。或者是由於竹材本身自然生長的局部缺陷而被淘汰掉,或者是由於加工過程的人爲損耗,又或者是由於抄手的書寫失誤而成爲廢簡,它們最終没有被編連進竹書簡册中。

結　　論

簡背劃痕的主要作用就是用於竹簡的排序,[①]正是由於斜綫劃痕可以依次貫連這個特點,使得它可以成爲排序的重要依據。而排序的目的又是什麽?這可以從兩個方面進行考慮:

一方面,在古代竹書製作過程中,依劃痕編排次序取簡進行抄寫,在逐支編連成簡册時,相鄰兩支竹簡由於在切割時共同擁有一道切縫,將它們臨接編連後,會形成"嚴絲合縫"的效果,同一竹材的質地肌理會基本相同,竹書也可以呈現出較爲統一的面貌,要之,可以使竹書編連更爲方便,面貌更爲美觀。當然,並不是所有竹簡背面都有劃痕現象,這也説明這一工藝並非竹簡加工的必要環節,而是在有特殊要求的竹簡加工中使用。目前看來,這一現象主要發現在書籍類的竹簡中,也是由於此類用途的竹簡最後一定要編連成册,故而采用了這種加工工藝。

另一方面,對於今天整理研究竹簡的學者來説,簡背劃痕可以作爲竹簡編排的重

① 李守奎:《清華簡的形制與內容》,歐洲中國寫本研究會"購藏簡研討會"會議論文,法國巴黎 2012 年。

要依據,孫沛陽先生已經指出"應該可以利用簡册背畫綫來嘗試調整局部簡序,或者檢驗編連的正確與否"。[①] 然由於劃痕産生於竹筒形態,到最終編連成册的過程中,仍有諸多可能産生問題的環節存在,因此我們對劃痕現象的利用應保持謹慎的態度。古人在編連時想必也考慮到了這些因素,故而尚有一些竹書除簡背劃痕之外,還標有次序編號,這就爲竹書的編連提供了更爲直接的依據。

【編按:本文曾提交2013年6月17—18日在北京舉行的"出土文獻與中國古代文明研究"國際學術研討會,因辦會原因並未宣講;後被《江漢考古》録用;待刊期間,本文主要内容已作爲重要一章收入《戰國竹書形制及相關内容研究:以清華大學藏戰國竹簡爲中心》一書(上海:中西書局,2015年),書稿刊印前,與編輯部溝通並撤稿;後來出版的國際學術研討會論文集中的文章也作了更换;此稿爲收入《形制》書稿前的獨立文章稿。

值得補充説明的是,簡背劃痕這種具有排序功能的斜劃綫,還曾見於楚地墓葬的槨蓋板,如下圖所舉包山2號墓外槨蓋板(湖北省荆沙鐵路考古隊編:《包山楚墓》,北京:文物出版社,1991年,第54頁)。這兩種工藝的思維方式是一致的。

"簡背劃痕"現象是近年來在竹書物質形態上最重要的發現之一,已被學界廣泛關注,但目前仍有不少學者(甚至部分簡帛學專家)對其製作於竹筒形態這一結論表示懷疑。本文對這一問題作了較爲系統的研究,希望能清除大家的一些疑慮。同時,我在竹書復原過程中對簡背劃痕現象的利用,以及本書所收其他文章的相關討論,都是以這一認識爲基礎。基於這兩方面的考慮,故將這篇舊作收入本書。】

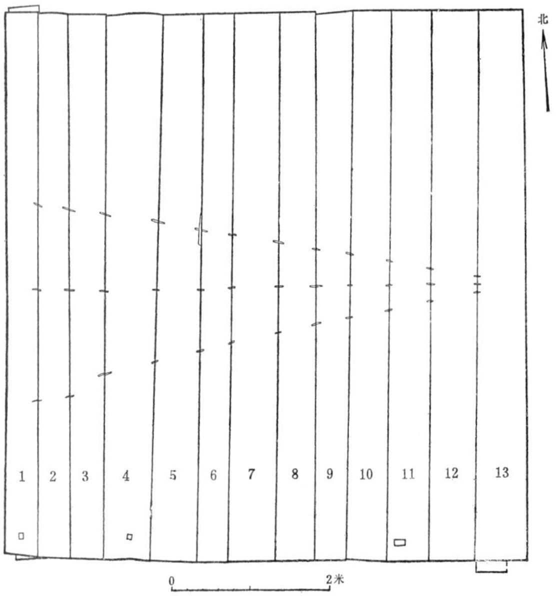

---

① 孫沛陽:《簡册背劃綫初探》,第457頁。

反印墨迹與竹書編連的再認識

隨着圖像信息獲取技術的不斷提高，我們對竹簡的觀察得以越來越細緻。《清華大學藏戰國竹簡》自第五輯起，采用 SINAR P2 座機拍攝的 8×10 英吋膠片電子分色後的圖像，[①]整理報告中的放大圖版質量得到了大幅提升，使得我們能够明確竹簡上更多的微觀信息，也對以往竹簡上的一些現象有了新的認識。本文所要重點討論的反印墨迹就是其中的一項，現試加分析，以請方家指正。

一、對反印墨迹的觀察

我們討論過竹書中的書法墨迹有"飛白"和"滲墨"的現象，並將此種現象産生的原因歸結到竹材的肌理上，[②]現在看來，這個認識是不全面的。一些"飛白"現象實際上是由墨迹被反印形成的，這些反印墨迹通常在竹簡中都有明確的對應關係，通過仔細地比對，我們可以找到丢失這些墨迹的源文字或筆畫。下面舉的這些例子將提供更形象的説明。

清華簡第五輯公布了一篇自名爲《殷高宗問於三壽》的竹書，值得注意的是此篇簡背原有次序編號，而原編號爲"十"與原編號"十五"的兩支簡整理者根據文意將其順序互换。通讀簡文可知，該篇内容有很强的邏輯性，文中此段涉及的若干概念有清晰的條理順序，整理者對簡序的調整是十分正確的。【編按：整理報告收録這兩支簡背面圖版編排有誤，故此説已不成立，詳見本文末的訂正説明。】不僅如此，竹簡在該部分出現了大量的反印墨迹。

按整理者編號，我們在簡 10、11、12、13、14、15 與簡 16、17、18、19、20、21 上采集到了 39 個圖像，它們以簡 15、16 的接縫爲中軸，呈對稱關係。我們在簡 15 與 16 上找到的 15 處反印墨迹，其細節與對應關係如圖 1 至圖 10 所示。

---

① 清華大學出土文獻研究與保護中心編，李學勤主編：《清華大學藏戰國竹簡(伍)·上册》，上海：中西書局，2015 年，"本輯説明"，第 1 頁。

② 賈連翔：《清華簡九篇書法現象研究》，《書法叢刊》2011 年第 4 期。

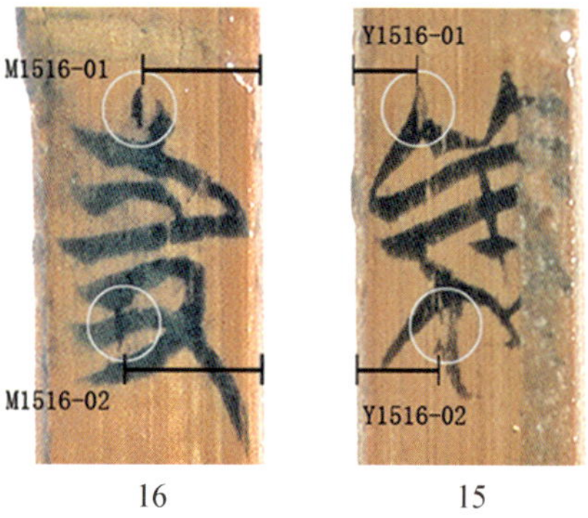

圖 1

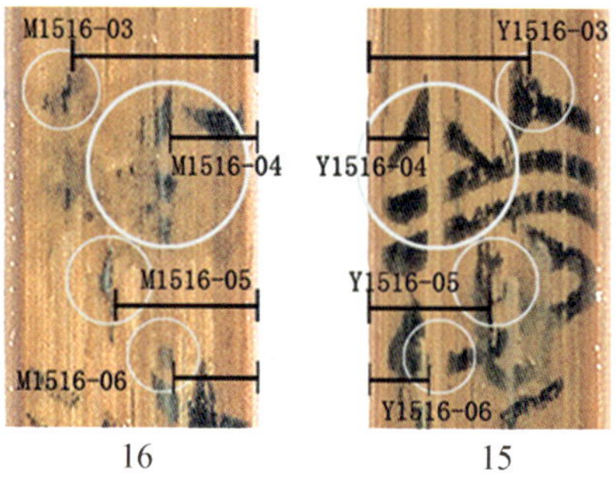

圖 2

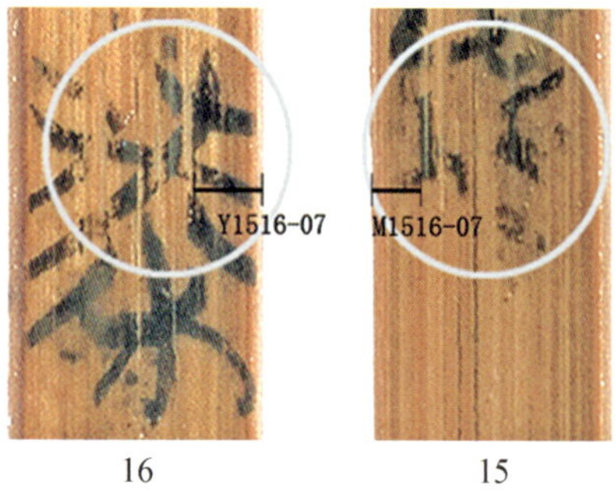

圖 3

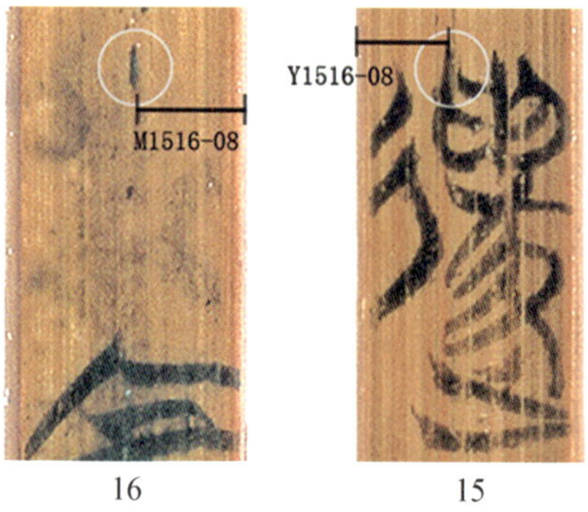

圖 4

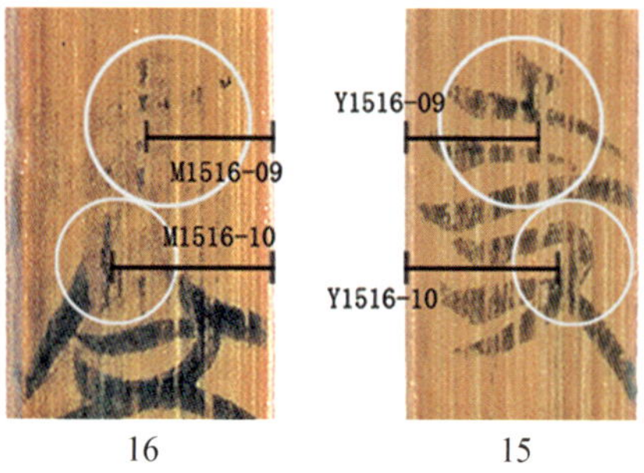

圖 5

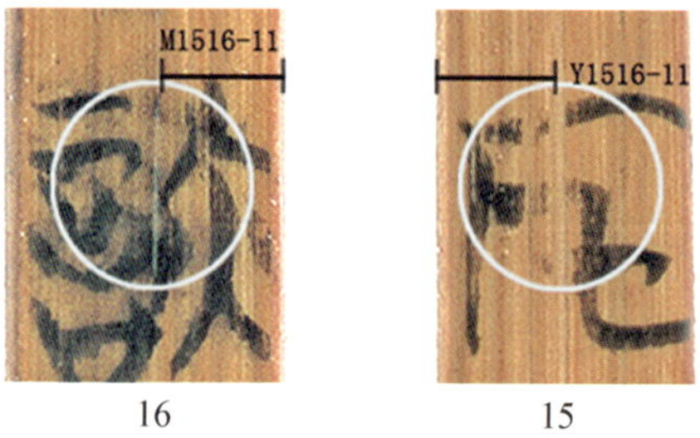

圖 6

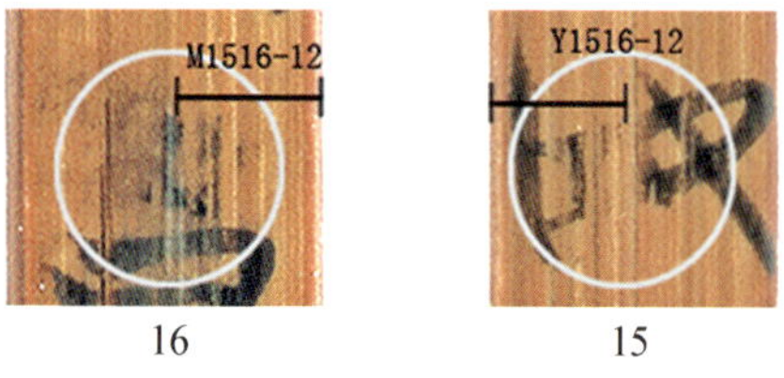

圖 7

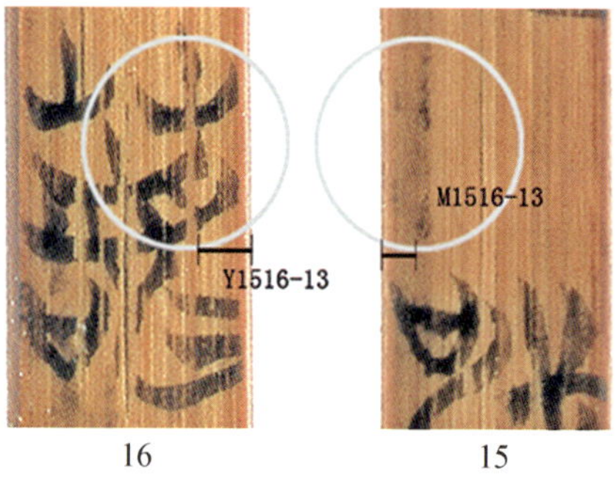

圖 8

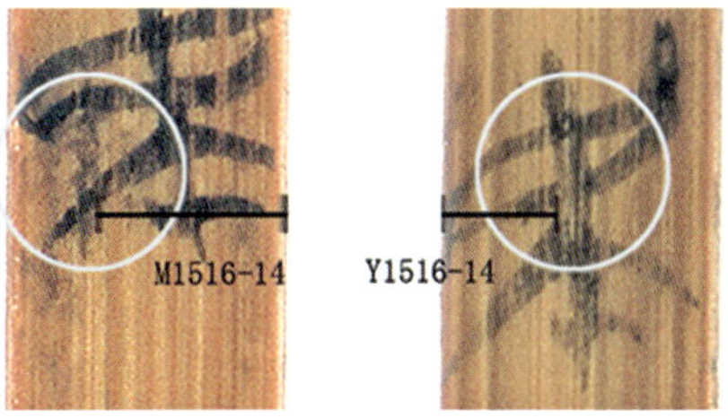

16　15

圖 9

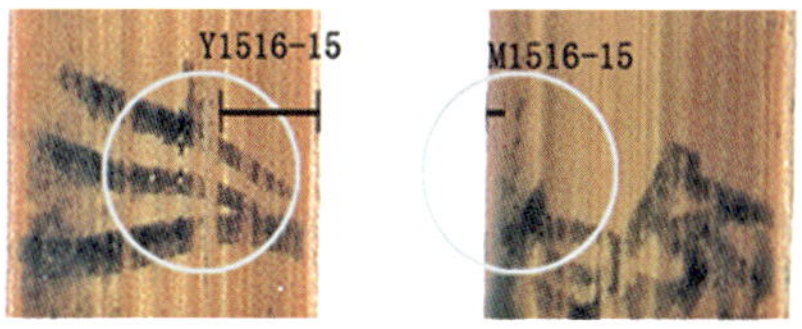

16　15

圖 10

簡 14 與簡 17 上找到了 6 處反印墨迹，其細節與對應關係如圖 11 至圖 16 所示。

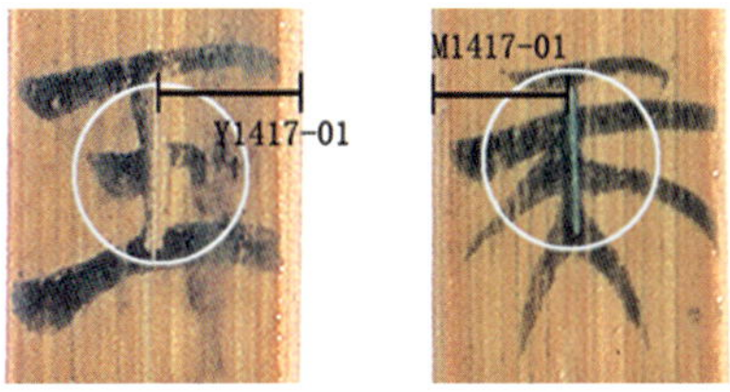

17　14

圖 11

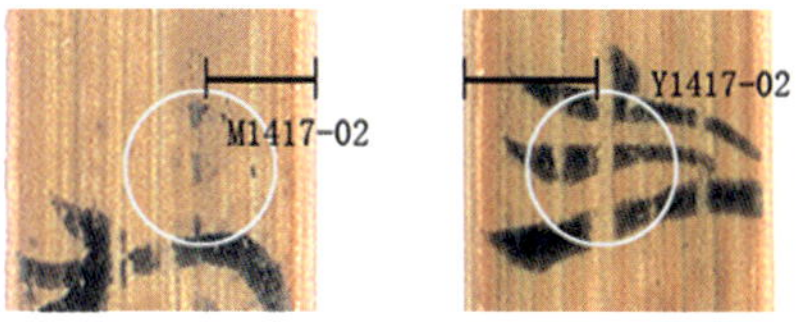

17　14

圖 12

17　14

圖 13

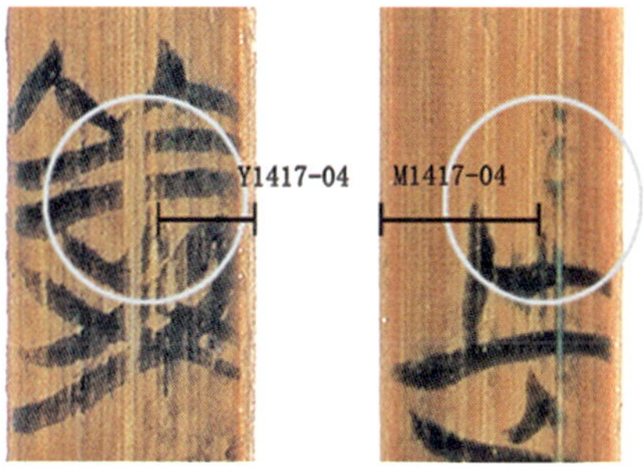

17　14

圖 14

17　14

圖 15

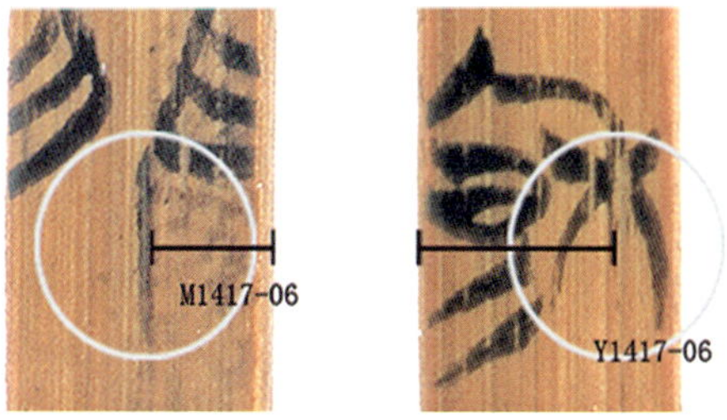

17　14

圖 16

簡 13 與簡 18 上找到了兩處反印墨迹，其細節與對應關係如圖 17、18 所示。

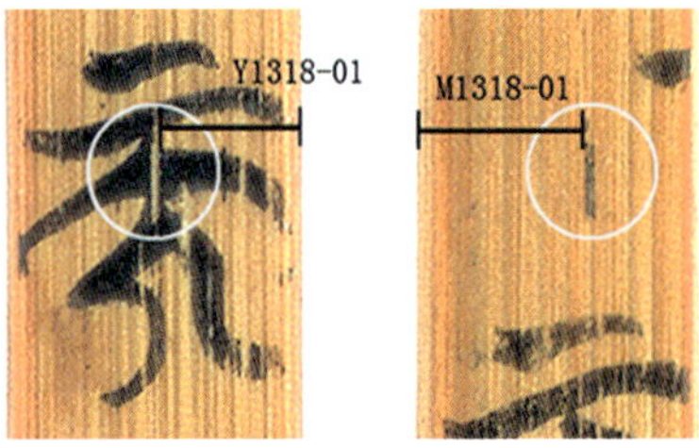

18　13

圖 17

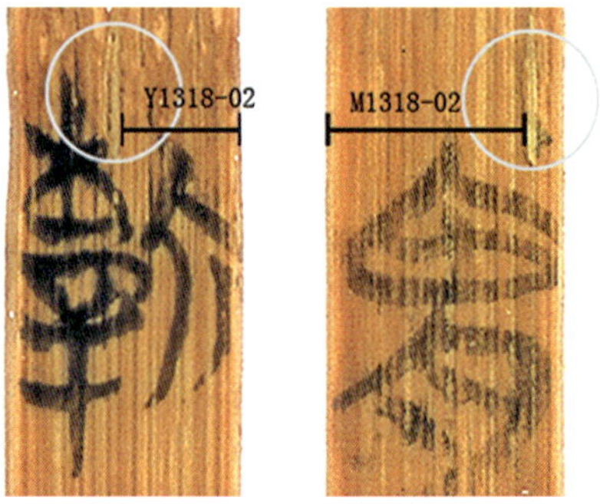

18　13

圖 18

簡 12 與簡 19 上找到了 4 處反印墨迹，其細節與對應關係如圖 19 至圖 21 所示。

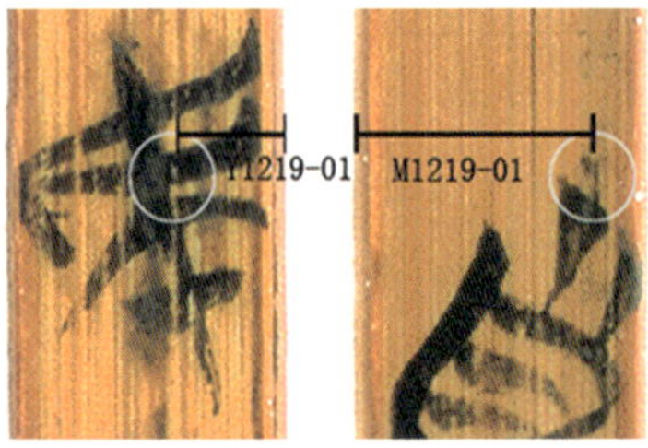

19　12

圖 19

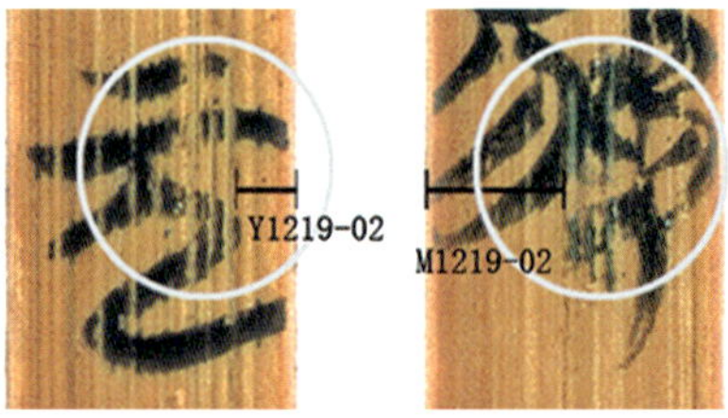

19　12

圖 20

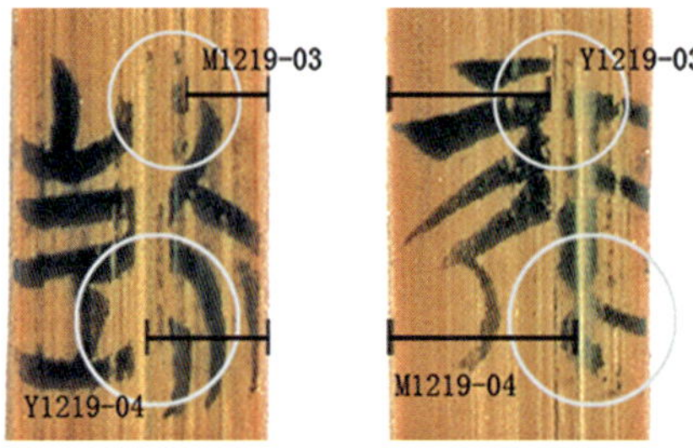

19　12

圖 21

簡 11 與簡 20 上找到了 10 處反印墨迹，其細節與對應關係如圖 22 至圖 29 所示。

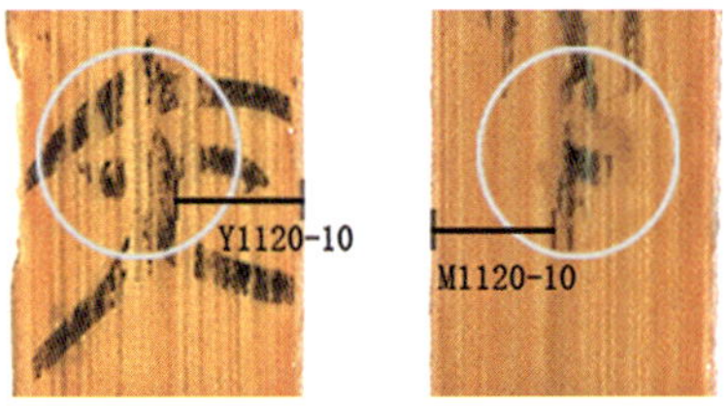

20　11

圖 22

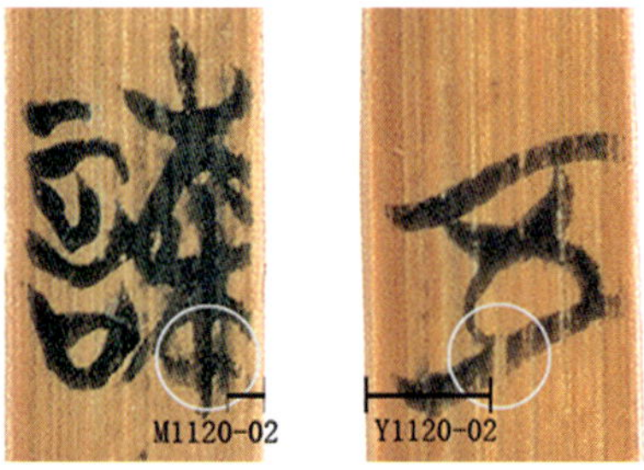

20　11

圖 23

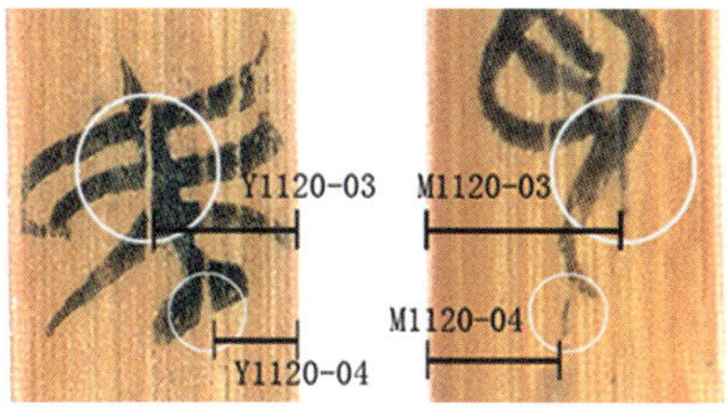

20 11

圖 24

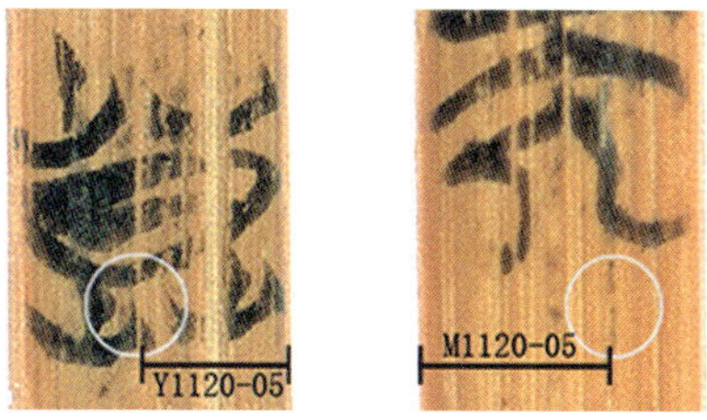

20 11

圖 25

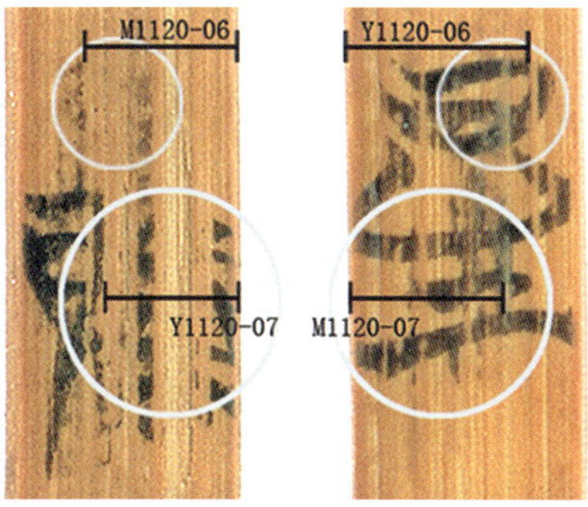

20 11

圖 26

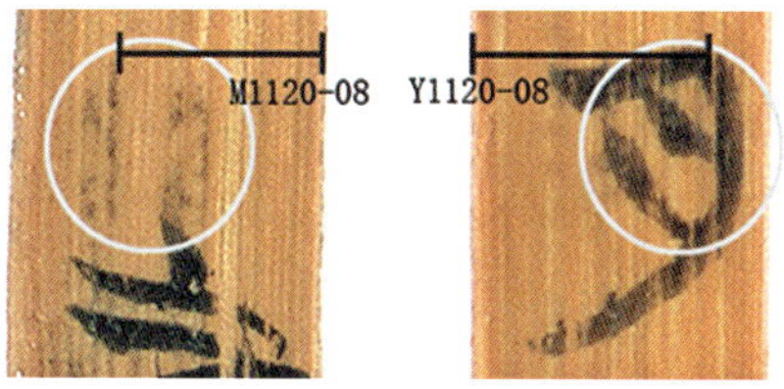

20 11

圖 27

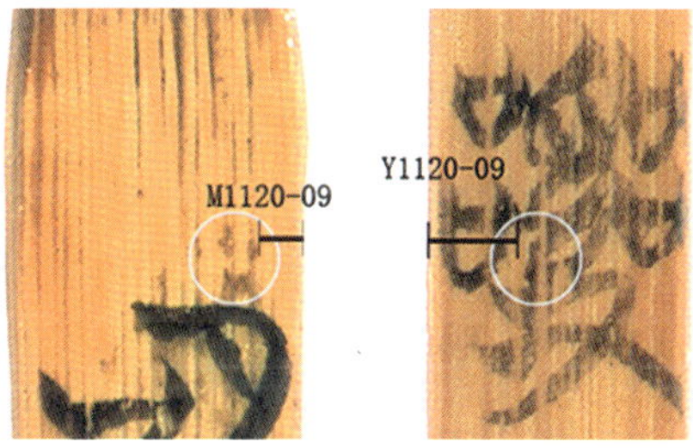

20 11

圖 28

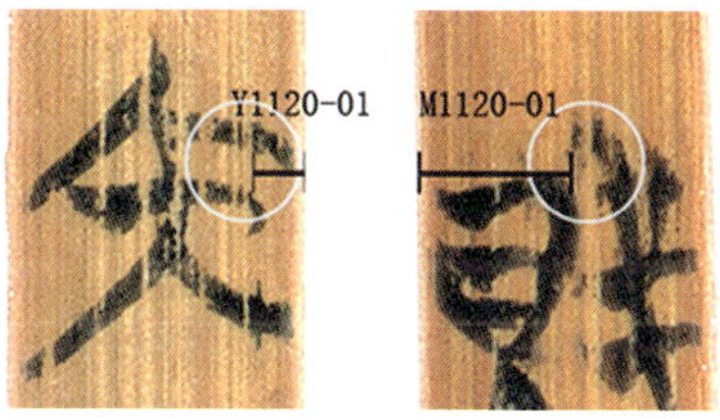

20 11

圖 29

簡 10 與簡 21 上找到了兩處反印墨迹,其細節與對應關係如圖 30、31 所示。

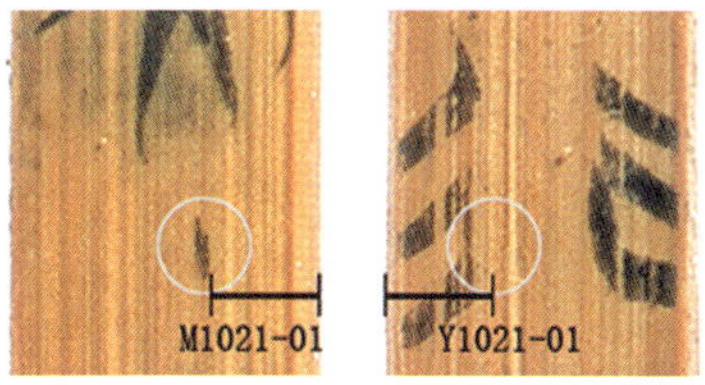

21 10

圖 30

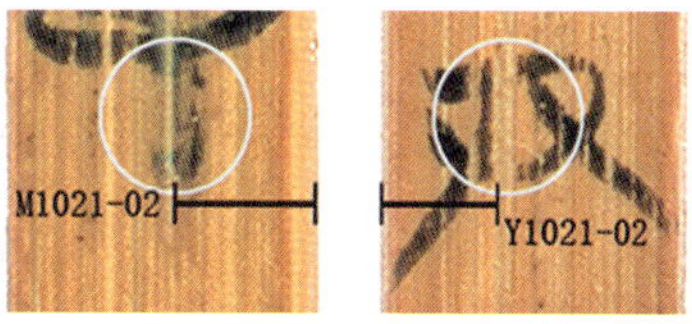

21 10

圖 31

事實上,反印墨迹在過去公布的清華簡中也曾發現過。如:《金縢》的簡 1、2、3 與簡 4、5、6,如圖 32 至 37 所示。

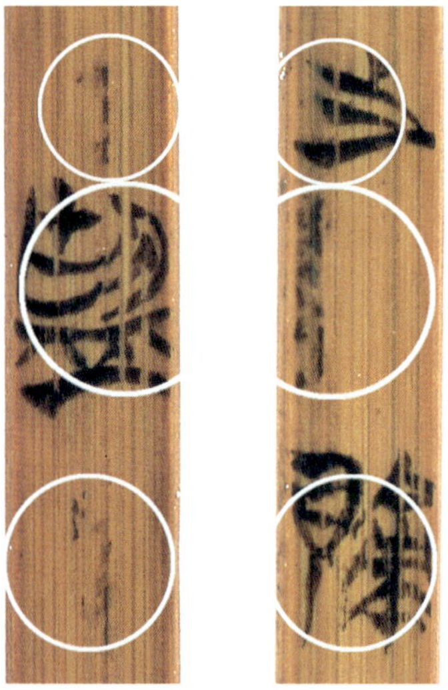

《金縢》4　《金縢》3

圖 32

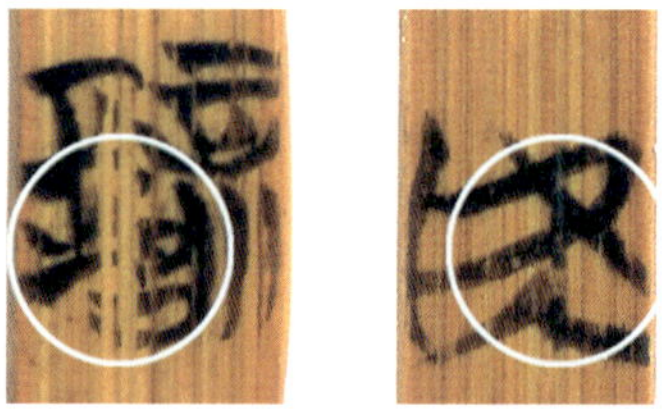

《金縢》5　《金縢》2

圖 33

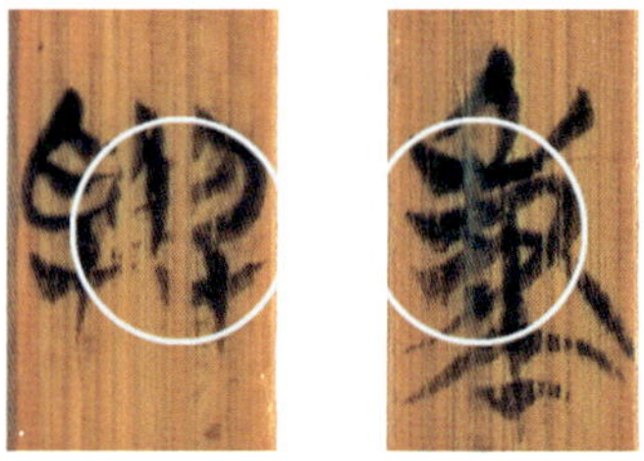

《金縢》5　《金縢》2

圖 34

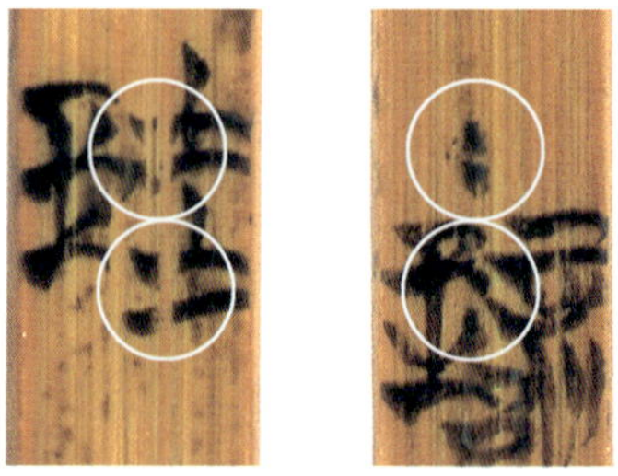

《金縢》5　《金縢》2

圖 35

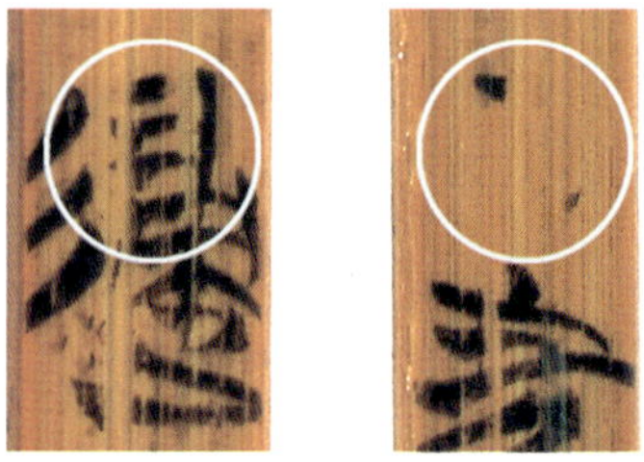

《金縢》5　《金縢》2

圖 36

《金縢》6　《金縢》1

圖 37

《算表》中也有大量的反印墨迹，近期有學者作了很好的研究，[①]其中簡 2、1、3 與

① 參見肖芸曉：《清華簡〈算表〉收卷方式小議》，簡帛網，2014 年 6 月 12 日，http://www.bsm.org.cn/?chujian/6209.html。

簡 4、5、6 對應，簡 12、13、14、15、16 與簡 17、18、19、20、21 對應，我們在這裏補充幾版清晰的圖像，如圖 38 至 53 所示。

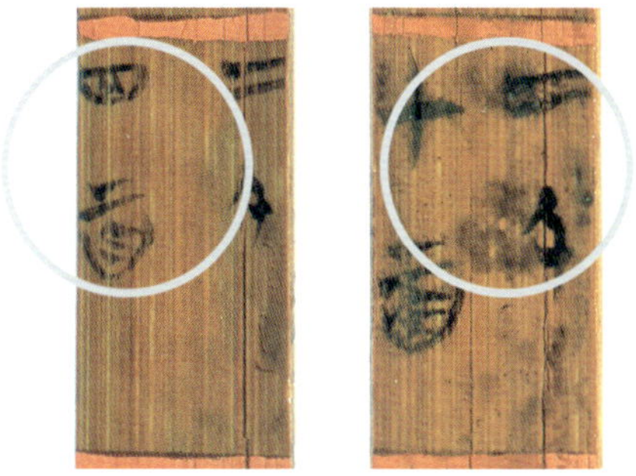

《算表》4　《算表》3

圖 38

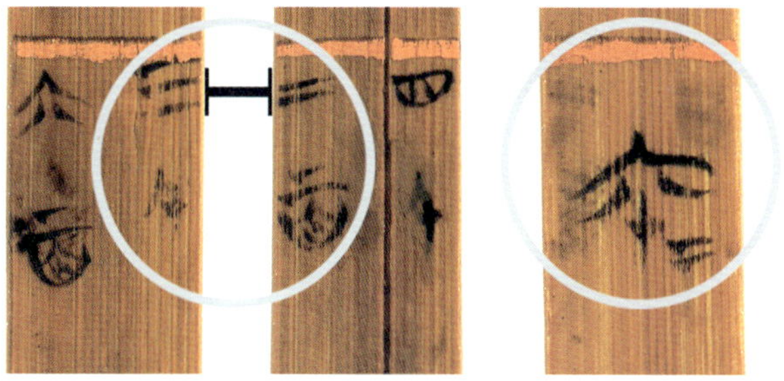

《算表》5\6　《算表》1

圖 39

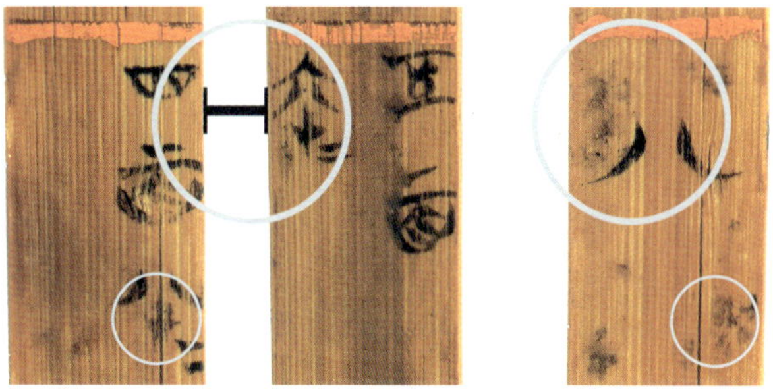

《算表》5\6　《算表》1

圖 40

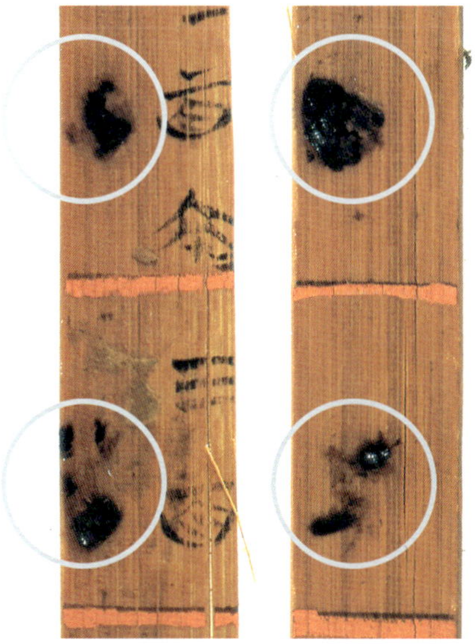

《算表》6　《算表》2

圖 41

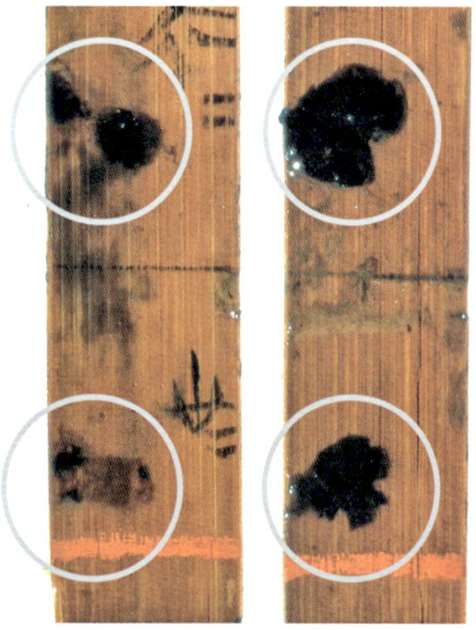

《算表》6　《算表》2

圖 42

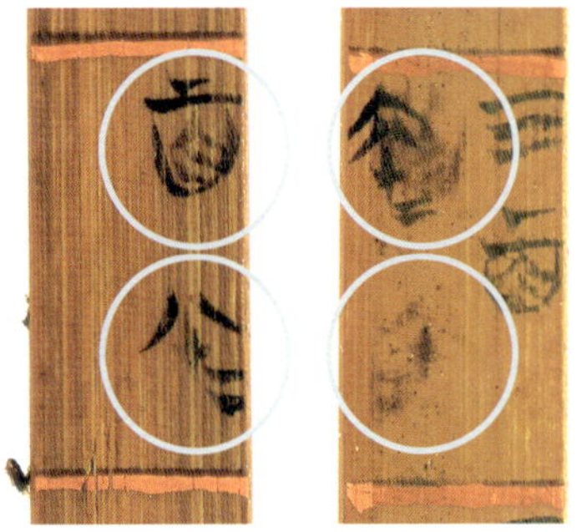

《算表》18　《算表》15

圖 43

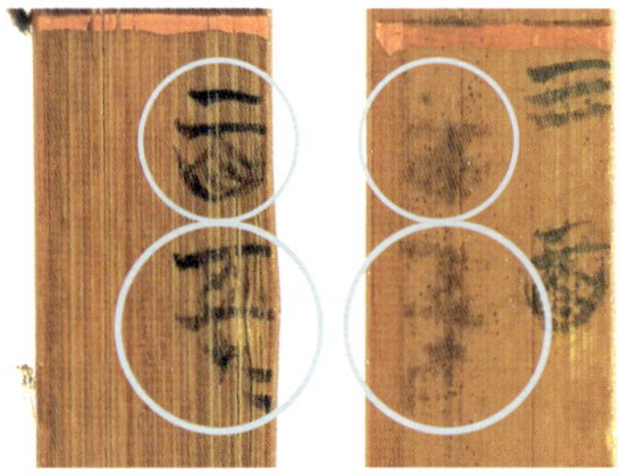

《算表》18　《算表》15

圖 44

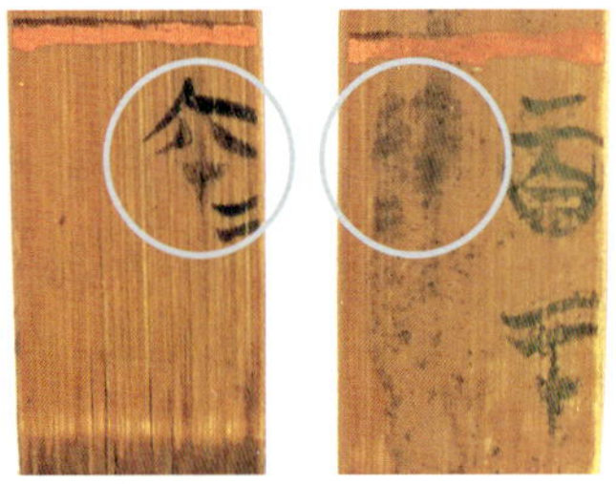

《算表》18　《算表》15

圖 45

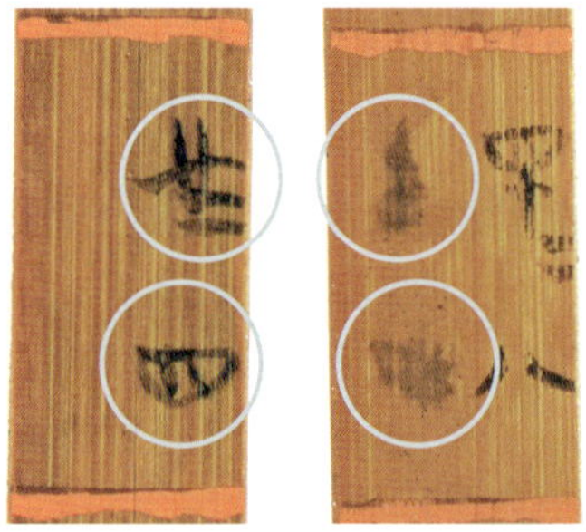

《算表》18　《算表》15

圖 46

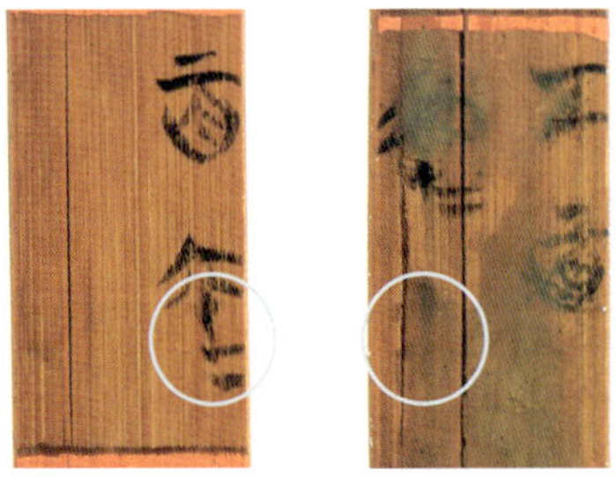

《算表》19　《算表》14

圖 47

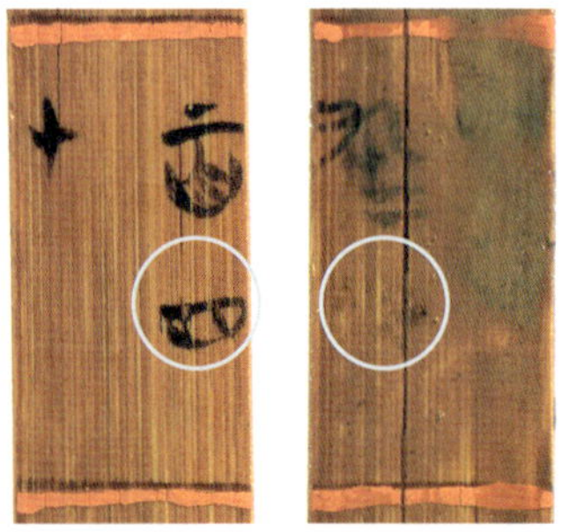

《算表》19　《算表》14

圖 48

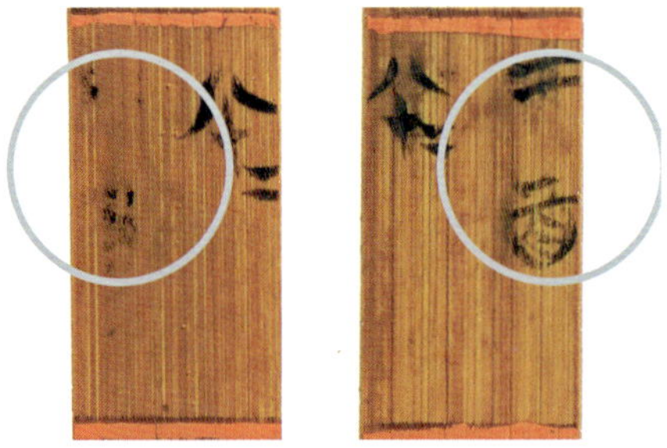

《算表》19　《算表》14

圖 49

《算表》20　《算表》13

圖 50

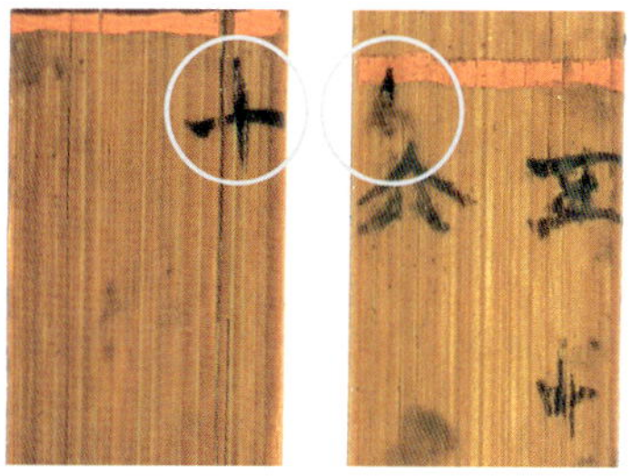

《算表》20　《算表》13

圖 51

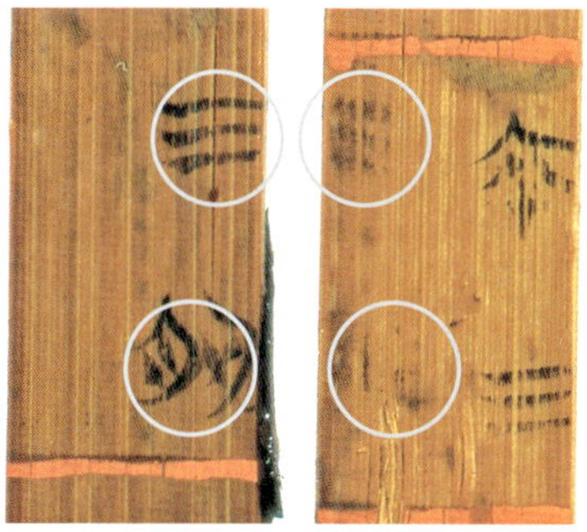

《算表》21　《算表》12

圖 52

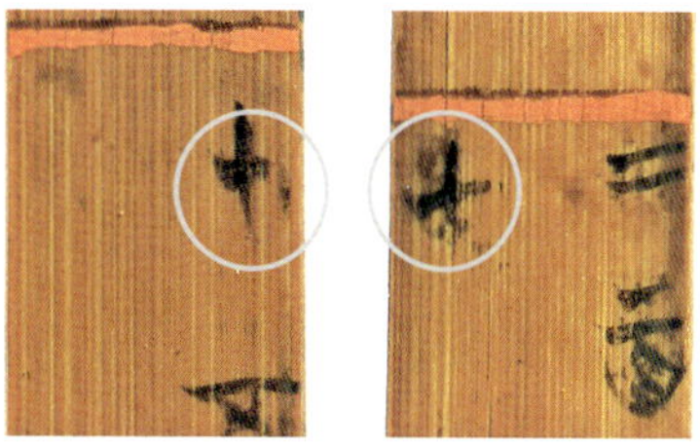

《算表》21　《算表》12

圖 53

除清華簡外，上博簡中也存在大量這種現象，現舉幾個比較顯著的例子，如：《從政》甲本簡 2 與簡 9、簡 13 與簡 19，如圖 54 至 56 所示。

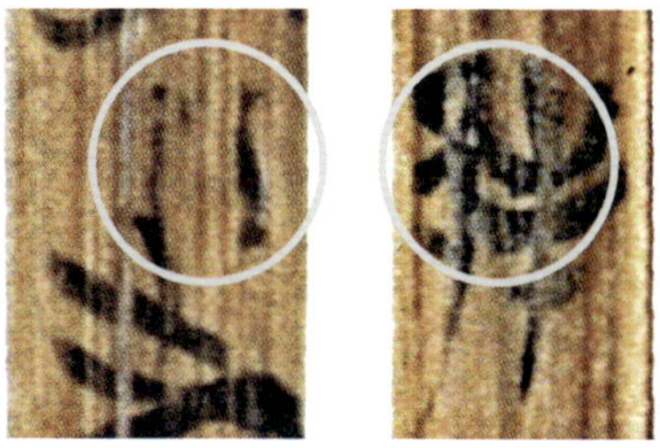

《從政》甲9　《從政》甲2

圖 54

《從政》甲9　《從政》甲2

圖 55

《天子建州》乙本簡 1 與簡 2，如圖 57 所示。

《鄭子家喪》乙本簡 1 與簡 2，如圖 58 所示。

《從政》甲19　《從政》甲13

圖 56

《天子建州》乙2　《天子建州》乙1

圖 57

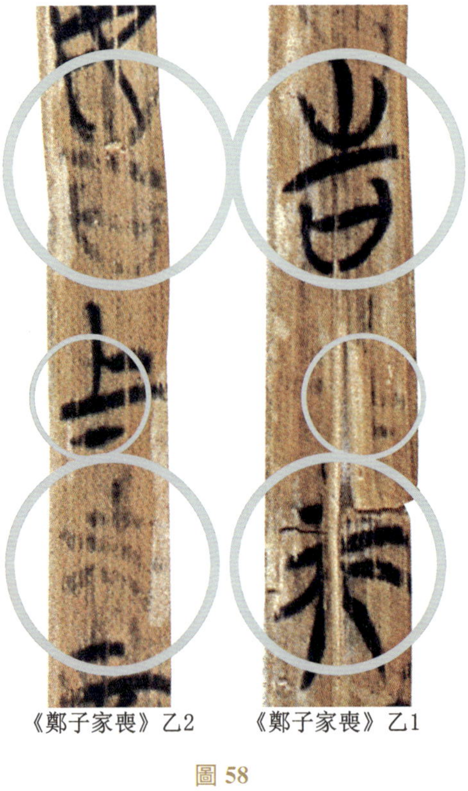

《鄭子家喪》乙2　《鄭子家喪》乙1

圖 58

上述這些現象每每會出現在污垢較多、字迹漫漶的竹簡上，以前似乎並沒有引起大家足够的重視。我們也希望在今後的竹簡清洗和保護過程中，整理者能對這些信息多加保留，避免將它們連同污垢一起被清洗掉。

二、對反印墨迹的初步分析

通過上文的舉例可以看出，反印墨迹現象在竹書中並不鮮見，但是，由於它們的形成有很强的偶然性，其形態殘缺不一，且常與污垢和漫漶字迹伴生，對它們的辨識就顯得十分困難。通常來講，一個反印墨迹的確定，一定要找到它所對應的源點，這不僅是爲了找到它形成的原因，也是爲了找到竹簡間的對應關係，這種對應關係可以給竹書形制的研究提供幫助。

以《殷高宗問於三壽》的簡 10 至 21 爲例，這組反印墨迹是以簡 15 和 16 相接的中縫爲中軸，對折後形成的，可是從圖像中可以看出，其中的對稱關係並不一致。爲了進一步討論其中的原因，我們對該篇中采集的反印墨迹與其源點的對稱關係進行了測量，得到了以下數據：①

表 1

位置	簡 15 采樣點	距簡左邊距離	簡 16 采樣點	距簡右邊距離	距差
上部	Y1516－01	1.6 mm	M1516－01	3.2 mm	－1.6 mm
	Y1516－02	2.3 mm	M1516－02	3.8 mm	－1.5 mm
	Y1516－03	4.1 mm	M1516－03	4.8 mm	－0.7 mm
	Y1516－04	1.6 mm	M1516－04	2.3 mm	－0.7 mm
	Y1516－05	3.1 mm	M1516－05	3.8 mm	－0.7 mm
	Y1516－06	1.5 mm	M1516－06	2.2 mm	－0.7 mm
	M1516－07	1.2 mm	Y1516－07	1.8 mm	－0.6 mm
	Y1516－08	2.5 mm	M1516－08	3.0 mm	－0.6 mm
中部	Y1516－09	3.2 mm	M1516－09	3.3 mm	－0.1 mm
	Y1516－10	3.9 mm	M1516－10	4.1 mm	－0.2 mm
	Y1516－11	2.9 mm	M1516－11	2.9 mm	0 mm
	Y1516－12	3.0 mm	M1516－12	3.0 mm	0 mm
	M1516－13	0.9 mm	Y1516－13	1.4 mm	－0.5 mm

① 我們對《殷高宗問於三壽》中具有反印關係的圖像采集點進行了編號，其中反印墨迹以字母“M”開頭，它所對應的源文字或筆畫以字母“Y”開頭，具體的測量點可參看圖 1 至 31。數據是根據圖版測量而得，精確到 0.1 mm，誤差±0.1 mm。

續 表

位置	簡 15 采樣點	距簡左邊距離	簡 16 采樣點	距簡右邊距離	距差
下部	Y1516 - 14	2.5 mm	M1516 - 14	4.1 mm	−1.6 mm
	M1516 - 15	0.3 mm	M1516 - 15	2.0 mm	−1.7 mm

表 2

位置	簡 14 采樣點	距簡左邊距離	簡 17 采樣點	距簡右邊距離	距差
上部	M1417 - 01	2.8 mm	Y1417 - 01	2.9 mm	−0.1 mm
	Y1417 - 02	2.6 mm	M1417 - 01	2.2 mm	0.4 mm
中部	Y1417 - 03	4.2 mm	M1417 - 01	2.7 mm	1.5 mm
	M1417 - 04	4.1 mm	Y1417 - 01	2.5 mm	1.6 mm
	M1417 - 05	4.5 mm	Y1417 - 01	2.8 mm	1.7 mm
	Y1417 - 06	4.7 mm	M1417 - 01	2.9 mm	1.6 mm
下部	Y1417 - 07	4.4 mm	M1417 - 01	2.8 mm	1.6 mm

表 3

位置	簡 13 采樣點	距簡左邊距離	簡 18 采樣點	距簡右邊距離	距差
上部	M1318 - 01	3.4 mm	Y1318 - 01	2.9 mm	0.5 mm
中部	M1318 - 02	5.0 mm	Y1318 - 01	3.0 mm	2 mm

表 4

位置	簡 12 采樣點	距簡左邊距離	簡 19 采樣點	距簡右邊距離	距差
上部	M1219 - 01	5.1 mm	Y1219 - 01	2.4 mm	2.7 mm
中部	M1219 - 02	2.9 mm	Y1219 - 02	1.2 mm	1.7 mm
	Y1219 - 03	3.8 mm	M1219 - 03	2 mm	1.8 mm
	M1219 - 04	4.4 mm	Y1219 - 04	2.9 mm	1.5

表 5

位置	簡 11 采樣點	距簡左邊距離	簡 20 采樣點	距簡右邊距離	距差
上部	Y1120－01	3.1 mm	M1120－01	1.0 mm	2.1 mm
	Y1120－02	2.9 mm	M1120－02	0.9 mm	2.0 mm
中部	M1120－03	4.1 mm	Y1120－03	3.1 mm	1.0 mm
	M1120－04	2.8 mm	Y1120－04	1.8 mm	1.0 mm
	M1120－05	4.1 mm	Y1120－05	3.2 mm	0.9 mm
	Y1120－06	4.8 mm	M1120－06	4.0 mm	0.8 mm
	M1120－07	4.0 mm	M1120－07	3.5 mm	0.5 mm
	Y1120－08	4.9 mm	M1120－08	4.1 mm	0.8 mm
	Y1120－09	2.0 mm	M1120－09	1.0 mm	1.0 mm
下部	M1120－10	2.5 mm	Y1120－10	2.7 mm	－0.2 mm

表 6

位置	簡 10 采樣點	距簡左邊距離	簡 21 采樣點	距簡右邊距離	距差
中部	Y1021－01	2.1 mm	M1021－01	2.1 mm	0 mm
	Y1021－02	2.4 mm	M1021－02	2.8 mm	—0.4 mm

表格中的“距差”反映的是兩支具有反印關係的竹簡的錯位距離，也可理解爲它們距離對稱中軸的相對距離差。距差爲“0”時，説明它們與對稱中軸距離相等；距差爲負值，説明前一個點比後一個點距對稱中軸更近；距差爲正值時，説明前一個點比後一個點距對稱中軸更遠。在竹簡完全筆直的情況下，兩支互相反印的竹簡上的各對應點的“距差”應該是相等的。實測的數據顯然與我們的設想有出入，説明在産生反印墨迹的時候，竹簡已經産生了一定的形變，這種形變可能是在取材時即已産生，也可能是因兩端編繩鬆散而形成的。

該篇竹書完整時應有 28 支(今缺第 3 簡)，簡 15、16 接近正中，推測竹書全篇當時曾對折存放。但 1—9 簡與 22—28 簡上，並没有發現明確的反印墨迹，很可能在反印墨迹形成時，該篇首尾兩部分竹簡已經散亂。

根據常識，對折後再卷起的竹書，由於内外兩層周長有差，原本相對應的竹簡一定會依次錯位。在我們的實測數據中，距離中軸較遠的簡10、21的距差，與簡15、16的數據相差甚微，它們中間各簡的數據也没有呈現遞減或遞增的變化，依次錯位的現象並不存在，説明該篇竹書很可能當時没有卷起存放。

相類似的情況也出現在《算表》簡中。肖芸曉女士根據其中的反印墨迹指出，《算表》是一種兩側先分别對折，再向中間對折的收卷方式，[①]這一推論我們認爲是十分正確的。《算表》《殷高宗問於三壽》兩篇竹書的存放方式，與我們傳統的認爲以首簡或末簡爲中軸向另一端卷起的收卷方式，是很不相同的，這是通過反印墨迹的研究給我們帶來的新的認識。

從首簡或末簡卷起收卷的方式，會使篇首的幾支簡因正面緊貼而形成反印墨迹，在《天子建州》乙本簡1與簡2、《鄭子家喪》乙本簡1與簡2都發現了近似的現象。但是，若要得到更可靠的有關收卷方式的結論，尚需結合該篇其他各簡上的信息以及簡背的圖像進行綜合考察。

另外還要補充的是，《算表》簡2、1、3在與簡4、5、6對折時産生了較大的錯位，致使簡1上同時出現了簡5和簡6的反印墨迹，參看圖39、40，我們根據這一現象測量了簡5與簡6在墨迹被反印時的實際間距，約爲3.2 mm，與一般情況下相鄰兩簡貼合編連的情況有些出入，推測這也是因爲編繩朽爛後竹簡散開而造成的。

三、對竹書編連的再認識

整理新發現的竹書，首要的工作是對散亂無序的竹簡進行編連。隨着我們對竹書形制研究的逐漸深入，可資利用的知識也不斷增多，總結起來至少有下列五方面内容能够對竹書編連起到參考作用：

1. 書手的書風

對於竹書的整理而言，書寫風格的分類應該是第一步。由於書手的不同，呈現出的字體、用筆方式、字距布局等都會有顯著的差别，這是一目可見的直觀感受。通常來講，一批竹書中會發現若干個書手，每個書手又會抄寫若干篇文章，而對於同一篇竹書而言，一般都會由一個書手完成。因此，根據書手的書風，可以將散亂的竹書進行大的歸類。當然，這一標準也不乏例外，如上博簡的《競建内之》與《鮑叔牙與隰朋之諫》本應屬同一篇竹書，而兩者的書風在總體上却大相徑庭，後經學者們的仔細研究發現，《競建内之》在簡7、8、9中出現了與《鮑叔牙與隰朋之諫》字體風格相同的字

① 肖芸曉：《清華簡〈算表〉收卷方式小議》。

迹,[①]二者之間的關係昭然若揭。可見,書手的書風既可以作大的分類參考,也可以爲竹書的編連提供細節上的依據。

2. 竹簡的長、寬和簡背的竹節位置、劃痕關係

之所以將這四種信息歸爲一類,是因爲它們都與竹簡的前期製作工藝密切相關。簡背劃痕並不是每支簡都有,在早些年有關竹書的整理報告中,簡背照片公布的很少,但仍可找到簡背有劃痕現象的例子,如上博簡《容成氏》簡 53 的背部,後來發現的北大漢簡、嶽麓秦簡也都出現了大量的例子,可見這一現象是比較普遍的。在清華簡一至三輯發表後,我們曾根據已有的簡背圖像進行分析,指出簡背劃痕是在竹節被削刮掉之前的"竹筒形態"上形成的。對竹筒進行刻劃的目的,是爲了方便後面對竹簡進行抄寫和編連的人能够按照劃痕的編排依次取簡,然後,因相鄰兩支竹簡曾同用一道切縫,在將其臨接編連後就會具有"嚴絲合縫"的效果。[②] 簡背劃痕能完全貫聯反映的是製簡工藝的一種理想化的操作流程,而在實際操作中,書手常常没有按照順序取簡,致使預期的效果無法實現。因此,劃痕關係對編連簡序的可靠程度相對較低。但仍須指出的是,同一篇竹書往往使用一個或幾個"竹筒"完成,竹簡的長、寬相對統一,根據竹簡的長、寬和其背部的竹節位置、劃痕關係將竹書内容進行粗略的分組,是很有效的辦法。

3. 竹簡的契口和編痕

同一篇竹書會擁有同樣位置的契口和編痕,根據契口和編痕的位置也可以對竹書進行粗略的分篇,這已是整理竹書的常識。需要注意的是,有些内容相對獨立的書篇,也會擁有位置相同的契口和編痕,我們不能排除它們有可能曾經編連在一册。例如,學者們通過研究發現,清華簡《赤鵠之集湯之屋》《尹至》《尹誥》三篇關係密切,它們不僅擁有相同位置的契口和編痕,其簡背的劃痕也有貫連關係,而且這三篇都是敘述伊尹與湯的事迹,完全有可能當時依次編連在一册。[③] 這種現象無疑爲我們理解古書的分卷提供新的知識。

---

① 參看李松儒:《戰國簡帛字迹研究——以上博簡爲中心》,博士學位論文,吉林大學,2012 年,第 194—198 頁。

② 參看賈連翔:《試借助數字建模方法分析清華大學藏戰國竹簡簡背劃痕現象》,出土文獻與中國古代文明研究國際學術研討會論文,北京,2013 年 6 月。《江漢考古》2015 年,待刊稿。【編按:此文現已收入本書。】

③ 參看孫沛陽:《簡册背劃綫初探》,《出土文獻與古文字研究》第 4 輯,上海:上海古籍出版社,2011 年,第 458 頁;肖芸曉:《試論清華竹書伊尹三篇的關聯》,簡帛網,2013 年 3 月 7 日,http://www.bsm.org.cn/?chujian/6015.html。綜合孫、肖二位先生的觀點,此三篇編連的順序依次是《赤鵠之集湯之屋》《尹至》《尹誥》,但《赤鵠之集湯之屋》在簡末有篇題,若三篇編爲一卷,則該篇題在簡背卷中位置,這是個不太容易解釋的問題,故我們只能説不排除它們有編在一卷的可能。

4. 竹書的原有編號

部分竹書寫有編號，或位於簡背被削治過的竹節處，或位於正面的簡底部，它們可以作爲竹簡排序最直接的依據。然而，編號也未必都是準確的，例如：《繫年》簡全篇 138 支，在簡 52、53 背面出現了兩次"五十二"，後面依次錯編，直至簡 88、89 背面，又分别記爲"八十七""八十九"，漏編了"八十八"。如果説《繫年》原編號的錯誤尚未對簡序産生大的影響，那麽前文討論的《殷高宗問於三壽》中原編號"十"與"十五"兩簡位置的錯换，就需要我們仔細地加以糾正了。從《殷高宗問於三壽》簡序錯誤的現象可以看出，一些竹書簡背序號的抄寫，是在正文内容抄寫之前，竹簡尚未編連成册時就已完成了，這與竹書的最終編成還有一段距離，其間出現錯誤的可能性是很大的。

5. 竹書的反印墨迹

從我們前面舉的例子可以看到，這種現象在竹書中經常出現，尤其是在污垢比較多的竹簡上以及字迹抹滅、漫漶不清的地方，其作用也不容忽視。將我們找的例子綜合起來看，反印墨迹最大可能是産生在墓葬環境中，根據反印墨迹對竹簡進行編排，至少能够反映這些竹簡在墓葬中的擺放次第，這種次第應當與竹書的原貌比較接近。我們對《殷高宗問於三壽》篇簡序的調整在一定程度上説明，有規律的反印墨迹比竹簡的原編號更爲可靠。對於一些没有編號的竹簡，反印墨迹就顯得更爲珍貴，如在《從政》中發現的反印墨迹可以爲簡序的排定提供參考，這個問題我們將另文討論。至於利用反印墨迹可以恢復部分竹書的收卷方式，尚須要依靠大量的發現和仔細的比對，本文涉及的一小部分内容僅僅是這個工作的開始。

以上五點，概括得恐怕不够完全，對竹書的整理是一個逐漸深入的過程，編連只是這項工作的前奏，在綜合上述形制參考之後，能够使文意内容聯通，才是竹書編連的最後檢驗。我們希望通過這一系列的認識，能够將竹書的編連工作做得更加準確，以期呈現出竹書最本真的面貌。

【編按：本文刊發於《出土文獻》第 6 輯，上海：中西書局，2015 年，第 229—245 頁；文稿的主要内容又收於《形制》一書中。

本文是十年前的舊稿，之所以收入本書，一方面是因"反印墨迹"現象在竹書復原中的重要意義愈發凸顯，本文是對此的系統研究，可以爲理解本書中所收其他文章中的相關討論提供幫助。另一方面則是要借此對文中的一則關鍵材料作以訂正：

《清華大學藏戰國竹簡（伍）》（上海：中西書局，2015 年，第 18—21 頁）所收《殷高宗問於三壽》簡 10（整理號：0750）、簡 15（整理號：0752）的背面圖版排版有誤，實應對調。這一錯誤在整理小組討論時所用的圖版初稿中即已形成，遺憾未能及時發現並糾正，導致整理報告中誤認爲，本篇"序號有錯亂，其中原簡編號'十五'者當排在第十簡位置，而原編號'十'者當排在第十五簡位置，今已據文意互换"（同書，第149頁）。糾正這兩支簡的背面圖版後，本篇實際上仍是按原序號編連的。

本文曾根據反印墨迹論證本篇正面文字的編排次序，但根據錯誤的簡背圖版，將此篇列爲竹簡不按順序編號的例子，現在看來這個例子是不成立的，據此而作的相關討論都應當作廢。】

戰國竹書整理的一點反思

——從《天下之道》《八氣五味五祀五行之屬》《虞夏殷周之治》三篇的編連談起

在戰國竹書整理過程中，對於形制、字迹的分類總是首先要做的工作，内容的編連劃分應以此爲畛域，這已逐漸成爲研究者的常識。[①] 清華簡第八輯中收録有《天下之道》《八氣五味五祀五行之屬》《虞夏殷周之治》三篇古書（以下分别簡稱爲"《天》""《八》""《虞》"），它們的形制近似，字迹相同，内容却各自獨立，整理報告按照傳統的方式，從文意的角度出發，將三者進行了分篇處理。隨着有關竹書形制研究的日趨深入，我們對竹書分篇分卷的問題逐漸有了一些新的認識，[②]在竹書整理中，"一篇古書"與"一卷竹書"的概念愈發需要清晰辨别，這也促使我們不得不對以往的整理方法和原則進行重新審視。本文試從《天》《八》《虞》三篇的編連談起，對目前正在進行的戰國竹書的整理工作提出一點淺見，不當之處請大家指正。

先來看《天》《八》《虞》三篇簡文的字迹。我們認爲它們應同屬一個書手，這從下面所舉的幾個共見字中就可以明瞭。

---

① 在某些極其特殊的情況下，畛域偶爾也會被逾越，比如上博簡的《競建内之》與《鮑叔牙與隰朋之諫》内容上屬同一篇古書，而兩者的字迹特徵却大相徑庭，後經學者們的仔細研究發現《競建内之》在簡 7、8、9 中出現了與《鮑叔牙與隰朋之諫》字體風格相同的字迹。參見禤健聰：《上博楚簡（五）零札（一）》，簡帛網，2006 年 3 月 5 日，http://www.bsm.org.cn/show_article.php?id=226；郭永秉：《關於〈競建〉和〈鮑叔牙〉的字體問題》，簡帛網，2006 年 3 月 5 日，http://www.bsm.org.cn/show_article.php?id=262；李松儒：《戰國簡帛字迹研究：以上博簡爲中心》，上海：上海古籍出版社，2015 年，第 315—322 頁。這種情況殊爲特别，不致於影響我們對整理總體原則的把握。

② 這裏所稱的"篇"是從文意角度所作的劃分，"卷"則是根據竹書實物形制所作的劃分，馬楠女士認爲前者是"内容單位"，後者是"形式單位"，是比較準確的。"卷"本是形容一組竹簡（或縑帛）"卷折"在一起的狀態，由於能够舒卷的一組竹簡每每是編連爲一"册"的，因此，從這個意義上講"册"（或假爲"策"）與"卷"的所指應是一致的。因《漢書・藝文志》稱"卷"而不稱"册"，故本文也采用"篇""卷"作爲竹書的單位名稱。

共見字	之	至	變	弌	爲	器	者	昔	車
《天》									
	簡 1	簡 3	簡 3	簡 1	簡 2	簡 1	簡 1	簡 3	簡 3
《八》						—	—	—	—
	簡 1	簡 5	簡 1	簡 5	簡 4	—	—	—	—
《虞》			—	—	—				
	簡 1	簡 1	—	—	—	簡 1	簡 3	簡 1	簡 3

這一類字迹還見於《鄭武夫人規孺子》《子儀》《鄭文公問太伯(甲、乙)》《趙簡子》《越公其事》等,在清華簡未發表的篇目中也還見有此人的字迹,所占比例是很大的。根據字迹特點,我們可以初步判斷《天》《八》《虞》三篇有可能具有一定的關聯。

再來看竹簡的尺度。經測量《天》《八》的完簡長皆約 41.5 釐米,寬 0.6 釐米,《虞》略長一點,是 41.6 釐米,寬也是 0.6 釐米。考慮到可能發生的變形和收縮因素,竹簡長度上這種 0.1 釐米的差距一般是可以忽略的,但是如果我們再參核簡背的情況,就會發現《天》《八》兩篇簡背竹節的位置是相同的,也就是説它們所用的是同一段竹筒,因此這個長度上的差别是本質性的。根據竹簡的長度和竹節位置,我們可以暫時將《虞》與《天》《八》分開研究。

接下來先看《天》《八》兩篇的簡背信息。這兩篇所含的十四支竹簡不僅竹節位置相同,劃痕也是可以貫連的,這當然是由劃痕工藝産生於竹筒形態所決定的。考慮到這道劃痕十分纖細,不便觀察,我們在此補充一張放大的示意圖,參看圖 1。

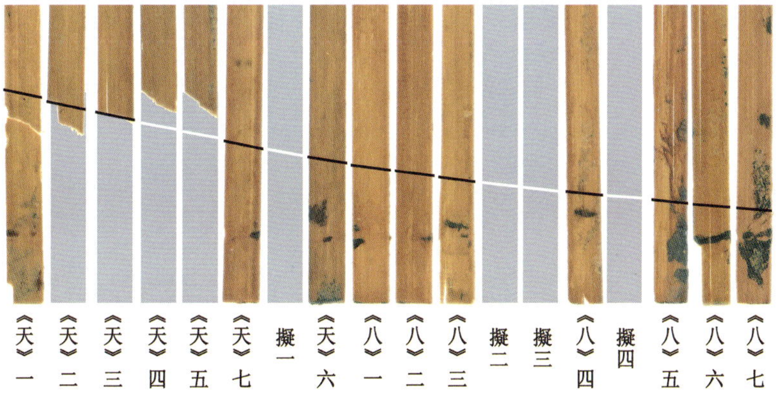

圖 1　《天下之道》《八氣五味五祀五行之屬》簡背劃痕關係示意圖

由圖1可見,《天》四、《天》五兩簡下端殘斷,劃痕已不見,與之相鄰的《天》二、《天》三兩簡都是在劃痕處折損的,這四支簡形成了有關聯的殘損形態,因此把它們編連在一起是合理的。對目前尚存的劃痕進行分析可以知道,這道劃綫仍是具有一定弧度的。依照弧度的變化規律,我們在其中補入了八支"模擬簡"。前四支是爲補齊《天》二至五的殘缺,進而明確《天》七應接在《天》五之後,而補入"擬一""擬二""擬三""擬四"四支簡,則是爲了進一步估算缺簡的數量。

另外,我們還在《八》六的簡背發現一定數量的反印墨迹,但這組反印墨迹過於瑣碎,没有形成完整的字形筆畫,即使是大略的字距行款,也無法與這組竹簡正面文字相對應,因此我們推測這組反印墨迹可能源於某支缺簡。除此之外我們尚未發現能够對編連提供有效幫助的污痕、折痕等信息。因此,關於這組竹簡編連的討論,簡背劃痕是主要的依據。

從復原的劃痕示意圖(圖1)得到啟發,我們認爲《天》《八》兩篇原應是"一卷竹書",或者是"一卷竹書"的一部分。

前文已提到"一卷竹書"意即編連成一册的竹簡。通常來講,從形制上判斷一組竹簡是否編連在一起,不僅要滿足相同的字迹、尺度、竹節位置,以及簡背劃痕的貫連關係,更重要的是具有相關的編連信息。準確地説,相同的字迹、尺度、竹節位置以及劃痕,只能説明竹簡抄寫的"同時性",這種"同時性"可以爲編連成"一卷"提供可能,而編連信息才是最直接的證據。這裏講的編連信息,主要是指編痕契口的數量和位置情況,在一些偶然情況下,還要包括反印墨迹,有規律的殘痕、污痕等。對於《天》《八》這組竹簡,我們找不到其他信息的支持,僅從兩篇的編痕契口數量和位置去判斷,它們的確是完全相同的,詳細情況參看圖2。

以上所講的都是形制上的一般特點,引發我們深入思考的,也是本文所要重點指出的,是《天》《八》兩篇十分特殊的繕寫格式。這兩篇簡文都采用了分段轉行的繕寫格式,即一段内容結束後,在段尾施以絶止符,餘簡留白,轉行簡首開寫新的一段内容。根據絶止符數量等内容判斷,《天》篇包括四個段落,《八》篇也至少有四個段落。

總體來看,《天》《八》兩篇具有相同的字迹,相同的竹節位置,貫連的簡背劃痕,相同的編痕契口位置,以及相同的分段轉行繕寫格式,如果説其中每一條都有可能是巧合,那麽總和在一起恐怕就不能視作偶然現象了,説明它們很可能是編連在一起的"一卷竹書"。明確了這一點,我們再來討論這卷竹書的内容和簡序問題。

這卷竹書整體上還應按照劃痕的貫連順序進行編連,唯有一處尚可調整。從簡文内容上看,《八》四上抄録的"五味"並不完整,前面顯然是有缺簡的,所缺的應當就

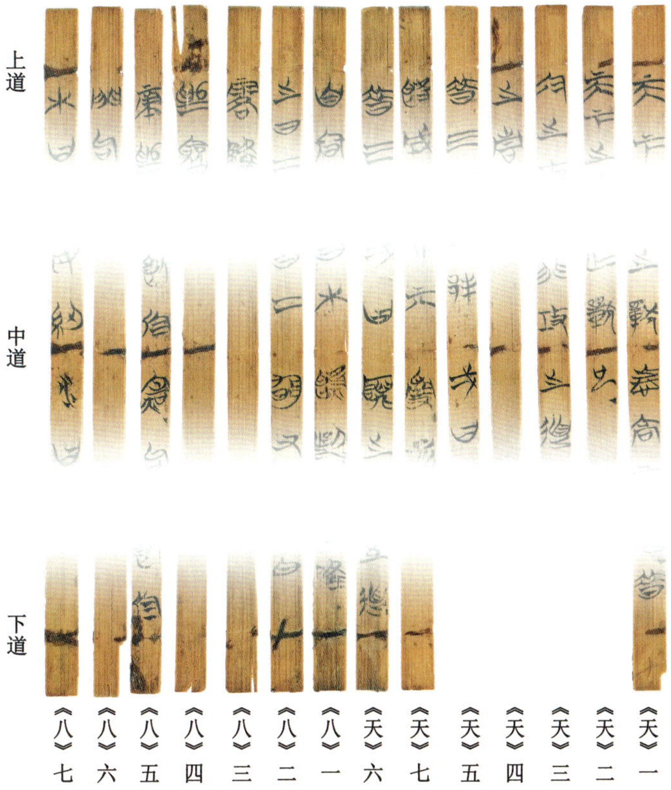

圖 2　《天下之道》《八氣五味五祀五行之屬》的編痕契口位置圖

是圖 1 中補的"擬二""擬三"。《八》五以"帝爲五祀"開頭,前面似無缺文,圖 1 中所補的"擬四"很可能是作爲廢簡没有編入本篇。《八》篇中所包括的四段内容,各自按照劃痕順序編連,文意都是暢通的,因此,四段之間按照劃痕順序編連也是理所當然。

可以調整的一處在《天》與《八》兩篇的銜接位置。按照劃痕規律,《天》七是在《天》五之後的,這樣銜接其實文意也可以講通,文曰:"昔三王者之所以取之₌(之之)器,弌(一)曰逯(歸)之以中以安亓(其)邦,弌(一)曰逯(歸)之晉(謀)人以敚(奪)志₌(之志),弌(一)曰腜(戾)亓(其)脩以蘩(離)亓(其)衆。□□【《天》簡5】既成,乃速用之。……【《天》簡7】"《天》五簡末殘損,似可補入"三器"兩字。《天》七文末已見絶止符,故下一支簡應是另起的一段内容,《天》六排在其後是比較合適的,但《天》六的内容並没有完結,它的簡背劃痕却與《八》一緊接,是矛盾的關鍵所在。從劃痕規律看,《天》七與《天》六之間也是有一支簡的缺失,即圖 1 中補入的"擬一",我們認爲在原簡的編連中《天》六與"擬一"應是對調的關係,也就是説在這個位置上,抄手曾有錯序取簡的情況發生。類似的情況可以參看《鄭武夫人規孺子》篇的簡九、[①]《鄭文公問太伯(乙)》的簡十一等,其表徵都是在整體劃痕貫連的前提下,個別竹簡劃痕次序錯位。

① 賈連翔:《清華簡〈鄭武夫人規孺子〉篇的再編連與復原》,《文獻》2018 年第 3 期。

今將我們擬定的編連順序列爲圖3。還要説明的是,由於這篇簡文采用了分段轉行的繕寫格式,目前還無法判斷它的完整篇幅,因此它仍有可能是"一卷竹書"的一部分。

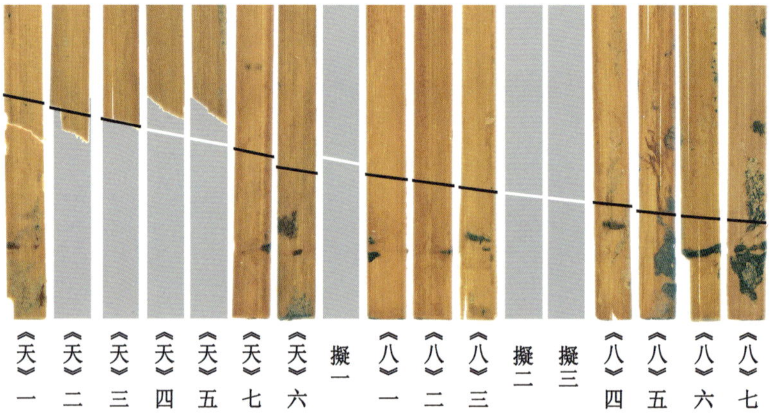

圖3 《天下之道》《八氣五味五祀五行之屬》編連順序

根據上述討論,可將這組竹簡調整簡序後的釋文重新抄録如下:

天下之道弍(二)而攺(已),弌(一)者獸(守)之=(之之)器,弌(一)者攻之=(之之)器。今之獸(守)者,高亓(其)城,深亓(其)涇(洼?)而利其樻(渠)隵(幨),菅(管)亓(其)飤(食),是非獸(守)之道。昔【《天》簡1】天下之獸(守)者,民心是獸(守)。女(如)不旻(得)亓(其)民之情爲(僞)眚(性)教,亦亡獸(守)也。【《天》簡2】

今之攻者,多亓(其)車兵,至亓(其)樟階,以䜌(發)亓(其)一日之妄(怒),是非攻之道也。所胃(謂)攻者,㬥(勝)亓(其)民之心,是胃(謂)攻。女(如)不旻(得)[其民]【《天》簡3】之青(情),亦亡(無)攻也。【《天》簡4】

昔三王者之所以取之=(之之)器,弌(一)曰逯(歸)之以中以安亓(其)邦,弌(一)曰逯(歸)之𢘽(謀)人以敓(奪)志=(之志),弌(一)曰賑(戾)亓(其)脩(?)以𩁹(離)亓(其)衆。□□【《天》簡5】既成,乃速用之。女(如)不旻(得)用之,乃夏(顧)僕(辨?)之,女(如)弗僕(辨?),邦豪(家)亓(其)䜌(亂),孫=(子孫)不眉(昌)。【《天》簡7】昔三王之所胃(謂)軙(陳)者,非軙(陳)亓(其)車徒,亓(其)民心是軙(陳)。弌(一)曰礪(勵)之,弍(二)曰僡(勸)之,三曰駇(鶩)之,四曰𢟍(壯)之,五曰戩(鬬)之。五道【《天》簡6】……

自畬(冬)至以簫(算)六旬䜌(發)燹(氣),自䜌(發)燹(氣)之日二旬又五日木燹(氣)渴(竭),進退五日,自渴(竭)之日三旬又五日甘零(露)降,自降【《八》簡1】之日二旬又五日𦭝(艸)燹(氣)渴(竭),進退五日,自𦭝(艸)燹(氣)渴(竭)之日二旬又五日不可以𤔲(稱)火,或弌(一)旬日南〈北〉至,或六旬白【《八》簡2】零(露)降,或六旬霜降,或六旬日北〈南〉至。【《八》簡3】

……爲叡(斂),甘爲緩,故(苦)爲固,辛爲䜌(發),鹹爲淳。【《八》簡4】

帝爲五祀，旬（玄）冥銜（率）水飤（食）於行，祝融（融）銜（率）火以飤（食）於𥨭（竈），句余亡（芒）銜（率）木以飤（食）於户，司兵之子銜（率）金以飤（食）於【《八》簡5】門，句（后）土銜（率）土以飤（食）於室中∠。【《八》簡6】

木曰隹（唯）從母（毋）怫（拂），火曰隹（唯）啻（適）母（毋）𢘅（違），金曰隹（唯）𢇍（斷）母（毋）紉，水曰隹（唯）攸母（毋）㞢（止），土曰隹（唯）定母（毋）困。【《八》簡7】

如果以上編連能夠成立的話，這卷竹書的内容是比較龐雜的，類似於《禮記》。依摘字命名的原則，仍可稱之爲“天下之道”。①

下面再來討論《虞》篇的編連問題。在第八輯整理過程中，我們曾將一枚字迹與這三篇完全相同的殘簡，編入《天》的篇末。後來，外審專家指出這枚殘簡的契口位置與《天》篇不同，建議暫時擱置，不發表。經過進一步比對，我們認爲這支簡可能與《虞》篇同屬一部書。

從形制上看，這枚殘簡僅剩下竹簡的下半，見有契口，其位置雖然與《天》《八》不同，但與《虞》篇是完全吻合的。最有特點的是它的抄寫，字間距十分緊密，末尾一字甚至寫到了下道編繩與簡下端之間的“地脚”位置裏，其後也有絶止符。從抄録的文字内容看，明顯是一篇古書的結尾，因此，它局促的抄寫特點也便容易理解了。值得注意的是，這枚殘簡背面雖已不見竹節，但却是有劃痕的，而且這道劃痕可以與《虞》篇三簡相貫連，參看圖4。

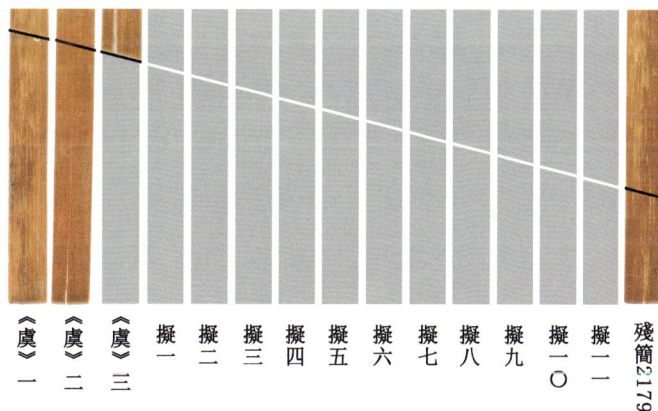

圖4 《虞夏殷周之治》與一枚殘簡的劃痕關係

《虞》篇的内容是比較完整的，第三簡篇末見有絶止符，所以從文意的角度將它單獨成篇本是可以成立的。但是這篇内容著實太短，受到《天》《八》的啟發，我們揣想《虞》篇也是“一卷竹書”的一部分，這卷竹書應該也是采用了分段换行的抄寫格式。

① 本文寫作期間曾與程浩先生討論，我們曾將本篇内容“雜”的特點與郭店簡《語叢》相比，程先生認爲本卷内容似今本《禮記》，並將其題爲“天下之道”。

除了上面提到的這枚殘簡外，在清華簡未公布的篇目中還有一部分竹簡與《虞》篇的編痕、契口以及竹節位置都相同，劃痕也可以貫連，我們推測可能都屬於這卷竹書。至於這卷書的整體面貌和性質，只能待材料全部發表後再做討論。

《天》《八》《虞》這種分段换行的抄寫格式其實並不是第一次見到。此前比較典型的是《繫年》和《越公其事》，前者分了二十三段，後者分了十一段，整理者正是以這種格式爲主要依據，將簡文分了相應的章目。《趙簡子》其實也是分段换行抄寫的格式，整理者是把它看作了前後兩部分。當然，這三卷古書由於主題比較鮮明，我們還是各自按照"一卷竹書"的原則進行整理的。

有些類似的分行段落，在整理時則被劃分爲不同的"篇"，因此不容易看出"一卷竹書"的關係。比如《説命》上、中、下三篇，《書序》云："高宗夢得説，使百工營求諸野，得諸傅巖，作《説命》三篇。"簡本《説命》三篇簡背各自編號，每篇最末一簡背面均題有"尃(傅)説之命"的篇題，與《書序》"三篇"的説法是相合的。從簡背的竹節位置看，三篇所用竹簡雖然比較"雜"，但仔細觀察仍能辨出，《説命(上)》的簡六與《説命(中)》的簡一、三的竹節位置是相同的，所用應爲同一段竹筒，《説命(上)》的簡七倒置之後，與《説命(中)》的簡二、四、五、六、七也應屬於同一段竹筒，參看圖5。再結合三篇字迹相同、長度相同、編痕契口位置相同綜合判斷，《説命》三篇原來也應是"一卷竹書"。①

圖5 《説命》上、中、下三篇所用竹簡情況

---

① 程浩先生也有相同的認識，參看其《古書成書研究再反思——以清華簡"書"類文獻爲中心》，《歷史研究》2016年第4期。

由此還可以想到《尹至》《尹誥》《赤鵠之集湯之屋》三篇，肖芸曉女士曾指出這三篇也是同抄在一册的。① 它們同樣具有相同的字迹、相同的編痕契口位置，部分竹簡還有相同的竹節位置、貫連的簡背劃痕。同時，這三篇皆以"伊尹"爲相同的内容主題。從形式上看，也可以將其理解爲分三段换行抄寫的"一卷竹書"，只是三段内容在集録之前原本也是各自成篇的，故其背後各自編號，或有獨立篇名。

《湯在啻門》和《湯處於湯丘》兩篇也具有相同的字迹、相同的編痕契口位置。不僅如此，我們還發現《湯在啻門》的簡二一（最末一支簡）與《湯處於湯丘》前十七支簡的竹節位置也是相同的，參看圖 6。從内容上講，它們也都是與"伊尹"相關的故事。將這些信息綜合起來考慮，這兩篇原本也應是編連成一册的。大概《湯在啻門》在前，《湯處於湯丘》在後。這"一卷竹書"抄寫上的分段情況與《趙簡子》、《説命》三篇、《尹至》等是類似的，只是所分段落的篇幅更大罷了。

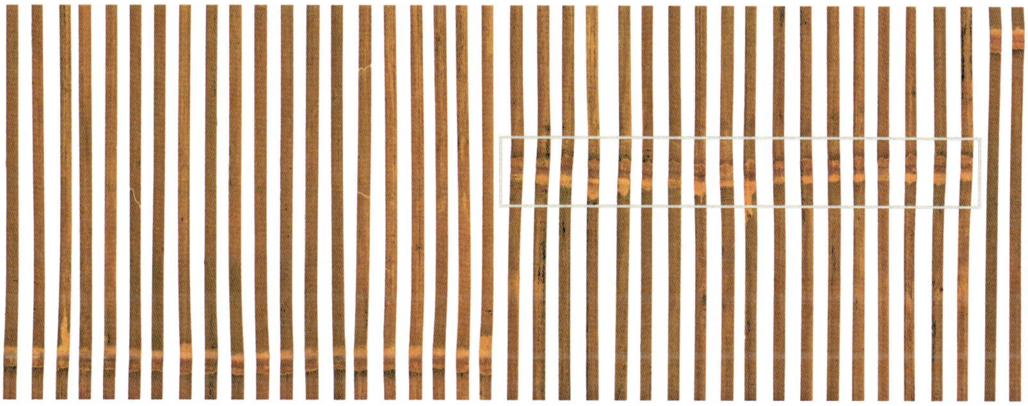

圖 6 《湯在啻門》《湯處於湯丘》兩篇所用竹簡情況

"一卷竹書"有時是由"一篇古書"的甲、乙本組成的。這一情況可以參看《鄭文公問太伯（甲、乙）》篇，甲、乙兩本也可以靠抄寫的分段格式進行區分。兩個本子的内容基本是相同的，區别主要在於用字上，直接體現了"共時"出現的不同傳本的特點。從形制上看，這兩個本子也具有相同的字迹、尺度和編痕契口位置。尤其是乙本的十一支簡和甲本的簡一〇至一三，背面的竹節位置也是相同的，參看圖 7。這十五支簡也具有一道可以貫連的劃痕。原書的編連順序大概甲本在前，乙本在後。

① 參見肖芸曉：《試論清華竹書伊尹三篇的關聯》，簡帛網，2013 年 3 月 7 日，http://www.bsm.org.cn/show_article.php?id=1834。

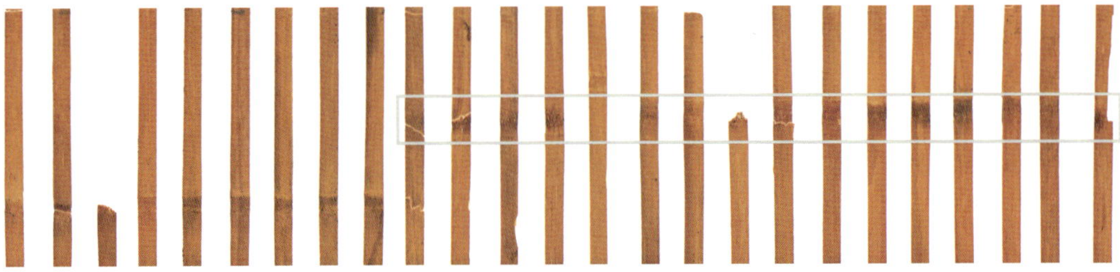

圖 7 《鄭文公問太伯(甲、乙)》篇所用竹簡情況

從繕寫的角度講,分段换行與在絶止符、界格符後面續寫,每每並無本質上的區别,[①]後者還可舉出上博簡的《昭王毁室 昭王與龔之脽》《莊王既成 申公臣靈王》等。比較特别的是《良臣》和《祝辭》兩篇,《良臣》采用了在界格符後面續寫的格式,而《祝辭》則是分段换行的格式。二者文意毫無關聯,内容性質也大不相同,但這兩篇同樣也具有相同的字迹、相同的尺度、貫連的簡背劃痕、相同的編痕契口位置,原來也應該是“一卷竹書”,參看圖 8。

圖 8 《良臣》《祝辭》兩篇所用竹簡情況

先秦古書大多單篇流傳,“一卷竹書”爲“一篇古書”的情況應該是最爲常見的,但以上由《天》《八》《虞》的分段换行繕寫格式所連類而及的内容,都屬於在“一卷竹書”

① 郭店簡《老子》《緇衣》一類書中的所謂“分章符號”也可以作相同的理解。

中囊括了“多篇古書”的情況，是我們在竹書形制研究中新的認知。在以往的整理過程中，大家往往忽略了“一卷竹書”的形制特點，偏重從文意的角度去分篇，從而隱沒了一些有關竹書“篇”“卷”問題的重要信息。從竹書整理的角度講，我們認爲“復原竹書的原始面貌”應是需要把握的首要原則，能够明確是“一卷竹書”的，應該作爲一個整體來整理，文意上的“分篇”（或“分章”）要以此爲基礎，這樣才會幫助我們更好地瞭解古書形成、流傳和發展的情況。這也是我們對以往整理工作的一點反思。當然，由此一定會引發關於古書“篇”“卷”的重新認識，這部分内容則已超出本文想要論述的主要問題，我們另有文章專門討論。[①]

附記：本文關於《天下之道》《八氣五味五祀五行之屬》兩篇的編連意見，曾於2017年12月12日呈整理小組討論。《虞夏殷周之治》與一枚殘簡的關係是在2018年6月16、17日專家審稿會結束後形成的新認識，7月2日我們核對清華簡剩餘篇目時，進一步明確了《虞》篇屬於“一卷古書”中的一部分的推測可以成立。本文撰寫過程中曾與馬楠、程浩先生多次討論，收獲甚多，誌此以表謝忱。

【編按：本文刊發於《出土文獻》第13輯，上海：中西書局，2018年，第142—152頁。文中所論《天下之道》等内容涉及的一卷竹書，殘損比較嚴重，目前正在整理復原中，計劃在清華簡整理報告最後一輯（第拾陸輯）中刊布。】

① 賈連翔：《戰國竹書“篇”、“卷”問題研究》，待刊稿。

從《治邦之道》《治政之道》看戰國竹書“同篇異制”現象

《清華大學藏戰國竹簡(捌)》曾收録一篇題爲《治邦之道》(以下簡稱《治邦》)的政論性文獻,共有 27 支簡,簡長約 44.6 釐米,三道編。這組竹簡原無次序編號,簡背雖有刻劃痕迹,但若全依刻劃排序,一些文句又扞格難通,加之竹簡篾黄一面頑固污垢較多,部分文字受之影響而無法確釋,在竹書編連復原方面難度頗大。整理報告最終確定的編連方案也還存有兩處疑慮:一是該篇第 27 號簡文末已有截止符,可確定爲尾簡,而其餘諸篇中不見篇首,只好認爲篇首已殘;二是根據簡背劃痕,第 14 號簡應排在第 13、15 號簡之間,但第 13、15 號簡内容可以連讀,其他各簡之間從文意上也排不下第 14 號簡,同時此簡“地脚”處還標有一個墨點,故整理者劉國忠先生認爲此爲“衍簡”。① 其實若將這二者綜合考慮,第 14 號簡最大可能應是屬於篇首所缺的部分,可惜此前受到資料和認識的局限,我們未能對這一想法做出可靠的論證。隨着第九輯整理工作的開展和深入,不僅上述問題的解決出現了轉機,而且一種特殊的竹書形制現象逐漸呈現在我們面前,本文試對此進行討論,請大家批評。

《清華大學藏戰國竹簡(玖)》中收有一組與《治邦》關係密切的竹簡,共 43 支,簡長約 44.2 釐米,三道編。這組竹簡在正面“地脚”處編有序號,第 1 號簡開頭言“昔者前帝之治政之道……”,簡文總體内容亦屬於政論性質,整理者李守奎先生因之題爲“治政之道”(以下簡稱《治政》)。

值得注意的是,這組簡的序號只從“一”編到“卌二”,無編號的 1 支(以下簡稱“第 X 號簡”)文字書寫極密,前 42 簡每簡寫有 46±5 字,第 X 號簡則有 65 字,且末字已寫至“地脚”處,占了編號位置。我們起初很自然地認爲,第 X 號簡是本篇的尾簡,其上字距密集是因爲書手想要在 43 支簡内完成此篇所致。類似情況可參考清華簡《攝

① 參見清華大學出土文獻研究與保護中心編,李學勤主編:《清華大學藏戰國竹簡(捌)・下册》,上海:中西書局,2018 年,第 135、143 頁。

命》篇，該篇有32支簡，簡背均有編號，滿簡書寫30±2字，唯尾簡書寫39字。按此思路，《治政》末尾三簡的内容是這樣的：①

……皮(彼)亓(其)行季(李)吏(使)人耊(來)請亓(其)古(故)，不聖(聽)亓(其)詞(辭)，唯從(縱)亓(其)志。皮(彼)乃斆(播)善執㥒(怨)，亦戒以㫘(待)之。【簡41】

□□□於山川、丘坴(社)、后禝(稷)，虗(吾)先祖、皇示、庶神，是亓(其)悃(惱)懋(懠)于我邦，以不右(祐)我事，卲(灼)龜，𥛃祀，祇(磔)禳，祈𡡈(佐)，𨑐(沉)□珪辟(璧)、我(犧)全(牷)，饋𢀒，以忻(祈)亓(其)多福，乃即以復(復)之。皮(彼)【簡42】

爲旹(時)以相見，坪(平)𠛗(遼)之㽞(中)，斅(鑿)杜敘(除)軙(軔)，被虖(甲)緄(纓)䨼(胄)，以衆相向。夫𤔔(亂)者乃違心𢡃(悁)㥒(怨)，不楫(輯)君事，以辱亓(其)君，事亡(無)成𥘵(功)，逿(疲)𨑫(敝)軍徒，𦿸(露)亓(其)車兵，以不旻(得)亓(其)意於天下，則或(又)咎天曰："毋(毋)乃虗(乎)！"【簡X】

細吟簡文不難發現，第41、42號簡之間的内容有跳躍，邏輯關係不清，二者僅僅是靠編號排在一起的。末句"則或咎天曰"後的"毋乃虗"也頗爲不辭，而第42號簡開始的"□□□非山川、丘社、后稷，以及吾先祖、皇示、庶神……"一段，則更符合"咎天"的内容。

若能將第42號簡和第X號簡的順序對調，上述問題便可得到很好的解決，但如此一來，勢必要打破竹簡的原編號，這須要有堅强的證據來支持。竹簡不按原編號編連的例子過去是出現過的，如在清華簡《殷高宗問於三壽》中，原編號爲"十"與"十五"的兩支簡，整理者就根據文意將其位置互换，我們也曾據該篇竹簡上的反印墨迹，證明這一調整是完全正確的。② 幸運的是，《治政》中也出現了不少反印墨迹，其呈現出的規律恰可證明，將末尾兩簡順序對調的設想是成立的。

通過觀察我們發現，《治政》末尾的12支簡曾以第37、38號簡的中縫爲軸對折過，從而依次在第32、33、34、35、36、37號簡與第42、X、41、40、39、38號簡之間形成了有對應關係的反印墨迹。這裏選出較爲明顯的第32、33、34號簡與第42、X、41號簡上的3組圖像作爲主要證據，具體情況見圖1所示。

另從文意看，第32、33號簡銜接部分爲"昔厽(三)弋(代)之相取，周宗之紿(治)庳(卑)，【32】𦘔(盡)自逵(失)秉……"文意很連貫；第33—34號簡銜接部分爲"句(苟)亓(其)舉(興)【33】人不厇(度)，亓(其)瀌(廢)人必或不厇(度)……"密合無間，可見第32、33、34號簡按照原編號編連並無問題。因此，根據反印墨迹的對應關係，末尾三

① 以下爲行文方便，用"41""42"指代原編號"卌一""卌二"的簡，後文對本篇其他有編號簡的稱引道理相同，與整理報告略有差異。

② 參見賈連翔：《反印墨迹與竹書編連的再認識》，《出土文獻》第6輯，上海：中西書局，2015年，第244頁。【編按：《殷高宗問於三壽》篇的例子現已不成立，詳見本書所收此文的"編按"説明。《治政之道》此處現已成爲竹簡不按原編號編連的重要例子。】

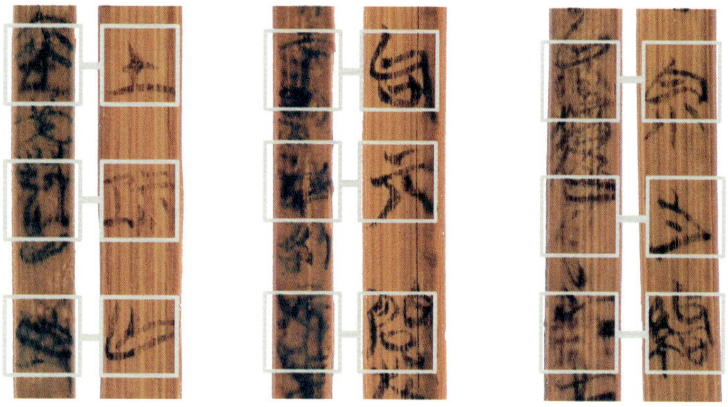

圖 1 《治政之道》第 32、33、34 簡與第 42、X、41 號簡反印墨迹對應關係

簡的原編連順序應是簡 41、X、42。

簡序確定後，一個新的問題擺在面前，《治政》第 42 號簡最末一字是"皮(彼)"，内容顯然没有結束，這組簡成了有首無尾的殘篇。此時我們又聯想到之前那篇有尾無首的《治邦》，方才悟到這兩組竹簡很可能是一篇竹書。

在《治政》文本的整理過程中，李守奎先生就發現它與《治邦》内容關係密切，思想也多吻合，很可能是同一作者。關於二者思想内容的一致性，陳民鎮先生後來寫有《清華簡〈治邦之道〉〈治政之道〉思想性質初探》，專門進行了討論。另從論述邏輯上看，簡文作者每每采用"今""昔"對比的方式，《治政》《治邦》也是一以貫之的。還可以補充的是，二者在斷讀符號使用上所反映出的"語言"特色，亦具有相同性。比如《治政》第 6—7 號簡"古天下之臤民∠皆嬰∠而䠷惻∠亡所中朝立∠"(∠表示原斷讀符)，按照一般句讀習慣，此句只需在"嬰(興)"後爲斷，簡文則在"臤(賢)民""䠷(盜)惻(賊)"這種詞下也點斷。類似情況在《治邦》中也有，如簡 17"古興善人必䈞䎽∠亓行∠女䨼亓㥁∠女聖亓訇∠"，"䈞(熟)䎽(聞)亓(其)行"是一個動賓短語，簡文在"熟聞"後標點，也是以詞爲單位。這種斷讀特色在以往發現的竹書中是殊爲罕見的。

根據簡文的内容及其特點，《治政》與《治邦》當編爲一篇文獻，其簡序依次是《治政》第 1—41 號簡、《治政》第 X 號簡、《治政》第 42 號簡、《治邦》第 14 號簡、《治邦》第 1—13 號簡、《治邦》第 15—27 號簡。兩組簡銜接部分應無缺簡，今將這部分釋文重編抄録如下：①

……皮(彼)亓(其)行李(李)吏(使)人峚(來)請亓(其)古(故)，不聖(聽)亓(其)訇(辭)，唯從(縱)亓(其)志。<u>皮(彼)乃𢿌(播)善執㥯(怨)，亦戒以迏(待)之，</u>【治政簡41】

① 兩輯整理報告未提及或與之不同的意見，隨文略作注釋。

為旹(時)以相見,坪(平)韵(邊)之宙(中),斆(鑿)杜敘(除)軸(軔),被虖(甲)緩(纓)辜(胄),以衆相向。夫䜌(亂)者乃違心㥏(悁)㥏(怨),不楫(輯)君事,以辱亓(其)君,事亡(無)成社(功),波(疲)遡(敝)軍徒,茖(露)亓(其)車兵,以不旻(得)亓(其)意於天下。則或(又)咎天曰:“母(毋)乃虐(吾)【治政簡X】□□□於山川、丘坴(社)、后禝(稷),以及吾先祖、皇示、庶(諸)神,是亓(其)惃(慍)愍(懠)于我邦,以不右(祐)我事?”故卲(灼)龜,鱳祀,祇(磔)禳,祈蓁(佐),湴(沉)□珪辟(璧)、我(犧)全(牷),饋鬯,以忎(祈)亓(其)多福,乃即以返(復)之。

皮(彼)【治政42】亓(其)型(刑)正(政)是不攺(改),不思(謀)初怷(過)之不立,亡(無)募(顧)於者(諸)侯。亓(其)民愈(偷)敝(弊)以解(懈)悁(怨),①閘固以不颬于上,②命是以不行,進退不劼(耆),③至(致)力【治邦簡14】不孛(勉)。④ 乃剆(斷)迖閘(杜)匿(慝),⑤以孛(免)亓(其)猪(屠),古軌為弱,⑥以不匽(掩)于志。以至于邦豙(家)㥁(昏)䜌(亂),戔(翦)少(小)削(削)㪉(損),以返(及)于身。卪(凡)皮(彼)削(削)坓(邦)㚘(弱)君,以返(及)烕(滅)由虛丘,【治邦簡1】□灋(廢)嬰(興)之不厇(度),古(故)禍(禍)福不遠,聿(盡)自身出。【治邦簡2】

每簡連接處已劃綫標出,這裏略疏文意。第一處内容講拒絶諸侯來使,棄善執怨,劍拔弩張,伺機與諸侯開戰。第二處前文已提及,是“咎天”的言辭,推測戰爭不利是因未得到神明、先祖的庇佑。第三處以“彼”開頭,轉入下一個議題,論述不改刑政、不避初過的弊病。第四處内容稍顯複雜,其中論述對象有轉换,從“其民偷弊”至“致力不勉”,對象爲民,是説在“刑政不改”的情況下,民衆惰殆,政令不行;從“乃斷迖杜匿”至“以不掩于志”,對象爲君,意爲君主爲免遭國家毁滅、志向被遮蔽,對民采取極端的治理手段;“以至于”以下則是上述情況的結果,邦家混亂,自身難保。

以上是關於這篇文獻文本内容的討論,下面再來看一下如此編排,這篇竹書在形制上所具有的特點。

《治政》《治邦》兩組簡的形制是有明顯差異的。首先是修治情況不同。從簡背竹節位置看,《治政》用了三段竹筒:第1—9號簡、第10—27號簡、第28—43號簡,《治邦》也用了三段:第1—15號簡、第16—23號簡、第24—27號簡,其中並無共同的竹

① 偷,怠惰。敝,疲困。原簡“解悁”間有斷讀符,疑此當分作兩辭:“解”讀爲“懈”,懈怠也;“悁”讀爲“怨”,哀怨也。

② 閘,從門,乇聲,讀爲“託”。固,讀爲“痼”,固疾也。颬,舊未釋,字右從風,左從肉、子,肉當爲爪之訛,原當從孚、風,該字曾見於清華簡《耆夜》簡7,可讀爲“孚”,訓爲信從。

③ 劼,讀爲“耆”,訓爲强。

④ 孛,原讀爲“免”,重編後順前文意當改讀爲“勉”,努力也。

⑤ 迖,原釋作“迁”,恐非,字當分析爲從辵、弋,疑讀爲“忒”。

⑥ 古,原讀爲“固”。軌,原釋爲“疐”,恐非,疑爲“軌”之訛。古軌,試讀爲“怙捍”,“怙捍爲弱”,義近於“恃强凌弱”。

材。《治政》簡長約 44.2 釐米,《治邦》長約 44.6 釐米,長度差别雖小,却是因爲非同批修治而造成的。再者是編連時間不同。《治政》43 支簡上的文字全都避開了編痕位置,即便是書寫最密的第 X 號簡亦不例外,説明這組簡大概是先編後寫的。而《治邦》第 2、5 號簡則見有中道編痕壓蓋文字的現象,這一組應是先寫後編的。同時《治政》有編號,《治邦》則無,更能説明二者在最初編連上有别。更顯著的是書手不同。《治邦》的字迹筆鋒纖細,《治政》的筆鋒相對較頓,總體風格迥異。表 1 略舉幾個常見字,可説明二者在文字結構和書寫筆勢上的區别也很明顯。這些差異是導致過去誤將《治政》《治邦》分篇整理的主要原因。再經觀察,我們發現另有一些形制現象可以作爲二者原爲一篇的積極證據。比如,《治政》《治邦》雖簡長不同,但其編痕、契口的位置是一致的,這是二者能够編連爲一卷的基本條件。① 再者,《治邦》第 14 號簡在"地脚"所記的"·"符,顯然具有特殊意義,現在看來可能就是續接前文的一個標記。更重要的是,《治政》第 42 號簡的字迹與《治邦》完全相同,這支簡應是《治邦》書手所寫。表 2 以 7 個共見字作比較,其關係一目可知。

表 1 《治政》與《治邦》常見字字迹比較

常見字	《治邦》					《治政》				
之	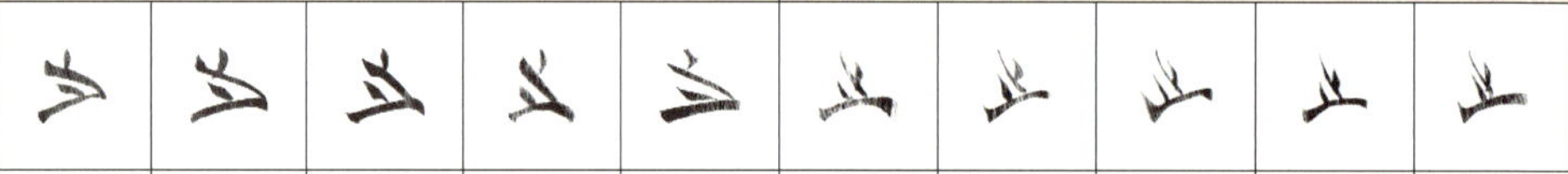									
	簡 1	簡 2	簡 3	簡 10	簡 27	簡 2	簡 3	簡 4	簡 7	簡 14
於										
	簡 4	簡 10	簡 17	簡 23	簡 27	簡 3	簡 5	簡 9	簡 12	簡 27
者										
	簡 5	簡 12	簡 14	簡 17	簡 27	簡 2	簡 4	簡 5	簡 12	簡 22
則	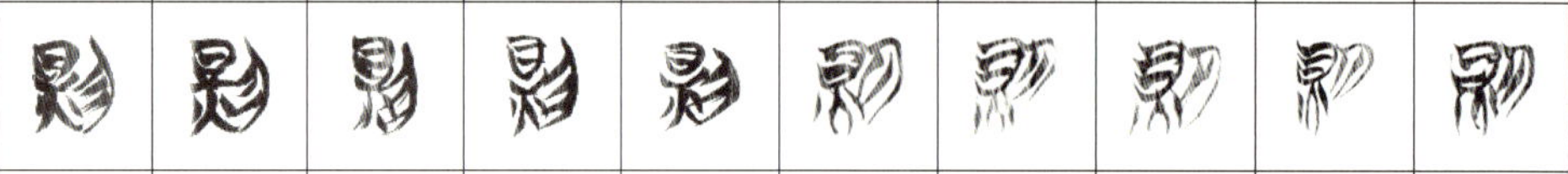									
	簡 4	簡 5	簡 9	簡 11	簡 13	簡 3	簡 5	簡 6	簡 11	簡 22

① 《治政》第 17 號簡背面有可與第 18 號簡文字相對應的反印墨迹,可見這卷竹書的部分反印墨迹是在編繩朽爛、竹簡散開後形成的。目前尚未在《治邦》中找到能與《治政》相對應的反印墨迹,因此,這册竹書的收卷情況還有待進一步研究。

續 表

常見字	《治邦》					《治政》				
于										
	簡 7	簡 11	簡 13	簡 22	簡 40	簡 1	簡 1	簡 14	簡 25	簡 27

表 2 《治政》簡 42 與《治邦》《治政》共見字字迹比較

非	返	亓	于	邦	之	皮

《治政》簡 32	《治政》簡 4	《治政》簡 20	《治政》簡 7	《治政》簡 16	《治政》簡 1	《治政》簡 10

《治政》簡 42	《治政》簡 42	《治政》簡 42	《治政》簡 42	《治政》簡 42	《治政》簡 42	《治政》簡 42

《治邦》簡 19	《治邦》簡 1	《治邦》簡 17	《治邦》簡 1	《治邦》簡 24	《治邦》簡 4	《治邦》簡 19

戰國竹書在傳抄和閱讀過程中經常會被校改,因此一篇竹書中混有個别其他書手字迹的情況時有發現。[①] 然而,像《治政》《治邦》這種前後分兩人書寫,前者又有後者字迹的情況,是十分特殊的。可與之比較的是上博簡《競建内之》(以下簡稱《競建》)與《鮑叔牙與隰朋之諫》(以下簡稱《鮑叔牙》)。陳劍先生曾指出《競建》《鮑叔牙》内容上應屬同一篇文獻,[②]而其字迹特徵在總體上却大相徑庭。後經學者們深入研究發現,《競建》在第 7、8、9 號簡中也出現了與《鮑叔牙》相同的字迹,[③]由此進一步證明

① 參見賈連翔:《戰國竹書形制及相關問題研究:以清華大學藏戰國竹簡爲中心》,上海:中西書局,2015 年,第 178—179 頁。

② 陳劍:《談談〈上博(五)〉的竹簡分篇、拼合與編連問題》,《戰國竹書論集》,上海:上海古籍出版社,2013 年,第 168—173 頁。

③ 參看禤健聰:《上博楚簡(五)零札(一)》,簡帛網,2006 年 2 月 24 日,http://www.bsm.org.cn/?chujian/4445.html;郭永秉:《關於〈競建〉和〈鮑叔牙〉的字體問題》,簡帛網,2006 年 3 月 5 日,http://www.bsm.org.cn/?chujian/4481.html;李松儒:《戰國簡帛字迹研究——以上博簡爲中心》,上海:上海古籍出版社,2015 年,第 315—322 頁。

了二者的關係。根據原整理者公布的形制數據，我們發現《競建》《鮑叔牙》雖簡長有別，但三道編繩的位置也是一致的，[①]説明它們原本也極可能編連爲一卷。

值得進一步思考的是，上述情況究竟是如何形成的？郭永秉先生在討論《競建》《鮑叔牙》的關係時認爲："不應該排除《競建》經後一書手校對筆削，然後接鈔《鮑叔牙》的可能。"[②]這一推測置於《治政》《治邦》也有合理的一面。然而《治政》《治邦》仍有一些特別現象需要關注。比如《治邦》第15號簡也出現了文字削改現象，所記"上有怭不加之於下₌有怭不敢以憮上遶之所才嘗智而賜之古莫敢訇以弃亓攸君"一段，自"上有"以下31字是校改的内容，其中"訇以"之間還留有刮削未盡的半個字，參見圖2。

圖2 《治邦》第15號簡削改後的殘留字迹

校補的31個字不同於《治政》《治邦》的字迹，尤其是其中三個"之"字寫作：

與上文所舉的兩種"之"字區别明顯，當是第三位書手所寫。再者，若如我們所想，《治政》的書手用了編連成卷的簡進行書寫，他顯然對這篇文獻的整體規模估計不足，其後才會出現27支散簡的補入，從第X號簡上密集的字距可進一步看出，他連後面内容是多是少都全然不知。這樣一些現象很難用照着"底本"抄寫來圓滿解釋。結合簡文内容的時代性特徵來考慮，這篇竹書是否可能並非"抄本"而是原作"底本"？前兩位書手是否有可能是作者先後使用的書記員，而第三位書手是作者本人？當然這只是一種猜想，不足爲憑。

綜上所述，我們認爲《治政》《治邦》是由不同書手抄成的一篇文獻，兩組竹簡原或編連爲一卷，共70支，現存3165字（合文、重文以1字計），是一部前所未見的政論性長篇竹書，可仍取首句"治政之道"來命名。

新編《治政之道》與上博簡《競建》《鮑叔牙》所反映的這類情況目前已非個例，可

① 參見馬承源主編：《上海博物館藏戰國楚竹書（五）》，上海：上海古籍出版社，2005年，第165、181頁。
② 郭永秉：《關於〈競建〉和〈鮑叔牙〉的字體問題》。

將其稱爲"同篇異制"現象。這一現象的揭示,豐富了我們對於戰國竹書形制及古書抄寫複雜性的認知,也爲竹書的整理提供了更開闊的思路。過去我們曾將竹簡長度(含竹節位置、劃迹)、書手字迹、有無次序編號等,視作竹書整理分篇的基本依據,在"同篇異制"的竹書中,這些内容悉數被打破,而反印墨迹、編痕契口位置以及細緻的字迹比對等,則提供了更精確的依據。在此基礎上,簡文内容的貫通性,才是我們校驗編連是否正確的核心標準。這同時也提醒我們,竹書整理不能僅限於文字、文本的釋讀,需要更多地借助考古學視角,充分利用竹簡形制信息(包括出土狀態等),儘可能地復原竹書的原始面貌,進而呈現和挖掘出更多的古書編撰、流傳信息。在這一工作中,對竹書文字内容的釋讀和形制信息的分析,每每是相輔相成的,如鳥之雙翼,缺一不可。

【編按:本文刊發於《清華大學學報(哲學社會科學版)》2020 年第 1 期,主要觀點和結論被整理報告采納。】

清華簡“《尹至》書手”字迹的擴大及相關問題探討

《尹至》是《清華大學藏戰國竹簡》系列報告(以下簡稱“整理報告”)中收録的第一篇竹書,①因其抄寫者姓名已不可知,可采用以其抄寫内容首次出現在整理報告的篇目爲代表的方式,將之名爲“《尹至》書手”。② 如果以“戰國中晚期”這一清華簡總體抄寫年代作爲基本時間點,③則這位書手抄寫的篇目絶大多數在當時都是流傳已久的重要典籍,尤其以“書”類文獻内容爲多,爲我們瞭解這類文獻的成書、流傳及輯纂等提供了重要綫索。過去整理報告將這些篇目分輯刊布,隱没了一些重要信息,材料刊布以來,學者們不斷對其進行鉤沉,本文在已有研究成果的基礎上,將這些篇目統歸爲一個整體,嘗試進行綜合考察。

一、“《尹至》書手”所抄寫的篇目及其字迹特點

此前曾有多位學者就“《尹至》書手”的字迹特徵進行討論,其所抄篇目包括《尹至》《尹誥》《耆夜》《金縢》《説命(上、中、下)》《周公之琴舞》《芮良夫毖》《赤鵠之集湯之屋》《殷高宗問於三壽》諸篇(以下簡稱“《尹至》等十一篇”),④是大家已

① 清華大學出土文獻研究與保護中心編,李學勤主編:《清華大學藏戰國竹簡(壹)》,上海:中西書局,2010年。

② 李松儒女士名之爲“《尹至》類書手”,參看其《再論〈祭公〉與〈尹至〉等篇的字迹》,復旦大學出土文獻與古文字研究中心編:《戰國文字研究的回顧與展望》,上海:中西書局,2017年,第252—260頁。李美辰女士稱之爲清華簡“書手甲”,參看其《清華簡書手抄寫用字習慣探研》,《漢語史學報》第23輯,上海:上海教育出版社,2020年,第150—157頁。羅運環先生將該書手所寫文字稱爲“尹至體”,這是從字體角度進行的命名,參看其《清華簡(壹—叁)字體分類研究》,《出土文獻研究》第13輯,上海:中西書局,2014年,第62—76頁。

③ 清華大學出土文獻究與保護中心編,李學勤主編:《清華大學藏戰國竹簡(壹)·上册》,“前言”,第2頁。

④ 《尹至》《尹誥》《耆夜》《金縢》四篇見於清華大學出土文獻研究與保護中心編,李學勤主編:《清華大學藏戰國竹簡(壹)》;《説命(上、中、下)》《周公之琴舞》《芮良夫毖》《赤鵠之集湯之屋》六篇見於清華大學出土文獻研究與保護中心編,李學勤主編:《清華大學藏戰國竹簡(叁)》,上海:中西書局,2012年;《殷高宗問於三壽》見於清華大學出土文獻研究與保護中心編,李學勤主編:《清華大學藏戰國竹簡(伍)》,上海:中西書局,2015年。

基本達成的共識,[①]諸家討論所列舉的例證細緻入微,無須在此贅引。本文所謂"擴大",則是在此基礎上,將《祭公》《厚父》《攝命》(以下簡稱"《祭公》等三篇")歸入該書手。[②]

關於《祭公》篇應歸入該書手,是李松儒女士的貢獻,她曾通過大量例證指明《祭公》與《尹至》等十一篇的字迹在運筆特徵上具有一致性,[③]結論頗爲可信。隨着清華簡的陸續發表,李女士又指出《厚父》與《攝命》當屬同一種字迹,這與我們在整理《攝命》時的認識也不謀而合,只是她將《厚父》《攝命》單列爲一類,[④]尚未將二者再擴大到與《祭公》以至《尹至》等篇繫聯在一起。

我們過去曾指出《祭公》與《厚父》同屬一種字迹,它與《尹至》等十一篇的字迹酷肖,由於《祭公》《厚父》兩篇比《尹至》等十一篇的字迹在筆畫整體特徵上有更爲纖細的特點,彼時未敢將之歸爲同一位書手,而只是推測二者有"一定的師承關係"。[⑤] 如今看來,這種筆畫特徵的區别並不是源於書手的不同,而是同一書手在不同時間書寫的反映。現在大家既然已經意識到《祭公》與《尹至》等十一篇同屬一位書手,而《厚父》《攝命》又同屬一種字迹,那麼做出擴大繫聯的關鍵,仍在於對《祭公》與《厚父》《攝命》篇字迹特徵關係的進一步認識上,也就是説若《祭公》與《厚父》《攝命》字迹特徵相同,則後兩篇也應歸入"《尹至》書手"。

下面我們將采用三篇共見字比較的方法對這一看法進行申論,例字可參看表 1。

---

① 我們最初將《尹至》《尹誥》與《耆夜》《金縢》分列爲兩種字迹,其後李守奎先生、李松儒女士、羅運環先生將此四篇歸爲同一書手,並補充了《傅説之命(上、中、下)》《周公之琴舞》《赤鵠之集湯之屋》《殷高宗問於三壽》六篇,是完全正確的。參看賈連翔:《清華簡九篇書法現象研究》,《書法叢刊》2011 年第 4 期;李守奎:《清華簡的形制與字迹》,"歐洲中國出土寫本研究討論會"會議論文,2012 年,巴黎;李松儒:《清華簡書法風格淺析》,《出土文獻研究》第 13 輯,上海:中西書局,2014 年,第 27—33 頁;羅運環:《清華簡(壹—叁)字體分類研究》,第 62—76 頁;賈連翔:《戰國竹書形制及相關問題研究:以清華大學藏戰國竹簡爲中心》,上海:中西書局,2015 年,第 167—168 頁;李松儒:《清華五字迹研究》,《簡帛》第 13 輯,上海:上海古籍出版社,2016 年,第 79—89 頁。

② 《祭公》篇見於清華大學出土文獻研究與保護中心編,李學勤主編:《清華大學藏戰國竹簡(壹)》;《厚父》篇見於清華大學出土文獻研究與保護中心編,李學勤主編:《清華大學藏戰國竹簡(伍)》;《攝命》篇見於清華大學出土文獻研究與保護中心編,李學勤主編:《清華大學藏戰國竹簡(捌)》,上海:中西書局,2018 年。

③ 李松儒:《再論〈祭公〉與〈尹至〉等篇的字迹》,第 252—260 頁。此外,孫永鳳女士也曾作過討論,結論與李女士一致,參看孫永鳳:《清華簡〈周公之琴舞〉集釋》,碩士學位論文,吉林大學,2015 年,第 22 頁。

④ 李松儒:《新出兩册清華簡的書寫與書風》,《中國書法報》2020 年 8 月 4 日第 6 版。

⑤ 賈連翔:《談清華簡所見書手字迹和文字修改現象》,《簡帛研究 二〇一五(秋冬卷)》,桂林:廣西師範大學出版社,2015 年,第 38—52 頁;賈連翔:《戰國竹書形制及相關問題研究:以清華大學藏戰國竹簡爲中心》,第 169 頁。

表 1 《祭公》《厚父》《攝命》共見同形字比較表①

例字	祭公			厚父			攝命		
天							—	—	—
	簡 1	簡 11	簡 20	簡 3	簡 5	簡 12	—	—	—
王									
	簡 1	簡 4	簡 11	簡 1	簡 3	簡 7	簡 3	簡 21	簡 32
中		—	—	—	—	—		—	—
	簡 11	—	—	—	—	—	簡 32	—	—
莫		—	—		—	—	—	—	—
	簡 17	—	—	簡 11	—	—	—	—	—
尚			—	—	—	—			
	簡 3	簡 11	—	—	—	—	簡 19	簡 22	簡 23
言	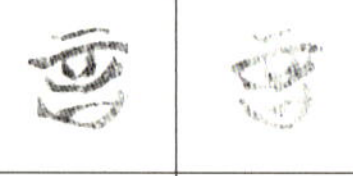		—		—	—			
	簡 15	簡 21	—	簡 8	—	—	簡 8	簡 19	簡 28
寺	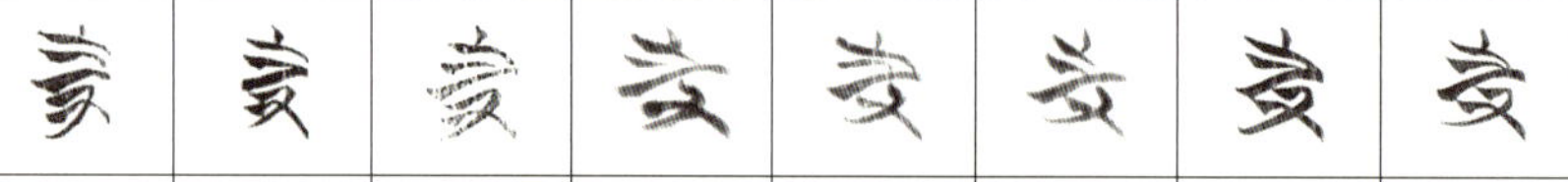								—
	簡 1	簡 4	簡 16	簡 4	簡 7	簡 7	簡 22	簡 26	—
改		—	—		—	—	—	—	—
	簡 10	—	—	簡 8	—	—	—	—	—
敗					—	—	—	—	—
	簡 10	簡 14	簡 16	簡 13	—	—	—	—	—

① 三篇共見同形字有些數量很多，限於篇幅，本表最多列三個，所選字形爲三篇最相接近者，旨在説明三篇爲同一位書手所録，而非刻意隱瞞不利證據。

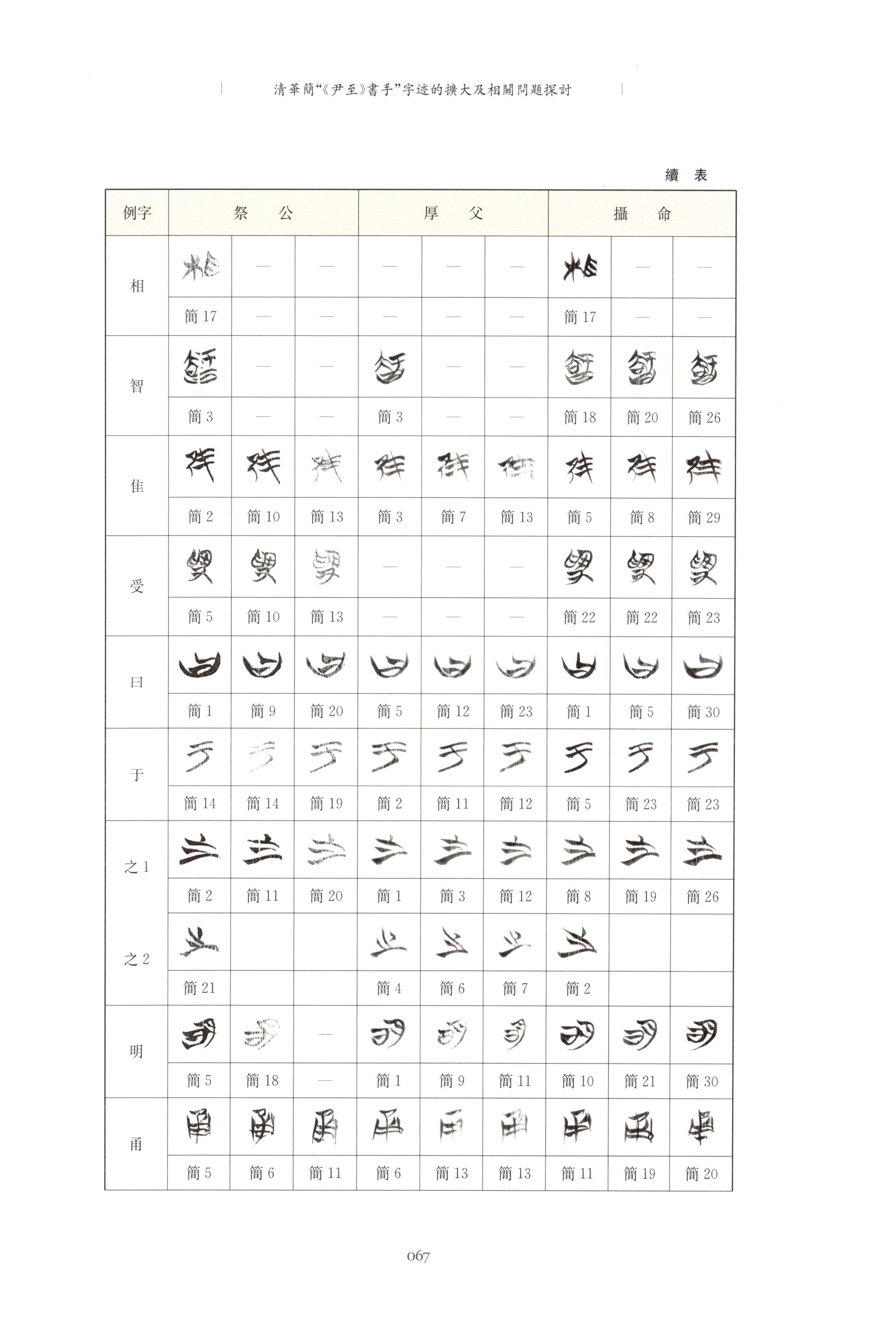

續 表

例字	祭公			厚父			攝命		
相		—	—	—	—	—		—	—
	簡 17	—	—	—	—	—	簡 17	—	—
智		—	—		—	—			
	簡 3	—	—	簡 3	—	—	簡 18	簡 20	簡 26
隹									
	簡 2	簡 10	簡 13	簡 3	簡 7	簡 13	簡 5	簡 8	簡 29
受				—	—	—			
	簡 5	簡 10	簡 13	—	—	—	簡 22	簡 22	簡 23
曰									
	簡 1	簡 9	簡 20	簡 5	簡 12	簡 23	簡 1	簡 5	簡 30
于									
	簡 14	簡 14	簡 19	簡 2	簡 11	簡 12	簡 5	簡 23	簡 23
之 1									
	簡 2	簡 11	簡 20	簡 1	簡 3	簡 12	簡 8	簡 19	簡 26
之 2									
	簡 21			簡 4	簡 6	簡 7	簡 2		
明			—						
	簡 5	簡 18	—	簡 1	簡 9	簡 11	簡 10	簡 21	簡 30
甬									
	簡 5	簡 6	簡 11	簡 6	簡 13	簡 13	簡 11	簡 19	簡 20

續 表

例字	祭 公			厚 父			攝 命		
室		—	—	—	—	—		—	—
	簡 17	—	—	—	—	—	簡 32	—	—
人 1			—		—	—			
	簡 9	簡 20	—	簡 12	—	—	簡 20	簡 25	簡 26
人 2	—	—	—						
	—	—	—	簡 1	簡 9	簡 12	簡 11	簡 16	簡 27
方				—	—	—			
	簡 5	簡 13	簡 18	—	—	—	簡 2	簡 4	簡 7
先			—		—	—	—	—	—
	簡 18	簡 19	—	簡 6	—	—	—	—	—
文					—	—	—	—	—
	簡 10	簡 11	簡 15	簡 1	—	—	—	—	—
鄉			—						—
	簡 5	簡 16①	—	簡 2	簡 4	簡 13	簡 1	簡 32	—
大				—	—	—			
	簡 7	簡 16	簡 18	—	—	—	簡 2	簡 4	簡 32
亦									
	簡 5	簡 11	簡 19	簡 2	簡 11	簡 13	簡 2	簡 9	簡 14

① 該字在彩色圖像中漫漶不清，此是根據紅外圖像處理後的字形。

續表

例字	祭公			厚父			攝命		
立	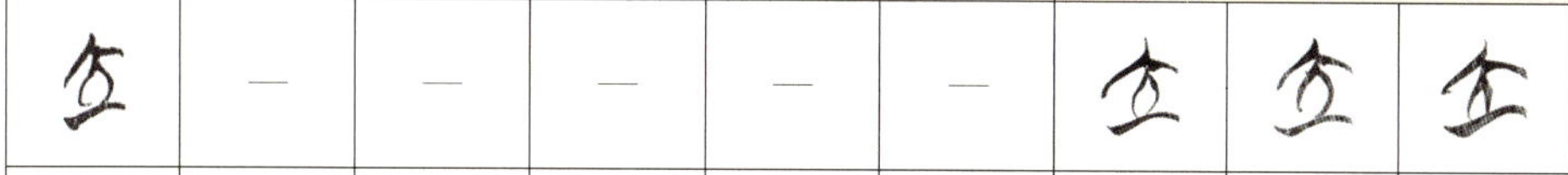	—	—	—	—	—			
	簡 1	—	—	—	—	—	簡 11	簡 27	簡 32
悳									
	簡 2	簡 6	簡 7	簡 1	簡 7	簡 9	簡 16	簡 23	簡 29
㥯	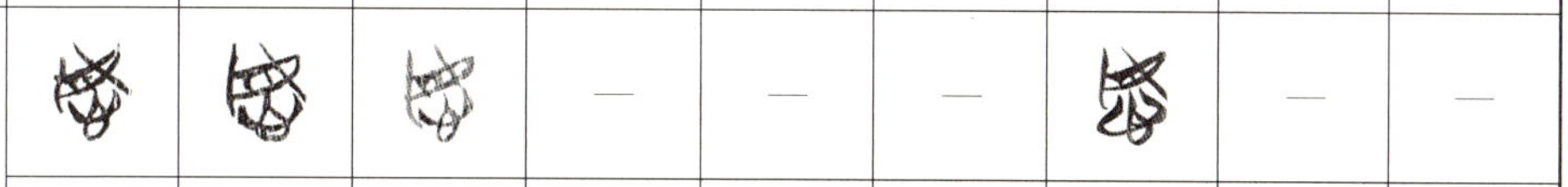			—	—	—		—	—
	簡 3	簡 9	簡 16	—	—	—	簡 14	—	—
不 1	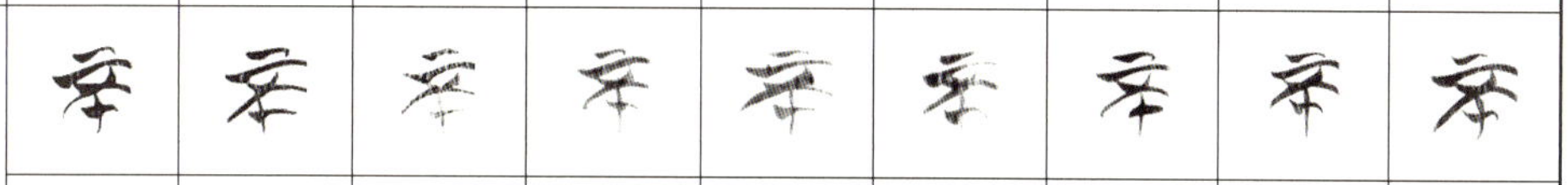								
	簡 2	簡 10	簡 14	簡 9	簡 10	簡 11	簡 10	簡 26	簡 28
不 2	—	—	—	—	—	—			
	—	—	—	—	—	—	簡 3	簡 6	簡 9
女									
	簡 16	簡 16	簡 20	簡 4	簡 12	簡 12	簡 3	簡 8	簡 18
母	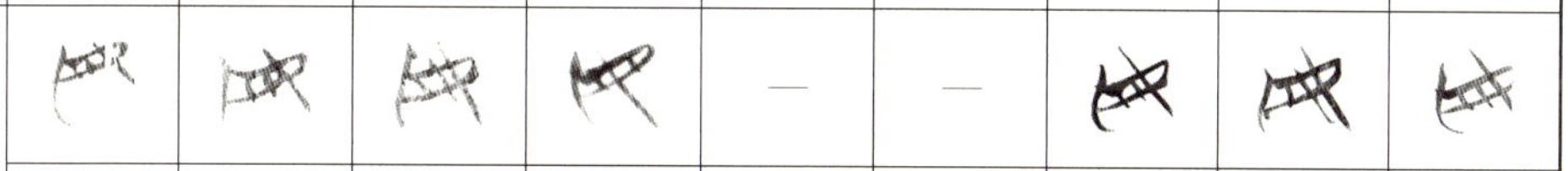				—	—			
	簡 15	簡 16	簡 20	簡 13	—	—	簡 5	簡 13	簡 16
弗	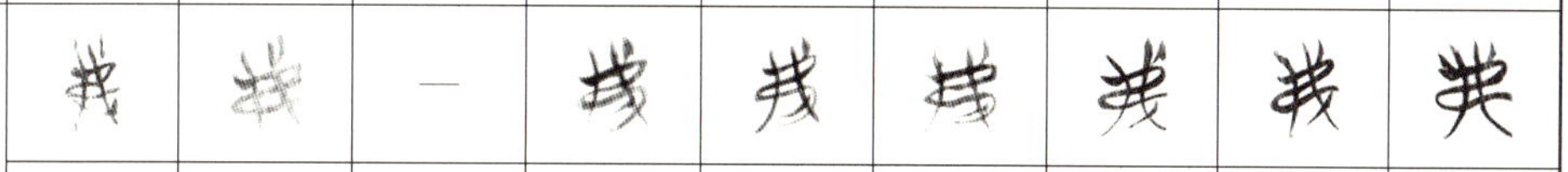		—						
	簡 19	簡 20	—	簡 2	簡 7	簡 10	簡 1	簡 19	簡 22
我 1	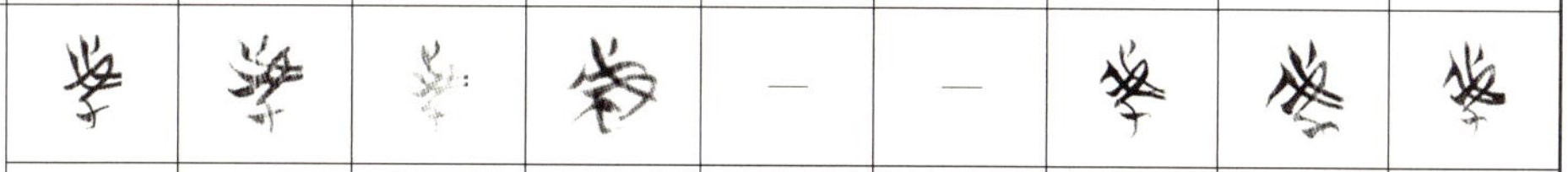				—	—			
	簡 7	簡 19	簡 21	簡 1①	—	—	簡 2	簡 7	簡 8

① 此字或有訛變,參看賈連翔:《釋〈厚父〉中的"我"字》,《古文字研究》第 31 輯,北京:中華書局,2016 年,第 370—373 頁。

續 表

例字	祭公			厚父			攝命		
我 2	—	—	—	—	—	—			
	—	—	—	—	—	—	簡 16	簡 26	簡 28
亡		—	—						
	簡 14	—	—	簡 6	簡 10	簡 11	簡 1	簡 7	簡 30
由			—	—	—	—			
	簡 6	簡 15	—	—	—	—	簡 6	簡 24	簡 26
四 1			—	—	—	—		—	—
	簡 5	簡 18	—	—	—	—	簡 6	—	—
四 2	—	—	—	—	—	—			—
	—	—	—	—	—	—	簡 6	簡 24	—
萬			—		—	—	—	—	—
	簡 14	簡 17	—	簡 5	—	—	—	—	—
子						—			
	簡 1	簡 3	簡 15	簡 5	簡 7	—	簡 5	簡 6	簡 25
以						—			—
	簡 8	簡 16	簡 19	簡 4	簡 11	—	簡 16	簡 17	—

表 1 中列舉的四十個字例，是在窮盡性比較《祭公》等三篇用字的基礎上總結而來。通常而言，對於字迹特徵的比較，會綜合采用共見字以及共見部件、筆畫相結合的方法，由於《祭公》等三篇共見字數量較多，已足可説明其特徵關係，故而這裏省略了共見部件、筆畫比較的結果。此四十個字例無論是在單字結構特徵上，還是筆畫的運筆特徵上，[①]都具

① 這是字迹鑒定的重要參考因素，參看李文：《筆迹鑒定學》，北京：中國人民公安大學出版社，2008 年，第 201—222 頁。

有一致性,絶不能將其視爲“偶然”,或是我們過去所認爲的“師承關係”,而應是同一書手對當時文字掌握水平統一性的體現,以及書寫動作習慣的反映。通過這樣的比對,我們可以很容易地看出《祭公》與《厚父》《攝命》應屬同一書手。

這裏要特别指出的是,作爲常用字的“之”,我們在表1中區分出了兩種寫法,尤其是數量相對較少的“之2”,在《厚父》中頻繁出現,這也是過去誤導學者將《祭公》與《厚父》等字迹相區别的主要原因。① 實際上在《祭公》簡21和《攝命》簡2等中也見有近似寫法的字形,可以確定它不是源於另一位書手,似乎也不是來自底本的影響,而應看作該書手對同一個文字書寫的經常性變化。性質相似的變化,在該書手所寫的“人”“我”“四”“不”等字中也有出現。如表1中所列“人1”,左撇被省成一個頓筆,直接連接右撇,一筆寫成,而“人2”的左、右兩撇區分比較清楚,兩筆寫成。“我1”下部帶有飾筆附件,而“我2”則無,且這兩種特徵的“我”字同時出現在《攝命》篇裏。《攝命》中“四”字也同時存在兩種寫法,其中“四1”的撇、捺突出於“○”外,這種寫法也見於《祭公》,而“四2”的撇、捺則斂於“○”内。“不1”豎畫上皆有飾筆,“不2”則無,且二者也同見於《攝命》。這五個字例讓我們清楚地瞭解到,同一書手書寫同一文字,即使在没有底本等外來因素的干擾下,②也會共時存在兩種(或多種)字迹特點。目前來看,這種特點多存在於筆畫或筆畫裝飾上。

綜合以上的討論,目前所見“《尹至》書手”抄寫的篇目應包括:《尹至》《尹誥》《耆夜》《金縢》《説命(上、中、下)》《周公之琴舞》《芮良夫毖》《赤鵠之集湯之屋》《殷高宗問於三壽》以及《祭公》《厚父》《攝命》,共計十四篇,這是我們將這組文獻集中在一起討論的前提。

二、《尹至》等十四篇的抄寫批次及其可能反映的文獻時代信息

從目前已刊布的清華簡資料看,這批竹書至少是由十餘位書手聯合抄寫完成的,他們或有共時的合作,或有歷時的累積,或有不同地域的匯集。“《尹至》書手”抄寫的篇目有十四篇之多,現存有竹簡213支,共計6207字,③是清華簡書手中的絶對主力。④ 從總體抄寫狀況上看,不同書手的抄寫,尤其是幾位“主力書手”抄寫的篇目,可以直接反映出對這批竹書製作的分工情況,而這種分工上所采用的邏輯,從一定意義上可以折射出

① 李松儒:《再論〈祭公〉與〈尹至〉等篇的字迹》,第252—260頁。

② 或許還有其他因素的影響,只是目前尚不清楚。

③ 合文、重文及殘字均以一字計。

④ 清華簡中抄寫篇目規模較大的“主力書手”還可舉“《鄭武夫人規孺子》書手”(抄有《鄭文公問太伯(甲、乙)》及《子儀》《子犯子餘》《晉文公入於晉》《趙簡子》《越公其事》《八氣五味五祀五行之屬》《虞夏殷周之治》《天下之道》等篇)和“《算表》書手”(抄有《湯處於湯丘》《湯在啻門》《管仲》《四時》等篇)等。

當時人對這批古書分類所采用的邏輯。根據同樣的道理，就某一位書手而言，如其所抄篇目較多，且我們能瞭解這些篇目之間抄寫的不同批次，也可以借此做更加細緻的分組分類，進而分析這些篇目之間的親疏關係，以及其中所隱含的邏輯。

這一工作與對竹書分卷情況的研究有很多相合之處，不僅要對字迹進行全面分析，還要綜合利用相關竹簡的形制信息。與以往從内容、性質上的分類工作相比，這一研究的最大特點在於，能够據此推測"竹書製作者"的一些意圖，從而更加接近當時人對這批竹書的看法。

前文已經提及《尹至》等十一篇與《祭公》等三篇雖同爲一位書手所抄，但並不意味着後者的字迹特徵與前者完全一致，這是基於對同一書手的字迹會存在動態變化這一基本認識。雖然在筆迹學中這是一個常識，[①]然而在戰國竹書字迹研究中，過去由於樣本較少，這類特點没有得到很清晰地展現，筆迹學中的這一觀念也没有得到用武之地。最近清華簡《四告》的刊布，[②]給我們提供了比較典型的例證。《四告》中的四篇文獻共同輯纂在一卷編號連續、形制相同的竹簡上，經辨析，這四篇文獻中見有六種不同的字迹，它們分屬四位書手。其中有兩位書手先後書寫了不同的篇目，且文字筆畫端頭明顯有别，似乎是由於所用毛筆工具不同而造成的，説明這些文字的書寫前後有一定的"時間差"。[③] 如果我們將對書手字迹研究的目的放在瞭解竹書的書寫過程上，那麽對這類同一書手的不同字迹，也應做以詳細區分。

關於《尹至》等十一篇與《祭公》筆畫特徵有别，是此前大家共同的認識，[④]這種區别正反映了抄寫的"時間差"。既然《祭公》與《厚父》《攝命》的字迹特徵一致，則可以自然地將《尹至》等十一篇與《祭公》等三篇劃分爲 A、B 兩個大組，分别代表兩個不同的批次。兩組内各篇目更細緻的親疏劃分，可以通過竹材的形制信息，來確定各篇之間是否有采用了同一批竹材，從而進一步繫聯各篇目。

在 A 組的十一篇竹書中，竹簡長度都在 45 釐米左右，因此簡背竹節的位置和形態以及刻劃綫的形態關係，是我們判斷同一批竹材的主要依據。肖芸曉女士曾指出《尹至》《尹誥》《赤鵠之集湯之屋》三篇有共同的竹材，且根據竹材使用的順序，應以《赤鵠之集湯之屋》《尹至》《尹誥》爲序，[⑤]此三篇或爲一卷。值得注意的是，這組竹簡

---

① 參看李文：《筆迹鑒定學》，第 99—101 頁。

② 清華大學出土文獻研究與保護中心编，黄德寬主編：《清華大學藏戰國竹簡(拾)》，上海：中西書局，2020 年。

③ 參看賈連翔：《清華簡〈四告〉的形制及其成書問題探研》，待刊稿。【編按：本文後來以英文發表，中文稿現已收入本書，後文不再説明。】

④ 關於將《祭公》獨立爲一種的字迹的看法，可參看賈連翔《清華簡九篇書法現象研究》；羅運環《清華簡(壹—叁)字體分類研究》。李松儒女士在論證《祭公》與《尹至》等十一篇同屬一位書手時，也首先承認二者在筆畫特徵上是有差别的，參看其《再論〈祭公〉與〈尹至〉等篇的字迹》。

⑤ 肖芸曉：《試論清華竹書伊尹三篇的關聯》，簡帛網，2013 年 3 月 7 日，http://www.bsm.org.cn/?chujian/6015.html。

的竹節邊緣加工得比較鋭利，竹節刮削處所露出的竹黄與鄰近的朱青形成鮮明的對比，如果可以將此視爲同一批竹材的加工特點的話，《殷高宗問於三壽》篇所用的竹材也呈現出這樣的特徵，參看圖1。需要特别説明的是，竹節加工呈現的形態種類相對比較固定，孤立地以之作爲分組標準本是很危險的，但如果將之放在同一書手在大致同一時段内所使用的竹材中來考慮，采用這種分類依據的可靠性就大大提升了。有鑒於此，我們暫將《殷高宗問於三壽》與《尹至》《尹誥》《赤鵠之集湯之屋》歸爲一組。

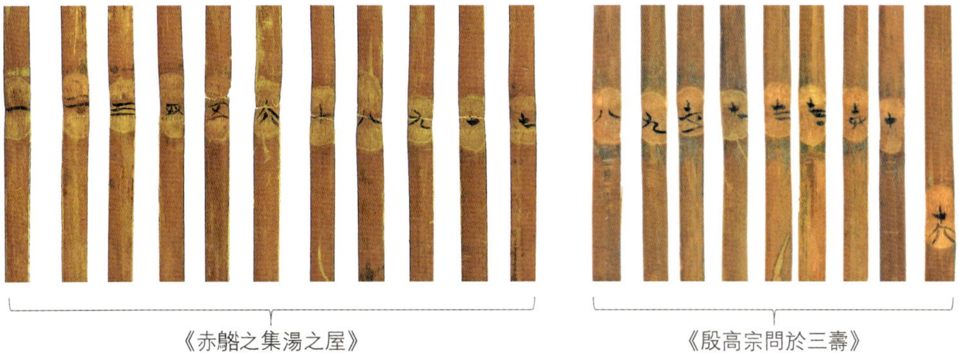

圖1 《赤鵠之集湯之屋》與《殷高宗問於三壽》竹節加工特點比較圖

根據測量比對，《耆夜》簡5—8與《説命（中）》的簡2、4—7以及倒置後的《説命（上）》簡7的竹節位置、形態相同，應屬同一段竹筒，參看圖2。加之《説命（上、中、下）》三篇原本很可能爲一卷，[①]我們可以將之與《耆夜》歸爲一組。

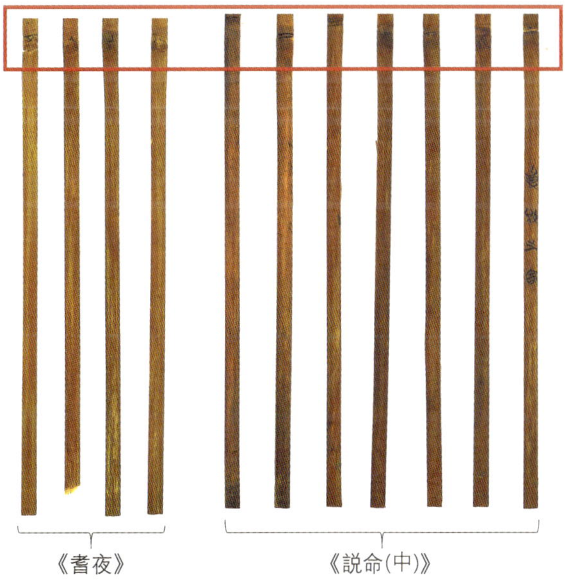

圖2 《耆夜》簡5—8與《説命（中）》簡2、4—7竹節位置形態圖

① 賈連翔：《戰國竹書整理的一點反思——從〈天下之道〉〈八氣五味五祀五行之屬〉〈虞夏殷周之治〉三篇的編連談起》，《出土文獻》第13輯，上海：中西書局，2018年，第142—152頁。

此外,《周公之琴舞》簡 1—14 倒置後,與《芮良夫毖》簡 23—26 的竹簡位置和形態是相同的,也應源自同一段竹筒,參看圖 3,可將這兩篇歸爲一組。A 組中剩下的《金縢》一篇,尚未發現可供繫聯的形制信息,暫將之單列爲一組。

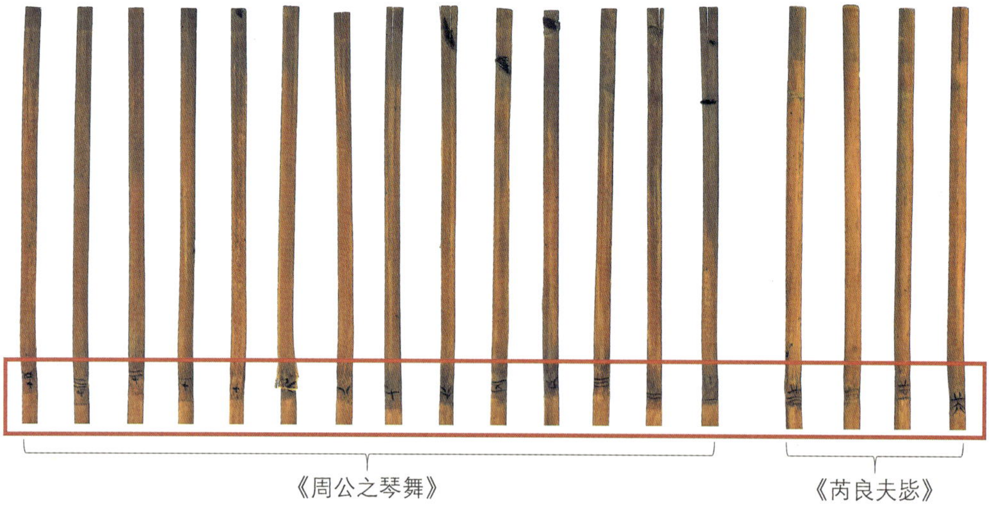

圖 3 《周公之琴舞》簡 1—14 倒置後與《芮良夫毖》簡 23—26 竹節位置形態圖

B 組的三篇竹書,《祭公》與《攝命》簡長約 45 釐米,《厚父》簡長約 44 釐米。但經過仔細比對,《攝命》簡 22—32 與《厚父》簡 11—13 當源自同一段竹材,二者從竹簡上端到竹節的位置是相同的,且竹節下部的刻劃綫存在貫連關係,參看圖 4。需要説明

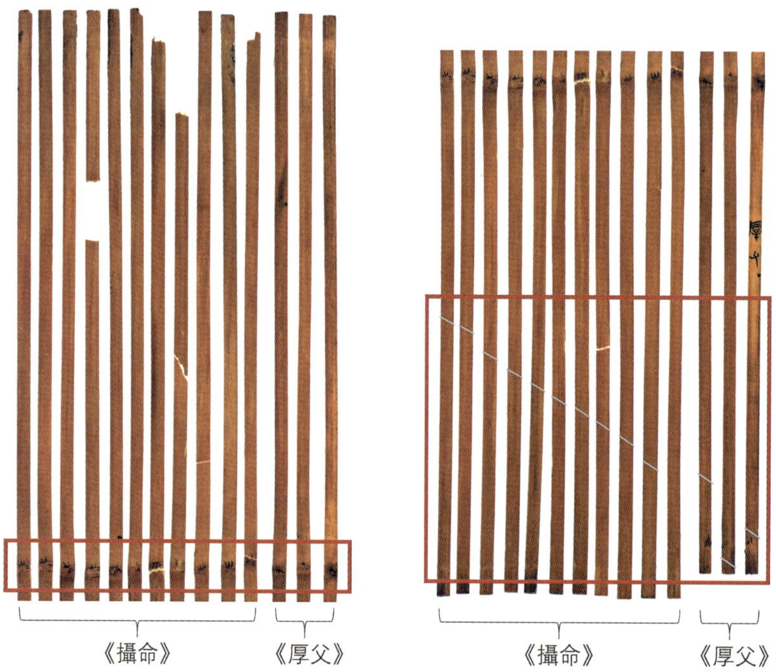

圖 4 《攝命》簡 22—32 與《厚父》簡 11—13 竹節位置和簡背刻劃綫形態圖

的是,《厚父》篇所用竹材十分雜亂,[①]當是用剩餘竹材拼湊而成,與《攝命》相同的這 3 支,應是在《攝命》剩簡的基礎上裁斷使用的。據此我們將《攝命》《厚父》歸爲一組,《祭公》暫單列爲一組。

上述分組情況可總結爲表 2,各組内的篇目當近於同時抄寫,而各組之間抄寫的先後順序尚不能準確推知,我們暫按其内容的時代背景的先後關係排序,理由詳下。

表 2 “《尹至》書手”抄寫篇目分組關係表

一級分組	二級分組	篇　　目
A	A1	《尹至》《尹誥》《赤鵠之集湯之屋》《殷高宗問於三壽》
	A2	《説命(上、中、下)》《耆夜》
	A3	《金縢》
	A4	《周公之琴舞》《芮良夫毖》
B	B1	《攝命》《厚父》
	B2	《祭公》

由上述内容和分組來看,“《尹至》書手”所抄寫的篇目似可分析出這樣幾個特點:

(1) 十四篇内容都屬於以殷商、西周時期的史實或故事爲背景的“早期文獻”。其中“書”類、“詩”類、“小説”類等混編,可見在這裏,“文獻的時代背景”是優先於“文獻性質”的首要分工(分類)標準。

(2) A1 組似是以史實或故事背景在殷商早、中期的文獻爲主題。

(3) A2 組似是以史實或故事背景在殷商中期和商周之際的文獻爲主題。

(4) A4 組似是以西周時期的“詩”類文獻爲主題。

(5) A1、A2 組都屬史實或故事背景主要在殷商的文獻,A3、A4、B1、B2 組很可能都屬西周文獻。

以上特點又涉及兩個十分重要的問題。一是關於《厚父》篇的時代背景,過去不

① 本篇十三支簡分屬四段不同的竹材:簡 1 至 4 爲一段,簡 5 至 8 爲一段,簡 9、10 爲一段,簡 11 至 13 爲一段。

是很明確。[1] 據其内容,或認爲是"周書",[2]或認爲是"商書",[3]或認爲是"夏書"。[4] 從上述十四篇文獻的總體抄寫規律來看,是"周書"的可能性是最大的。這裏要特别指出的是,前文提到了《厚父》篇所用竹簡比較雜亂,其簡 1—4 與《封許之命》全篇所用竹簡在長度和竹節位置、形態上是完全相同的,二者的抄寫時間應當也近於同時。但《厚父》與《封許之命》的字迹分屬不同的書手,[5]這説明"《尹至》書手"與"《封許之命》書手"是共時的。根據我們的研究,"《封許之命》書手"還抄寫了《四告》中《四告二》的後半和《四告四》的全部,[6]這些文獻也都比較明確地屬於西周時期。[7] 如果再結合清華簡《行稱》《病方》所展現的一卷竹書可以由不同的書手抄寫完成的現象,[8]則《封許之命》與《厚父》原來也很可能編爲一卷竹書。依據用簡的順序,似是《封許之命》在前,《厚父》在後,參看圖 5。《封許之命》經過綴補後已可確知是成王時期的作品,[9]如果這卷竹書的編連也是以文獻時代的先後爲序,則意味着《厚父》的文獻年

圖 5 《封許之命》《厚父》編連示意圖

① 參看趙平安:《〈厚父〉的性質及其藴含的夏代歷史文化》,《文物》2014 年第 12 期。

② 參看李學勤:《清華簡〈厚父〉與〈孟子〉引〈書〉》,《深圳大學學報(人文社會科學版)》2015 年第 3 期;程浩:《清華簡〈厚父〉"周書"説》,《出土文獻》第 5 輯,上海:中西書局,2014 年,第 145—147 頁;王永昌:《清華簡〈厚父〉篇的文獻性質研究》,《魯東大學學報(哲學社會科學版)》2016 年第 4 期;杜勇:《清華簡〈厚父〉"王若曰"之"王"考實》,《邯鄲學院學報》2017 年第 3 期;劉國忠:《也談清華簡〈厚父〉的撰作時代和性質》,《揚州大學學報(人文社會科學版)》2017 年第6 期。

③ 參看福田哲之:《清華簡〈厚父〉的時代暨其性質》,臺灣大學文學院:《先秦兩漢出土文獻與學術新視野國際研討會論文集》,2015 年,第 173—187 頁;張利軍:《清華簡〈厚父〉的性質與時代》,《管子學刊》2016 年第 3 期;王暉:《清華簡〈厚父〉屬性及時代背景新認識——從"之匿王乃渴失其命"的斷句釋讀説起》,《史學集刊》2019 年第 4 期。

④ 郭永秉:《清華簡〈厚父〉應爲〈夏書〉之一篇》,《出土文獻》第 7 輯,上海:中西書局,2015 年,第 118—132 頁;王坤鵬:《論清華簡〈厚父〉的思想意藴與文獻性質》,《史學集刊》2017 年第 2 期。

⑤ 參看賈連翔:《戰國竹書形制及相關問題研究:以清華大學藏戰國竹簡爲中心》,第 169—173 頁;李松儒:《清華五字迹研究》。

⑥ 賈連翔:《清華簡〈四告〉的形制及其成書問題探研》,待刊稿。【編按:此文已收入本書。】

⑦ 趙平安:《清華簡〈四告〉的文本形態及其意義》,《文物》2020 年第 9 期。

⑧ 清華大學出土文獻研究與保護中心編,黄德寬主編:《清華大學藏戰國竹簡(拾)》,上海:中西書局,2020 年;賈連翔:《略論清華簡〈行稱〉的幾個問題》,《文物》2020 年第 9 期。

⑨ 賈連翔:《〈封許之命〉綴補及相關問題探研》,《出土文獻》2020 年第 3 期。

代大概不會早於成王。① 這是我們從清華簡抄寫製作情況中得到的一個新的推論。

二是《攝命》篇的時代問題。自材料公布以來,以整理者爲代表的不少學者認爲,它就是《尚書》中的《冏命》篇,②《書序》記《冏命》屬穆王時期的文獻。但簡文“王”稱“攝”爲“劼姪毖攝”“沈子”“王子”,前句中的“姪”最好的理解就是“子姪”,將句子分析爲名詞性非主謂結構,③但如此一來,按西周各王的世係關係,“攝”只能是尚在太子時期的“夷王燮”,則該篇應屬孝王時期,④與《書序》記載頗有矛盾。⑤ 從B組的三篇文獻看,《攝命》與《祭公》不僅字迹極爲接近,且竹簡長度相同,編繩、契口位置也基本一致,雖然二者並不見有相同的用簡,但不排除它們也存在編連爲一卷的可能。《祭公》爲穆王時期的文獻是比較明確的,《攝命》與之抄寫時間極近,對文獻時代的認識有一定參照,⑥雖然不能直接證明《攝命》也屬穆王時期,⑦但這兩篇文獻的抄寫是以“西周中期”爲主題則是可以確知的了,這也是目前所見“《尹至》書手”所抄寫“書”類文獻的時代下限了。

以上從竹簡抄寫特點和物質形態上對竹簡進行的分組,與竹書内容、性質的差别大多可以相互印證,這也從一定意義上説明,我們利用竹書抄寫批次的不同,去分析其中隱含的古人對竹書分類所采用的邏輯,這一設想和方法是基本可以成立的。

三、基於同一書手字迹的早期文獻“底本”特色認識

“《尹至》書手”所抄的十四篇文獻,除《赤鵠之集湯之屋》和《殷高宗問於三壽》兩篇有明顯晚出的特點外,其餘十二篇置於“戰國中晚期”這一時間上,都經歷了比較長

① 黄國輝先生曾根據簡文的用字特點等認爲《厚父》的成篇在西周中晚期,參看其《清華簡〈厚父〉新探——兼談用字和書寫之於古書成篇與流傳的重要性》,《清華大學學報(哲學社會科學版)》2016年第3期。

② 李學勤:《談清華簡〈攝命〉篇體例》,《清華大學學報(哲學社會科學版)》2018年第5期;賈連翔:《“攝命”即〈書序〉“䍐命”“囧命”説》,《清華大學學報(哲學社會科學版)》2018年第5期;程浩:《清華簡〈攝命〉的性質與結構》,《清華大學學報(哲學社會科學版)》2018年第5期;許兆昌、史寧寧:《從〈周禮·太僕〉看清華簡〈攝命〉》,《古代文明》2019年第4期。

③ 參看黄德寬:《清華簡〈攝命〉篇“劼姪昚攝”訓釋的再討論》,《中國語文》2022年第4期。

④ 參看馬楠:《清華簡〈攝命〉初讀》,《文物》2018年第9期;王寧:《由清華簡八〈攝命〉釋〈書序·冏命〉的“太僕正”》,復旦大學出土文獻與古文字研究中心網,2018年12月6日,http://www.fdgwz.org.cn/Web/Show/4353;陳民鎮:《清華簡〈攝命〉性質小議》,清華大學出土文獻研究與保護中心網,2018年11月17日,https://www.ctwx.tsinghua.edu.cn/info/1081/2467.htm。

⑤ 杜勇先生認爲《攝命》非《冏命》,參看其《清華簡〈攝命〉人物關係辨析》,《中原文化研究》2020年第3期。

⑥ 程浩先生將《攝命》中的“士疌”理解爲“祭公”,參看其《清華簡〈攝命〉的性質與結構》。

⑦ 最近關於本篇年代問題的總結和簡文内容的綜合分析可參看趙爭、丁宇:《略議清華簡〈攝命〉記事年代問題》,《歷史文獻研究》第45輯,揚州:廣陵書社,2020年,第70—78頁;夏含夷:《一篇可能失傳的經典〈攝命〉》,《出土文獻》2021年第1期。

的流傳過程,其中所用文字難免會受到此前“底本”的影響。如何發掘這類早期文獻的“底本”特色,並借此去瞭解古書的生成與流傳,是學者們長期關注的問題。比如趙平安先生曾采用古今字、不同區系字例對比的方法,指出《厚父》成書很早且有古本流傳,現在見到的本子是在晉系文本基礎上用楚文字轉抄而來的,[①]就是很好的探索。

實際上,字迹分析也可以給我們發掘“底本”特色提供一個很好的角度,尤其可以更加準確地鎖定特徵字例。與我們認定《祭公》《厚父》《攝命》三篇爲同一書手的方法同理,同一書手的字迹不僅在筆畫運筆上特徵相同,對同一個字的書寫也總有一個相對固定的結構和字勢。但由於古書流傳過程中形成的寫本大多不是“原創”作品,書手寫書時有“底本”作爲依據,也就不可避免地受到“底本”文字結構和字勢的影響。加之戰國文字對同一字、詞常有多種異體或假借,這種同一書手的不同書寫,既反映了當時在文字使用上有十分寬泛的通行標準,又是“底本”特色最真實的反映。[②] 這裏仍以《祭公》《厚父》《攝命》三篇爲例,通過列舉其中的異體字來展現三篇“底本”的一些特點,相關字例參看表 3。

表 3 《祭公》《厚父》《攝命》共見異體字比較表

例字	厚父			攝命			祭公		
若									
	簡 1	簡 3	簡 12	簡 2	簡 12	簡 20	簡 1	簡 5	簡 7
少			—						
	簡 2	簡 9	—	簡 2	簡 4	簡 26	簡 1	簡 8	簡 16
命									
	簡 2	簡 3	簡 6	簡 2	簡 12	簡 24	簡 5	簡 10	簡 13
是		—	—					—	—
	簡 12	—	—	簡 4	簡 14	簡 20	簡 13	—	—

① 趙平安:《談談戰國文字中值得注意的一些現象——以清華簡〈厚父〉爲例》,《出土文獻與古文字研究》第 6 輯,上海:上海古籍出版社,2015 年,第 303—309 頁。

② 參看馮勝君:《郭店簡與上博簡對比研究》,北京:綫裝書局,2007 年,第 253 頁。

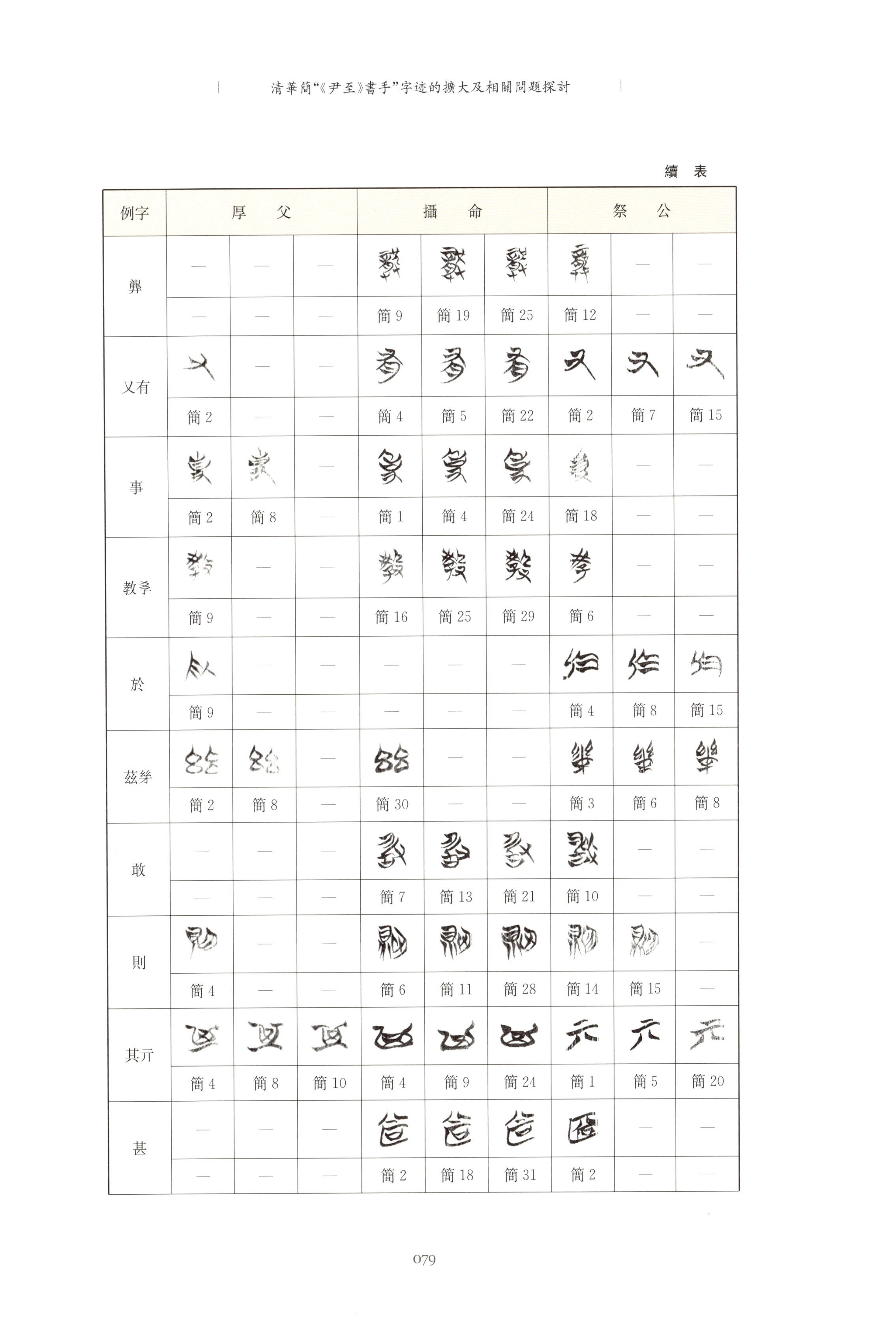

續 表

例字	厚父			攝命			祭公		
龏	—	—	—					—	—
	—	—	—	簡 9	簡 19	簡 25	簡 12	—	—
又有		—	—						
	簡 2	—	—	簡 4	簡 5	簡 22	簡 2	簡 7	簡 15
事			—					—	—
	簡 2	簡 8	—	簡 1	簡 4	簡 24	簡 18	—	—
教孥		—	—					—	—
	簡 9	—	—	簡 16	簡 25	簡 29	簡 6	—	—
於		—	—	—	—	—			
	簡 9	—	—	—	—	—	簡 4	簡 8	簡 15
茲𢆶			—		—	—			
	簡 2	簡 8	—	簡 30	—	—	簡 3	簡 6	簡 8
敢	—	—	—					—	—
	—	—	—	簡 7	簡 13	簡 21	簡 10	—	—
則		—	—						—
	簡 4	—	—	簡 6	簡 11	簡 28	簡 14	簡 15	—
其亓									
	簡 4	簡 8	簡 10	簡 4	簡 9	簡 24	簡 1	簡 5	簡 20
甚	—	—	—					—	—
	—	—	—	簡 2	簡 18	簡 31	簡 2	—	—

續 表

例字	厚父			攝命			祭公		
迺	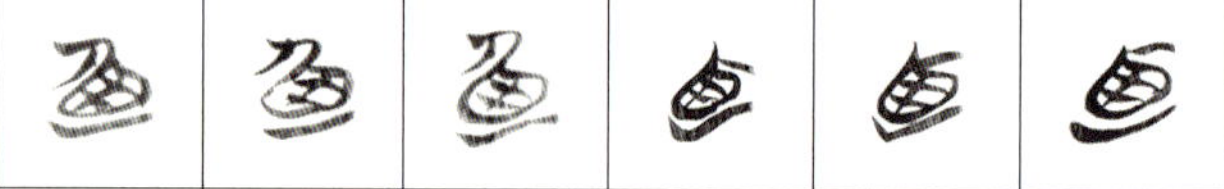						—	—	—
	簡 3	簡 5	簡 12	簡 14	簡 20	簡 23	—	—	—
虎	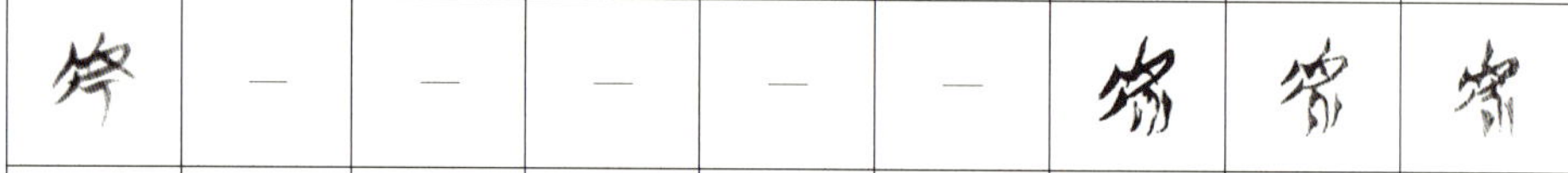	—	—	—	—	—			
	簡 9	—	—	—	—	—	簡 4	簡 8	簡 14
既	—	—	—						—
	—	—	—	簡 3	簡 14	簡 32	簡 14	簡 15	—
今	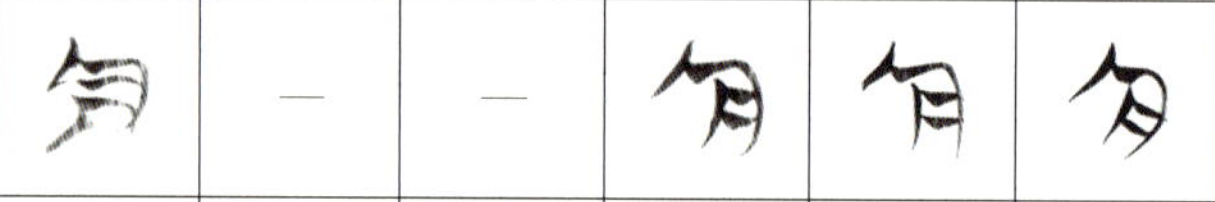	—	—				—	—	—
	簡 10	—	—	簡 3	簡 4	簡 8	—	—	—
頣頭				—	—	—		—	—
	簡 2	簡 3	簡 4	—	—	—	簡 14	—	—
才									
	簡 3	簡 4	簡 7	簡 2	簡 5	簡 32	簡 1	簡 3	簡 5
邦						—			
	簡 2	簡 4	簡 5	簡 2	簡 4	—	簡 4	簡 7	簡 10
夕		—	—					—	—
	簡 3	—	—	簡 1	簡 10	簡 16	簡 20	—	—
多	—	—	—					—	—
	—	—	—	簡 16	簡 28	簡 30	簡 1	—	—
卣		—	—		—	—	—	—	—
	簡 10	—	—	簡 9	—	—	—	—	—

續 表

例字	厚父			攝命			祭公		
克									
	簡 8	簡 9	簡 11	簡 20	簡 24	簡 25	簡 6	簡 19	—
身									
	—	—	—	簡 3	簡 11	簡 20	簡 3	—	—
服									
	簡 4	簡 7	簡 12	簡 5	簡 9	簡 10	—	—	—
欽	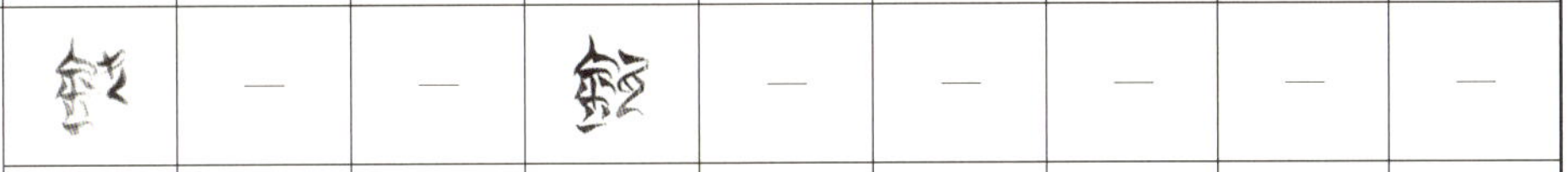								
	簡	—	—	簡 7	—	—	—	—	—
顯	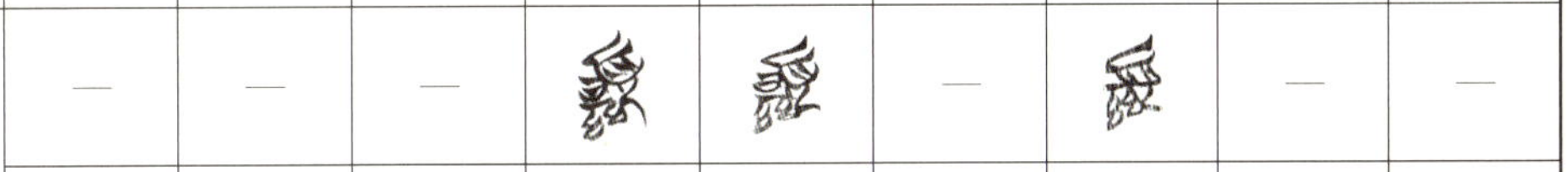								
	—	—	—	簡 25	簡 25	—	簡 7	—	—
苟敬									
	簡 9	簡 13	—	簡 5	簡 7	簡 30	簡 12	簡 20	—
鬼畏									
	簡 3	簡 9	簡 10	簡 6	簡 9	簡 21	簡 1	簡 2	簡 11
庶									
	簡 4	—	—	簡 4	簡 10	—	—	—	—
肆									
	簡 3	簡 8	—	簡 2	簡 7	—	—	—	—
能									
	簡 2	簡 11	—	簡 6	簡 6	簡 11	—	—	—

續表

例字	厚父			攝命			祭公		
辟		—	—						—
	簡 8	—	—	簡 17	簡 18	簡 19	簡 3	簡 19	—
心									
	簡 9	簡 9	簡 11	簡 10	簡 14	簡 15	簡 5	簡 9	簡 11
念		—	—	—	—	—		—	—
	簡 8	—	—	—	—	—	簡 8	—	—
永					—	—	—	—	—
	簡 3	簡 4	簡 4	簡 27	—	—	—	—	—
兼	—	—	—			—		—	—
	—	—	—	簡 12	簡 14	—	簡 13	—	—
𤔲									—
	簡 1	簡 1	簡 3	簡 18	簡 20	簡 26	簡 1	簡 5	—
民							—	—	—
	簡 2	簡 10	簡 12	簡 1	簡 7	簡 27	—	—	—
弋			—	—	—	—		—	—
	簡 9	簡 12	—	—	—	—	簡 11	—	—
乎						—			
	簡 6	簡 11	簡 12	簡 17	簡 17	—	簡 11	簡 11	簡 12
朕媵	—	—	—						
	—	—	—	簡 1	簡 3	簡 15	簡 3	簡 3	簡 4

續 表

例字	厚父			攝命			祭公		
劼		—	—			—	—	—	—
	簡 1	—	—	簡 1	簡 30	—	—	—	—
且		—	—	—	—	—			
	簡 8	—	—	—	—	—	簡 4	簡 5	簡 6
庚康			—			—			
	簡 4	簡 13	—	簡 1	簡 3	—	簡 6	簡 8	簡 11

由前文所論，《祭公》等三篇書寫的時間應當極近，尤其是《厚父》與《攝命》有共同的竹材，當是同一時間所書，但表 3 中所列字例却反映出明顯的形體結構區別，這只能歸結於“底本”的影響。在表 3 中列舉的四十七個字例中，《厚父》的“事”“顕”“敬”“夕”與《攝命》《祭公》明顯不同，可以佐證趙平安等先生將之列爲底本特徵字，指出其有晉系文字特點，①並由此推斷《厚父》底本有晉系來源，這一看法是十分可信的。

三篇相比，《厚父》的底本保留了更多古體特徵，典型者如“其”“肄”“圞”等字，《攝命》也保留了一定的古體字，典型者如“敢”“其”“克”等字，這些字例都可以與西周金文相比對。《祭公》篇則表現出相對徹底的戰國時期楚文字的特點，或是其“底本”源自楚地，或是此抄本對底本改造得比較全面，從“《尹至》書手”對“底本”的遵從程度來看，我們更傾向於前者。

底本特徵古老，則意味着該篇成書可能較早，②而反過來講，底本特徵不古，却並不意味着該篇成書不早。這是因爲我們就目前的抄本所能看到的現象，只能推測出上一個“底本”的特點，每篇竹書在流傳過程中經歷的轉寫、改造程度是大不相同的。根據上面對底本特徵的分析，雖然《厚父》的底本特徵要早於《攝命》，《攝命》又早於《祭公》，但却並不意味着三篇的成書也一定是按照這個先後次第，這是也特別需要説明的。

① 王永昌：《清華簡文字與晉系文字對比研究》，博士學位論文，吉林大學，2018 年，第 159—164 頁。

② 這裏暫不考慮發生幾率較小的“復古”情況。

結　語

王國維先生在近百年前所提出的地上、地下材料相互印證的"二重證據法"，早已在中國古代文明研究領域得到廣泛運用，其後饒宗頤先生又引申出"三重證據法"，在地下材料中突出强調了"出土文獻"的特殊意義。① 在對出土文獻進行研究時，文字內容所記載的信息，與其字迹(或字體)和載體物質形態所反映的信息，其實也分屬兩個不同維度，前者的研究多采用的是文字學、語言學和歷史學方法，後者則更依仗於考古學的方法，綜合二者的信息相互發明、印證，可以視作對傳統研究方法的進一步擴充。在甲骨學、青銅器及銘文研究中，這種思維和方法早已得到深入貫徹，如今我們面對多批大宗新出簡帛的整理和研究，自然也應對其加以充分運用。

前面所作的討論是由對清華簡"《尹至》書手"字迹的再認識所引發，在對相關十四篇文獻年代問題的看法上，難免有很多揣測的成分，對《祭公》等三篇底本特點的分析，也只是淺嘗輒止。本文的主要目的，是借由對書手字迹和竹簡形制的分析，爲古書形成的一些疑難問題找到新的觀察角度，對已有的研究成果提供更多可以輔助利用或精確測量的標尺，從而將這些問題進一步引向深入。"《尹至》書手"只是清華簡衆多書手中的一位，如果能逐步將清華簡整個書手群與全部篇目一一準確對應起來，相信到時一定會呈現出更多重要的歷史信息，對這批重要古書形成方面的疑難問題形成進一步突破。

【編按：本文曾於 2021 年 3 月 27 日在由西南大學舉辦的"出土'書'類文獻研究高端學術論壇"上宣讀；又作爲一個重要章節，先後於 2021 年 10 月 28 日在復旦大學出土文獻與古文字研究中心舉辦的"出土文獻與古文字雲講座"第十一場上，以及同年 11 月 19 日在武漢大學簡帛研究中心舉辦的"青年學者講堂"第五講上講解；後刊發於《出土文獻綜合研究集刊》第 13 輯，成都：巴蜀書社，2021 年，第 79—100 頁。】

① 饒先生原文單舉甲骨文作爲第三重證據，參看其《談三重證據法》，《饒宗頤二十世紀學術文集》卷 1，北京：中國人民大學出版社，2009 年，第 9—13 頁。此外關於"三重證據法"的內涵還有不同的講法，如易謀遠、徐中舒、楊向奎等先生曾將"民俗學材料"看作第三重證據，參看楊向奎：《歷史考據學的三重證》，《中國社會科學院研究生學院學報》1994 年第 5 期。後一種講法與本文所論關係不大。

清華簡《四告》的形制及其成書問題探研

《清華大學藏戰國竹簡》第拾輯中收有竹書《四告》一卷，簡文記載了“周公旦”“曾孫伯禽”（魯公）“曾孫滿”（周穆王）和“曾孫召虎”（召穆公）的四組禱告之辭，不僅内容重要，且呈現的形制現象也比較特别，對於認識先秦古書的生成過程頗具價值。

一、《四告》的形制特點及其考古學意義

《四告》簡長45.6釐米，寬0.6釐米，簡背竹節處記有次序編號，從“一”編至“五十”，現第“十五”“廿五”“卅九”“四十一”四支簡已佚失，第“卅五”簡殘去下半，其餘簡基本完整。竹簡正面文字按書寫行款分爲四部分：“一”至“十四”爲第一部分，“十六”至“廿四”爲第二部分，“廿六”至“卅七”爲第三部分，“卅八”至“五十”爲第四部分。每部分文末以截止符“∠”作結，下一部分轉行再録，[1]内容相對獨立，以下我們分别稱之爲《四告一》《四告二》《四告三》和《四告四》。

值得注意的是，從簡文内容可以判斷，處於《四告一》《四告二》和《四告二》《四告三》之間已佚失的“十五”“廿五”兩支簡，原當没有書寫正文内容，不排除其上録有題記的可能，當然，它們更可能是無字的空白簡。[2] 類似的情況在本輯收録的《行稱》《病方》卷竹書上也有出現，這卷竹書卷尾出現了4支完整且僅有編號的空白簡。[3] 根據性質的不同，《四告》這種篇間的空白簡，是爲區别前後兩部分正文内容而設，可稱爲“隔簡”；《行稱》《病方》這種卷末的空白簡，是因整卷簡册尚未繕寫完而留下的剩餘，故可稱爲“餘簡”。由此我們聯想到，過去在有竹簡出土的墓葬裏常伴有無字簡，

① 參看清華大學出土文獻研究與保護中心編，黄德寬主編：《清華大學藏戰國竹簡（拾）·上册》，上海：中西書局，2020年，第4—5頁。

② 趙平安：《清華簡〈四告〉的文本形態及其意義》，《文物》2020年第9期。

③ 賈連翔：《略論清華簡〈行稱〉的幾個問題》，《文物》2020年第9期。

比如同屬典籍類的荆門郭店 1 號墓竹簡，發掘報告稱共 804 枚，[①]後來發表的有字簡只有 731 枚，相差的一小部分，據整理者稱即屬無字簡。[②] 在這些無字簡中，殘損者可能原屬段末或篇末的留白，完整者應當就是成卷竹書裏留下來的“隔簡”或“餘簡”。如果能掌握這些竹簡的形制尺寸、簡背竹節、刻劃痕迹等信息，將有機會將其編入書卷中，進一步恢復竹書的原始樣貌，爲搞清竹書的篇、卷關係等問題提供幫助。

具有“隔簡”或“餘簡”的書卷，每每都是先編後寫的，這從《四告》的書寫行款中也有所反映。最明顯的特徵就是文字不得不避讓編繩契口的位置，因而全卷都没有文字打破契口的現象。又因簡文是從上至下逐字書寫的，所以需要隨機應避的主要是中、下兩道編繩。圖 1、2 中標示的部位，就是在中、下兩道編繩附近，因避讓不巧而造成的字間距不均的情況。

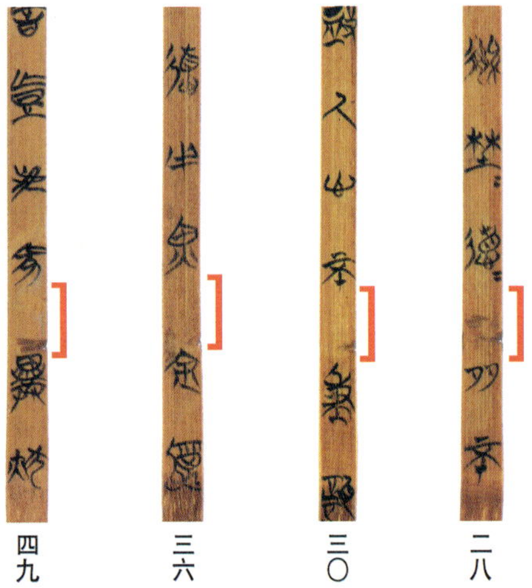

圖 1 《四告》文字避讓中道編繩而影響字間距現象

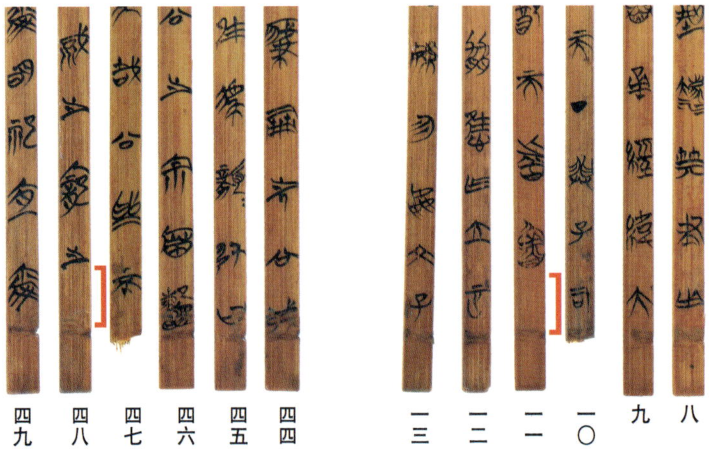

圖 2 《四告》文字避讓下道編繩而影響字間距現象

① 湖北省荆門市博物館：《荆門郭店一號楚墓》，《文物》1997 年第 7 期。

② 荆門市博物館：《郭店楚墓竹簡·前言》，北京：文物出版社，1998 年，第 1 頁；龍永芳：《湖北荆門發現一枚遺漏的“郭店楚簡”》，《中國文物報》2002 年 5 月 3 日。

從簡 10 至 20 中道契口附近殘留的編痕形態及其對應關係（參看圖 3）還可以瞭解，本卷竹書曾以簡 15 爲中軸對折過。對比以往的研究成果，[①]這卷竹書入葬時采用的應是“折頁型”的收卷方式。這爲古代竹書收卷方式的研究，又增添了一個實例。

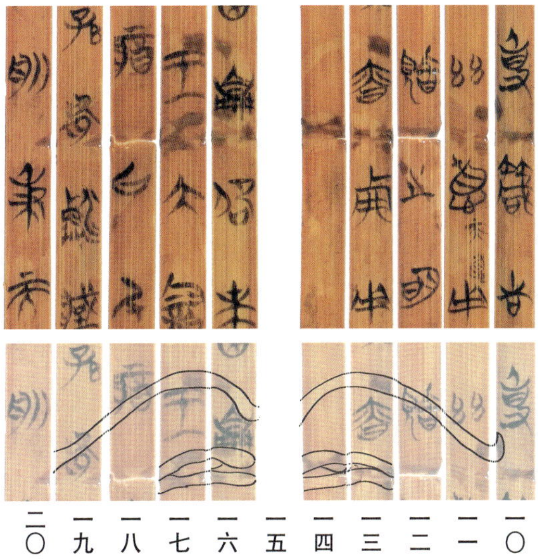

圖 3　《四告》簡 10—20 編繩印痕的對稱關係

《四告》的編連、書寫兩個程序應是由不同的人完成的，這從下文對其書寫字迹的分析中可以進一步瞭解，那麽，所用竹簡的修治與編連是否由同一人完成呢？我們也發現了一些可供推論的綫索。根據簡背竹節的位置，可知這卷竹書所用竹材分屬三段竹筒：簡 1 至 24 是一段，簡 26 至 49 是另一段，簡 50 是第三段，它們長、寬尺寸雖相同，但製作工藝却有差別。比如第一段竹節加工邊緣呈圓弧形態（參看圖 4），第二段邊緣呈平直形態（參看圖 5），第三段又呈圓弧形態。不同形態的背後，反映了對竹節加工所使用的不同手法，它們當源於不同的加工者，分屬不同的加工批次。既然竹

圖 4　“一”至“廿四”簡竹節的圓弧形加工邊緣

① 賈連翔：《戰國竹書收卷方式探微》，《裝飾》2016 年第 2 期。

材不是一次修治而成，那麽竹材的修治和竹書的製作也理應是兩個相對分離的程序。《四告》的這一現象進一步説明，竹書由竹材到成册，其加工過程是有具體社會分工的，這對於瞭解當時竹書製造行業的結構，有十分重要的意義。

圖 5　“廿六”至“四十九”簡竹節的平直形加工邊緣

二、《四告》正文的六種字迹與四位書手

對竹書字迹進行分類研究，一般的目的在於借此區分不同的書手，進而在一定範圍内瞭解竹書的繕寫過程、批次以及篇目之間的關聯。如果是同一篇（或卷）中出現多種字迹，則可進一步討論各部分之間的關係。這類研究通常有一個默認的前提，就是不同的字迹代表了不同的書手，這也是筆迹學的要義。大家知道，凡是有一定書法基礎的人，都有能力刻意寫出或模仿多種字迹，與此同時，由於書寫時間不同，或所用毛筆等材料不同，或受底本用字影響較大，即使是同一書手，也會形成特徵有别的字迹。如果我們將研究目的放在瞭解竹書的書寫過程上，這種同一書手的不同字迹，則也應做以區分，這是在進行相關討論前，需要特别向大家説明的。

《四告》正文文字結構差異較小，但仔細分辨仍能看出其中有六種不同的字迹，它們分屬四位書手。爲了便於討論，我們將各種字迹按書卷上位置的前後順序依次分類（A 至 F），其中字迹 B、E 當屬同一書手，D、F 當屬同一書手。這六種字迹與書手的對應關係爲：

書手甲——字迹 A

書手乙——字迹 B、E

書手丙——字迹 C

書手丁——字迹 D、F

以下通過五個方面來具體分析各種字迹間的區别和聯繫，分析時，我們主要采用共見字（或部件）比較的方法。

（1）字迹C（書手丙）相對獨立。最容易分辨的字迹C，僅書寫了“天悳”二字（見圖3），是在簡11中道編繩下的“悳”“用”二字中間，以小字補寫。尤其是“悳”字所從“心”旁的字勢不同於其他，故可推知書手丙是一位校讀書手。

字迹C	字迹B			字迹F	
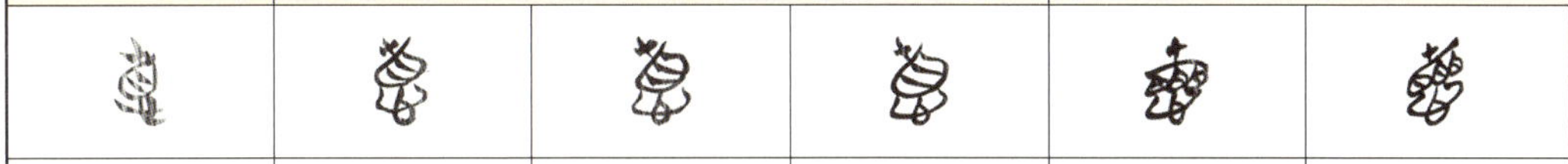					
簡11	簡4	簡11	簡11	簡45	簡46

（2）字迹A（書手甲）、字迹B\E（書手乙）和字迹D\F（書手丁）三者的區別。關於這三位書手的主要特點，可從出現頻率較高的“乎”“之”“命”“敢”“典”“先”“辟”“我/義”“亡”等字中得以瞭解。

例字	書手甲		書手乙				書手丁			
	字迹A		字迹B		字迹E		字迹D		字迹F	
乎										
	簡17	簡18	簡3	簡12	簡27	簡37	簡20	簡21	簡42	簡44
之	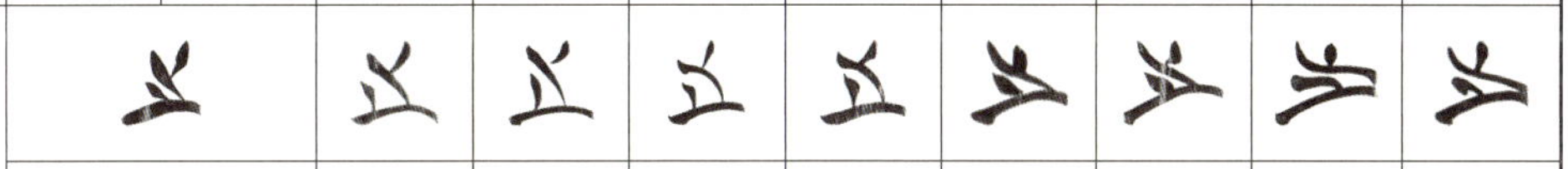									
	簡17		簡1	簡2	簡29	簡37	簡19	簡20	簡43	簡49
命										
	簡17	簡17	簡4	簡10	簡27		—		簡43	簡44
敢										
	簡16		簡5	簡10	簡26	簡37	—		簡38	簡47
典										
	簡16		簡3	簡8	簡31		簡19		—	
先										
	簡16		簡2	簡10	簡33	簡33	簡20		簡38	簡49

續　表

例字	書手甲		書手乙				書手丁			
	字迹 A		字迹 B		字迹 E		字迹 D		字迹 F	
辟			—							
	簡 17		—		簡 32	簡 33	簡 19	簡 22	簡 38	
我/義										
	簡 18	簡 16	簡 8	簡 13	簡 27	簡 26	簡 20	簡 22	簡 44	簡 49
亡							—			
	簡 17		簡 7	簡 8	簡 27		—		簡 40	簡 45

(3) 字迹 A(書手甲)的特點。由(2)的對比中不難看出,字迹 A 的筆畫比較粗壯,頓筆較深,《四告一》開篇的“拜₌韻₌者魯”四字也是同樣的特點,尤其是其中的“者”,與《四告二》(簡 16)中出現的“者”特徵相同,而與其他有别。

書手甲		書手乙			書手丁	
字迹 A		字迹 B		字迹 E	字迹 D	字迹 F
				—		
簡 1	簡 16	簡 10	簡 11		簡 20	簡 47

附帶要説的是,正是因爲字迹 A 有頓筆較深的特點,整理者所釋簡 16 上的“妊(任)”和“壬(任)”字,實應是“功”和“工”字。這種豎畫中間較肥的特徵在“王”“皇”“惠”“周”等字中也有體現。

字迹 A(書手甲)					

簡 16	簡 16	簡 17	簡 17	簡 17	簡 17

類似的書寫現象在上博簡中也曾出現過，比如《容成氏》簡 18“乇(宅)不工(空)”和簡 23“乃立墨(禹)以爲司工”之“工”，豎畫也呈現出這樣的特點。

《容成氏》簡 18	《容成氏》簡 23

《四告一》“鼏(遍)昭薬(禱)功”之“功”，指功績。在後一句“俞(諭)告不(丕)㬎(顯)帝分(賓)工、名(明)典、司義……”中，“賓工”與“明典”“司義”並舉，應都是“帝”身邊的職官，“工”義即“官”，“賓工”就相當於“賓”，《尚書・洪範》“八政：一曰食，二曰貨，三曰祀，四曰司空，五曰司徒，六曰司寇，七曰賓，八曰師”，孔疏引鄭玄曰：“賓，掌諸侯朝覲之官，《周禮》大行人是也。”①

(4) 字迹 B、E 的異同。(2)中所舉的“𡨦”“之”“命”“先”“亡”等字已能充分説明 B、E 當屬同一書手，但之所以還要將二者區别開來，是因其中有不少字的寫法仍有明顯區别，比如上舉的“我/義”，這裏再補充“事”“邦”“民”“弗”四例。

書手乙									
例字	字迹 B		字迹 E		例字	字迹 B		字迹 E	
事					邦				
	簡 10	簡 13	簡 30	簡 33		簡 6	簡 8	簡 26	簡 36
民					弗				
	簡 2	簡 13	簡 27	簡 36		簡 3	簡 5	簡 30	簡 35

(5) 字迹 D、F 的異同。(2)中所舉的“𡨦”“之”“我”等字已能看出 D、F 當屬同一書手，下舉“母”“若”二字，可補充説明其相同點。將二者作以區分，也是因其中不少字的寫法明顯有别，比如前文所舉的“辟”字，下面再補充“余”“其”“畢”“朕”四字。此外與字迹 D 相比，字迹 F 的筆畫端頭有更圓潤的特點。

字迹 D、F 的共同特徵：

① [清] 阮元校刻：《十三經注疏(清嘉慶刊本)・尚書正義》，北京：中華書局，2009 年，第 401 頁。

書手丁								
例字	字迹 D		字迹 F		例字	字迹 D		字迹 F
母					若			
	簡 19	簡 20	簡 46	簡 47		簡 19	簡 20	簡 44

字迹 D、F 的區別特徵：

書手丁							
例字	字迹 D		字迹 F		例字	字迹 D	字迹 F
余					其		
	簡 20	簡 21	簡 45	簡 45		簡 18	簡 46
畢					朕		
	簡 23		簡 49			簡 19	簡 47

關於字迹 D 起始處的判斷，比較容易看出的是，《四告二》第三簡（簡 18）末尾“其生₌”二字筆畫較前文有所變細，如果將“生”字所從上下兩部分與書手丁的“之”“先”“坔”進行比較，則可進一步瞭解它們當屬於同一人所寫。

字迹 D（書手丁）					

簡 17	簡 19	簡 38	簡 42	簡 46	簡 48

另值得提到的是，書手丁的字迹還見於《封許之命》的正文，[①]如果從清華簡整體

① 賈連翔：《〈封許之命〉綴補及相關問題探研》，《出土文獻》2020 年第 3 期。

抄寫情況出發,《四告》篇的書手丁實可被稱爲"《封許之命》書手"。[①] 以下略舉"之""晨""雚""光""於""乍""雩""永"八個共見字進行比較,即可看出其相同特徵。當然,受底本的影響,二者在很多字(或部件)的結構上也有不少差異。

<table>
<tr><th colspan="10">書手丁</th></tr>
<tr><th>例字</th><th colspan="2">《四告》</th><th colspan="2">《封許之命》</th><th>例字</th><th colspan="2">《四告》</th><th>《封許之命》</th></tr>
<tr><td rowspan="2">之</td><td></td><td></td><td></td><td></td><td rowspan="2">晨</td><td></td><td></td><td></td></tr>
<tr><td>簡 19</td><td>簡 49</td><td>簡 2</td><td>簡 8</td><td>簡 21</td><td>簡 22</td><td>簡 2</td></tr>
<tr><td rowspan="2">雚</td><td colspan="2"></td><td colspan="2"></td><td rowspan="2">光</td><td colspan="2"></td><td></td></tr>
<tr><td colspan="2">簡 21</td><td colspan="2">簡 7</td><td colspan="2">簡 20</td><td>簡 2</td></tr>
<tr><td rowspan="2">於</td><td colspan="2"></td><td colspan="2"></td><td rowspan="2">乍</td><td colspan="2"></td><td></td></tr>
<tr><td colspan="2">簡 40</td><td colspan="2">簡 7</td><td colspan="2">簡 43</td><td>簡 2</td></tr>
<tr><td rowspan="2">雩</td><td colspan="2"></td><td colspan="2"></td><td rowspan="2">永</td><td colspan="2"></td><td></td></tr>
<tr><td colspan="2">簡 48</td><td colspan="2">簡 1</td><td colspan="2">簡 49</td><td>簡 4</td></tr>
</table>

除了正文之外,《四告》簡背次序編號的字迹由於可資比較的内容較少,暫無法判斷其與正文字迹的關係,目前暫單列爲一種。

三、各種字迹的分布及其反映的寫本形成過程

字迹 A 書寫分布最爲特别,見於《四告一》前四字(簡 1)和《四告二》前三支簡(簡 16—18);字迹 B 是《四告一》的主體(簡 1—14),其間出現的字迹 C(簡 11)是一處校對内容;字迹 D 從《四告二》第三支簡的最後兩字起始,終《四告二》之末(簡 18—24);字迹 E 見於《四告三》(簡 26—37),字迹 F 見於《四告四》(簡 38—50)。上述總體分布情況可參看圖 6,具體情況可參看圖 7。

① 賈連翔:《清華簡"〈尹至〉書手"字迹的擴大及相關問題探討》,《出土文獻綜合研究集刊》第 13 輯,成都:巴蜀書社,2021 年,第 79—100 頁。

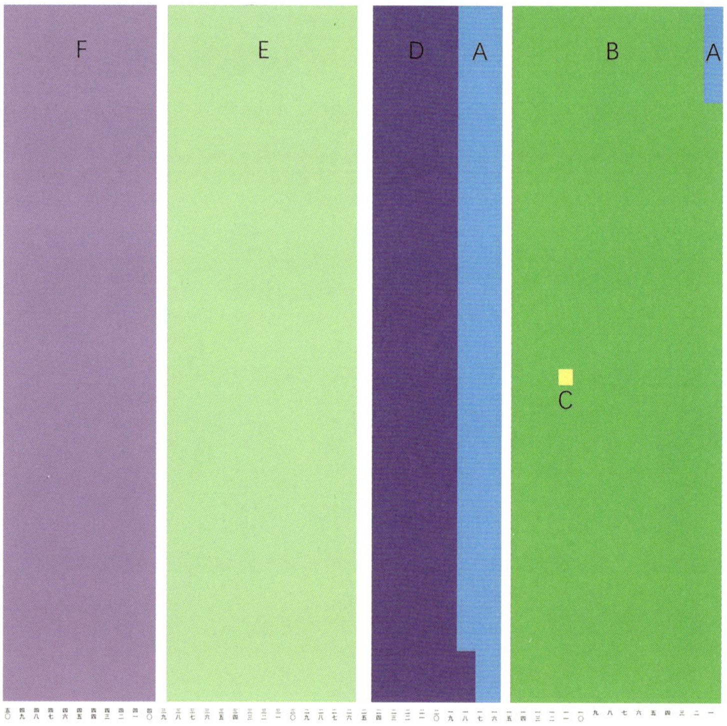

圖 6 《四告》正文六種字迹分布圖

《四告一》(周公旦)：

AAAABBBBBBBBBBBBBBBBBBBBBBBBBBBBB【1】

BBBBBBBBBBBBBBBBBBBBBBBBBBBBBBBB【2】

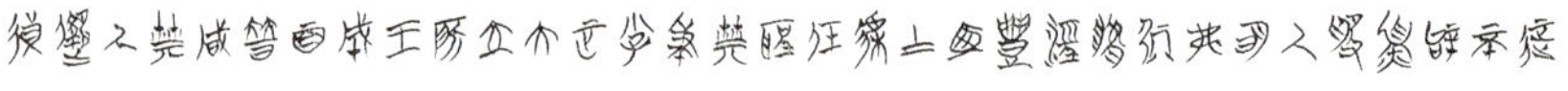

BBBBBBBBBBBBBBBBBBBBBBBBBBBBBBBBB【3】

BBBBBBBBBBBBBBBBBBBBBBBBBBBBBBBB【4】

BBBBBBBBBBBBBBBBBBBBBBBBBBBBBBBBB【5】

BBBBBBBBBBBBBBBBBBBBBBBBBBBBBBBBBB【6】

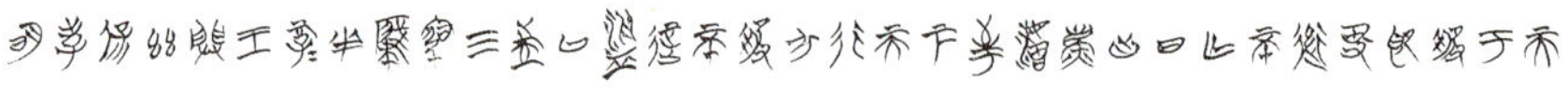

BBBBBBBBBBBBBBBBBBBBBBBBBBBBBBBBBB【7】

BBBBBBBBBBBBBBBBBBBBBBBBBBBBBBBBBB【8】

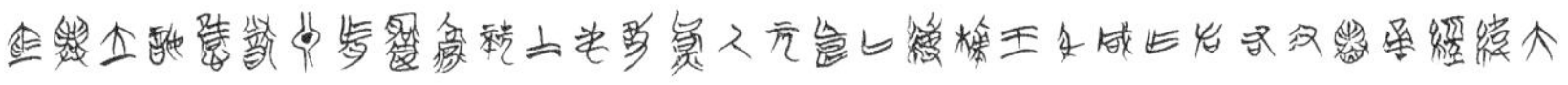

BBBBBBBBBBBBBBBBBBBBBBBBBBBBBBBBB【9】

BBBBBBBBBBBBBBBBBBBBBBBBBBBBBBBBBB【10】

BBBBBBBBBBBBBBBBBBCCBBBBBBBBBBBBBBBB【11】

BBBBBBBBBBBBBBBBBBBBBBBBBBBBBBBBBBB【12】

BBBBBBBBBBBBBBBBBBBBBBBBBBBBBBBBBB【13】

BBBBBBBBBBBBBBBB【14】

……【15】

《四告二》(曾孫禽父)：

AAAAAAAAAAAAAAAAAAAAAAAAAAAAAAAAAAA【16】

AAAAAAAAAAAAAAAAAAAAAAAAAAAAAAAA【17】

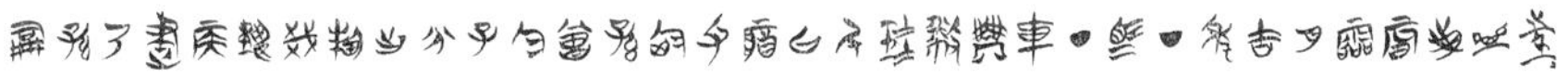

AAAAAAAAAAAAAAAAAAAAAAAAAAAAAAAADD【18】

DDDDDDDDDDDDDDDDDDDDDDDDDDDDDDDDDDDDDDD【19】

DDDDDDDDDDDDDDDDDDDDDDDDDDDDDDDDDDD【20】

DDDDDDDDDDDDDDDDDDDDDDDDDDDDDDDDDD【21】

DDDDDDDDDDDDDDDDDDDDDDDDDDDDDDDDD【22】

DDDDDDDDDDDDDDDDDDDDDDDDDDDDDDDDD【23】

DDDDDDDDDDDDDDDD【24】

……【25】

《四告三》(曾孫滿)：

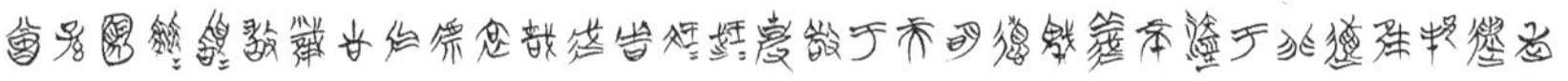

🄴🄴🄴🄴🄴🄴🄴🄴🄴🄴🄴🄴🄴🄴🄴🄴🄴🄴🄴🄴🄴🄴🄴🄴🄴🄴🄴🄴🄴🄴🄴🄴🄴【26】

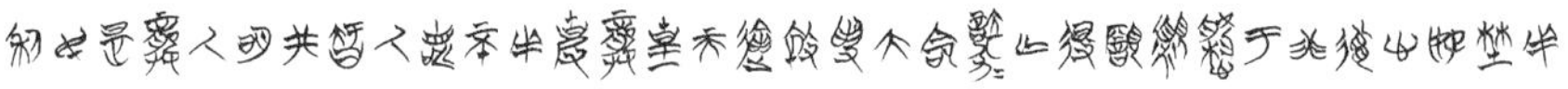

🄴🄴🄴🄴🄴🄴🄴🄴🄴🄴🄴🄴🄴🄴🄴🄴🄴🄴🄴🄴🄴🄴🄴🄴🄴🄴🄴🄴🄴🄴🄴🄴🄴🄴【27】

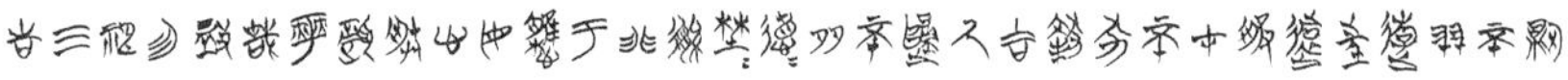

🄴🄴🄴🄴🄴🄴🄴🄴🄴🄴🄴🄴🄴🄴🄴🄴🄴🄴🄴🄴🄴🄴🄴🄴🄴🄴🄴🄴🄴🄴🄴🄴🄴【28】

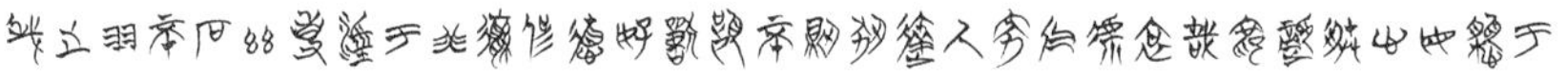

🄴🄴🄴🄴🄴🄴🄴🄴🄴🄴🄴🄴🄴🄴🄴🄴🄴🄴🄴🄴🄴🄴🄴🄴🄴🄴🄴🄴🄴🄴🄴🄴🄴【29】

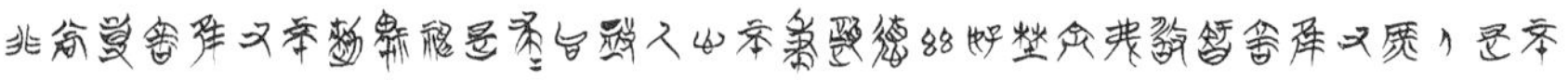

🄴🄴🄴🄴🄴🄴🄴🄴🄴🄴🄴🄴🄴🄴🄴🄴🄴🄴🄴🄴🄴🄴🄴🄴🄴🄴🄴🄴🄴🄴🄴🄴🄴🄴【30】

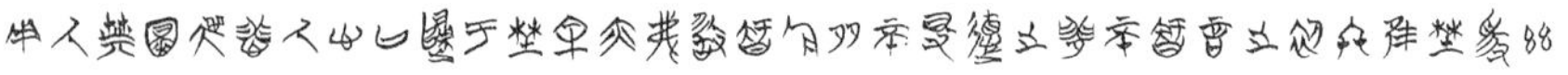

🄴🄴🄴🄴🄴🄴🄴🄴🄴🄴🄴🄴🄴🄴🄴🄴🄴🄴🄴🄴🄴🄴🄴🄴🄴🄴🄴🄴🄴🄴🄴🄴🄴🄴【31】

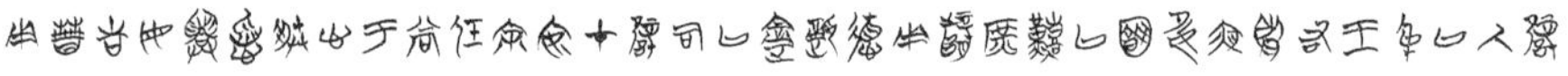

🄴🄴🄴🄴🄴🄴🄴🄴🄴🄴🄴🄴🄴🄴🄴🄴🄴🄴🄴🄴🄴🄴🄴🄴🄴🄴🄴🄴🄴🄴🄴🄴🄴🄴🄴【32】

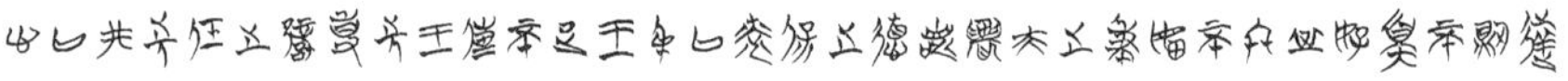

🄴🄴🄴🄴🄴🄴🄴🄴🄴🄴🄴🄴🄴🄴🄴🄴🄴🄴🄴🄴🄴🄴🄴🄴🄴🄴🄴🄴🄴🄴🄴🄴🄴🄴【33】

⍁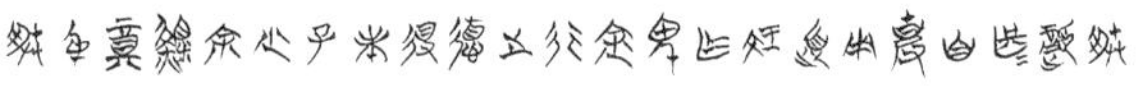

⍁🄴🄴🄴🄴🄴🄴🄴🄴🄴🄴🄴🄴🄴🄴🄴🄴🄴🄴🄴🄴🄴🄴🄴【34】

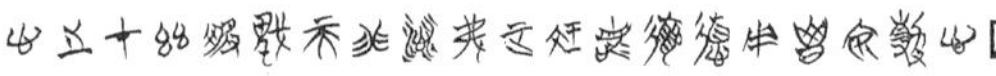⍁

🄴🄴🄴🄴🄴🄴🄴🄴🄴🄴🄴🄴🄴🄴🄴🄴🄴🄴🄴🄴⍁【35】

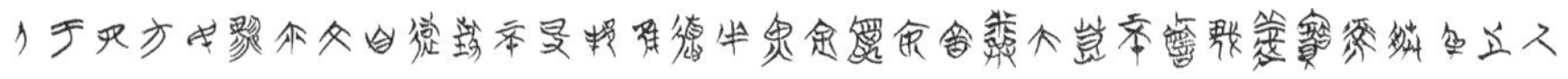

🄴🄴🄴🄴🄴🄴🄴🄴🄴🄴🄴🄴🄴🄴🄴🄴🄴🄴🄴🄴🄴🄴🄴🄴🄴🄴🄴🄴🄴🄴🄴🄴🄴🄴🄴【36】

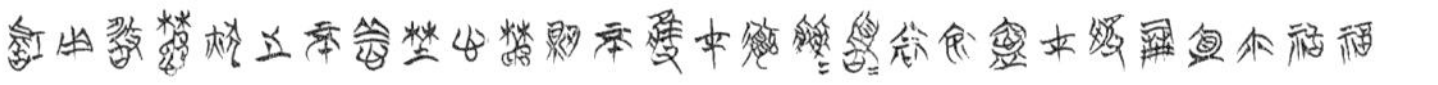

🄴🄴🄴🄴🄴🄴🄴🄴🄴🄴🄴🄴🄴🄴🄴🄴🄴🄴🄴🄴🄴🄴🄴🄴🄴🄴🄴🄴【37】

《四告四》(曾孫召虎)：

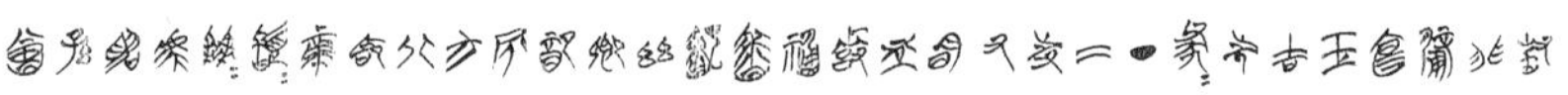

🄵🄵🄵🄵🄵🄵🄵🄵🄵🄵🄵🄵🄵🄵🄵🄵🄵🄵🄵🄵🄵🄵🄵🄵🄵🄵🄵🄵🄵🄵🄵🄵【38】

……【39】

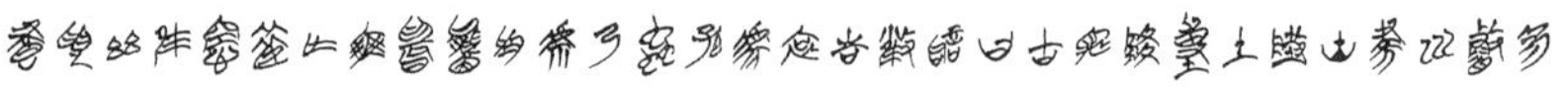

🄵🄵🄵🄵🄵🄵🄵🄵🄵🄵🄵🄵🄵🄵🄵🄵🄵🄵🄵🄵🄵🄵🄵🄵🄵🄵🄵🄵🄵🄵🄵🄵【40】

……【41】

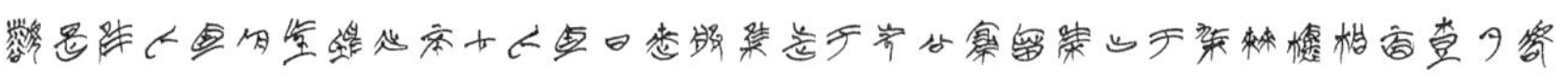

🄵🄵🄵🄵🄵🄵🄵🄵🄵🄵🄵🄵🄵🄵🄵🄵🄵🄵🄵🄵🄵🄵🄵🄵🄵🄵🄵🄵🄵🄵🄵🄵🄵🄵【42】

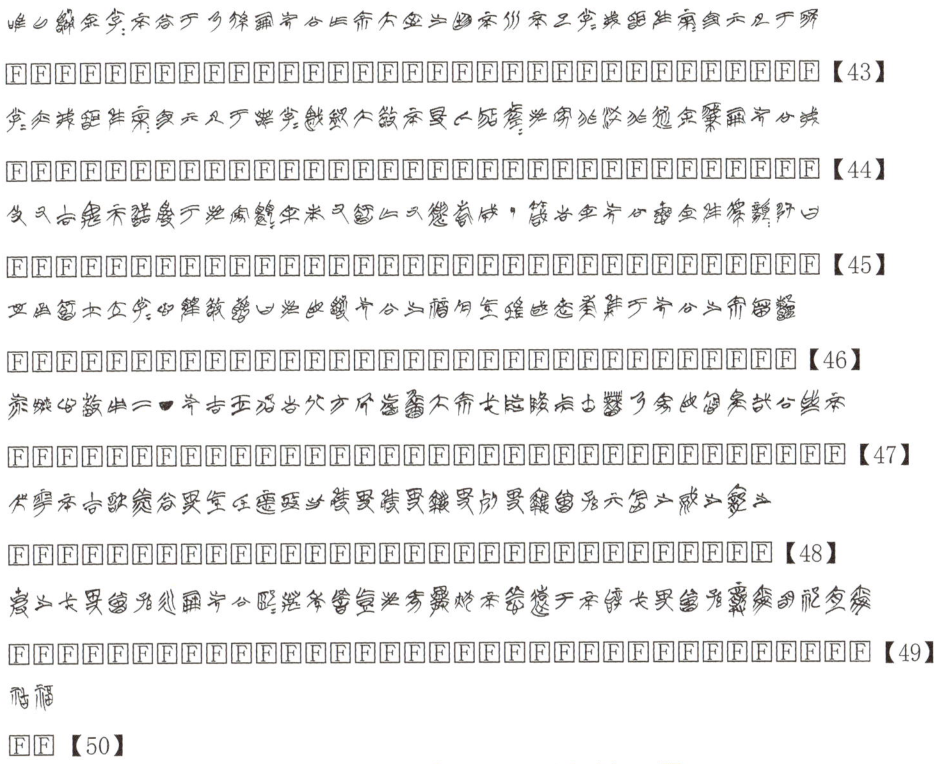

圖 7 《四告》正文六種字迹標示圖

根據字迹的分布情況，我們不僅可以清晰地看出《四告》這卷竹書並非一時間一蹴而就，而且可以對四個部分具體的書寫過程作進一步的推論。

《四告一》由書手甲（字迹 A）和書手乙（字迹 B）共同抄録完成，從位置的前後關係看，似是由書手甲（字迹 A）開了個頭，書手乙（字迹 B）續抄了餘下部分。後來書手丙（字迹 C）又校補了簡 11 的“天悳”二字。

《四告二》由書手甲（字迹 A）和書手丁（字迹 D）共同抄録完成，從位置關係看，似乎也是由書手甲先寫了前三支簡（簡 16—18），由於某個特殊原因被迫中斷，書手丁從第三簡（簡 18）最末兩字開始續寫了後面的内容。

由於書手甲在《四告一》《四告二》上的兩處文字字迹特徵比較一致，大概這兩處是在一個時間裏抄寫完成的，由此可推測，書手甲可能是對本卷竹書進行謀篇布局之人。當然，同時還存在另一種可能，就是《四告一》和《四告二》先由書手乙和書手丁分别寫成，後來書手甲對其中的内容進行了削改，《四告一》改的内容較少，而《四告二》改的篇幅較大。由於目前我們尚未在字迹 A 所處竹簡位置上發現削改過的痕迹，所以後一種猜想尚得不到有力的支持。

《四告三》再次由書手乙（字迹 E）來抄寫，這次他書寫得似乎非常仔細，全篇並没有明顯校改的痕迹。

《四告四》則再次由書手丁來抄寫，他在書寫前應當是對《四告四》内容的字數和本卷竹書當時的“餘簡”進行了估算，發現所剩竹簡並不充足，因此並没有延續前面設有“隔間”的格式，在《四告三》的下一支簡（簡38）上直接開始了抄録。從結果看，他的這一應變是很有必要的，因爲篇末的“祐福”兩個字確實已經寫至本卷最末一支簡（簡50）上了。

值得注意的是，書手乙和書手丁兩次書寫不僅在用字上有所區别，文字筆畫的端頭也有一些不同。前文已指出，字迹F筆畫端頭明顯比字迹D更圓潤，有書寫經驗的人會比較容易判斷，這種情況每每是由於兩次書寫使用的毛筆工具不同而造成。人員的更换和工具的變化，可以從一定意義上反映上述四部分内容在書寫時間上可能有一定的間隔期。

四、由寫本形成的過程看《四告》的成書問題

《四告》分人、分次的抄録過程，同時也反映了《四告一》《四告二》《四告三》《四告四》原本是各自獨立的四篇文獻，它們在被抄録時，應有各自的“底本”。雖然我們今天幾乎已無可能看到“底本”的樣貌，但從字迹的分析中，我們也可以瞭解一些“底本”的特色。

大家知道，同一書手的字迹不僅在文字筆畫上特徵相同，對同一個字的書寫也總有一個相對固定的結構和字勢，這也是筆迹學的重要標準之一。但由於古書流傳過程中形成的寫本大多不是“原創”作品，書手寫書時有“底本”作爲依據，也就不可避免地受到“底本”文字結構和字勢的影響。加之戰國文字對同一字、詞常有多種異體或假借，這種同一書手的不同書寫，既反映了書手對“底本”的忠實，也反映了當時在文字使用上有十分寬泛的通行標準。在這方面給我們以重要啟示和直接證據的是清華簡《鄭文公問太伯》的甲、乙二本，它也是目前僅見的同一書手對同一篇目抄録的兩個不同寫本。通過對甲、乙本的比較可以看出，二者内容幾乎全同，但其中存有大量的異體字，這些異體字就是緣於底本的不同所造成。

同樣的道理，我們也可以從同一書手對同一字在不同的篇目中的不同書寫，來瞭解其“底本”的一些特色。比如，我們在前文所舉書手乙在《四告一》《四告三》中對“我/義”“事”“邦”“民”“弗”等字的不同書寫，書手丁在《四告二》《四告四》中對“余”“其”“畢”“朕”等字采用的不同寫法，都應是由所據“底本”字形的不同所造成的，這裏還不算那些對同一字、詞用假借方式的不同表達。反過來講，上述這些現象也是對古書抄録流傳過程中，在“忠於底本”這一標準上的最好反映。正因有了這樣的認識，我們才有立足點延伸開來去討論，竹書中的一些文字帶有上一個底本、上上個底本……以至時代更早的文字的特點。就《四告》而言，整理者趙平安先生已經舉出了一些很

好的例子，[①]這裏不再贅述。

《四告》這種四篇輯纂的構成方式其實我們並不應感到陌生，比如此前發表的清華簡《説命》三篇也是這樣的形式，只是《説命》原是分篇編號、分篇題名的，而《四告》則是四篇統一編號，從形式上將這種輯纂的關係坐得更實罷了。過去我們曾指出《説命》三篇本來也是編在“一卷”竹書上的，[②]現在可以更清楚地認識到，它與《四告》采用的是同一種輯纂形式。《四告》四篇雖非一人一時所録，但從内容上看，四篇又是嚴格以時代先後爲次第，足見這卷書的輯纂是先有一個整體構思的。這從一定意義上反映了《四告》的輯纂是在一個對相類文獻進行整理的背景下形成的，不是簡單的排抄，而是有具體的編纂目的，或是出於學術發展，或是出於爲統治者提供服務，無論何種，都不會影響對這個本子具有“原創性”的判斷。這次輯纂有可能作爲一個新“底本”對下一個寫本産生影響，也有可能因伴隨墓主人入葬而徹底消失，因此它也可能是“臨時性”的。

前文提到了“忠於底本”是古書抄録者遵循的一個重要準繩，但對於構思這卷書的編纂者而言，是否也一定“忠於底本”呢？以顧頡剛先生爲代表的古史辨派學者很早便提出古書中有“層累”的情況，每一次抄録編纂都爲對“底本”的改造提供了契機。《四告》四篇按其中所記人物時代，從西周早期直至晚期，如果我們認爲它們都屬當時禱辭的實録，那麽四篇文獻的時間跨度有約 200 年，但其首尾格式却高度一致。趙平安先生指出，篇末“祜福”一詞是春秋以後的用語，由此可見“在春秋時期，這四篇告辭被統一加工過，因而注入了春秋時期的一些元素”。[③] 這是在清華簡這個寫本形成前已有的改造。前文提及書手甲在《四告一》中所寫“拜₌韻₌者魯”四字，恰也屬於統一格式的内容，不排除這也是對“底本”進行了改造的可能。

以上所討論的成書問題，既包括竹書文字内容的寫成過程，也包括其物質形態的生成過程，前者不是指由“史料”到“文獻”的過程，而是指由“文獻”到另一“文獻”的過程。具體而言，我們就清華簡這個寫本的特徵，描述了《四告一》《四告二》《四告三》《四告四》在流傳中被輯纂的過程，這次輯纂形成的新“文獻”可能是下一個“底本”的起始，也可能是上幾個“底本”的終結。由此可以推想每一次抄録輯纂對古書流傳都可能産生類似的影響，進而幫助我們在更大的範圍裏理解先秦古書的形成過程和方式。

【編按：本文曾在 2021 年 5 月 29—30 日由中國美術學院漢字文化研究所舉辦的第一屆“‘古文字與出土文獻’青年學者西湖論壇”上宣讀。夏含夷先生審閲本文後，希望

① 趙平安：《清華簡〈四告〉的文本形態及其意義》。

② 賈連翔：《戰國竹書整理的一點反思——從〈天下之道〉〈八氣五味五祀五行之屬〉〈虞夏殷周之治〉三篇的編連談起》，《出土文獻》第 13 輯，上海：中西書局，2018 年，第 142—152 頁。

③ 趙平安：《清華簡〈四告〉的文本形態及其意義》。

可以發表在 BAMBOO AND SILK 上,並由他負責聯繫學者翻譯成英文,這是我的榮幸。特别感謝 Connor Judge 先生將本文翻譯爲英文,題爲 A Study of the Format and Formation of the *Si gao* 四告 (*Four Proclamations*) of the Tsinghua Bamboo Slips,刊發於 BAMBOO AND SILK Vol6(2023): 1－21。此爲翻譯前的中文稿。】

戰國竹書的復原與整理研究

是典籍還是工具：從《算表》的形制、書迹談其功能性質

2008 年清華大學搶救性入藏了一批竹簡（通稱“清華簡”），數量約有 2500 枚，多爲珍貴的先秦古書，很多是失傳已久的内容。清華大學的研究團隊通過碳 14 檢測、古文字學鑒定等方法，確定這批竹簡是真非僞，且年代在公元前 305±30 年，[①]屬於戰國中期。

在這 2500 枚竹簡中，有 21 支形制非常特殊，寬度在 1.2 釐米左右，明顯寬於其他竹簡。它們的正面繪有朱絲欄綫，完整者上端鑿有圓孔，孔内還有絲綫殘留，簡上墨書文字全是古文字中的數目字，這種形式和内容，在傳世文獻和出土文獻中，都是前所未見的。經過五年多的整理研究，整理者將其復原爲一個基本完整的表格，並在 2014 年出版的《清華大學藏戰國竹簡（肆）》（以下簡稱“整理報告”）中刊布了這批材料，名之曰《算表》。與之同時，整理者對《算表》的形制特點、運算方法以及其在數學史上的重要意義，都做了深刻的分析和客觀的述評，迅速引起了學界的關注。

2017 年 4 月 23 日，吉尼斯世界紀録也對《算表》的重要意義進行了認定，並頒發了證書，這也是中國出土文獻研究領域首次引入國際認證機制，明確一項重大發現在世界範圍内對人類文明的貢獻。認證書内容是這樣寫的：

> The oldest decimal multiplication table is the twenty-one bambooslips of the Tsinghua Bamboo Slips from around 305 BC which were acquired by Tsinghua University (China) in 2008.

值得注意的是，吉尼斯世界紀録認定《算表》爲最早的“decimal multiplication table”，即“十進位乘法表”，這一説法不免會讓人誤認爲《算表》只是一個單純的“表格文獻”。鑒於《算表》發現的意義重大，關於其性質的問題有必要做一個準確的論斷。

---

① 清華大學出土文獻研究與保護中心編，李學勤主編：《清華大學藏戰國竹簡（壹）·上册》，上海：中西書局，2010 年，“前言”，第 3 頁。

實際上原整理報告已指出,“《算表》是一篇具有計算功能的數學文獻”。[①]整理者李均明、馮立昇先生後來也撰文進一步認爲它“是一個表格形式的實用運算表”,[②]都强調了《算表》的實際運算功能。如果再嚴格一點説,《算表》應是一部基於表格形式的具有實際運算功能的計算工具。雖然現在已無法看到古人如何具體使用《算表》,但它的實用功能是可以通過它的形制和書迹特點進行推擬的,以下試在已有研究的基礎上作進一步説明。

《算表》的長度在 43.5 釐米左右,略短於已發現的最常見的 45 釐米戰國竹書。[③] 同與之長度相近的竹書一樣,《算表》也是通過上、中、下三道編繩編連成册的,由於年代久遠,編繩已無存,僅見編痕和契口。《算表》的整體面貌是一個表格,縱向由 21 支竹簡自然成列,横向繪有 21 條欄綫,框界成 20 行。上、中、下三道編繩分别位於上數第 2、11、20 條欄綫處,被借作欄綫使用。這 21 條欄綫呈等距分布,每行行高約 2.15 釐米,繪製時先以細如毫髮的墨綫描出底稿,再於墨稿上覆以略粗一點的朱綫。稍有不同的是,第 1 和 21 條朱綫下没有墨綫,應是爲了整體美觀而後補畫的,這從首、末兩行的行高略小於其他這一點上也可證明。由於部分朱綫没有完全蓋住墨綫,加之三條編繩處後來並未施以朱綫,其繪製過程得以一覽無餘,參看圖 1。同時,我們猜想原來用於編連的三條絲綸可能也是朱色的,製作上十分考究。

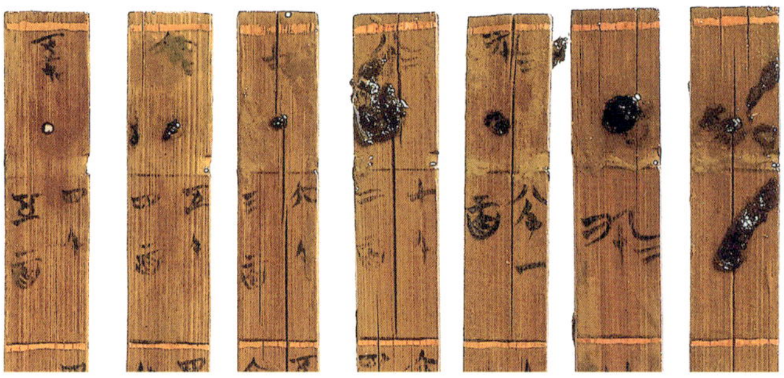

圖 1　《算表》中的墨綫底稿

上述 20 行與 21 列交叉,構成了 420 個單元格,其中專有一行和一列進行了特殊加工。在上數第一行的 21 個單元格内中心偏下的位置上,均見有直徑約 1.5 mm 的圓孔,數目字抄寫於圓孔上方。[④] 相同的圓孔也見於整理者原排的簡 2,即表格右數第二列,在這一列的 20 個單元格中,僅見有圓孔而不見數目字,圓孔位於每個單元格的中央位置。與此同時,在部分圓孔内及其鄰近部位還發現有絲綫殘留物,這些絲綫

① 清華大學出土文獻研究與保護中心編,李學勤主編:《清華大學藏戰國竹簡(肆)·上册》,上海:中西書局,2013 年,“本輯説明”,第 1 頁。

② 李均明、馮立昇:《清華簡〈算表〉的形制特徵與運算方法》,《自然科學史研究》2014 年第 1 期。

③ 有關戰國竹書尺度的分析可參見賈連翔:《戰國竹書形制及相關問題研究:以清華大學藏戰國竹簡爲中心》,上海:中西書局,2015 年,第 117—118 頁。

④ 簡 17、18 雖上端殘損,推斷其完整時樣貌也應與其他簡是一致的。

原來應是穿引圓孔的。整理者根據這些圓孔和絲綫殘留物，推斷《算表》的運算操作是“通過引綫縱横向之交叉獲得兩因數的乘積”，①這是十分正確的。需要説明的是，肖芸曉女士後來曾據簡背的刻劃痕迹、殘留絲綫的位置以及一些局部的反印墨迹等現象的規律，指出簡 1 與簡 2 的位置須對調，②應是正確的。因而，簡 2 上全是圓孔的一列單元格，原應位於表格的最右一列。調整後的《算表》樣貌可見圖 2。【編按：我們後來又找到了一枚殘簡(C105)，可將簡 8 上端綴合完整，圖 2 爲綴合後的新圖。】

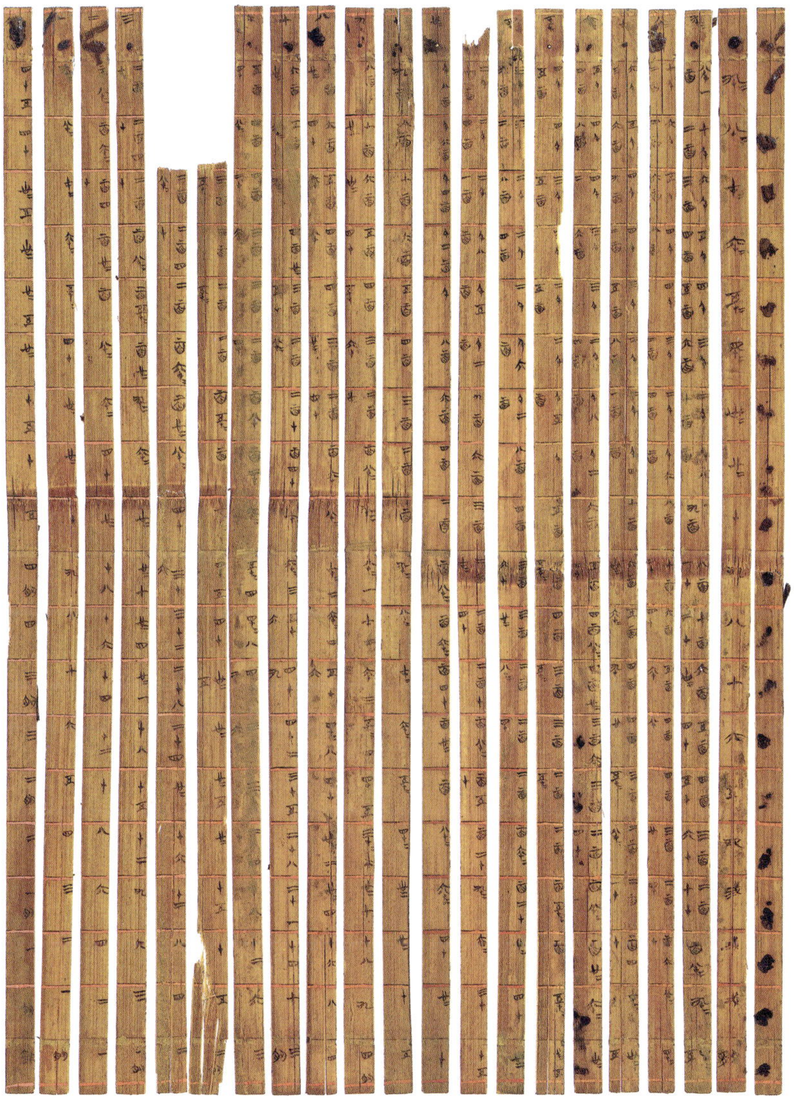

二一　二〇　一九　一八　一七　一六　一五　一四　一三　一二　一一　一〇　九　八　七　六　五　四　三　一　二

圖 2　《算表》復原圖

① 馮立昇：《清華簡〈算表〉的功能及其在數學史上的意義》，《科學》2014 年第 66 卷第 3 期。

② 肖芸曉：《清華簡〈算表〉收卷方式小議》，簡帛網，2014 年 6 月 12 日，http://www.bsm.org.cn/?chujian/6209.html；賈連翔：《反印墨迹與竹書編連的再認識》，《出土文獻》第 6 輯，上海：中西書局，2015 年，第 229—245 頁。

表格中的數字采用的是十進位計數方法，排列方式與“九九術”相類，按由大到小的順序排列。整理者將其分爲三個功能區，簡言之，第一功能區可稱爲“導航欄”，第二功能區爲“引綫欄”，第三功能區爲“乘積欄”。乘積欄是表格的核心，基礎部分是“九九乘法表”，同時對“九九乘法表”進行了擴展。擴展內容的一端，出現了代表“二分之一”概念的文字“㓷（半）”，或寫作“𠠻”；還出現了“半”與“半”的乘積，代表“四分之一”概念的文字“釮（錙）”。擴展內容的另一端是將因數分別擴大至十倍，也就是從“十”到“九十”，最大的乘積已達到“八千一百”。因此，《算表》能實現的基本運算功能至少有四種：①

（1）一位數的整數乘法；

（2）兩位數整數乘以一位數整數乘法；

（3）任意兩位數整數的乘法；

（4）整數部分不超過兩位數、非整數位爲特定的二分之一的“三位”數乘法。

前面已經提到，《算表》是通過牽引“絲綫欄”的橫、縱絲綫交叉的方式確定兩因數的乘積，在乘積欄的設計中也能反映出這一使用方式所具備的特徵。仔細觀察乘積欄中書寫的數目字不難看出，其行款並不占滿單元格，也不位於單元格的正中位置。有單字者，位於單元格的右上方；二三字者，都偏向單元格的右側；四字者則兩兩成行，這在竹簡的書寫中是殊爲鮮見的。表面上看，這似乎是由古人縱向右行的書寫方式所形成的，仔細分析，這些數目字的行款應是有意空出單元格的“十”中軸位置，而這些位置正是絲綢引綫交叉時會穿過的路徑。顯然這是爲了實際運算操作時乘積不會被遮擋而進行的特別設計。相關示意參見圖 3。

圖 3　乘積欄單元格内數目字抄寫行款對引綫的避讓設計

① 馮立昇：《清華簡〈算表〉的功能及其在數學史上的意義》。

與躲避遮擋的設計相反，導航欄中縱向一列（即原簡1）單元格中"因數"的抄寫位置，則全都會被横向引綫遮擋。但是，爲了在引綫拉直後能明確其下壓住的數值，這部分數目字的字體被特别地放大，且其中的一、二、三這種筆畫簡單的數目字，還采用了較爲複雜的異體"弌""弍""弎"表達，其目的也是避免誤讀。與此同時，導航欄中的横向"因數"均書寫在引綫孔的上方，引綫拉直後是不會被遮擋的。如此"一露一遮"不同的效果，則可以將實際運算操作中的"乘數"和"被乘數"進行有效區分，相關示意參見圖4。此外，李均明、馮立昇先生還曾推測《算表》具有除法運算的擴展功能，倘若此説可信，則這種"一露一遮"的設計，也可以在除法運算操作中，有效地區分"除數"和"商"。

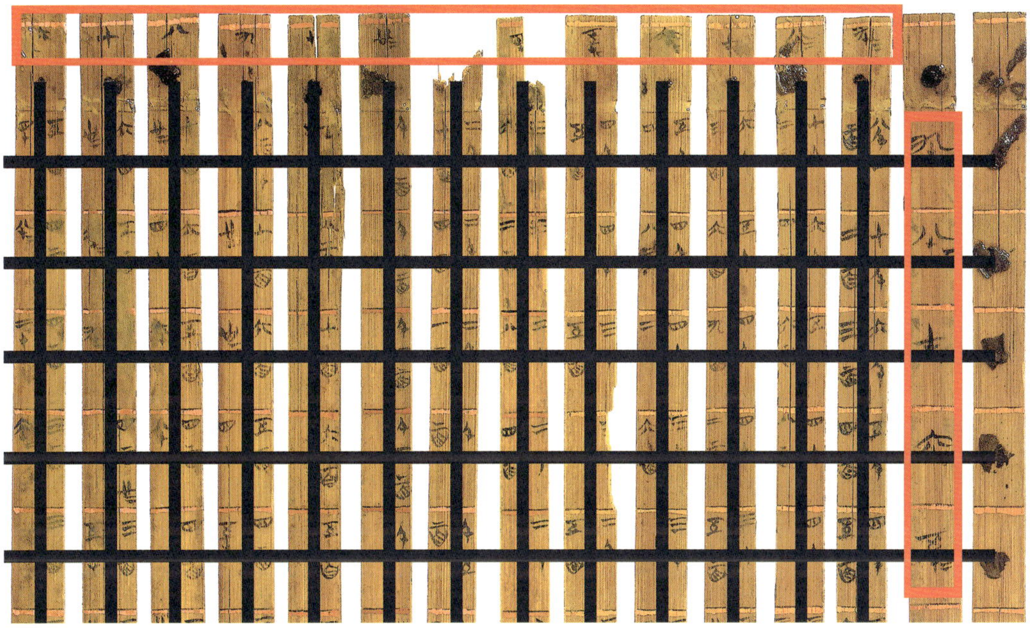

圖4 《算表》運算操作時乘數與被乘數的指示區别

以上討論的形制和書迹特點，反映了《算表》各個環節的設計都爲滿足實際運算的操作，也就説明了其性質並不是一篇單純的數學文獻，而是一部實用的計算工具。這樣一部工具究竟是何人所爲？我們從其所録數目字的書法特點中也發現了一些綫索。

這位書手起筆時頓筆較重，呈釘形，運筆迅速，提筆輕盈，類似的字迹特徵在已刊布的清華簡《湯在啻門》《湯處於湯丘》和《管仲》三篇中都有明顯的體現。下表將這三篇中的"四""五""六""九""百"等數目字，以及從"戈""肉""刀"部件之字的寫法與《算表》中的字進行比較，其爲同一書手所抄的關係即可一目瞭然。①

① 參看賈連翔：《談清華簡所見書手字迹和文字修改現象》，《簡帛研究 二〇一五（秋冬卷）》，桂林：廣西師範大學出版社，2015年，第38—52頁。

算 1	算 3	算 13	算 1	算 19	算 20

啻門 7	湯丘 4	啻門 4	啻門 7	啻門 17	啻門 7

湯丘 10	湯丘 8	湯丘 15	湯丘 2	湯丘 7	湯丘 11

管仲 16	管仲 10	管仲 10	管仲 10	管仲 17	管仲 09

《後漢書・王充傳》載“常游洛陽市肆，閲所賣書，一見輒能誦憶”，①揚雄《法言・吾子篇》曰“好書而不要諸仲尼，書肆也”，②可見至遲在漢代，已有職業抄書的人與專門售書之集市。古書中又常見“傭書”“寫書”的説法，所指的是也受雇而爲人抄書的職業書手。戰國時期是否有“書肆”尚不得而知，但從《算表》與其他三篇文獻的字迹關係看，説它們是職業書手所寫，大概與事實相去不遠。既然是由職業書手所録，則清華簡《算表》是副本而非原創的可能性是極大的，這從一定意義上也可以反映，《算表》的實際發明時間應早於我們現在見到的這個版本。

依目前學界的一般認識，簡牘帛書可按照記載的内容，大略分爲典籍和文書兩大類，清華簡的内容通常被視爲典籍類。但隨着整理工作的不斷深入，這種分類的局限愈加凸顯，諸如《算表》這類竹簡，其性質已不屬於典籍，更非文書，因此我們在簡帛學的分類問題上仍有工作要做。

【編按：本文刊發於《中國書法報》2020 年第 30 期第 3 版。】

① ［南朝宋］范曄：《後漢書》卷四九，北京：中華書局，1965 年，第 1629 頁。
② ［漢］揚雄撰，汪榮寶注疏：《法言義疏》，北京：中華書局，1987 年，第 74 頁。

《封許之命》綴補及相關問題探研

《清華大學藏戰國竹簡(伍)》收録《封許之命》一篇,簡長約 44 釐米,寬約 0.65 釐米,簡背竹節位置記有次序編號,可知全篇原由九支簡組成。在第 9 簡背面竹節下,有刮削竹皮後書寫的“諌(封)鄦(許)之命”四字題記,整理者遂以之爲篇題。① 竹書現存並不完整,除第 3、7、8、9 四支簡上端有不同程度殘損外,刊布時亦未發現第 1、4 兩簡,殊爲遺憾。隨着整理和研究工作的不斷推進和深入,我們在準備發表的竹簡中,發現了本篇的第 4 簡,一時間既歡悦不已,又抱愧汗下。根據整理工作的先例,這裏將相關情況向大家作個説明。

這枚竹簡上端已殘損,情形與鄰近的第 3 簡大致相似,致使正文約缺兩字。所剩中、下兩道編痕和契口的位置,與已發表的其餘七支簡相合。其簡背竹節位置,亦與其餘七簡相同,故屬同一批竹材。更重要的是,竹節上書有序號“厶(四)”字,恰可補缺。簡 4 正背全貌見後附圖,全篇簡背局部參見圖 1。

簡文的辭句具有明顯的“書”類文獻特徵,故而在初期整理時,被誤置入《四告》中。② 以下寫出《封許之命》綴補後的釋文,所補内容在文中劃綫標出。

……【簡1】雩(越)才(在)天下,古(故)天藋(勸)之乍〈亡〉臭(斁),向昏(振)氒(厥)悳(德),雁(膺)受大命,旵(畯)尹亖(四)方。則隹(惟)女(汝)吕丁,肈橐(規)玟(文王),詸(毖)光氒(厥)剌(烈)。【簡2】[珷](武王)司(嗣)明型(刑),蠤(釐)氒(厥)猷,鬵(祇)事帝(上帝),趄=(桓桓)不(丕)苟(敬),嚴𨟻(將)天命。亦隹(惟)女(汝)吕丁,旟(扞)補(輔)珷(武王),攼(干)敦殷受,咸成商邑。【簡3】□□舍(余)孛=(小子),舍(余)隹(惟)纆玟=(文王)明型(刑),非敢巟(荒)訇(怠),戥(畏)天之非沝(忱),册差折人,甚(審)民之若不(否)。今朕永念乃惧(勛),【補簡4】命女(汝)侯于鄦(許)。女(汝)隹(惟)𢦚(壯)耆尔(爾)猷, 虔(虔)血

---

① 清華大學出土文獻研究與保護中心編,李學勤主編:《清華大學藏戰國竹簡(伍)》,上海:中西書局,2015 年,第 117—123 頁。本文引整理者意見均出於此,不另注。

② 《四告》部分簡文的字迹亦與《封許之命》應屬同一書手,我們另作文章討論。**【編按:此即《清華簡〈四告〉的形制及其成書問題探研》,已收入本書。】**

二　三　四　五　六　七　八　九

圖 1　綴補簡 4 後的《封許之命》簡背局部

(恤)王豙(家),柬(簡)朕(乂)亖(四)方不𢦚,以堇(勤)余𠆢(一人)。

簡文發表後,不少學者都對上面這段内容進行過討論,現結合新補的簡文,先來探討幾處釋讀上的問題。

"向昬𠂔悳"之"昬",原注:"即'晨'字,與'純'同爲禪母文部,此指文王之德。《詩·維天之命》:'於乎不顯,文王之德之純。'"蘇建洲先生指出可徑讀爲"振",①《史記·夏本紀》:"日嚴振敬六德。"《孟子·滕文公上》:"放勳曰:'勞之來之,匡之直之,輔之翼之,使自得之,又從而振德之。'"

"肁𡨦玟"之"𡨦",原釋爲"𡨦",讀爲"右",訓爲助。不少學者已對此字的形體辨識提出質疑,或認爲此字中間從又從丁,即"𠬪"之異體,然放諸句中,頗不易解。我曾將此字中間所從釋爲"𠬤",即"規",認爲"𡨦"係"規"之異體,訓爲規勸。② "𡨦(規)"前之"肁",也有矯正之義,當然訓爲始,亦通。

"□司明型"之"□"是個殘字,李松儒女士指出應是"珷",即"武王"的合文,已被

① 簡帛論壇海天游蹤(網名)意見,轉引自黄淩倩:《清華伍〈厚父〉、〈封許之命〉集釋》,碩士學位論文,安徽大學,2016 年,第 62 頁。

② 賈連翔:《淺談竹書形制現象對文字識讀的影響——以清華簡幾處文字補釋爲例》,《出土文獻》2020 年第 1 期。

大家所采信。[①] 司，駱珍伊女士讀爲“嗣”，[②]古書中除用其指繼承君位外，還可指繼承政教，如《詩・大雅・思齊》“太姒嗣徽音，則百斯男”，鄭箋：“嗣大任之美音，謂續行其善教令。”“明型”之“型”應讀爲“刑”，《詩・大雅・抑》“克共明刑”，毛傳：“刑，法也。”過去學者常將西周金文或傳世文獻中用作名詞的“型”或“刑”，理解爲“典型”“模式”，現在看來是需要檢討的。武王所繼承的“明型(刑)”，就是簡文後面提到的“文王明型(刑)”，佚失的第一簡上可能已有涉及。清華簡《四告》一有“昷螽(聞)岜(喪)文、武所乍(作)周邦型(刑)灋(法)典聿(律)”語，爲文、武的“明刑”所指作了清楚的詮釋。將《封許之命》與《四告》結合起來可以認識到，周邦之“明刑”由文王創立，經武王繼承和進一步踐行，得到了很好的效果，故爲後世所沿襲。也可以說是文、武二王爲周邦明刑奠定了基礎。

“嚴𨛮(將)天命”，整理者：“嚴，《禮記・學記》鄭注：‘尊敬也。’將，《詩・我將》鄭箋：‘猶奉也。’”此句可參《逸周書・祭公》：“周克龕紹成康之業，以將天命，用夷居之大商之衆。”清華簡《祭公》則無“以將天命”語。

新補簡 4 開頭的“□□酓孛＝”句，整理者此前曾分析：“許國之封，過去學者以爲在周武王時，但看簡文，對於始封之君吕丁曾輔佐的文王、武王都用其諡號，證明分封是在成王之世，更可能是在成王親政後不久的時候，否則吕丁的年紀就會太大了。”[③]“余小子”前約缺兩字，前文依次敘述先祖“文王”“武王”之業績，可知“余小子”即“成王”自稱，是封許之王，蓋無可疑。據《禮記・曲禮下》鄭注，“余小子”是天子未除喪時自稱，亦可證此時成王即位不久。

“繮玟＝明型”之“繮”，若如字釋可讀爲“强”，作使動用法，如《韓非子・奸劫弑臣》：“此管仲之所以治齊，而商君之所以强秦也。”此字也很可能是“緟”之訛書，[④]讀爲“申”。句可參善鼎(《集成》02820)“今余唯肈䌤(申)先王令(命)”，師㝨簋蓋(《集成》04284)“今余唯䌤(申)先王令(命)”。

“非敢圕旬”之“圕”，上從匕形，與本篇簡 5 之從“十”形者不同，[⑤]“圕”是透母陽部字，此可讀爲曉母陽部之“荒”。“旬”讀爲“怠”。“怠荒”語見中山王嚳壺(《集成》09735)：“嚴敬不敢怠荒。”《禮記・哀公問》：“荒怠敖慢。”僞古文尚書《泰誓下》：“今商

---

① 參看簡帛論壇松鼠(網名)意見，轉引自黄凌倩：《清華伍〈厚父〉、〈封許之命〉集釋》，第 62 頁。

② 駱珍伊：《試説〈封許之命〉的“武王司明型”》，復旦大學出土文獻與古文字研究中心網，2015 年 7 月 10 日，http://www.gwz.fudan.edu.cn/Web/Show/2555。

③ 清華大學出土文獻研究與保護中心編，李學勤主編：《清華大學藏戰國竹簡(伍)》，第 117 頁。

④ 有關本篇書寫用字不規範的問題，可參看蘇建洲：《談談〈封許之命〉的幾個錯别字》，《古文字研究》第 31 輯，北京：中華書局，2016 年，第 374—377 頁。

⑤ 金宇祥：《〈清華五・封許之命〉“圕”字芻議》，復旦大學出土文獻與古文字研究中心網，2015 年 8 月 5 日，http://www.gwz.fudan.edu.cn/Web/Show/2567；或説“圕”字有兩系，參看程浩：《“圕”字兩系説》，“古文字與出土文獻”青年學者論壇，長春：吉林大學古籍研究所，2019 年 9 月。

王受狎侮五常，荒怠弗敬。”

“戠(畏)天之非泍”之“泍”，又見於楚帛書《四時令》中的冬季之神“泍墨檐”。此前我曾聯繫清華簡《成人》簡 9 的“溳”字，認爲帛書之字中間所從爲“貝”，[①]現在看來這一分析可能有誤。帛書之字中間從“心”，是李零先生目驗原件後指出的。[②] 從文例看，“泍”也應是“湛(沈)”的一個異體，“心”與“湛”同屬侵部，應是聲符。根據黄德寬先生的研究，“湛(沈)”還有“淋”“溳”“逄”“瀸”等多種異體。[③]《尚書·大誥》有“天棐忱辭”“越天棐忱”，《康誥》有“天畏棐忱”，《君奭》有“若天棐忱”，《詩·蕩》有“天生烝民，其命匪諶”，《大明》有“天難諶斯”，又清華簡《厚父》簡 9 有“天命不可漗(忱)”，《廼命二》簡 9 有“天命非瀸(忱)”，《四告》三簡 35 有“戠(畏)天非泍(忱)”，皆可與本句相參。孫詒讓認爲“天非忱”意爲“謂天命無常不可信也”。[④] 本句與《康誥》《四告》尤爲接近。

“册羞折人”之“羞”，其上所從的“羊”形省掉了豎畫，楚文字中“羕”“善”“義”等字上部常省作此。這裏訓爲進、薦。《尚書·立政》：“惟羞刑暴德之人同於厥邦。”“折”字右從“匕”，或爲“斤”“刀”的同義偏旁互换，或爲“斤”訛省一筆所致。《尚書·吕刑》：“哲人惟刑，無疆之辭屬於五極。”王引之《經義述聞》：“哲當讀爲折，折之言制也。折人惟刑，言制民人者惟刑也。”[⑤]從簡文看，“折人”應爲名詞性結構，而非動賓結構，可作“智者”理解。仍值得注意的是，《尚書》中的“哲人”每每與“刑”並見，不排除這裏的“折/哲”有取義於“折獄”之“折”的可能，專指熟悉明刑法典之人。

“甚民之若不”之“甚”，禪母侵部，此讀爲書母侵部的“審”，察知也。“不”，程浩先生讀爲“否”。句可參《詩·大雅·烝民》“邦國若否”，中山王譽鼎(《集成》02840)“智(知)天若否”，清華簡《四告》三“智(知)乓(厥)若不(否)”。

“女(汝)隹(惟)戕耆尔(爾)猷”之“戕”，原讀爲“臧”，並注：“臧，《説文》：‘善也。’耆，《左傳》宣公十二年杜注：‘致也。’”單育辰先生指出“戕”應讀“壯”，“耆”當訓爲强。《詩·小雅·采芑》：“方叔元老，克壯其猷。”是“壯”形容“猷”之例。《左傳》昭公二十三年“不懦不耆”，杜注：“懦，弱也。耆，强也。”睡虎地《秦律十八種·司空》簡 141“耆

---

① 清華大學出土文獻研究與保護中心編，黄德寬主編：《清華大學藏戰國竹簡(玖)》，上海：中西書局，2019 年，第 160 頁注[三一]。

② 李零：《子彈庫帛書(下)》，北京：文物出版社，2017 年，第 63 頁。

③ 黄德寬：《釋新出戰國楚簡中的“湛”字》，《中山大學學報(社會科學版)》2018 年第 1 期，第 49—52 頁；黄德寬：《清華簡新見“湛(沈)”字説》，《清華大學學報(哲學社會科學版)》2020 年第 1 期，第 35—38 頁。黄先生提示“泍”中間所從之“心”也可能是“悤”之省。

④ [清] 孫詒讓：《尚書駢枝》，北京：中華書局，2010 年，第 129 頁。

⑤ [清] 王引之：《經義述聞》，上海：上海書店出版社，2012 年，第 121 頁。

弱相當”,“耆”“弱”對文。[①]

以上是關於綴補内容及相關釋文的討論。此前駱珍伊女士總結這段内容前半的結構爲“〔讚美文王〕→〔讚美吕丁輔佐文王〕→〔讚美武王〕→〔讚美吕丁輔佐武王〕”,[②]應是準確的。其後又述成王承先王之志,念吕丁之功,對其進行册命。

綴補後的簡文讓我們對册命文獻有了更進一步的認識。西周初年武王、成王都曾進行過大範圍的分封,[③]關於當時的情況,最著名的記述見於《左傳》定公四年:

> 昔武王克商,成王定之,選建明德,以藩屏周。
>
> 故周公相王室,以尹天下,於周爲睦。分魯公以大路、大旂,夏后氏之璜,封父之繁弱,殷民六族,條氏、徐氏、蕭氏、索氏、長勺氏、尾勺氏,使帥其宗氏,輯其分族,將其類醜,以法則周公。用即命于周。是使之職事于魯,以昭周公之明德。分之土田陪敦、祝、宗、卜、史,備物、典策,官司、彝器;因商奄之民,命以《伯禽》,而封於少皞之虚。
>
> 分康叔以大路、少帛、綪茷、旃旌、大吕,殷民七族,陶氏、施氏、繁氏、錡氏、樊氏、饑氏、終葵氏;封畛土略,自武父以南及圃田之北竟,取於有閻之土以共王職;取於相土之東都以會王之東蒐。聃季授土,陶叔授民,命以《康誥》而封於殷虚。皆啟以商政,疆以周索。
>
> 分唐叔以大路、密須之鼓、闕鞏、沽洗,懷姓九宗,職官五正。命以《唐誥》而封於夏虚,啟以夏政,疆以戎索。[④]

總結這三次分封的程式不難看出,在贈器、封疆、授民同時,都形成了一份“書”類文獻。封魯公的《伯禽》,封康叔的《康誥》,封唐叔的《唐誥》,三篇之中只有《康誥》流傳至今,内容屬於“誥”而非“命”,推想《唐誥》的情況也類似。值得注意的是,《左傳》在《伯禽》《康誥》《唐誥》之前都用了“命以”一語,可知它們無論體裁如何,對於册命程式而言,也都起到了“命”的作用。

李學勤先生在整理報告中曾指出:“‘命’本係《書》的一體,在傳世《書序》中有《肆命》、《原命》、《説命》、《旅巢命》、《微子之命》、《賄肅慎之命》、《畢命》、《冏命》、《蔡仲之命》、《文侯之命》等,今傳世《尚書》中祇有《文侯之命》一篇。清華簡中已發表的《説命》三篇,以及這一篇《封許之命》,使我們得以更多瞭解‘命’的性質和面貌。”[⑤]程浩先

---

① 單育辰:《〈清華大學藏戰國竹簡(伍)〉釋文訂補》,“戰國文字研究的回顧與展望”國際學術研討會,上海:復旦大學出土文獻與古文字研究中心,2015 年 12 月,第 237 頁。

② 駱珍伊:《試説〈封許之命〉的“武王司明型”》。

③ 可參看邵蓓:《〈封許之命〉與西周外服體系》,《歷史研究》2019 年第 2 期。

④ [清] 阮元校刻:《十三經注疏(清嘉慶刊本)·春秋左傳正義》,北京:中華書局,2009 年,第 4635 頁。

⑤ 清華大學出土文獻研究與保護中心編,李學勤主編:《清華大學藏戰國竹簡(伍)》,第 117 頁。

生進一步分析，如今可見的《康誥》《文侯之命》與《説命》《封許之命》四篇中，《封許之命》和《文侯之命》才是最典型的“命”，同時根據《文侯之命》的內容，他總結“命”的結構應包括“述祖”“贊善”“封賞”三部分。[①]《封許之命》的基本內容也大致不出這三方面，簡文綴補之後結構更爲清晰，由於吕丁輔佐文、武、成三代，因此他的“述祖”和“贊善”是結合在一起的。

在新發現的簡文中，“册羞折人”一句最值得細吟。“册”即指“簡册”，這可進一步印證在周王實行分封的程式中，一定會有一份册命文獻存在。它或是“命”體，或是意義與“命”相當的“書”類文獻，總之內容是記録在“册”的。如今所見銅器上的册命銘文，理應也是根據這些“册”的內容轉録而來的。“折人”無疑是指受封的“吕丁”。前文提到“羞”是進薦的意思，“成王”在册命“吕丁”之前，先要予以進薦，那麼究竟向誰進薦呢？對象應該就是前句“畏天之非忱”中的“天”。由此可知，這種“命”的發起者雖是周王，但實際授予者則是“天”。如此一來，周王之分封，就成了幫助上天揀選人才；而被分封的諸侯，也就通過王命，順而有了天命。這可以幫助我們理解過去在乖伯簋（《集成》04331）、晉公盞（《集成》10342）等銘文中出現的諸侯也可以“膺受大命”的緣由。

最後討論一下關於《封許之命》篇題的問題。上引李先生所舉《尚書》的篇題，大致是以“×命”或“×之命”爲格式，“×”多爲人名。傅説、微子、作册畢、蔡仲、文侯自不必言，《史記集解》引馬融説認爲《原命》之“原”也是臣名，[②]而《冏命》之“伯冏”很可能就是清華簡《攝命》之“伯攝”。[③]《史記集解》引鄭玄説：“《肆命》者，陳政教所當爲也。”[④]是以“肆”爲動詞，此尚不能確定。如果擴展到《伯禽》《康誥》《唐誥》，也都記以受命之人。此間稍有不同的是《旅巢命》和《賄肅慎之命》，“巢”前加有動詞“旅”，“肅慎”前有動詞“賄”，這種語詞結構與“封許之命”最爲接近。然若參考占多數的分封册命的篇題格式，《封許之命》稱爲“吕丁之命”最合規律。

近年來，從已刊布的清華簡中我們逐步清楚地認識到，古書在實際流傳過程中，篇題並不固定。目前所見到的篇題，其來源無非兩種：一是沿用底本的篇名，這可以反映學術上的傳承性；二是古書所有者自擬的篇名，這從一定意義上則反映了學術的多元和分流。具體就某一抄本所呈現的現象而言，如果篇名書手與正文書手字迹相同，則很可能屬於前者，若字迹不同，則更可能是後者。在這一方面，竹書字迹研究有

---

① 程浩：《〈封許之命〉與册命“書”》，《中國典籍與文化》2016年第1期。

② ［漢］司馬遷：《史記·殷本紀》，北京：中華書局，1982年，第100頁。

③ 清華大學出土文獻研究與保護中心編，李學勤主編：《清華大學藏戰國竹簡（捌）》，上海：中西書局，2018年，第109頁。

④ ［漢］司馬遷：《史記·殷本紀》，第99頁。

其重要意義。

過去我曾指出“諓(封)鄦(許)之命”四字字迹(參看圖 4)不同於正文書手,[①]其中“之”的寫法最具特色,它的特徵主要在第 3 筆(推擬《封許之命》正文“之”字的筆畫順序參看圖 2,篇題“之”字的筆畫順序參看圖 3)。[②] “之”是竹書中極其常見的字,其第 3 筆大多爲從左上至右下一捺畫,或短或長,但總與第 2 筆保持基本平行的關係,篇題的“之”則將其寫作一短撇,這在楚簡中已見到的大量“之”字中,[③]是比較少有的。由此可知“封許之命”一題是經過時人再整理後擬寫的,未必淵源有自。

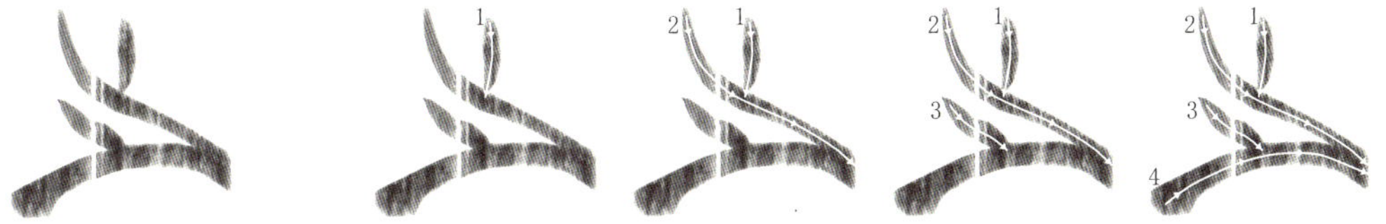

圖 2 《封許之命》正文“之”字筆順與運筆方向

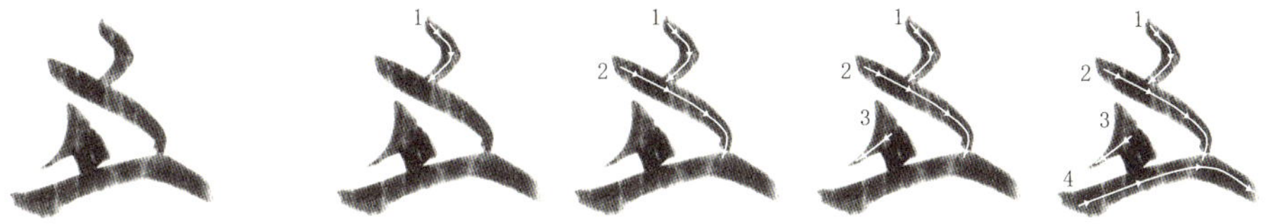

圖 3 《封許之命》篇題“之”字筆順與運筆方向

圖 4 《封許之命》篇題四字

附帶要提到的一個有趣現象是,具有同樣特徵的“之”字又見於《治邦之道》的簡 15(新編《治政之道》的簡 58)。此前我曾提及這支簡上有文字削改的現象,所補寫的“恷不加之於下₌有恷不敢以憮上逵之所才嘗智而賜之古莫敢㠯以弃亓攸君”三十一個字(參看圖 5),字迹既不同於《治政之道》,也不同於《治邦之道》,當時所根據的主要

① 清華大學出土文獻讀書會:《清華簡第五册整理報告補正》,清華大學出土文獻研究與保護中心網,2015 年 4 月 8 日,http://www.ctwx.tsinghua.edu.cn/publish/cetrp/6831/2015/20150408112711717568509/20150408112711717568509_.html。這一認識得到了李松儒女士的支持,見其《清華五字迹研究》,《簡帛》第 13 輯,上海:上海古籍出版社,2016 年,第 82—83 頁。

② 其中第 1、2 筆的順序或可顛倒。

③ 字例可參看李守奎:《楚文字編》,上海:華東師範大學出版社,2003 年,第 365—368 頁;李學勤主編,沈建華、賈連翔編:《清華大學藏戰國竹簡(壹—叁)文字編》,上海:中西書局,2014 年,第 160—166 頁;李學勤主編,賈連翔、沈建華編:《清華大學藏戰國竹簡(肆—陸)文字編》,上海:中西書局,2017 年,第 141—147 頁。

就是"之"字的第 3 筆。[1] 如今發現這三十一字與《封許之命》篇題的字迹整體特徵是一致的。比如前者的"加""古""君"等與後者"諱""命"中所從的"口"形，右側的弧撇有高翹的特點。當然，二者"之"字的特徵更爲一致。

《封許之命》篇題	《治邦之道》簡 15（新編《治政之道》簡 58）

圖 5 《治邦之道》簡 15 的校補字迹

基於這一認識，我們認爲《封許之命》的篇題和《治邦之道》簡 15 校補的内容，應是同一人所爲。這一書手既可以校讀正文，又可以題寫篇名，其身份已不同於一般的抄書匠人。我們在討論《治政之道》和《治邦之道》關係時曾猜想，合篇新編的《治政之道》很可能是一篇古書的原作"底本"，[2]作爲這個書稿底本的校對者，以及藏書篇題的書寫者，他是否可有能就是藏書者本人？或者是竹書的實際管理者？他與墓主人究竟是何關係？是其屬官？抑或是其本人？目前的材料雖不足以給出明確答案，但這仍是另一個頗值得進一步研究的饒有趣味的問題。

附記：本文所補簡 4 釋文是在趙平安先生所作原《四告》釋文基礎上修改而成，寫作過程中又得到了黄德寬、李守奎、夏含夷、程浩先生的幫助，謹誌謝忱。

【編按：本文刊發於《出土文獻》2020 年第 3 期，所補竹簡正背圖版見於本期封三，圖如下。】

---

① 賈連翔：《從〈治邦之道〉〈治政之道〉看戰國竹書"同篇異制"現象》，《清華大學學報（哲學社會科學版）》2020 年第 1 期，第 43—47 頁。

② 賈連翔：《從〈治邦之道〉〈治政之道〉看戰國竹書"同篇異制"現象》。

《封許之命》簡 4 正背圖

清華簡《鄭武夫人規孺子》篇的再編連與復原

《清華大學藏戰國竹簡(陸)》公布了一篇關於鄭國早期史事的佚籍，原無篇題，整理者擬定爲《鄭武夫人規孺子》。[①] 簡文字迹嚴謹工整，特點鮮明，這一類字迹在清華簡中占有相當的比重，同輯公布的《子儀》《鄭文公問太伯》甲、乙本以及第一輯發表的《皇門》篇都屬於此類，另外還有一些未公布的同類字迹之篇目，經再審，也未發現有屬於本篇内容的餘簡，因此，目前所公布的十八支簡當是有關該篇内容的全部。

該篇簡長約45釐米，寬0.6釐米，這種尺度是目前所見戰國竹書中數量最多的一種。書篇設三道編，在正面"地脚"處和簡背竹節處均未見次序編號，簡背見有規律性劃痕，今簡序係整理者據内容及簡背劃痕等排定。

簡文公布後引起學者們的積極討論，其中一個較爲重要的内容就是關於竹簡的編連問題。大家討論的核心問題有二：一是本篇現存十八支簡，整理者推測原第15簡缺失，全篇本應有十九支。然也有學者認爲現存的簡14、15之間内容可以通讀，似不存在缺簡的情況。[②] 二是關於簡9的編連，學者多有疑問，尉侯凱先生認爲簡8與簡10内容可以連讀，簡9當從其間抽出；[③]子居先生則進一步指出簡9可置於簡13、14之間。[④]

大家知道，竹書的編連是相關整理研究的基礎工作，上述各位先生主要從文意的角度提出原整理編連中存在的問題，我們仔細審核原簡圖片後，覺得這些意見是正確的。本文順着他們的思路，試以竹書形制爲主要依據，參核簡文内容，作一些補充論證，不當之處，希望大家批評指正。

---

① 清華大學出土文獻研究與保護中心編，李學勤主編：《清華大學藏戰國竹簡(陸)》，上海：中西書局，2016年，第103—109頁。本文所引整理者意見均出此，以下不再一一標注。

② 程浩：《"孝子不匱"還是"雄鷙多智"——新史料所見鄭武夫人與鄭莊公事考論》，牛鵬濤、蘇輝編：《中國古代文明研究論集》，北京：科學出版社，2018年，第225—238頁。

③ 尉侯凱：《清華簡六〈鄭武夫人規孺子〉編連獻疑》，簡帛網，2016年6月9日，http://www.bsm.org.cn/?chujian/6730.html。該文主要内容後收入氏著《讀清華簡六札記(六則)》，《出土文獻》第10輯，上海：中西書局，2017年，第124—125頁。

④ 子居(網名)：《清華簡〈鄭武夫人規孺子〉解析》，2016年6月7日，http://www.360doc.com/content/16/0626/12/34614342_570842956.shtml。

先來看簡 9 的編連問題。

從竹簡的正、背形制觀察，本篇編連所用十八支竹簡可分爲兩種，簡 1 至簡 13 爲第一種，簡 14 至簡 18 係第二種，兩種竹簡竹節位置迥異，原當分屬兩段不同的竹筒。

兩種竹簡背面又各自存在不同類型的劃痕，第一種是常見的由左上至右下的單斜綫劃痕，我們曾將其分爲 A 型 Ⅰ 式；第二種則是兩道交斜綫劃痕，屬於 B 型 Ⅱ 式。① 這從整理報告所録原大圖版上可以分辨出來。② 需要説明的是，劃痕形態的規律性總是與一組竹節位置相同的竹簡相對應，因此我們曾認爲簡背的刻劃綫是産生於“竹筒形態”時期，《鄭武夫人規孺子》篇所用的兩組竹簡也印證了這一看法。那麼，從在竹筒上修治劃痕到竹簡破牒、抄寫、編連等過程中，還有一些不可預見的“意外”發生，致使某些竹簡被棄用，在本篇所用竹簡中，這種現象格外顯著。

進一步來看，第一組竹簡的劃痕又可分爲兩段：一段以簡 9＋簡 1＋簡 2＋簡 3＋簡 4＋簡 5＋簡 6＋簡 7＋簡 8 爲序，這段劃痕緊貼於下道竹節的上方；二段以簡 10＋簡 11＋簡 12＋簡 13 爲序，這段劃痕緊貼於下道竹節的下方。簡 9 與簡 1 的劃痕之間約有兩支簡寬度的間隔，簡 12、13 之間約有一支簡的間隔。簡 8 上雖未見劃痕，但這段劃痕行至簡 8 時已到竹節位置，可能是在修治竹節時，劃痕遭到了破壞。此外簡 8 背面下端有一塊污痕恰可與簡 7 相吻，也可作爲兩者相連的佐證。【編按：參補圖 1。】明確了簡 7 和簡 8 的連接關係之後，實際上上述兩段劃痕也是可以貫連的，而簡 8 和簡 10 之間也有約兩支簡的間隔。這些間隔即反映出曾有相應支數的竹簡被棄用。

補圖 1

第二組竹簡以簡 14＋簡 15＋簡 16＋簡 17＋簡 18 爲序，簡 14 與簡 15 的劃痕之間約有兩支簡寬度的間隔，簡 16、17 之間約有一支簡的間隔，這些間隔也反映了這段竹筒曾有三支簡被遺棄。

① 賈連翔：《戰國竹書形制及相關問題研究：以清華大學藏戰國竹簡爲中心》，上海：中西書局，2015 年，第 89—97 頁。

② 清華大學出土文獻研究與保護中心編，李學勤主編：《清華大學藏戰國竹簡（陸）・上册》，第 2—5 頁。以下關於竹簡形制的討論皆是基於對此圖版的觀察。

據此，我們以簡背劃痕這一形制信息爲基礎，將上述十八支簡分爲兩組（見圖 1），即簡 9、簡 1—8 與簡 10—13 爲一組，簡 14—18 爲另一組。

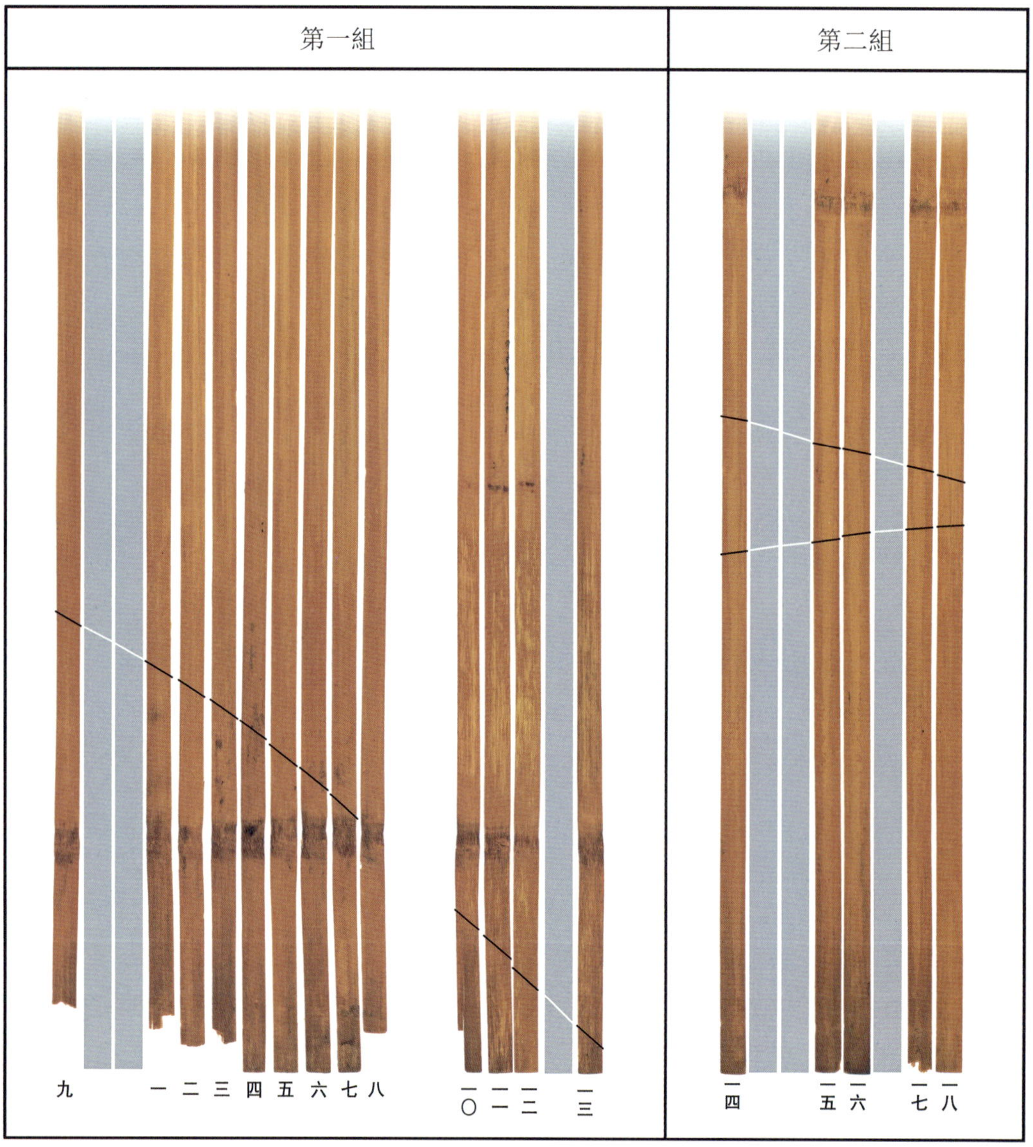

圖 1

正如前文所説，由於劃痕產生於竹筒之上，竹書的最終編連應以簡文內容的關聯爲最終校驗。據正文內容，簡 1 爲篇首，簡 18 爲篇末，是毫無疑問的。簡 9 從第一組中摘出後，首先考慮的編連位置應當是在兩組之間，即簡 13、14 之間。這個編連是否可信，還要按諸簡文的內容。

通讀簡文，全篇一共記述了四段言語，第一段是鄭武公死後，既肂，鄭武夫人（即武姜）對孺子（即莊公）的規勸，內容較長，自簡 1“武夫人設（規）乳₌（孺子）曰：昔虘

(吾)先君……”起,至簡 11“……以定奠(鄭)邦之社稷”止。第二段是莊公自聽武姜規勸後至葬日不理政,群臣皆懼,邊父對大夫進行的訓誡,内容較短,位於簡 12—13“君共(拱)而【簡12】不言,加䡈(重)於夫₌(大夫),女(汝)訢(慎)䡈(重)”。第三段是小祥之日,群臣推舉邊父向莊公進諫,自簡 13“……乃吏(使)[辶+臱](邊)父於君曰:二三老”起,至簡 15“或(又)辱虘(吾)先君,曰是亓(其)侓(盡)臣也”止。第四段乃是莊公答邊父之言,自簡 15—16“君倉(答)[辶+臱](邊)【簡15】父曰:二三夫₌(大夫)不尚(當)母(毋)然……”起,至簡 18 篇末止。

篇中各段所録言語的稱謂不統一,是造成編連困難的主要原因之一,但我們認爲這也是解決問題的重要突破口。文中對先君(武公)和嗣君(莊公)的稱謂較有規律,李守奎先生曾總結:“在武夫人一方,凡稱君、吾君和吾先君,都是指鄭武公,嗣子則皆稱其爲‘孺子’;在大臣那裏,‘吾先君’與‘君’相對立,前者是武公,後者則是嗣君。”①

簡 9 文曰:

> 臣,吏(使)戠(禦)寇(寇)也,尃(布)恩(圖)於君。昔虘(吾)先君吏(使)二三臣,抑(抑)杲(早)歬(前)句(後)之以言,思群臣旻(得)執女(焉),□

按李守奎先生總結的規律,“布圖於君”中的“君”,若置於鄭武夫人規勸之言中當指武公,若置於邊父進諫之言中則當指莊公。整理者將簡 9 置於簡 8、10 之間,是認爲此段爲鄭武夫人之言,尉侯凱先生已指出,這樣編排之後,“‘孺子其重得良臣,使禦寇也,布圖於君。昔吾先君使二三臣,抑早前後之以言,思群臣得執焉’,前面鄭武夫人讓孺子‘重得良臣,使禦寇’,下面突然説要‘布圖’於鄭武公,文意跳躍很大”,②這是有道理的。

將簡 9 置於簡 13、14 之間,文意則明顯更加通達:

> ……少(小)羕(祥),夫₌(大夫)聚𧧑(謀),乃吏(使)[辶+臱](邊)父於君曰:“二三老【簡13】臣吏(使)戠(禦)寇(寇)也,尃(布)恩(圖)於君。昔虘(吾)先君吏(使)二三臣,抑(抑)杲(早)歬(前)句(後)之以言,思(使)群臣旻(得)執女(焉),□(且)③【簡9】母(毋)交於死。今君定,龏(拱)而不言,二三臣吏(事)於邦,㤥₌女₌(惶惶焉,焉)宵(削)昔(錯)器於巽(選)贇(藏)之中,母(毋)作(措)手止,訇(殆)於【簡14】

仍從稱謂上看,邊父稱自己及群臣爲“二三老臣”“二三臣”,即後面莊公答言中所稱的“二三大夫”“二三子”,而在鄭武夫人規勸的言語中,群臣則被泛稱爲“臣”“大夫”,簡

① 李守奎:《〈鄭武夫人規孺子〉中的喪禮用語與相關的禮制問題》,《中國史研究》2016 年第 1 期。

② 尉侯凱:《清華簡六〈鄭武夫人規孺子〉編連獻疑》。

③ 簡 9 末字殘損,僅剩一“虍”頭,尉侯凱先生認爲是“虘”字,恐非是,殘字  右下有一弧形筆畫,與本篇“虘”字寫法不同。子居先生認爲是“虞”字,可能性較大。

文稱謂各自有矩，區別明顯。從内容上看，“今君定，拱而不言”顯然與前面簡 12—13 邊父勸誡大夫所言“君拱而不言”講的是一件事，同時，邊父話語中先言“昔吾先君”，後曰“今君定”，“昔”與“今”對，也言之有序。

上文已從劃痕形態上解釋了簡 8 與簡 10 的貫連關係，重置簡 9 後，簡 8 與簡 10 之間的文意是否能够銜接呢？

> ……乳＝(孺子)女(汝)共(恭)夫＝(大夫)，虘(且)以教女(焉)。女(如)及三戢(歲)，幸果善之，乳＝(孺子)亓(其)童(重)旻(得)良【簡8】臣，三(四)鄴(鄰)以虘(吾)先君爲能敘。女(如)弗果善，欻虘(吾)先君而孤乳＝(孺子)，亓(其)皋(罪)亦跌(足)婁(數)也。……【簡10】

誠如尉侯凱先生所言，鄭武夫人此段話“幸果善之”與“如弗果善”對言，關係明顯。“孺子其重得良臣，四鄰以吾先君爲能敘”文意也較爲通暢。因此，簡 8 與簡 10 直接編連也應當是可取的。

再來看簡 14 與簡 15 的聯屬問題。

整理者認爲簡文在簡 14、15 之間有缺失，全篇當有十九支，原因包括兩方面：一是簡 14、15 之間簡背劃痕有跳躍，二是二者文意似難連讀。① 這兩個原因現在看來都是有問題的。

前面已經論及在第二組竹簡中，不僅簡 14、15 之間有兩支簡被遺棄，而且簡 16、17 之間也有一支簡被遺棄，在第一組中，簡 8 與簡 10 之間，簡 12 與 13 之間也都存在因竹簡遺棄而使得劃痕不貫連的情況。除 14、15 之間的這一處外，另外幾處按諸文意均密合無間：簡 8 與簡 10 相接的内容前面已經討論；簡 15 與簡 16 相接是“……君倉(答)㝵(邊)【簡15】父曰：二三夫＝(大夫)不尚(當)母(毋)然……”；簡 12 與簡 13 相接則是“㝵(邊)父設(規)夫＝(大夫)曰：君共(拱)而【簡12】不言，加鮭(重)於夫＝(大夫)……”。在這樣的情形下再來看簡 14、15 之間的關係，簡背劃痕的跳躍在本篇中是無法作爲缺簡的有效證據的。

從文意上推敲，將簡 9 置於簡 13、14 之間，邊父進諫的這段話内容更加豐富而明確：

> ……二三老【簡13】臣吏(使)敔(禦)寇(寇)也，尃(布)恩(圖)於君。昔虘(吾)先君吏(使)二三臣，归(抑)景(早)莳(前)句(後)之以言，思群臣旻(得)執女(焉)，□(且)【簡9】母(毋)交於死。今君定，龏(拱)而不言，二三臣吏(事)於邦，远＝女＝(惶

① 此外，李學勤先生認爲所缺的是第 15 簡(李學勤：《有關春秋史事的清華簡五種綜述》，《文物》2016 年第 3 期)；李守奎先生認爲本篇有兩處文意不相聯屬，參其《〈鄭武夫人規孺子〉中的喪禮用語與相關的禮制問題》。

惶焉,焉)宵(削)昔(錯)器於巽(選)贇(藏)之中,母(毋)作(措)手止,訇(殆)於【簡14】爲敗。害(姑)寍(寧)君,是又(有)臣而爲埶(暬)辟(嬖),幾(豈)既臣之䑋(獲)辠(罪),或(又)辱虗(吾)先君,曰是亓(其)俾(藎)臣也? ……【簡15】

邊父以昔日先君武公對群臣朝夕訓示的景象,與如今莊公"拱而不言"的情況進行對比,委婉地表達了群臣惶惶不知所措的不滿,同時認爲長此以往必會造成"既臣之獲罪,又辱吾先君"的惡果,從而勸諫莊公盡早臨政。邊父在形容群臣惶惶不知所措時用了一句比喻,"焉削錯器於選藏之中,毋措手止",有學者指出簡 14、15 可以連讀,[①]即認爲"殆於爲敗"是這個比喻中的結果,我們認爲這是正確的。整理者指出"殆"義爲幾、近,是也。古書中"殆於"後每每接一個不好的結果,如《國語・鄭語》:"公曰:周其弊乎? 對曰:殆於必弊者也。"韋注:"殆,近也。"[②]《逸周書・命訓》:"極命則民墮,民墮則曠命,曠命以誡其上,則殆於亂。"[③]《管子》:"公曰:管夷吾親射寡人,中鉤,殆於死,今乃用之,可乎?"[④]簡文"殆於"後接"爲敗",無論在文意上還是用法上都是合適的。由此看來,所謂簡 14、15 之間缺簡,從文意上看也並不能成立。

綜合考察竹簡的修治、劃痕等形制信息,以及簡文的稱謂用語、文意等内容,我們認爲《鄭武夫人規孺子》篇當無缺簡,現存十八支即是其原貌,而其編連應以簡 1—8、簡 10—13、簡 9、簡 14—18 爲序。據此,我們確定新獲的這篇先秦佚籍是完整的。

【編按:本文刊發於《文獻》2018 年第 3 期。】

---

① 子居《清華簡〈鄭武夫人規孺子〉解析》文中所引網友 ee 的觀點。

② 徐元誥:《國語集解》,北京:中華書局,2002 年,第 470 頁。

③ 黄懷信、張懋鎔、田旭東:《逸周書彙校集注》,上海:上海古籍出版社,2007 年,第 29 頁。清華簡《命訓》此段文辭略有差異,曰:"亟(極)命則民陵(墮)乏,乃寠(曠)命以弋(代)亓(其)上,紿(殆)於龤(亂)矣。"(清華大學出土文獻研究與保護中心編,李學勤主編:《清華大學藏戰國竹簡(伍)・下册》,上海:中西書局,2015 年,第 125 頁)

④ 黎翔鳳:《管子校注》,北京:中華書局,2004 年,第 389 頁。

清華簡《成人》及有關先秦法律制度

《清華大學藏戰國竹簡(玖)》收有一篇與先秦法律制度相關的文獻,共 30 支簡,簡長約 45.2 釐米,文字保存基本完好,唯簡 10 最末一字殘半。滿簡書寫 27～33 字(多爲 30 字),全篇共計 896 字(重文、合文均以兩字計)。簡上未見次序編號,背面有刻劃痕迹,其中簡 1—19 的劃痕呈倒序排列,較爲特别。今簡序是據文意並參考簡背劃痕、污痕等形制信息綜合排定。本篇原無題記,全文主體爲“成人”針對“王”問所作的四段言辭,故試擬篇名爲《成人》。

一、《成人》的基本内容

《成人》全篇共五個段落。首段,介紹邦中司正失刑,妖象横生,王欲糾正過往,故徵詢羣臣。後四段皆以“成人曰”開頭,記録了成人關於法律制度的論説。第二段,成人向王分析了邦中亂象是因民衆不“秉德”“反亂先刑”,以及司正“荒寧”所致,並由此進一步闡述了法制對於邦政的重要意義。第三段,成人爲整頓吏治,對司正、典獄進行了訓誡,他在申明司法官員各項職責的同時,對司法原則以及斷獄程式等内容作了具體説明。第四段,成人以嘉穀的“五時”生長爲喻,向王提出了“德政亦用五時”的主張。末段,成人規勸王“毋敗朕刑”,希望能以法律來糾正民衆。簡文第二、三段篇幅最長,是本篇的核心。這些内容爲研究先秦時期的政治思想、法制觀念和司法制度等,提供了珍貴資料。

簡文通篇用楚文字抄寫,雖不能因此直接推斷這是楚人的著作,但文中仍提供了一些與楚文化關係密切的内容。如首句稱“隹郘中昧方才膠黄”,這是一個殊爲罕見的紀時方式。“郘”當讀爲律吕之“吕”,《左傳》昭公二十年杜注“六律”曰:“陽聲爲律,陰聲爲吕。”[①]“中昧”即“仲秋”。十二律與時紀相配見《禮記·月令》《吕氏春秋》《淮南

① [清]阮元校刻:《十三經注疏(清嘉慶刊本)·春秋左傳正義》,北京:中華書局,2009 年,第 4547 頁。

子・時則》等,如《月令》"仲秋之月……律中南吕……是月也……命有司申嚴百刑,斬殺必當,毋或枉橈,枉橈不當,反受其殃"。[①] 所記申嚴百刑之事就在仲秋,律爲南吕。方指方位,"膠黄"應即長沙子彈庫帛書《四時》中"翏黄難"的省稱,[②]是秋季之神,也是西方之神。這個神名目前僅出現在楚國文獻的神話系統中。此外,簡文還有很多内容可與包山楚簡的法律文書相參讀。由此而推測文中的王應爲楚王。

成人指賢德之人,如《論語・憲問》:"子路問成人。子曰:'若臧武仲之知,公綽之不欲,卞莊子之勇,冉求之藝,文之以禮樂,亦可以爲成人矣。'曰:'今之成人者何必然?見利思義,見危授命,久要不忘平生之言,亦可以爲成人矣。'"[③]《管子・樞言》:"既智且仁,是謂成人。"[④]此外《孔子家語・顏回》篇和《説苑・辨物》篇中也都有類似的關於"成人"的論説。簡文中的成人身份較高,如其言稱"吁!來,典獄、司正,余方告汝……""后,朕盡告汝……"都是居高臨下的口吻,其地位或與文獻中的"老成人""耇成人"相當,[⑤]如《詩・大雅・蕩》:"雖無老成人,尚有典刑。"[⑥]《尚書・盤庚》"汝無侮老成人",孔疏引王肅云:"古老成人皆謂賢也。"[⑦]又《尚書・康誥》:"汝丕遠惟商耇成人,宅心知訓,别求聞由古先哲王,用康保民。"[⑧]《史記・衛康叔世家》引之曰:"必求殷之賢人君子長者,問其先殷所以興,所以亡,而務愛民。"[⑨]清人孫星衍進一步指出:"'賢人、君子'謂'成人','長者'謂'耇'。"[⑩]成人在簡文中的職司可參看《周禮》之"大宰":"掌建邦之六典,以佐王治邦國:……五曰刑典,以詰邦國,以刑百官,以糾萬民。"[⑪]

二、《成人》關於法制與邦政的論説

成人在分析邦中亂象成因時,最先提到的是君臣的職責所在。

> 嗚呼!我后,古天砥降下民,作之后王、君公,正之以四輔:祝、宗、史、師,乃有司【簡5】正、典獄,惟曰助上帝亂治四方之有罪無罪。惟民綱紀,以永化天明。【簡6】

---

① [清]阮元校刻:《十三經注疏(清嘉慶刊本)・禮記正義》,北京:中華書局,2009年,第2973—2974頁。
② 膠從翏聲,帛書"翏"字的辨識,見李零:《楚帛書目驗記》,《文物天地》1990年第6期。
③ [清]阮元校刻:《十三經注疏(清嘉慶刊本)・論語注疏》,北京:中華書局,2009年,第5455頁。
④ 黎翔鳳:《管子校注》,北京:中華書局,2004年,第246頁。
⑤ 此意見是朱鳳瀚先生在審稿會中指出,特此致謝。
⑥ [清]阮元校刻:《十三經注疏(清嘉慶刊本)・毛詩正義》,北京:中華書局,2009年,第1193頁。
⑦ [清]阮元校刻:《十三經注疏(清嘉慶刊本)・尚書正義》,北京:中華書局,2009年,第359—360頁。
⑧ [清]阮元校刻:《十三經注疏(清嘉慶刊本)・尚書正義》,第431頁。
⑨ [漢]司馬遷:《史記》,北京:中華書局,1982年,第1590頁。
⑩ [清]孫星衍:《尚書今古文注疏》,北京:中華書局,2004年,第361頁。
⑪ [清]阮元校刻:《十三經注疏(清嘉慶刊本)・周禮注疏》,北京:中華書局,2009年,第1389頁。

此段近於清華簡《厚父》:"古天降下民,設萬邦,作之君,作之師,惟曰其助上帝亂下民。"[①]此前學者已指出,《孟子·梁惠王》引《尚書》、《墨子·尚同》引《相年》以及僞古文尚書《説命中》《泰誓》等均有類似語句,相較而言,《厚父》的文辭最爲古老,這類承天意以治民的説法,應是當時廣爲稱引之語。[②] 與《厚父》相比,《成人》的引文有兩個特點,其一是豐富並細化了君臣的職分,尤其增加了"司正""典獄"的内容,明確他們在職官系統中的定位。其二是"民"後有"有罪無罪",這一改造旨在突出整個職官系統的法治功能,當然此變化在《孟子》的引文以及僞古文《泰誓》中已經出現,應是當時比較普遍的觀念。相似文意還可參看《尚書》的《吕刑》篇:"四方司政、典獄,非爾惟作天牧?"[③]

在此基礎上成人分析道,如今的民衆"多不秉德""勞乓制政""反亂先刑""不循故常",面對如此狀況,臣僚們並没有履行應盡的職責,"四輔不輔""司正荒寧",因此上天才降下妖象,以"五凶"作爲警示。成人認爲"五凶"之弊源於五種"無刑",根據上下文推斷,"無刑"應指没有施行有效的刑罰。成人借用"無刑"的危害,來進一步闡釋刑罰制度對於邦政的意義,這五種"無刑"包括:

> 祝、【簡11】宗忘禮,史、師失常,無刑;市無垣,商無肆,價不常,無刑;邦征無恒,關簿會黨,徭税要【簡12】强,無刑;邦器不古,五飾不度,無刑;五歌不典,童謡無節,一短一長,無刑。【簡13】

其中部分内容可與清華簡《越公其事》第九章"唯位之次尻、服飾、羣物品采之愆于故常,及風音誦詩歌謡之非越常律,夷鄎蠻吴,乃趣取戮"相對讀。[④] 值得注意的是"祝、宗忘禮,史、師失常"和"邦器不古,五飾不度",以及"五歌不典,童謡無節"這類與"禮制"相關的内容,也被列入"無刑"的表現,這是涉及"禮""法"關係的重要問題。《左傳》昭公六年載叔向反對子産鑄刑書時曾言:"民知爭端矣,將棄禮而徵於書。"[⑤]同書昭公二十九年載孔子反對晉國鑄刑鼎時亦言:"今弃是度也,而爲刑鼎,民在鼎矣,何以尊貴?貴何業之守?貴賤無序,何以爲國?"[⑥]"棄禮任刑"在春秋後期曾是政治改革

---

① 清華大學出土文獻研究與保護中心編,李學勤主編:《清華大學藏戰國竹簡(伍)·下册》,上海:中西書局,2015年,第110頁。

② 參看趙平安:《〈厚父〉的性質及其藴含的夏代歷史文化》,《文物》2014年第12期;寧鎮疆:《清華簡〈厚父〉"天降下民"句的觀念源流與豳公盨銘文再釋——兼説先秦"民本"思想的起源問題》,《出土文獻》第7輯,上海:中西書局,2015年,第103—117頁。

③ [清]阮元校刻:《十三經注疏(清嘉慶刊本)·尚書正義》,第529頁。

④ 清華大學出土文獻研究與保護中心編,李學勤主編:《清華大學藏戰國竹簡(柒)·下册》,上海:中西書局,2017年,第141頁。

⑤ [清]阮元校刻:《十三經注疏(清嘉慶刊本)·春秋左傳正義》,第4439頁。

⑥ [清]阮元校刻:《十三經注疏(清嘉慶刊本)·春秋左傳正義》,第4614頁。

中的尖鋭問題,如今通過清華簡的資料可以看出,在戰國中期或更早的時候,“禮制”的維護已經可以通過“法制”的約束來實現了。

由此可知,法制已是當時治理國家的核心手段。簡文又將刑罰施行得有效稱爲“得”,反之爲“不得”。“無刑”中涉及的五個方面都做得好,即“五得”,是邦政最理想的狀況,簡文稱之爲“嘉寧”“邦乃和平”。反之則爲“五不得”,是邦政最差的狀況,稱爲“流清”“邦則不寧”。

三、《成人》與《吕刑》的關係

《吕刑》篇按結構可分爲四部分,包括書序與引語、神話與傳説、司法程序與原則,以及篇尾。[①] 其中“司法程序與原則”是指王對諸侯訓誡的内容,恰與《成人》的第三段性質相似,其内容也多有關聯。

比如,關於罪行的規定和分類。《吕刑》有“五刑”説,《周禮・司刑》亦曰“掌五刑之灋,以麗萬民之罪。墨罪五百,劓罪五百,宫罪五百,刖罪五百,殺罪五百”,鄭注:“《書傳》曰:‘決關梁、逾城郭而略盜者,其刑臏。男女不以義交者,其刑宫。謂易君命、革輿服制度、姦軌、盜攘、傷人者,其刑劓。非事而事之,出入不以道義而誦不詳之辭者,其刑墨。降畔、寇賊、劫略、奪攘、矯虔者,其刑死。’”[②]皮錫瑞謂:“《大傳》此文,正以釋《甫刑》之五刑。其分屬之詞,疑出古法家言,今不可考。”[③]成人在訓誡司正、典獄時首先讓他們牢記的就是“刑之無赦”的情況,其中所列罪條與《尚書大傳》十分相似,也分爲五類,這五類“無赦”很可能也與“五刑”相對應。當然,與《吕刑》《周禮》所稱數以百計的罪條相比,它們只能視作具有典型性、概括性的罪種。

再如,關於刑罰種類的介紹。《吕刑》稱:“兩造具備,師聽五辭,五辭簡孚,正于五刑。五刑不簡,正于五罰。五罰不服,正于五過。”[④]所正的“五刑”“五罰”“五過”,是三種不同類型的法律規定。簡文中也提到了三類刑罰,分别是“五常”“五罰”“五正”。除“五罰”相同外,“五常”應與“五刑”相當,《國語・越語下》“無忘國常”,韋注:“常,舊法。”[⑤]“正”與“過”是一對正反辭,“五正”與“五過”也很可能性質相似,甚至相同。

又如,關於量刑原則的要求。《吕刑》曰:“上刑適輕,下服;下刑適重,上服,輕重諸罰有權。”[⑥]簡文稱“厚薄圖罰,以求宜刑”,强調了罪責當與刑罰相適。按漢、唐律的

---

① 參看尤韶華:《歸善齋〈吕刑〉匯纂敘論》,北京:社會科學文獻出版社,2013年,第32—34頁。

② [清]阮元校刻:《十三經注疏(清嘉慶刊本)・周禮注疏》,第1902頁。

③ 皮錫瑞撰,吴仰湘編:《皮錫瑞全集・尚書大傳疏證》,北京:中華書局,2015年,第296頁。

④ [清]阮元校刻:《十三經注疏(清嘉慶刊本)・尚書正義》,第530頁。

⑤ 徐元誥:《國語集解》,北京:中華書局,2002年,第582頁。

⑥ [清]阮元校刻:《十三經注疏(清嘉慶刊本)・尚書正義》,第532頁。

規定，一人犯數罪，以重者論，簡文則稱“比罪稱罰，惟並是視，不及五罰”。在規定數罪並罰的原則下，也限定了刑罰的上限。類似並罰的原則在張家山漢簡《奏讞書》中也有提及：“異時魯法：……有白徒罪二者，駕(加)其罪一等。”[①]同時簡文還提到要“圖辭有辨，惟齊非均”，《吕刑》稱“惟齊非齊”，《荀子・王制》引之曰“先王惡其亂也，故制禮義以分之，使有貧富貴賤之等，足以相兼臨者，是養天下之本也。書曰：‘維齊非齊。’此之謂也”。[②] 簡文似乎是在説明斷獄施刑需根據不同情況而區别對待。

還有對司法人員執法原則的要求。《吕刑》曰：“士制百姓于刑之中，以教祗德。”簡文稱“司中司德，鑒在民側”。中，指公正；德，應指德教。[③] 清華簡《説命(下)》“中乃罰”，[④]《書・盤庚》“用罪伐厥死，用德彰厥善”，[⑤]《康誥》“克明德慎罰”，[⑥]都説明商周以來“明德慎罰”已成爲基本的立法思想。[⑦] 至《吕刑》之時，更加清楚地闡發了“刑”“德”二者的關係。《成人》的“司中司德”原則，顯然是在此基礎上的進一步發展。

以上内容不僅在思想上與《吕刑》一脈相承，在一些文句的表述上也具有刻意模仿《吕刑》的特點，足見作者對《吕刑》的熟知和尊崇。近聞湖北荆州夏家臺一座戰國墓葬中已出竹書《吕刑》篇，可見其書在當時楚地的流傳，《成人》深受其影響也不足爲奇。同時，成人還批評民衆“反亂先刑”“不循故常”，從中也能看出他十分尊重原有的法律傳統。

另外過去學者已指出，《吕刑》並非刑書，而是一篇頒布刑書的文告，《成人》的性質與之相似，或可依類視爲“楚書”。

四、《成人》與包山楚簡

在成人對司法官員的訓誡中，除了罪行、刑罰、量刑原則等説明外，還有關於司法程式的規定，這部分内容可與出土文獻中的司法文書，尤其是包山楚簡相印證。

簡文提到了一般獄訟要對“有衆”進行審訊，通過辨析“五辭”而就正於“五常”“五

---

① 張家山二四七號墓漢墓竹簡整理小組編：《張家山漢墓竹簡〔二四七號墓〕》，北京：文物出版社，2011 年，第 226 頁。

② 王先謙：《荀子集解》，北京：中華書局，1988 年，第 152 頁。

③ “德”字簡文原作“悳”，“司悳”見包山簡 62，是職官名，何琳儀先生讀爲“司直”，引《詩・羔裘》“彼其之子，邦之司直”爲證，參看其《包山竹簡選釋》，《江漢考古》1993 年第 4 期。《成人》後文有關於“悳(德)政”的討論，且“司直”與“司中”有語義重複之嫌，故此如字讀爲“德”。由此回顧包山簡中的“司悳”，似也無法排除如字讀爲“司德”的可能。

④ 清華大學出土文獻研究與保護中心編，李學勤主編：《清華大學藏戰國竹簡(叁)・下册》，北京：中西書局，2012 年，第 128 頁。

⑤ [清] 阮元校刻：《十三經注疏(清嘉慶刊本)・尚書正義》，第 360 頁。

⑥ [清] 阮元校刻：《十三經注疏(清嘉慶刊本)・尚書正義》，第 431 頁。

⑦ 參看胡留元、馮卓慧：《夏商西周法制史》，北京：商務印書館，2006 年，第 306—327 頁。

正”。針對一些特殊情況，比如“有衆”無法查驗，則須“中幾之於示所”。《周禮・司盟》:“有獄訟者，則使之盟詛。”[①]包山簡中的司法案例亦多見盟證的程式。[②] 所謂“示所”，即神事之所，顯然是指盟證之處。這進一步説明了“盟證”是當時一個比較重要的斷獄手段。

簡文又規定“爭獵入於公”，“獵”可訓爲虐，“爭獵”似指爭訟嚴重的案件，這類案件當上呈“公”來審理。在包山簡案卷中，記録的斷案人員就有“陽成公”“郘陽公”“子宛公”“湯公”等，其所涉案件皆非普通的獄訟，亦與簡文相合。《漢書・刑法志》:“高皇帝七年，制詔御史:‘獄之疑者，吏或不敢決，有罪者久而不論，無罪者久繫不決。自今以來，縣道官獄疑者，各讞所屬二千石官，二千石官以其罪名當報之。所不能決者，皆移廷尉，廷尉亦當報之。廷尉所不能決，謹具爲奏，傅所當比律令以聞。’”[③]這是漢代的奏讞制度，《成人》所記或即其濫觴。

簡文還規定:

> 獄成有幾，日求厥審，非緩惟亟。【簡23】
>
> 獄成有恥，勿以不刑。【簡24】
>
> 一日折獄，斷辭有數，獄至無情，則幾【簡25】辭于歲，屬之于鄉里。【簡26】

包山簡 33 號背面題有“受旮”，裘錫圭先生將“旮”讀爲“幾”，訓爲“期”。[④] 簡文“獄成有幾”“幾辭於歲”和前面的“中幾之於示所”之“幾”用法應與之相同，且用了本字。在司法活動中，“幾”應指在規定的時間内完成審理。簡文的“中幾”，在楚簡中又作“幾中”，其義同於“中期”“期中”，指在規定的時限内。清華簡《筮法・志事》“五日爲來，乃中期”，[⑤]是以五日爲一個固定時限。包山簡中“受旮”所記每條案件都有不同的期限，最短的間隔 2 天，也最爲常見，如簡 21 記“八月己巳”至“辛未”；最長的間隔 54 天，如簡 67 記“十月戊寅”至“奐月辛未”。可見“幾”是根據案件的具體情況而定的。

《周禮・小司寇》:“歲終，則令羣士計獄弊訟，登中於天府。”江永《周禮疑義舉要》云:“凡官府簿書謂之中。”[⑥]《周禮・秋官》載鄉士、遂士、縣士、方士皆有“受中”的職文，可與簡文“幾辭于歲，屬之于鄉里”合觀。這裏明確規定了每年要將審結的案件整理歸檔，並下發至地方。這也可幫助我們進一步瞭解包山簡案卷部分簡的性質，以及

---

① [清] 阮元校刻:《十三經注疏(清嘉慶刊本)・周禮注疏》，第 1905 頁。

② 參看陳偉:《楚簡册概論》，武漢: 湖北教育出版社，2012 年，第 207—209 頁；廣瀨薰雄著，曹峰譯:《包山楚簡所見的“盟”》，《簡帛研究 二〇〇二、二〇〇三》，桂林: 廣西師範大學出版社，2005 年，第 24—33 頁。

③ [漢] 班固:《漢書・刑法志》，北京: 中華書局，1962 年，第 1106 頁。

④ 裘錫圭:《釋戰國楚簡中的“旮”字》，《古文字研究》第 26 輯，北京: 中華書局，2006 年，第 250—256 頁。

⑤ 清華大學出土文獻研究與保護中心編，李學勤主編:《清華大學藏戰國竹簡(肆)・下册》，上海: 中西書局，2013 年，第 104 頁。

⑥ [清] 江永:《周禮疑義舉要》，轉引自[清] 孫詒讓:《周禮正義》，北京: 中華書局，2013 年，第 1566 頁。

秦漢法律中的"決事比""奏讞書"等類文獻的來源問題。

除此之外，簡文將司法官員專稱爲"司正""典獄"，在包山簡 131—139 所記"舒慶殺人案"中曾出現"陰之正"和"職獄"，現在看來他們應屬地方一級的"司正""典獄"。

五、《成人》的立法思想

前面在比較《成人》與《吕刑》的關係時曾提到，"司中司德"是《成人》立法思想的一大特點，反映了其對商周以來傳統立法思想的繼承和發展。此外，成人還專門對"德政"問題展開了一段論述，從中則能看出其對當時流行思想的吸納。

> 德政亦用五時：解亦解，華亦華，實亦實，殺【簡27】亦殺，收亦收。凡功德政，得時而司從，至復返純若，浚去凶殃。【簡28】

在儒家思想中，"德政"與"威刑"是一對並立的概念，對於治理國家而言是相互依附的關係。如《左傳》隱公十一年："君子謂鄭莊公：'失政刑矣。政以治民，刑以正邪。既無德政，又無威刑，是以及邪。'"[①]上博簡《魯邦大旱》："魯邦大旱，哀公謂孔子：'子不爲我圖之？'孔子答曰：'邦大旱，毋乃失諸刑與德乎？'"又曰："正刑與德，則民將歸君而邦乃治。"[②]前文已經提到，成人認爲邦中亂政形成的根源在於"民不秉德"和邦政"無刑"，因此，此處表面雖是在論述"德政"，其實同時也在討論施行"德政"的具體方案，即如何"立威刑"。

成人以嘉穀的"五時"生長爲喻，提出要"得時而司從"，即功德政、立威刑皆需順應時情。這裏"五時"的内容可與孔家坡漢簡《日書・歲》相參看，[③]《成人》通篇凡舉數目也皆以"五"稱，足見其深受"五行"思想影響。然就立法思想而言，成人的主張則與戰國時期法家的代表作《商君書》的思想十分契合。如該書《六法》篇云："法宜其時，則治。事適其務，故有功。"[④]《更法》篇又云："及至文、武，各當時而立法，因事而制禮；禮法以時而定，制令各順其宜。"[⑤]法律制度的制定要符合時宜，符合自然規律和社會環境的要求，隨客觀情況變化而變化，正是當時法家的立法主張。綜合來看，"兼收儒法"是《成人》立法思想的另一重要特點，亦可作爲判斷其成書時代的一個標記。

---

① ［清］阮元校刻：《十三經注疏（清嘉慶刊本）・春秋左傳正義》，第 3770 頁。

② 馬承源主編：《上海博物館藏戰國楚竹書（二）》，上海：上海古籍出版社，2002 年，第 201—210 頁。

③ 湖北省文物考古研究所等：《隨州孔家坡漢墓簡牘》，北京：文物出版社，2006 年，第 185 頁。

④ ［清］孫詒讓：《商子校本》，北京：中華書局，2014 年，第 14 頁。

⑤ ［清］孫詒讓：《商子校本》，第 19 頁。

結　語

春秋以降，諸侯力政，各國紛紛以變法圖强，如《左傳》曾記鄭國鑄刑書，晉國有“士蔿之法”“被廬之法”，楚國有“僕區之法”等，這是中國古代法律制度發展的一個關鍵時期，爲秦漢法律的形成打下了重要基礎，惜於史料闕如，我們無法對其中任何一種進行全面瞭解。過去沈家本、李學勤等先生曾據《左傳》文公十八年所記《九刑》之文和《逸周書·嘗麥》等文獻，肯定了周有法典之事，[1]其理由並不是因爲這些内容屬於法典本身，而是因在這些内容背後，一定會伴隨着一部法典的修訂或誕生。《成人》的情況與之相似，它雖不記載具體的成文法條款，但我們却可從中瞭解成人所倡導的那套法律的法理特徵，亦可以窺見當時法律制度的整體面貌。《成人》篇的發現，必將對先秦法制史研究産生重大而深遠的影響。

【編按：本文刊發於《文物》2019 年第 9 期，主要討論了《成人》篇的思想問題，本不應收入本書。但本文開頭提到《成人》篇簡 1—19 的簡背劃痕呈倒序排列，在本篇的復原過程中曾一度給我們帶來了很大困難，這一個特殊的劃痕排列規律，在清華簡《越公其事》《兩中》篇都有出現，並不是孤例，過去並沒有引起大家足够的注意，故於此再專門强調。】

① 沈家本：《歷代刑法考(二)》，北京：中華書局，1985 年，第 833 頁；李學勤：《〈嘗麥〉篇研究》，《當代學者自選文庫·李學勤卷》，合肥：安徽教育出版社，1998 年，第 568—577 頁。

略論清華簡《行稱》的幾個問題

即將刊布的《清華大學藏戰國竹簡》第十輯中收有一篇時令類文獻，簡文以“凡行稱之道，月六稱，歲四合”開宗，其後分别記述了“六稱”的具體日期、行事的利弊及其成效。所記稱行之事均屬布政的内容，應專爲執國柄者而作。其内容專記一個月内之事，在時令類文獻中尚屬首見。簡文原無題記，今依摘字命篇的原則，暫題爲《行稱》。

《行稱》並非一件獨立的書卷，它與同輯收録的《病方》原抄寫在一卷竹書上。這卷竹書每簡長約 32.5、寬約 0.6 釐米，竹簡正面地脚處有次序編號，已編至“十九”，今第“十二”“十五”兩支簡佚失，第“十一”簡僅剩下部一小半，其餘 16 支簡基本完整。《行稱》内容見於前 10 支簡上，僅剩一小部分的第“十一”簡，除編號外，未見正文文字，由此推測本篇内容不會超過 11 支簡。第“十”簡末句雖已寫至簡尾，但内容已很完整，不排除本篇有就此完結的可能。如果再參考本輯收録《四告》全卷的抄寫格式，第“十一”簡也可能原爲 1 支空白的“隔簡”。①

抄寫在《行稱》之後的《病方》僅殘存 33 字，記病方三種，内容性質與前者全然不同。更爲特别的是，在第“十四”簡上已見《病方》文末的絶止符，而第“十六”至“十九”4 支簡首尾完整，除編號外再無其他文字，故可推知，本卷竹書完整時，自“十五”簡後均爲空白簡，這在已刊布的戰國竹書中也是首例。《行稱》《病方》這種異類並抄的情况，容易使人聯想到清華簡的《良臣》《禱辭》等文獻，②與之不同的是，《行稱》與《病方》的字迹是分屬兩種的。如果將兩種不同的字迹視作兩次書寫的結果，那麽，其後的空

---

① 《四告》抄寫在一卷背面有連續編號的竹書上，内容可分爲四篇，每篇起始内容换行抄寫，其中第一、二篇和第二、三篇之間的編號爲“十五”和“二十五”的兩簡雖已佚失，但從内容上看，其上很可能原無文字，我們暫將這種篇間的空白簡稱爲“隔簡”。參見趙平安：《清華簡〈四告〉的文本形態及其意義》，《文物》2020 年第 9 期。

② 李松儒女士對《良臣》《祝辭》的形制情况作有詳細分析，參見其《清華簡〈良臣〉〈祝辭〉的形制與書寫》，《漢字漢語研究》2020 年第 1 期；有關戰國竹書異篇同卷的情况可參見賈連翔：《戰國竹書整理的一點反思》，《出土文獻》第 13 輯，上海：中西書局，2018 年，第 142—152 頁。

白簡在用途上應當還可備抄另外的内容。上述這些形制現象可以幫助我們更好地理解出土簡册中會伴出無字簡的原因,[①]同時也爲我們瞭解古代竹書的編纂過程等提供新的認識。

"行稱"之"稱",原寫作"爯",是楚文字"稱"的通行寫法,可訓爲副、宜。得其當之謂"稱",如《逸周書》有"武稱"。簡文"稱"與"發/灋(廢)"並舉,或説訓爲興、舉,亦通。《行稱》所記的時令,主要是一個月内的宜忌,簡文如下:

> 凡行稱之道,月六稱,歲四合。月朔之日稱裕文,至日晝,夕廢。入月五日稱均民,【簡1】明日而廢。入月旬日稱恭祀,明日而廢。旬又五日稱弔勞,明日而廢。二旬稱綽【簡2】武,明日而廢。二旬又五日稱繹抑,明日而廢。其餘四日無可以爲,是謂廢日。【簡3】

"裕文""均民""恭祀""弔勞""綽武""繹抑"依次是"六稱"的具體所指,一些名稱雖是初次見到,但簡文後面對其利弊又有進一步介紹,所記内容均屬政事之類。比如,弔勞,指弔祭存問,《周禮·夏官·司馬》"王弔勞士庶子則相",同書《太僕》"掌三公孤卿之弔勞",《小臣》"掌士大夫之弔勞",[②]《淮南子·修務》"弔死問疾,以養孤孀"。[③] 簡文稱"弔勞"利於馳馬、畢弋、土功之事,如果不按時舉行,則不利於小子、徒衛、野里人這些侍從下屬。有關"六稱"的情況可參看表1。

表1 "六稱"利弊概覽表

六稱	利	弊
裕文	凡告必許	未至後稱之日而有惡,得之於不裕
均民	利分幣	不均,吝於牛馬
恭祀	利卜筮、攻禘之事	弗爲,吝於五種不登
弔勞	利田獵、馳馬、畢弋、土功之事	弗爲,吝於小子、徒衛、野里人
綽武	利攝兵甲,修府庫	弗爲,吝貨資速散亡
繹抑	伐殺刑戮	—

① 如荆門郭店M1出土竹簡共804枚,發表的有字簡有731枚,相差的一小部分據整理者稱即屬無字簡,參看湖北省荆門市博物館:《荆門郭店一號楚墓》,《文物》1997年第7期;荆門市博物館:《郭店楚墓竹簡》,北京:文物出版社,1998年,"前言",第1頁;龍永芳:《湖北荆門發現一枚遺漏的"郭店楚簡"》,《中國文物報》2002年5月3日。

② [清]阮元校刻:《十三經注疏(清嘉慶刊本)·周禮注疏》,北京:中華書局,2009年,第1812、1840、1841頁。

③ 何寧:《淮南子集釋》,北京:中華書局,1998年,第1315頁。

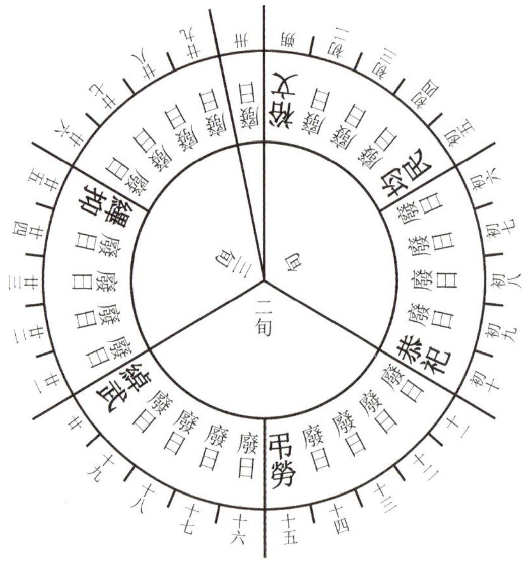

圖 1 "六稱"設置示意圖

"六稱"的設置,大略是以五日爲一個單位,將一個月劃分爲六個單元,每個單元的末日(朔日除外)爲"稱日",其餘四日因"無可以爲",故稱"廢日"。這裏采用的應是朔望月曆法,小月二十九日,大月三十日。簡文在"二旬又五日"後又稱"其餘四日",似以小月計,然若按大月算,六稱均分,則各隔四日,"其餘四日"或是取此概數而言。這段内容是《行稱》的核心,可繪如圖 1。

《行稱》對月内各日的劃分方式與清華簡《筮法》十分相似,《乾坤運轉》云"坤晦之日逆乾以長巽;入月五日舍巽,乾、坤長艮;旬,乾、坤乃各返其所"。① 值得注意的是,這裏是以"晦"日爲始,《行稱》若也以晦日爲首稱,就可與其他五稱間隔日期相同了。《説文》"晦,月盡也",是看不見的月相,因此"晦"日只能靠推算而得,它在曆法中的意義遠不如"朔"日影響大。《行稱》以"朔"日爲首稱,就導致了它與"後稱之日"只間隔三日,而且其所行稱的時間是"至日晝,夕廢",亦與其餘五稱"明日而廢"有所不同。此外,有學者曾據上引《乾坤運轉》的描述,對二、三旬的情況做進一步推演,並認爲這段内容是《筮法》解卦的核心原則。② 又《管子·四時》云:"月有三政,王事必理。以爲必長,不中者死,失理者亡。國有四時,固執王事。四守有所,三政執輔。"清代學者認爲"三政"乃"五政"之訛,③然唐人舊注則稱"月三旬政異,故曰'三政'也"。④ 今將《行稱》《筮法》的内容與《管子·四時》相參,當以舊注爲是。這裏采用的時間觀念,應當都是在"旬"的基礎上發展而來的。

在"稱日""廢日"之外,簡文還提到一種特殊的日子"會(合)"。關於"合日"的描述可摘引如下三條:

(1) 凡行稱之道,月六稱,歲四合。

(2) 四正之月,月而羅(離)晶(參)以合。

---

① 清華大學出土文獻研究與保護中心編,李學勤主編:《清華大學藏戰國竹簡(肆)·下册》,上海:中西書局,2014 年,第 109 頁。

② 程浩:《略論〈筮法〉的解卦原則》,《出土文獻》第 4 輯,上海:中西書局,2013 年,第 105—107 頁。

③ 郭嵩燾:《管子評注》,長沙:嶽麓書社,2012 年,第 872 頁;《管子校注》引張佩綸説略同,見黎翔鳳:《管子校注》,北京:中華書局,2004 年,第 857 頁。

④ 黎翔鳳:《管子校注》,第 857 頁。

(3) 合之日而在稱而有得,必三。

由(1)(2)可知一歲之中僅有四個合日,它們設在"四正之月"。清華簡《筮法·至》有"四正之卦"的説法,指震、離、坎、兑,在《卦位圖》四周不僅標明了四卦所配四方,又分别記有"司雷""司樹""司收""司藏",[①]可知其亦與四時相配。"四正之月"指二分二至所在之月,蓋無可疑。

"月而羅晶以合"是確定"合日"的具體方法。羅,通"離"。《詩·小雅·漸漸之石》:"月離於畢,俾滂沱矣。"[②]《七緯·春秋緯》:"星有好風,月離於箕,風揚沙。"[③]《尚書·洪範》:"月之從星,則以風雨。"孔傳:"月經於箕則多風,離于畢則多雨。"[④]《史記·天官書》中《索隱》引韋昭説"離,曆也"。[⑤]《新唐書·曆志》則直言:"日行曰躔……月行曰離。"[⑥]又《吕氏春秋·季春紀》:"月躔二十八宿,軫與角屬,圜道也。"[⑦]月球每月在天球上沿二十八宿運行一周,"羅(離)"後一字當指月球所在的位置,故"晶"當讀爲"參",指參宿。

合日的設置方式,反映了參宿在《行稱》中具有特殊的地位。參宿的星距據天文學家研究應是三星的最西星,即中央星西側的 δ 星,[⑧]它是黄道附近的亮星,古人常以其作爲觀測一年四季的大辰。如《禮記·月令》:"孟春之月,日在營室,昏參中,旦尾中。"[⑨]《夏小正》"正月……初昏參中","五月,參則見","八月……參中則旦"。[⑩]《廣雅·釋天》:"參、伐謂之大辰……參謂之實沈。"[⑪]如果從分野説的角度考慮,參宿對應的是晉,[⑫]清華簡有不少篇目在整體上都反映出一定的三晉文字因素,這對於探尋《行稱》篇成書的思想來源或許更有深意。

在二至二分之月,以月球途經參宿之日爲合日,這種設置方法兼采了太陽曆和恒星月曆。按恒星月(經天月)一月約爲 27.325708 日,朔望月曆一月約爲 29.530589 日,[⑬]兩種曆法周期有約 2 日之差,因此"合日"有一定概率與"稱日"重合。簡文又稱:

---

① 清華大學出土文獻研究與保護中心編,李學勤主編:《清華大學藏戰國竹簡(肆)·下册》,第 87、111—112 頁。

② [清] 阮元校刻:《十三經注疏(清嘉慶刊本)·毛詩正義》,北京:中華書局,2009 年,第 1075 頁。

③ 趙在翰輯:《七緯》,北京:中華書局,2012 年,第 649 頁。

④ [清] 阮元校刻:《十三經注疏(清嘉慶刊本)·尚書正義》,北京:中華書局,2009 年,第 408 頁。

⑤ [漢] 司馬遷:《史記·天官書》,北京:中華書局,1982 年,第 1342 頁。

⑥ [宋] 歐陽修、宋祁:《新唐書·曆志》,北京:中華書局,1975 年,第 591 頁。

⑦ 許維遹:《吕氏春秋集釋》,北京:中華書局,2009 年,第 79 頁。

⑧ 陳遵嬀:《中國天文學史》,上海:上海人民出版社,1980 年,第 326 頁。

⑨ [清] 阮元校刻:《十三經注疏(清嘉慶刊本)·禮記正義》,北京:中華書局,2009 年,第 2928 頁。

⑩ [清] 王聘珍:《大戴禮記解詁》,北京:中華書局,1983 年,第 24—29、37、42—44 頁。

⑪ [清] 錢大昭:《廣雅疏義》,北京:中華書局,2016 年,第 705、706 頁。

⑫ 《淮南子·天文》:"觜嶲、參,趙。"(何寧:《淮南子集釋》,第 273 頁。)《漢書·地理志》:"魏地,觜觿、参之分野也。"([漢] 班固:《漢書》,北京:中華書局,1962 年,第 1646 頁。)

⑬ 陳遵嬀:《中國天文學史》,第 1338、1340 頁。

“凡稱之日將有得，將又有得；有喪，將又有得。”説明“稱日”行事的效果將增益一倍。因此，(3)所記“合日”與“稱日”重合時“有得，必三”，則是指效果增益爲三倍。簡文所記每個“稱日”僅有一項宜行之事，根據“合日”的設置方式及其特殊的增益效果不難推測，“合”應指統合“六稱”，即當日六種事項均宜舉行。

由以上討論不難看出，《行稱》雖述“月”之六稱，其落脚點却在“日”而不在“月”。以往所見的先秦時令類文獻，有采用四時、十二月、二十四節氣模式者，如《夏小正》《吕氏春秋·十二紀》《禮記·月令》《淮南子·時則》等；有采“四時五行”模式者，如《管子》的《幼官》《幼官圖》等及銀雀山漢簡《三十時》等篇，[①]它們皆以“月”爲綱，故被統規爲“月令”。[②] 睡虎地、九店、周家臺、放馬灘、孔家坡等簡牘“日書”的出土，讓我們逐漸看清了“曆忌之書”的樣貌，它們是以“日”爲綱，細化至每月的吉凶日。[③]《行稱》兼采了“月令”與“日書”的特點，其細化程度與“日書”相似，而將政令與天時配合呼應，如何施行適當的政令，以及如違背天時會出現怎樣的災異等，這些思想若付諸實施，只能由君主推行，這又近於“月令”。

除了這些表徵外，《行稱》與以往“月令”類文獻在思想背景上最大的不同，是没有過多地吸收自然時候的因素，這可能也是導致其未被後世月令所承襲的根本原因。但是從“合日”的設置方式中能够看到，它在溝通“四時”方面也進行了一些整合。同時，《行稱》與《筮法》等在“月”時間的劃分上，也表現出了一致性的特點，清華簡的這部分材料，已經可以反映出楚人時間觀念的一些整體面貌，這些面貌或許是戰國時人更爲廣泛的公共知識。

明末清初鴻儒顧炎武曾言：“三代以上，人人皆知天文。‘七月流火’，農夫之辭也。‘三星在天’，婦人之語也。‘月離於畢’，戍卒之作也。‘龍尾伏晨’，兒童之謡也。後世文人學士有問之而茫然不知者矣。”[④]在先民積累的天文知識基礎上，后王君公用天因地，揆時施教，將布政執事的“社會時間”與“自然時間”緊密結合，也是將“人事”與“天時”深度融合，既爲受天之命不斷尋求依據，又可爲政教的施行爭取更好的效果。這一過程同時促進了先秦時令文獻的生成與發展。清華簡《行稱》的發現，展示了古人在時令方面探索出的又一種模式，我們可以借此窺視先秦時令文獻的多樣性，並進一步瞭解相關思想文化的發展歷程。

【編按：本文刊發於《文物》2020年第9期。】

① 子彈庫帛書每月之下所述雖以忌諱爲主，但仍以十二月爲綱，或可歸入此類。
② 薛夢瀟：《早期中國的月令與“政治時間”》，上海：上海古籍出版社，2018年，第16—54頁。
③ 李零：《視日、日書和葉書——三種簡帛文獻的區别和定名》，《文物》2008年第12期。
④ ［清］黄汝成：《日知録集釋(全校本)》，上海：上海古籍出版社，2006年，第1673頁。

清華簡《五紀》中的“行象”之則與“天人”關係

清華簡《五紀》以天下有災殃，“后帝”通過“修曆五紀”平息災禍爲背景，詳細論述了一套内容複雜、邏輯嚴謹的“五紀”系統。其中簡 79—97，繼闡述后帝所修建的宇宙、道德和神祇體系之後，又將這套系統與人體相結合進行描述，内容獨特，引人關注。本文就此談談我們的初步認識。

簡文以“后事咸成，萬生行象則之”句爲這部分的領啟，句中的“象”應指人體之象。從《五紀》通篇内容看，其“底本”或所取材的文獻資料原應配有多幅圖式，人體這部分文字體現出的這一特徵格外明顯，其内容可視作對一幅圖式的描述，並在此基礎上將與人體相關的法則加以引申。這部分内容包括三個方面。

其一，人體各部位的神司及其與六旬、十二辰的配應關係。

《五紀》前文在介紹“掌忠司算律”“掌禮司章”“掌仁司時”“掌義司正”“掌愛司度”五德内容時曾記載三十位神祇，它們應是在當時所有的神祇中挑選而得，這從“五祀”中只有“門”“行”二者即可明晰。[①] 這三十位神祇除可以六位爲一組司掌五德之外，每位又可司掌人體的一個部位，以及一日。十日爲旬，簡文又將這些神祇每十位分爲一組。其文曰：

> 天爲首；地與四【簡79】荒與行、明星、顓頊、司昷爲脊，甲子之旬是司。高大、大川、大山與月、婁、躾郘、少昊、司禄、大嚴及【簡80】門爲右脅，甲戌之旬是司。大音、大石、稷匿與日、揚者、昭昏、大昊、司命、癸中及司教爲左脅，【簡81】甲申之旬是司。【簡82】

此處的“四荒”是四位神明，與前文比對可知其名分别是“大禾”“少禾”“大繞”“少繞”。另值得指出的是，簡文在跨禮、義、愛、仁、忠五組的神祇之間用“與”或“及”字作以區分，是“五紀”這一體系嚴謹性的顯著體現。比如在司掌右脅的十神中，高大、大川、大山三者又“掌仁司時”，月、婁、躾郘、少昊、司禄、大嚴六者又“掌義司正”，門則又“掌愛

---

① 簡 27、28 又載：“后曰：‘天下之神祇，神之受算立者，其數如此。’”亦可佐證《五紀》中所立之神是按數量需求而篩選的。

司度”。這種嚴謹不僅反映在語言描述上，也體現在對人體結構的準確認知上。如簡文以二十位神祇司掌兩“脅”，《周禮正義》引淩廷堪云：“脊兩旁之肋謂之脅。”①人有十二對肋骨，其中第十一、十二對末端游離，稱爲“浮肋”，其餘十對相連，正與左、右兩脅各有十神司掌數量相當，這應該不會是巧合。

三十位神祇只能司掌三旬，而干支紀日是以六旬爲一個周期，對於其餘三旬的神司，簡文則采用了别樣的挑選方法。先是選取了十個星象，即北斗、南門以及二十八宿中的大角、建星、箕、㕡壁、狼、伐、軫、奎八宿。涉及的八個星宿也有講究，都屬四方的首、尾兩宿。據與其他神明的並列關係可清楚知道，這些星象也具有神的屬性。十位星象神分别司掌耳、目、鼻、口、心、肺肝（簡文二者合稱）、胤（腎）、睁（朘）、漈（尻）、穗（植）十個器官，它們應由九竅和五臟組成，其中耳、目、鼻、口、朘、尻爲九竅，心、肺、肝、腎屬五臟，“穗（植）”尚未確釋，然從簡文的系統性來看，指脾的可能性很大。其餘兩旬的安排也頗費心思，簡文以東維、南維二神分掌左、右手，西維、北維二神分掌左、右足。因雙手、雙足各有十指，故可各配一旬，四維每神可各司五日。以上六旬所涉及的神明，簡文統稱之爲“示（祇）”，其所司掌的人體部位被泛稱爲“短節小骨”。

此外，又以十二位“大神”司掌人體的十二“大骨”以及十二辰。其文曰：

> 南冘〈方〉右肩，東冘〈方〉左肩，北冘〈方〉左髀，西冘〈方〉右髀。西柱右肱，東柱左肱；西柱右股，【簡82】東柱左股。左南維左臂，右南維右臂；北維之右右骸，其左左骸。是惟大神，掌大骨十二，十辰又二是司。【簡83】

“四冘”或即“四方”，蓋因早期文字“冘”“方”形近而發生了混訛。“四維”於此又有“左南”“右南”“北之右”“北之左”之分，過去對傳世文獻中的“四維”曾有四方和四隅兩種不同的解釋，這裏似乎對兩者都有體現，爲我們重新認識“四維”的概念提供了綫索。上述十二“大神”和四十“祇”所司掌的内容，可完整地勾勒出一幅人體圖式，我們試做了推擬（圖1）。另值得注意的是，簡文此段是以“前三旬—十二辰—後三旬”爲敘述順序，這似乎也是由圖式轉化成文字而形成的特别現象。

其二，將人體與數算結合，進行尺度的建立。

簡文敘述確定尺度的基本方式和原則爲：

> 武跬步走趣，兩足同度曰計，拳扶咫尺尋，再手同度曰衺，是謂計衺。標躬惟度，四機組律，道【簡90】盈緯十。【簡91】

武、跬、步都是由足（下肢）所建立的長度單位，拳、扶、咫、尺、尋則是由手（上肢）所建立的長度單位，簡文稱此方法爲“標躬惟度”，很容易讓人想到《大戴禮記・王言》“布

① ［清］孫詒讓：《周禮正義・内饔》，北京：中華書局，2013年，第269頁。

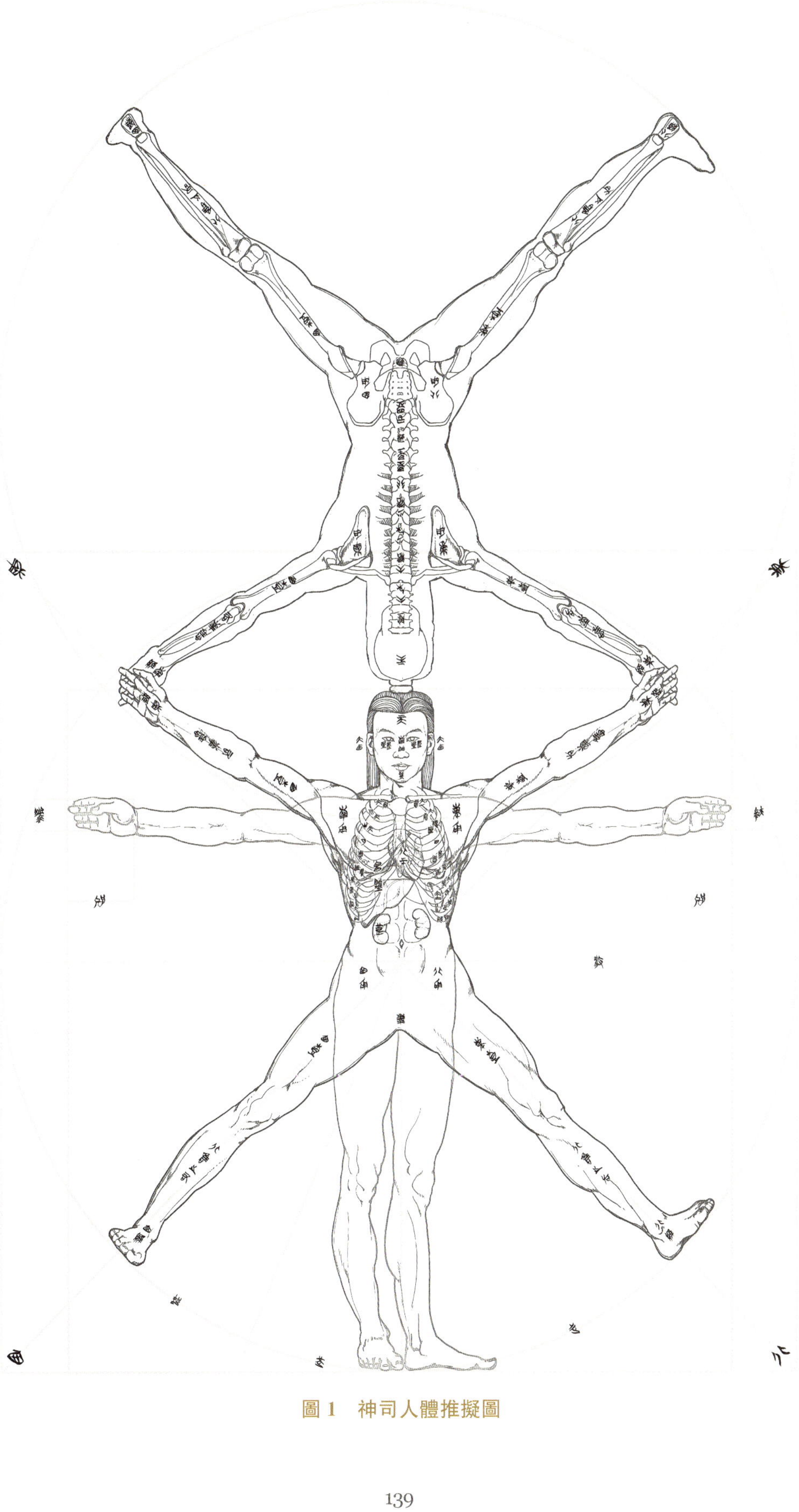

圖 1　神司人體推擬圖

指知寸，布手知尺，舒肘知尋”的記載。[①]《説文》亦稱：“尺，十寸也……周制，寸、尺、咫、尋、常、仞諸度量，皆以人之體爲法。”[②]

在上述方法和原則之前，簡文還有一段頗爲費解的内容，仔細想來應是對這些長度單位的數值和進制的介紹。其文曰：

> 三曰固，四曰撫，八【簡88】曰利，廿曰變。四曰機，二曰巧，十曰好。【簡89】

《國語·周語下》“夫目之察度也，不過步、武、尺、寸之間”，韋注引賈逵説：“半步爲武。”[③]《小爾雅集釋》胡世琦曰：“《類篇》引《司馬法》：‘凡人一舉足曰跬，跬，三尺也。兩舉足曰步，步，六尺也。’”[④]武、跬都是半步，長三尺，故謂“三曰固”。《禮記·投壺》“籌，室中五扶，堂上七扶，庭中九扶”，鄭注：“鋪四指曰扶，一指案寸。”[⑤]“扶”或作“膚”。《公羊傳》僖公三十一年“膚寸而合”，何注：“側手爲膚，案指爲寸。”[⑥]拳、扶是四指寬，即四寸，故謂“四曰撫”。《説文》：“中婦人手長八寸，謂之咫。周尺也。”[⑦]咫是八寸。《説文》又記：“度人之兩臂爲尋，八尺也。”[⑧]尋長通常等於身高，每人尋長有别，故或云“七尺曰尋”，[⑨]或云“六尺曰尋”，[⑩]簡文似是取八尺，與“咫”合觀，則可謂“八曰利”。尋長是拳、扶的二十倍，故謂“廿曰變”。上述尺度單位數值各不相同，最小的單位是拳、扶，轉化爲通行尺寸都是四寸長，故簡文稱“四曰機”“四機組律”；咫長是拳、扶的二倍，步長是武、跬的二倍，都是二進制，故又稱“二曰巧”；而寸、尺之間是十進制的關係，故又稱“十曰好”“道盈緯十”。[⑪]

其三，人體病灶與神祇祟主的對應關係。

簡文曰：

> 作有百祟，在人之出。占民之疾，羣神【簡91】羣祇，掌其肢節，上下左右，有辰與日。凡民有疾，自腰以上，是謂興疾，天鬼祟。自腰以下，是謂辟鬲，地鬼【簡92】祟。疾處頸、脊及尻，是謂耆，詛盟祟。疾處腹心肺肝之中，是謂窘，人鬼祟。疾處四肢：骸、足、股、【簡93】肱，是謂武疾，無良、不壯死祟。【簡94】

---

① ［清］王聘珍：《大戴禮記解詁·主言》，北京：中華書局，1983年，第5頁。
② ［漢］許慎：《説文解字》，北京：中華書局，2016年，第173頁。
③ 徐元誥：《國語集解》，北京：中華書局，2002年，第108頁。
④ 遲鐸：《小爾雅集釋》，北京：中華書局，2008年，第357頁。
⑤ ［清］阮元校刻：《十三經注疏（清嘉慶刊本）·禮記正義》，北京：中華書局，2009年，第3616頁。
⑥ ［清］阮元校刻：《十三經注疏（清嘉慶刊本）·春秋公羊傳注疏》，北京：中華書局，2009年，第4915頁。
⑦ 許慎：《説文解字》，第173頁。
⑧ 許慎：《説文解字》，第61頁。
⑨ ［漢］司馬遷：《史記·張儀列傳》，北京：中華書局，1982年，第2293頁。
⑩ 陳彭年：《鉅宋廣韻》，上海：上海古籍出版社，1983年，第144頁。
⑪ 簡文“十”字原以“悳”爲意符，寫作“惪”，可能是爲表示十進位而造的專字。

"祟",《説文》謂"神禍",是戰國楚地卜筮祭禱類簡中十分常見的内容。簡文將"祟"分爲"天鬼""地鬼""詛盟""人鬼""無良、不壯死"五類。其中"天鬼""地鬼""人鬼"可與《周禮·春官·大宗伯》所述"天神""地祇""人鬼"合參。"天鬼""地鬼"也與"五紀"中的"大神"和"示(祇)"相應。[①] "人鬼"似可與卜筮祭禱簡中出現的祖先、親屬一類人物相應。[②] "詛盟"原寫作"祖皿",當即楚簡常見之"累稟"(包山簡211、望山簡78、九店簡34、天星觀簡42以及新蔡簡甲三:227、231),目前學者多主張讀爲"盟詛"。[③] "無良死"可理解爲對"不辜"(包山簡217、望山簡78、天星觀簡166)、"無後者"(包山簡277、250)、"兵死"(包山簡241)、"溺人"(包山簡246)等的統稱。"不壯死"原作"不歾₌",曾見於清華簡《筮法·祟》,被誤讀爲"不葬死",[④]當據望山M1簡176的記載,讀爲"不壯死"。[⑤] 舊認爲"不壯死"指"夭殤",從《筮法》的"父之不壯死"例看,應據《禮記·曲禮上》"人生十年曰幼學;二十曰弱冠;三十曰壯,有室"的記載,[⑥]理解爲"未滿三十而亡"。

此段内容無疑爲我們解釋楚地卜筮祭禱中涉及疾病類的舉禱提供了一把鑰匙。比如包山簡223、224所記的一次占卜,是因"左尹"患有"病心疾,少氣,不入食"的症狀,按諸上文,應屬"人鬼"作祟,這次占卜之後的舉禱恰以"親王父""司馬子音"爲對象。[⑦] 當然,《五紀》作爲一種理論模型,與實際占卜舉禱之間必定存有差距,也可能只是當時流行的衆多理論中的一種,但這裏所提供的確定祟主的方式,可爲我們理解當時巫祝理論的構成,以及直至秦、漢還在延續的祝由術等,提供系統參照。

最後談談《五紀》中所涉及的"天人"關係問題。簡文多次出現"天",然其義與大地相對,指蒼穹,是一位具體的神,與我們傳統上的以"自然"爲含義的"天人"之"天"是不盡相同的。但仔細玩味,《五紀》通篇又都是在闡釋自然規律與人之間的關係。我們知道,戰國時期已然並行起"天人合一"和"天人兩分"兩種不同的"天人"觀,前者是對西周時期"以德配天"思想的進一步發展,而後者在孟子、荀子的思想中都有體現,郭店簡《窮達以時》亦有"天人有分"之説,[⑧]常被認爲是對前者的反動。在"五紀"體系中,明確指出各類神明是自然界的代表,負責溝通"天""人"之間的關係,不僅是星象曆數、山川物産、倫理道德,甚至是人體各部分也都由諸神來司掌。人主觀上希

---

① 但簡文將明顯屬於天神的"天"歸入"示(祇)",似又對應得不够嚴整。
② 參看晏昌貴:《巫鬼與淫祀:楚簡所見方術宗教考》,武漢:武漢大學出版社,2010年,第153—169頁。
③ 參看湖北省文物考古研究所、北京大學中文系編:《望山楚簡》,北京:中華書局,1995年,第98頁。
④ 清華大學出土文獻研究與保護中心編,李學勤主編:《清華大學藏戰國竹簡(肆)·下册》,上海:中西書局,2013年,第115頁。
⑤ 參看湖北省文物考古研究所、北京大學中文系編:《望山楚簡》,第83頁。
⑥ [清]阮元校刻:《十三經注疏(清嘉慶刊本)·禮記正義》,第2665頁。
⑦ 參看湖北省荆沙鐵路考古隊編:《包山楚墓》,北京:文物出版社,1991年,圖版一八八、一八九。
⑧ 荆門市博物館:《郭店楚墓竹簡》,北京:文物出版社,1998年,第145頁。

冀神佑，懼怕神責，在客觀上就遵守了這些法則。與此同時，簡文記述一部分“大神”早在黄帝大戰蚩尤的遠古時期就已成爲后帝之臣，暗示了後來的執國柄者也就自然地繼承了與神溝通的能力。這樣一套邏輯，顯然是將自然規律與人事牢牢栓在了一起，其思想内核當屬“天人合一”，其作用是爲執政者所做各類活動提供依據，更有利於政治統治的需要。這類思想到了漢代，以董仲舒爲代表，集其大成並加以系統化，對中國思想史乃至整個封建社會的政治統治，都産生了深遠的影響。現在看來，董氏思想的諸多特點及其形成方式，與《五紀》有頗多相似之處，極可能是對類似戰國思想的模仿和改良，二者的關係頗值得做進一步深入的比較研究。

關於《五紀》的思想特徵，還有一點必須要指出。簡文前面已完成了禮、義、愛、仁、忠五德與青、白、黑、赤、黄五色等内容的相配，若再將其與金、木、水、火、土進一步配應，簡直就是順理成章的事情。但《五紀》全文却没有完整地出現過“五行”的具體内容，[①]這一點特别值得注意。《五紀》作者看上去是在刻意回避“五行”的内容，若站在戰國思想特徵多元性的角度看，“不涉五行”或許體現了當時數術思想的某個種類的特點，與後來的《春秋繁露》等又有極大的不同，這也是有待進一步深入研究的問題。

【編按：本文刊發於《文物》2021 年第 9 期。】

① 只在簡 44 記有“水火相行”，簡 70 記有“建設五行”語。

清華簡《五紀》中的宇宙論與楚帛書等圖式的方向問題

清華簡《五紀》現存約 4450 字，推測其完整時已近五千言，當是目前所見篇幅最長的戰國竹書。《五紀》内容包羅萬象，借“后”之言闡述了天文數算、人倫道德、山川物産、人體結構、神祇司掌以及上古傳説等，並以此建立了一套邏輯嚴謹的理論系統。[①] 其中涉及天地四方和星辰曆象的内容屬簡文核心，對研究當時的宇宙論尤有重要價值。這裏作一些試探性討論，有些意見雖已被整理組所采納，但報告未及展開，還有一些認識與報告和整理組成員先期發表的研究看法有所不同，請大家指正。

《五紀》中完整地出現了“天”“地”“四荒”“四冘”“四桓”“四維”這一組概念，它們在全篇前後用字時有不同，如“地”字寫作“陛”“墬”，“四維”之“維”或寫作“唯”“惟”，“四桓”之“桓”或寫作“橿”“查”，這很可能是因本篇内容所取材的原始材料來源龐雜，此抄本保留了一些底本用字的特徵所致，[②]實際上並不影響其所記録的詞的一致性。其中“天”“地”“四荒”“四維”古書習見，“四冘”“四桓”屬首見。這組概念都具有一定的方位屬性，如簡 19 記“四冘”即包括“東冘”“西冘”“南冘”“北冘”。簡文還有一段關於它們的總體描述，文曰：[③]

> 后曰：天、墬(地)、四巟(荒)、四冘、【簡26】［四桓、四維，是隹(唯)］羣神十又(有)八。方六司，是隹(唯)羣示(祇)廿₌(二十)又(有)四。向七悳(職)，是隹(唯)羣神廿₌(二十)又(有)八。【簡27】[④]

---

① 馬楠：《清華簡〈五紀〉初識》，《文物》2021 年第 9 期。

② 簡文同一詞前後用字不同的例子不少，石小力先生曾有舉例，參見其《清華簡〈五紀〉中的幾個用字現象》，東北師範大學第四屆《古文字與出土文獻語言研究學術研討會暨“出土文獻語言文字研究”青年學者論壇論文集》，第 153—161 頁。

③ 本文所引《五紀》釋文和注釋，參見清華大學出土文獻研究與保護中心編，黄德寬主編：《清華大學藏戰國竹簡(拾壹)·下册》，上海：中西書局，2021 年，不另注。有特别需要討論之處，我們隨文説明。

④ 簡 27 上端約殘損了 6 個字，根據内容補出“四桓四維是隹”是没問題的，其中“隹”字還能看出下部的殘畫。

所言"方六司"之"方"和"向七職"之"向"都是承前而省的表述,這是由"四荒""四冘""四梪""四維"概念中有"四方""四向"的内涵所決定的。"方六司"的性質爲"祇",是新見的地祇系統,後文還會引述這二十四位地祇的具體名號。"向七職"的性質是"神",指二十八宿,從其對星宿的選擇特徵來看,應屬於甘氏體系。① 由"羣神十又八"這一描述又可知,"天""地""四荒""四冘""四梪""四維"這些概念也具有神明名稱的屬性,而且據其計數來看,除"天""地"外的四組内容是各自獨立、互不重複的,這從根本上排除了它們是同一概念的不同名稱這種可能。

這一組名稱在簡文中多次同出,足見其重要。除上引簡 26—27 外,還可參看以下三處:

(1) 於天女(如)舂(律),于神女(如)巨(矩),於人女(如)尼(度),天、墬(地)、四巟(荒)、四冘、四査、四唯(維)是司。【簡97】

(2) 黄帝之身,尃(溥)【簡97】又(有)天下,訂(始)又(有)梪(樹)邦,訂(始)又(有)王公。四巟(荒)、四冘、四梪、四唯(維)、羣示(祇)、萬皃(貌)女(焉)訂(始)相之。【簡98】

(3) 黄帝乃命四冘₌(冘冘)之,四冘乃敱(屬),四巟(荒)、四梪、四唯(維)、羣示(祇)、萬皃(貌)皆敱(屬),羣永(祥)乃亡,百神則寍(寧)。【簡103】

值得重視的是,它們同出時的排位是固定的。在"天""地"之後繼以"四荒","四冘"次之,"四梪"再次,"四維"爲末。稍有不同的簡 103 一段,是因"四冘"被提前成爲該段記述的對象,而剩餘三組名稱的排位仍不出這一規律。從《五紀》通篇的嚴謹性來看,這一順序應是有所深意的。關於這組概念的區别和具體所指,我們認爲是解鎖當時宇宙論的關鍵鑰匙,以下分别進行分析。

一、"天""地"與群神之號

天、地是空間方位中最爲基礎的兩個坐標,在《五紀》所載的諸神系統中,二者也排在最前列。簡文有段關於群神名號和它們司掌日、辰的記述,頗爲重要,文曰:

> 凸(凡)羣神之唐(號):天亓(其)唐(號)曰倉皇、高畏,上甲又(有)子。墬(地)亓(其)唐(號)曰降魯,天畣(合)又(有)土,上甲又(有)戌。四【簡37】巟(荒)同唐(號)曰天昉,又(有)光司晦,上甲又(有)申。四冘同唐(號)曰天冘,行猷又(有)侖(倫),上甲又(有)午。四梪同唐(號)曰天梪,建【簡38】女(安)又(有)尚(常),上甲又(有)唇

① 石小力:《清華簡〈五紀〉中的二十八宿初探》,《文物》2021 年第 9 期;吕傳益:《清華簡〈五紀〉二十八宿探源》,簡帛網,2021 年 12 月 19 日,http://www.bsm.org.cn/?chujian/8543.html。

(辰)。四惟(維)同虐(號)曰天惟(維),行望亖(四)方,上甲又(有)寅。東司同虐(號)曰秉豊(禮),司章,元昏(辰)日某。南【簡39】司同虐(號)曰秉息(仁),司寺(時),元昏(辰)日某。西司同虐(號)曰秉義,司正,元昏(辰)日某。北司同虐(號)曰秉悉(愛),司乇(度),元【簡40】昏(辰)日某。四維同虐(號)曰行星,又(有)終,日某。南門亓(其)虐(號)曰天門、天殷〈啟〉,聿(建)正,秉忎(仁),立(位)川(順)及𡧊₌(左右)升(徵)徒,日某。北【簡41】主(斗)亓(其)虐(號)曰北宗、天畜(律),聿(建)尚(常),秉悉(愛),皇(匡)天下,正四立(位),日某。【簡42】

這段話的表述格式比較整齊,"天"之號爲"倉皇","地"之號爲"降魯",是比較清楚的,而"倉皇"之後的"高畏"以及"降魯"之後的"天合有土"等,是否也是神號,則關係到對本段後面内容的整體理解。可以明確的是,"高畏"應是與"倉皇"並列的"天"的另一個號,簡文在下面這段記述中有所反映:

虐(呼)【簡104】□□□□□□曰:寺(時)女(汝)高畏,寺(時)女(汝)畏溥,寺(時)女(汝)四巟(荒),砓(礫)丨(撼)寺(蚩)蚘(尤),乍(作)敳(遏)五兵。【簡105】

從句法結構上看,"高畏"在此屬稱謂名詞,指的應該就是"天"。由此推及"天合有土""有光司晦"等以及"司章""司時"等,也不能排除是神號的可能。尤其是簡文明確記載了"南門"又稱"天門""天啟","北斗"又稱"北宗""天律",説明一位神確實可有多個名號。

據此再看上引簡105中的"畏溥",整理者讀爲"鬼魃",認爲是《山海經·大荒北經》之"女魃"。① 在我們看來,既然明確了"高畏"是"天"之號,那麽夾在它與"四荒"之間的"畏溥",只能是"地"的另一個名號,恐與"女魃"無關。《詩·小雅·北山》:"溥天之下,莫非王土。"②"畏溥"之義與"降魯""天合有土"是很相近的。③ 簡文又載:

黄帝乃命萬皃(貌)女(焉)【簡108】訇(始)祀高畏[₌](畏、畏)溥、四巟(荒),女(焉)訇(始)配帝身。【簡109】

這裏的"溥"顯即"畏溥",簡文應是在"畏"字下脱了一個重文號。黄帝命"萬貌"祭祀的對象應包括"高畏""畏溥""四荒"六神,而配享帝身者,也是承前而省的此六者。其中祭祀"高畏""畏溥",實際上就是祭祀"天""地"二神。

---

① 程浩:《清華簡〈五紀〉中的黄帝故事》,《文物》2021年第9期;清華大學出土文獻研究與保護中心編,黄德寬主編:《清華大學藏戰國竹簡(拾壹)·下册》,第127頁。

② [清]阮元校刻:《十三經注疏(清嘉慶刊本)·毛詩正義》,北京:中華書局,2009年,第994頁。

③ "高畏""畏溥"中的"畏",既可如字讀,也可讀爲"威",由於是專名,尚不易確定。

二、“四荒”與“羲和”“六合”

“四荒”在四組具有方位屬性的概念中位列最前，不僅同號“天昉”，而且各自有名。更重要的是，從前文的引述中也可以看出，它們每每與“天”“地”並出，地位尤顯特殊。簡文又以“天”“地”“四荒”連同二十四地祇共同司掌五時、五度、五正（五種德行）、五章（五色）等，文曰：

> 譻（數）算、寺（時）、尾（度）【簡6】、正、章，隹（唯）神之尚（掌）、示（衹）之司。
>
> 章：日、昜（揚）者、叕（昭）昏、大昊、司命、癸中，尚（掌）章司豊（禮）；
>
> 正：月、婁、觻穿、少昊、司【簡7】彔（祿）、大嚴（嚴），尚（掌）正司義；
>
> 尾（度）：門、行、显（明）星、端（顓）頊、司显（盟）、司校（教），尚（掌）尾（度）司炁（愛）；
>
> 寺（時）：大山、大川、高犬（太）、大音、大石、禝（稷）【簡8】匿，尚（掌）寺（時）司忎（仁）；
>
> 婁（數）算：天、墬（地）、大禾（和）、大繞（乘）、少禾（和）、少繞（乘），尚（掌）婁（數）算司中（忠）。【簡9】

同時，這三十位神衹還各司掌人體的一個部位以及一日，文曰：

> 天爲首；墬（地）與四【簡79】巟（荒）与（與）行、显（明）星、瑞₌（顓頊）、司显（盟）爲束（脊），甲子之旬是司。高大₌（大、大）川、大山與月、婁、觻船、少昊、司彔（祿）、大敢（嚴）及【簡80】門爲右臘（脅），甲戌之旬是司。大音、大石、禝（稷）匿与（與）日、昜（揚）者、叕（昭）昏、大昊、司命、癸中及司敎〈敎（教）〉爲右（左）臘（脅），【簡81】甲申之旬是司。【簡82】

兩相對比可知，“四荒”之名分別是“大禾”“少禾”和“大繞”“少繞”，這與傳世古書如《爾雅·釋地》所稱“觚竹、北户、西王母、日下，謂之四荒”，[①]頗爲不同。

簡文又稱：

> 禾（和）曰寺（時），螽（乘）曰成。【簡28】

這裏的“禾”即“大禾”“少禾”，“螽”即“大繞”“少繞”。“禾”可讀爲“和”，“和曰時”不禁讓人想到《尚書·堯典》關於“羲和”的記載：“乃命羲和，欽若昊天，厤象日月星辰，敬授人時。”[②]這是關於堯曾命羲仲、羲叔、和仲、和叔四者分駐四方以正天時的傳説。

---

① ［清］阮元校刻：《十三經注疏（清嘉慶刊本）·爾雅注疏》，北京：中華書局，2009年，第5690頁。
② ［清］阮元校刻：《十三經注疏（清嘉慶刊本）·尚書正義》，北京：中華書局，2009年，第251頁。

《楚辭・離騷》:“吾令羲和弭節兮,望崦嵫而勿迫。”王逸注:“羲和,日御也。”①《太平御覽》引《淮南子・天文》:“爰止羲和,爰息六螭,是謂縣車。”②這是關於“羲和”與乘御有關的傳説。據此,“豪/繞”似可讀爲“乘”。“四荒”的名號或許與“羲和”的傳説有關。

二十四位地祇應是按“方六司”的原則,在當時所見各類神祇中挑選而得,這由“五祀”僅見有“門”“行”二者就可以明晰。每個方位爲何要配應“六”個神祇?頗值得思索。我們知道,在“五方”概念裏,“中”處於核心地位,《五紀》亦載:

> 天下員(圓)忿(裕),畣(合)衆隹(唯)中=(中,中)隹(唯)聿(律)。【簡13】

“中”率先確定由“天”“地”“四荒”(二和、二乘)六神司掌,則其餘四方的配置也應與之數量相當。當然,這裏也同時考慮到一月三十日,③每日配有一位司掌之神。可見《五紀》於此是有精心計算的。

“四荒”與“天”“地”的關係如此緊密,現在看來,是因在當時的宇宙模式中它們是成組的概念。簡文對此提供了關鍵綫索,文曰:

> 寺(時)女(汝)高畏,寺(時)女(汝)畏溥,寺(時)女(汝)四亢(荒)……【簡105】四亢(荒)乃忞(愛)。黄帝乃具五犧(犧)五勿(物)、五器五勿(物)、五敝(幣)五勿(物)、五亯(享)五勿(物),【簡107】以寅(賓)於六畣(合)……黄帝乃命萬皃(貌)女(焉)【簡108】訇(始)祀高畏[=](畏、畏)溥、四亢(荒),女(焉)訇(始)配帝身。【簡109】

所言“六合”一詞屢見於傳世古書,如《莊子・齊物論》:“六合之外,聖人存而不論;六合之内,聖人論而不議。”④《列子・湯問》:“大禹曰:‘六合之間,四海之内,照之以日月,經之以星辰,紀之以四時,要之以大歲。’”⑤《吕氏春秋・恃君覽》:“凡居於天地之間、六合之内者,其務爲相安利也,夫爲相害危者不可勝數。”⑥整理者引《莊子・齊物論》成玄英疏注曰:“六合,指天地四方。”⑦如果從《五紀》原文出發,更確切地講,“六合”是指“高畏”“畏溥”、二“和”、二“乘”,即“天”“地”和“四荒”。這是我們首次在先秦古書中明確見到“六合”的具體所指,結合傳世文獻的内容不難看出,“六合”是對宇宙空間的總稱。

受傳統圖式和古書注疏的影響,過去大都孤立地解釋“四荒”,這樣就會只在“地

① [宋]洪興祖:《楚辭補注》,北京:中華書局,1983年,第27頁。

② 何寧:《淮南子集釋》,北京:中華書局,1998年,第236頁。

③ 一月三十日,在《管子・幼官》《管子・五行》《逸周書・時訓》及清華簡《四時》《行稱》等先秦文獻中均有反映。

④ [清]王先謙:《莊子集解》,北京:中華書局,1987年,第20頁。

⑤ 楊伯峻:《列子集釋》,北京:中華書局,1979年,第162頁。

⑥ 許維遹:《吕氏春秋集釋》,北京:中華書局,2009年,第577頁。

⑦ 清華大學出土文獻研究與保護中心編,黄德寬主編:《清華大學藏戰國竹簡(拾壹)・下册》,第128頁。

面"這個二維平面上將之理解爲東、南、西、北四極。如《楚辭・離騷》"忽反顧以遊目兮,將往觀乎四荒",朱熹集注:"故復反顧而將往觀乎四方絶遠之國。"[①]現在通過《五紀》所記的"六合",我們可以悟知"合"是取"合攏""合圍"之義,"六合"指"天""地""四荒"建立起的一個三維空間,如果用結構圖表示,可以將它理解爲一個六面體,參看圖1。這個三維空間在除"地面"以外的五個方位面上,其實是向外無限延伸的,即《列子・湯問》所謂:"朕以是知四海、四荒、四極之不異是也。故大小相含,無窮極也。含萬物者,亦如含天地。含萬物也故不窮,含天地也故無極。"[②]這反映了古人對宇宙空間的整體看法。

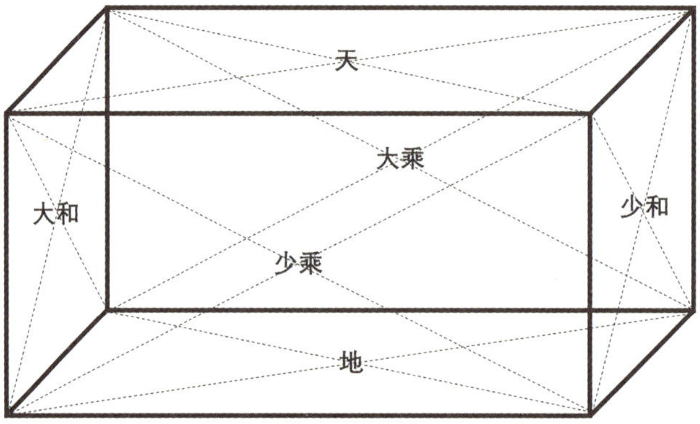

圖1 《五紀》天地四荒六合圖

三、"四桓"與楚帛書之"四樹"

"四桓"之"桓"可讀爲"柱"或"樹"。整理者采用了前一種讀法,並對"四柱"提出了兩種不同意見,其一:"謂支天之柱。《淮南子・天文》:'昔者共工與顓頊爭爲帝,怒而觸不周之山,天柱折,地維絶。'"[③]其二:"《博物志》卷一:'地下有四柱,四柱廣十萬里。'"[④]明白了"天""地"與"四荒"構建起"六合"這一空間後,"四柱"的位置就不大可能處於地下,而當立於"天""地"之間,故"支天之柱"的看法更爲合理。前引"四柱"同號爲"天桓",也能佐證這一點。

"四桓"應即楚帛書(又稱"子彈庫帛書")上所繪的"四樹",故"桓"也可讀爲"樹"。其實將"桓"讀爲"樹",並不影響此樹的功能是"支天之柱",前賢已指出帛書中的"四

① [宋]朱熹:《楚辭集注》,長沙:嶽麓書社,2013年,第12頁。
② 楊伯峻:《列子集釋》,第149頁。
③ 清華大學出土文獻研究與保護中心編,黄德寬主編:《清華大學藏戰國竹簡(拾壹)・下册》,第97頁。
④ 清華大學出土文獻研究與保護中心編,黄德寬主編:《清華大學藏戰國竹簡(拾壹)・下册》,第104頁。

樹”也是承天之柱，[①]古人采用這一名稱很可能利用了一語雙關的作用。更重要的是，作爲“四桓”之號的“天桓”一詞，也曾出現在帛書《歲》（或稱《天象》）中，寫作“天棤”，過去被認爲是星名等，[②]現在看來是不正確的，應該就是指帛書上所繪製的“四色之樹”。儘管有這樣的認識，爲不致於行文混亂，後面我們仍從“四桓”的功能出發，采用“四柱”這一讀法。

關於“四柱”另一個重要問題是它所處的方位。根據楚帛書的内容，“四柱”當是立於“四荒”的四個交界處，也即位於四個角隅的方位。由於“四荒”向四面無限延伸，“四柱”之間的廣度也應是無限大的，《博物志》所謂“四柱廣十萬里”，是對此的一種形容。由於簡文以“東柱”“西柱”爲稱，所以很容易讓人誤以爲“四柱”位於正向，我們來仔細看一下簡文對“四柱”的描述。在諸神司掌人體的内容中，簡文稱：

> 西壴（柱）右厷（肱），東壴（柱）右（左）厷（肱）；西壴（柱）右𠬪（股），【簡82】東壴（柱）右（左）𠬪（股）。【簡83】

初讀這裹也很容易認爲，重出的“東柱”“西柱”中應有一處是“南柱”“北柱”之訛。然而，簡文在另一處關於“四柱”的描述中稱：

> 豊（禮）、悉（愛）成右（左）南唯（維）、北唯（維），東₌檯₌（東豎東柱）；義、中（忠）成右南唯（維）、北唯（維），西₌檯₌（西豎西柱），成巨（矩）。【簡20】

這兩段内容都是對“四柱”的完整闡述，其中都只出現二“東柱”和二“西柱”，始終不見“南柱”“北柱”，若將“四柱”置於四正之向，這一矛盾根本無法解釋。但如果將“四柱”安置於角隅，則“東南”“東北”二柱就可統稱爲“東柱”，“西南”“西北”二柱則可統稱爲“西柱”，也就是説“南柱”“北柱”其實並不存在。

另要指出的是，在楚帛書中，與“四樹”臨近而位於帛書四邊的《月忌》（或稱《十二月》）内容，分别配有十二位神像，過去大家似乎都没有意識到，同用繪畫方式表達的“四樹”，在性質上很可能與十二神像相同，也是四位神明。如果這一看法不誤，那麼帛書“四樹”與《五紀》的“四柱”在神祇屬性這一點上也是吻合的。與此同時，楚帛書四邊的内容與《五紀》的“天紀圖”密切相關，我們後面推擬“天紀圖”時再專門討論。關於“四柱”在“六合”中的位置可參看圖2。

---

① 參見李零：《長沙子彈庫戰國楚帛書研究》，北京：中華書局，1985年，第71頁。

② 參見李學勤：《“桓”字與真山楚官璽》，袁行霈主編：《國學研究》第8卷，北京：北京大學出版社，2001年，第173—176頁。

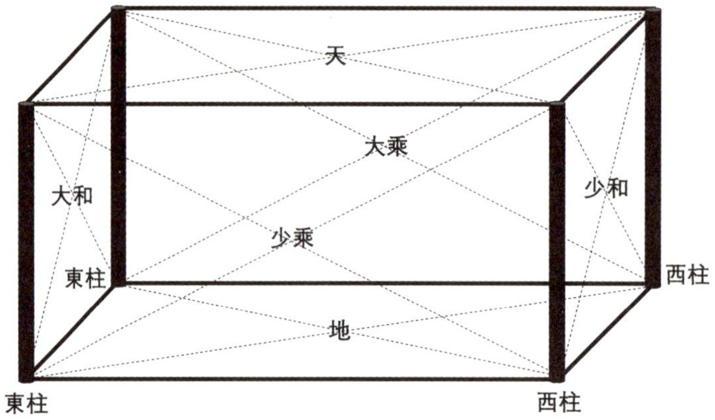

圖 2 《五紀》四柱方位圖

四、"四維"與天球

在"六合"的空間中,"四柱"支撑起了"天"與"地",那麼接下來就需要考慮如何表達"天""地"各自的空間特點和方位的問題。過去大家對"天"和"地"在空間方位名稱上的區别重視不够,隨着清華簡《四時》《五紀》等材料的出現,我們逐漸意識到古人對"天"是有專門的方位概念的。

衆所周知,"天圓地方"是我國古人對"天""地"空間特點的一種看法,如《淮南子・天文》稱:"天道曰圓,地道曰方……天圓地方,道在中央。"[①]"地"爲方形完全出於古人的想象,從某種意義上也可以説,是爲了更加便利地表達四向方位而進行的人爲設置。相比而言,天爲圓形則是在一定的觀測依據的基礎上推擬而來,這其實是由地球本身是球形而決定的。"天"的"圓",在三維空間中實際是個"球",即"天球","地平面"將之攔腰横切,就只能看到一個"半球",這就是先秦兩漢時期天文學上流行的"蓋天説"宇宙模式。出土的多件古代式盤實物,也都反映了這樣的結構認識。[②] 尤其是六壬式盤,一般由圓形的上盤和方形的下盤構成,上盤象徵天,下盤象徵地,上盤每每有穿孔,可扣置於下盤的中軸上旋轉,這兩個盤在《景祐六壬神定經》中就稱爲"天""地"。

如何去形容"天"這"半球"的空間和方位? 古人建立的概念就是"四維"。《説文》:"維,車蓋維也。"之所以用"維"稱名,大概是因這類大繩常用於"半球"形態的事物的緣故。《淮南子・天文》曰:"帝張四維,運之以斗,月徙一辰,復反其所。"[③]《晉書・地理志上》:"天有四維,地有四瀆。"[④]值得指出的是,今本《淮南子・天文》"昔者,

① 何寧:《淮南子集釋》,第 169、233 頁。
② 李零:《"式"與中國古代的宇宙模式》,《中國文化》1991 年第 1 期。
③ 何寧:《淮南子集釋》,第 238 頁。
④ [唐] 房玄齡等:《晉書》,北京: 中華書局,1974 年,第 408—409 頁。

共工與顓頊爭爲帝,怒而觸不周之山,天柱折,地維絶"之"地維絶",在《楚辭》王逸注、《山海經》郭璞注等中均引爲"天維絶"。① 《五紀》亦載:

豊(禮)、義、悉(愛)、忎(仁)、中(忠),六悳(職)畣(合)五建,四維算行星。【簡25】

所言"四維算行星"連同前文所引"四維"之號"天維"等,都可進一步説明"四維"原本應專屬於"天"。

用"四維"來形容"天球"須要實現兩個基本功能:一是要確定球面的範圍,二是要確定球内的方位。關於前者,清華簡《四時》載:

凡行,晵(揆)日月之立(位),以定四維之亙〈亟〉(極)。【簡1】②

所言"四維之極",古書中也作"四極",實質上就是"天球"半徑的距離。《周髀算經》卷下"凡日月運行,四極之道",趙爽注:"運,周也。極,至也,謂外衡也。日月周行四方,至外衡而還,故曰四極也。"③已經清楚地解釋了要根據日、月運行軌迹的最遠端來確定天球半徑。"四維"形容的是"球面",在古人看來,日月星辰都在這個面上運轉。

關於如何確定球面上的方位,《五紀》載:

后乃診象,坓(匡)【簡71】四亟(極):東維龍,南維鳥,西維虎,北維它(蛇)。【簡72】

這是根據各個方位上星象輪廓的造型特點,在"四維"面上進行的匡定,東、南、西、北四個方位的星象分别像龍、鳥、虎、蛇之形。之所以要通過星象來匡定,道理也很簡單,是因在球面上倘若想確定方位,必須要選擇一定的參照物。

我們曾指出,《五紀》中"四維"有一個突出的特點,就是存在兩種表述並出的情況。④ 比如在記載神司人體的部分中稱:

右(左)南惟(維)右(左)辟(臂),右南惟(維)右辟(臂);北唯(維)之右₌(右右)骮(骸),亓(其)右₌(左左)骮(骸)。【簡83】

接着又稱:

東維右(左)手,南維右手,甲唇(辰)之旬是司。西維右足,北維右(左)足,甲寅之旬是司。【簡85】

表面上看"四維"似乎仍存在兩套系統:一是東、南、西、北"正向四維",二是東南、西北、西南、東北"隅向四維"。後者在古書注疏中最爲常見,如《素問・氣交變大論》"其

① 何寧:《淮南子集釋》,第167頁。

② 清華大學出土文獻研究與保護中心編,黄德寬主編:《清華大學藏戰國竹簡(拾)・下册》,上海:中西書局,2020年,第128頁。我們的斷句與原報告有所不同。

③ 程貞一、聞人軍譯注:《周髀算經譯注》,上海:上海古籍出版社,2012年,第99頁。

④ 賈連翔:《清華簡〈五紀〉中的"行象"之則與"天人"關係》,《文物》2021年第9期。

眚四維”，王冰注：“維，隅也。”[①]《淮南子・天文》“東北爲報德之維也”，高誘注：“四角爲維也。”[②]因此，傳統上大家普遍將“四維”理解爲“四隅”。而“正向四維”則在上引《五紀》簡72中首次完整出現，又似可與清華簡《四時》中的“青維”“赤維”“白維”“玄維”相對應。[③] “四維”存在正、隅向兩套含義，在古書中也是有迹可循的。如《七諫・自悲》“引八維以自道兮，含沆瀣以長生”，王逸注：“天有八維，以爲綱紀也。”[④]這裏的“八維”應即對“正向四維”和“隅向四維”的合計。

仔細分析，雖然“四維”有正、隅向雙重内涵，但在《五紀》系統中，作爲神明它們始終只算作四位，這又當如何理解？究其原因仍在於“四維”所表達的空間是“天球”。在圓球形中，四方與四隅在形態上毫無差别。而且由於地球的自轉和公轉，天球看上去是在不斷旋轉的，這就使得天球的方、隅處在不停的轉换之中。也就是説，所謂“隅向四維”其實是由前一時段的“正向四維”運轉而來。正因如此，《五紀》對“隅向四維”的稱謂方式十分特别，通過在“正向四維”的基礎上加“左”“右”來表達。至於簡文“左南維”“右南維”等所指的具體方位，其實是與觀測者的視角直接相關的，我們也放到最後討論。“四維”的結構可參看圖3。

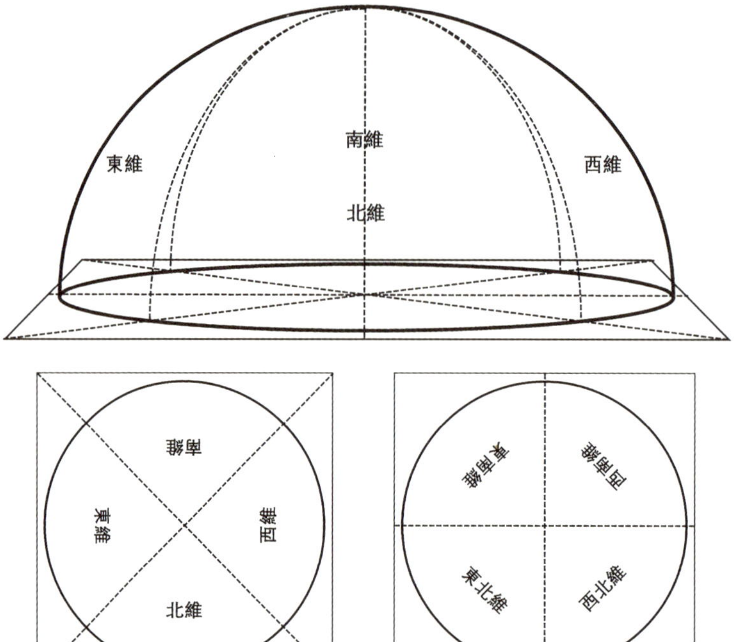

圖3　《五紀》四維空間結構圖

---

① 郭靄春：《黄帝内經素問校注》，北京：人民衛生出版社，1992年，第893頁。

② 何寧：《淮南子集釋》，第207頁。

③ 清華大學出土文獻研究與保護中心編，黄德寬主編：《清華大學藏戰國竹簡（拾）・下册》，第128—132頁。

④ ［宋］洪興祖：《楚辭補注》，第250頁。

五、“四冘”與“四正”“四中”“四方”

“四冘”雖位列“四柱”“四維”之前，但因其前所未見，我們只有明確了“四柱”“四維”的所指之後，才能在概念區别的基礎上作進一步探討。“冘”字在《五紀》中凡十九見，皆寫作“”，這一形體過去只是作爲“沈”“酖”等字的構字部件出現，[1]使用爲一個獨立的字，在楚文字中是首見，遂成爲各家爭論的焦點。[2]

簡文對“四冘”的内涵有明確記述，文曰：

> 后曰：参聿(律)建神正向，㤅(仁)爲四正：東冘、南冘、西冘、北【簡19】冘。

“四冘”即是“四正”。古書中“四正”習見，含義較爲複雜，與方位相關的内容存在於“八卦”和“四時”之中。比如清華簡《筮法・至》有“四正之刲(卦)”語，所指的是震、離、兑、坎，其在卦位圖中處於東、南、西、北四方。[3] 清華簡《行稱》中有“四正之月”語，所指的就是二分、二至所在之月，即“四時”之中。[4] 此外，《天文》載“太陰在四仲，則歲星行三宿；太陰在四鉤，則歲星行二宿：二八十六，三四十二，故十二歲而行二十八宿，日行十二分度之一，歲行三十度十六分度之七，十二歲而周”，高誘注：“仲，中也。四中，謂太陰在卯、酉、子、午四面之中也。”[5]“四仲”與“二繩”相關。《天文》又載“子午、卯酉爲二繩，丑寅、辰巳、未申、戌亥爲四鉤。東北爲報德之維也，西南爲背陽之維，東南爲常羊之維，西北爲蹏通之維”，高注：“繩，直也。”補注：“南北爲經，東西爲緯，故曰二繩。”[6]作爲四正方向的坐標，《五紀》的“四冘”顯然與《淮南子》的“四仲(中)”含義相當，因此，黄德寬先生將二者進行繫聯的看法是可從的。此外，“冘”的上古音屬餘紐侵部，前文所引簡 103 有“黄帝乃命四冘₌之”語，重文中的後一個“冘”讀爲“戡”，按諸文意是比較順適的，可以作爲一

① 趙平安：《釋“沓”及相關諸字》，《古文字研究》第 24 輯，北京：中華書局，2002 年，第 282—285 頁；黄德寬主編：《古文字譜系疏證》，北京：商務印書館，2007 年，第 3924—3927 頁；謝明文：《釋東周金文中的幾例“酷”字》，《出土文獻》第 6 輯，上海：中西書局，2015 年，第 82—90 頁。

② 整理報告采黄德寬先生的釋“冘”説，參見其《清華簡〈五紀〉篇“四冘”説》，《出土文獻》2021 年第 4 期；程浩先生認爲該字與“甫”字形近，是其訛字，並認爲“四冘”即古書中常見的“四輔”，見其《清華簡〈五紀〉思想觀念發微》，《出土文獻》2021 年第 4 期；鄔可晶先生釋之爲“介”，見其《釋清華簡〈五紀〉的“介”》，復旦大學出土文獻與古文字研究中心網，2021 年 11 月 18 日，http://www.fdgwz.org.cn/Web/Show/6834。

③ 清華大學出土文獻研究與保護中心編，李學勤主編：《清華大學藏戰國竹簡(肆)・下册》，上海：中西書局，2013 年，第 87 頁。

④ 清華大學出土文獻研究與保護中心編，黄德寬主編：《清華大學藏戰國竹簡(拾)・下册》，第 150、152 頁。

⑤ 何寧：《淮南子集釋》，第 188—189 頁。

⑥ 何寧：《淮南子集釋》，第 207 頁。

條語音佐證。①

在《五紀》的宇宙系統中，建立“六合”（天、地、四荒）這一總體空間後，接下來就是要確定四正方向。前文已經談及《五紀》中的“四荒”指“大和”“少和”“大乘”“少乘”，尤其值得注意的是，它們尚沒有東、南、西、北之分，似乎還處於“混沌”的狀態。如果這一分析不誤，則四正方向的確定則是要靠“四冘”來完成。方位建立好以後，要用“四柱”穩固對“天”的支撑，最後在天球上佈置“四維”。或許這就是簡文在“天”“地”“四荒”“四冘”“四桓”“四維”這組概念排序中所采用的邏輯，也是“四荒”“四冘”“四桓”“四維”之號前都要加“天”字的原因。

以上討論的這些内容，可以總括成一個宇宙結構圖，參看圖 4。

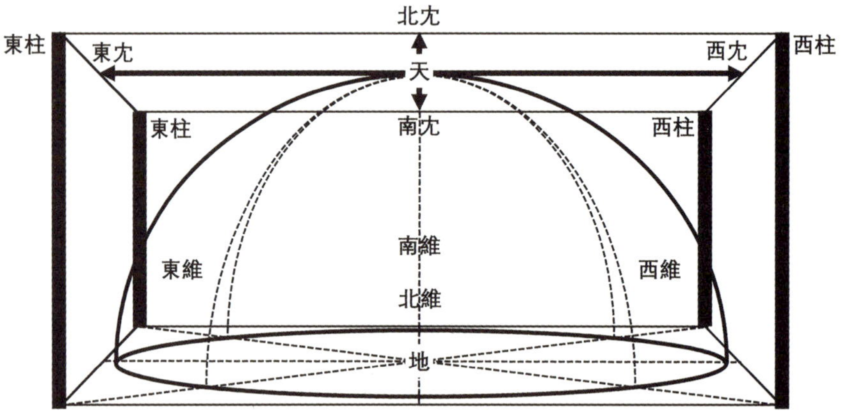

圖 4 《五紀》宇宙系統推擬結構圖

六、楚帛書等圖式的方向問題

從《五紀》的宇宙論中，我們能够强烈體會到三維空間的觀念。在這個空間中，其實還暗設了觀測者的概念，這個觀測者應該就是簡文中反復提到的具有主宰萬物能力的“后帝”（或稱“后”“文后”）。根據我們的推測，他似乎立於天頂中央，朝向固定（面南背北，左東右西），“俯視”宇宙。古人以面南背北爲尊位，如《周易・説卦》：“聖人南面而聽天下，向明而治。”②我們上文推擬的“四維空間結構圖”和“宇宙系統結構

① 黄德寬：《清華簡〈五紀〉篇“四冘”説》。關於四正方向用“冘”字來表達的問題，除黄德寬先生提到的語音通假的可能性外，我們發現，“冘”字在早期金文中寫作“”類形（參見《陝西金文集成》1408 王人冘輔甗之“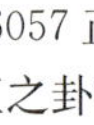”、《殷周金文集成》04330 沈子它簋之“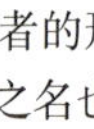”），而甲骨文中的“方”字每每寫作“”（《甲骨文合集》06057 正）、“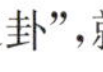”（《甲骨文合集》06062）等，二者的形體極近。《五紀》稱“四冘”爲“四正”，按諸《筮法》的“四正之卦”，就是表示“四方”。我們猜想“四冘”之名也有可能源於對“四方”的訛傳。

② ［清］阮元校刻：《十三經注疏（清嘉慶刊本）・周易正義》，北京：中華書局，2009 年，第 197 頁。

圖”,就采用了這一視角。

《五紀》載“后帝”的首要工作是“侖(倫)鬲(曆)天紀(紀)”,其成果很可能就集結成了一幅“天紀圖”。簡文在相關記述中稱:

后曰:參聿(律)建神正向,㥛(仁)爲四正:東冘、南冘、西冘、北【簡19】冘。豊(禮)、悉(愛)成右(左)南唯(維)、北唯(維),東=樻=(東豎東柱);義、中(忠)成右南唯(維)、北唯(維),西=樻=(西豎西柱),成巨(矩)。建子、丑、寅、卯、晨(辰)、巳、午、未、申、【簡20】酉(酉)、戌、亥,紀(紀)參(三)成天之堵。取(陬)、若(如)、秉(寎)、余、咎(皋)、虘(且)、倉(相)、牀(壯)、玄、昜(陽)、古(辜)、奎(涂),十又(有)二成戢(歲)。凥(處)五:日、月、星、晨(辰)、戢(歲)。

文中看上去最爲費解的“左南維、北維,東豎東柱”和“右南維、北維,西豎西柱”,如果加入觀測者的概念就很容易理解了。“左南維、北維”是“左南維”和“左北維”的省略表達。當“后帝”面南背北俯視宇宙時,“左南維”即“東南維”,“左北維”即“東北維”,故而在此二處設立的柱子都稱“東柱”;同理“右南維”即“西南維”,“右北維”即“西北維”,在此二處設立的柱子都稱“西柱”。

前引神司人體的記述(簡 83—85)也完全符合這一原則,其中“左南維”(東南維)與一東柱(東南)共同司掌左上肢(左臂、左肱),“右南維”(西南維)與一西柱(西南)共同司掌右上肢(右臂、右肱),“北維之右”(西北維)與一西柱(西北)共同司掌右下肢(右骸、右股),“北維之左”(東北維)與一東柱(東北)共同司掌左下肢(左骸、左股)。這些内容也可進一步佐證“四柱”必位於四隅。

其實這種表述方式在古書中並不是初次出現,張衡《靈憲》曰:“蒼龍連蜷于左,白虎猛據于右,朱雀奮翼于前,靈龜圈首于後。”[①]采用的描述方式與《五紀》完全相同。由此可以推知,“后帝”視角在中國早期圖式中帶有一定的普遍性。

在二維圖式中,“四維”是圓形,在四隅立起四柱之後就可以建立一個方形,即所謂“成矩”。這個矩形又稱“天之堵”。從“天之堵”上要建立十二地支和十二月來看,它實際代表“太歲”運行的周期軌迹。“紀參”的“參”可讀爲“三”,是指十二地支每三個爲一邊,四邊共十二分。這十二分就是司馬談《六家要指》中提到的“十二度”,[②]也對應楚帛書中四邊所記的“十二月”。我們曾指出,《五紀》原來的底本或取材的文獻,應是有多幅配圖的,[③]上面描述的這段内容可完整地推擬成一幅“天紀圖”,參看圖 5。作者借“后帝”之名總結出上述規律,之後“后帝”還要將之安置於天球之上,進一步度

① 嚴可均編:《全上古三代秦漢三國六朝文·全後漢文》,北京:中華書局,1958 年,第 775 頁。
② 李零:《中國方術正考》,北京:中華書局,2006 年,第 104 頁。
③ 賈連翔:《清華簡〈五紀〉中的“行象”之則與“天人”關係》。

量天象運行，故云“處五：日、月、星、辰、歲”。

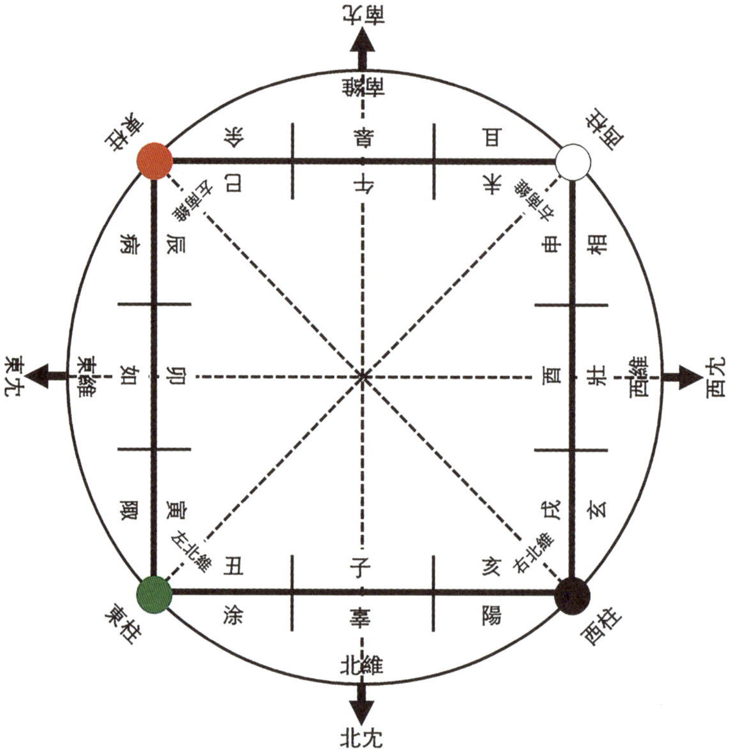

圖 5 《五紀》中的天紀圖

圖中有幾點要特别説明，關於十二地支的排列方式，我們參考了出土式盤和馬王堆帛書《禹藏圖》等相關式圖，以“子”配正北，左旋排列。關於十二月，簡文所載名稱合於《爾雅・釋天》和楚帛書，我們按楚帛書的方位進行排列。《爾雅・釋天》曰“正月爲陬”，①於是可以發現，這套紀時方式符合“夏正”特點，以“寅”爲歲首。這一現象可能關乎我們對楚國建正問題的進一步認識，還有待探討。借助《五紀》南、北維有“左”“右”的描述，可以確定這幅“天紀圖”的方位是上南、下北、左東、右西。

過去大家對楚帛書的閲讀方向曾有過爭議，蔡季襄先生最初就是以南爲上，但由於李學勤先生後來正確釋出了帛書中同於《爾雅》的十二月名，以北爲上的意見又成了主流。近年李零先生的《子彈庫帛書》一書可以説集相關資料和研究於大成，仍采用後一方位。② 實際上，李學勤等先生後來已意識到馬王堆帛書等楚地出土的古圖，皆以南爲上，因此主張楚帛書三篇内容應改以《四時》《歲》《月忌》爲次序，③現在看來

① ［清］阮元校刻：《十三經注疏（清嘉慶刊本）・爾雅注疏》，第 5673 頁。
② 李零：《子彈庫帛書》，北京：文物出版社，2017 年。
③ 李學勤：《簡帛佚籍與學術史》，南昌：江西教育出版社，2001 年，第 37—39 頁；黄儒宣：《〈日書〉圖像研究》，上海：中西書局，2013 年，第 236 頁。

這應是正確的。清華簡《筮法》的《卦位圖、人身圖》的方位對此亦有印證，參看圖 6。

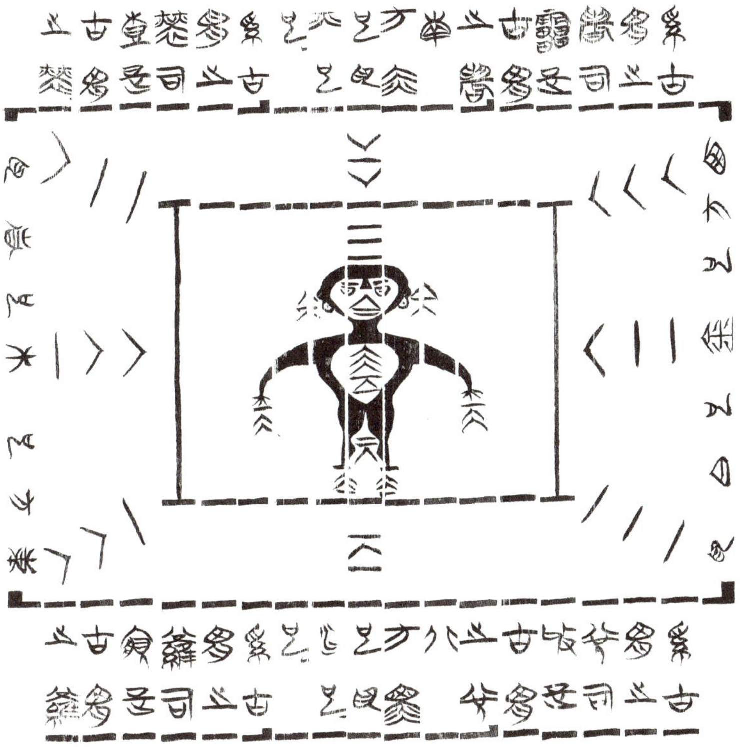

圖 6　清華簡《筮法・卦位圖、人身圖》

《五紀》内容複雜精深，其中涉及宇宙論的内容，或是當時的公共知識，或是集當時多種思想於一家，無論如何，我們都可以清楚地看出它與楚帛書等内容的緊密關係，是極爲寶貴的文獻資料。我們這裏所做的只是初步探索，希望能引起大家的興趣，對《五紀》進行更加深入的分析研究。

【編按：本文主要内容曾以"清華簡《五紀》中的宇宙論"爲題，於 2022 年 5 月 21 日在由中央民族大學舉辦的"先秦宇宙論與地理學思想研究系列講座"上講解；後刊發於《清華大學學報(哲學社會科學版)》2023 年第 5 期。文中所擬繪的"《五紀》中的天紀圖"(圖 5)被整理報告采納，所配《筮法・卦位圖、人身圖》(圖 6)因縮版而删，今按原文補出。】

清華簡《五紀》“人體推擬圖”與“維特魯威人”

新近刊布的清華簡《五紀》，以人間遭遇洪水，“后帝”通過“修曆五紀”來平息災禍爲背景，詳細記述了一套内容複雜、邏輯嚴謹的“五紀”理論系統。這套天人體系以宇宙論爲基礎，以“數算”爲基本方法，將自然現象、神祇司掌、道德準則等相互配應，内容包羅天地萬象。《五紀》竹簡原有次序編號，可知其完成時應有 130 支簡，現存 126 支，存約 4500 字。① 儘管這部長篇竹書全部記以文字，但從一些内容的表述特點看，其底本或所取材的文獻資料原應配有多幅圖式。在整理過程中，我曾嘗試繪製了一幅“人體推擬圖”（以下簡稱“人體圖”）和一幅“天紀圖”。② 這裏想談一下關於推擬“人體圖”時的幾點思考。

在《五紀》中，“后帝”通過“數算”，以與“五時”“五度”“五正”（即五種德行）“五章”（即五色）等相配應爲原則，挑選了一定數量的神明，建立起一套完整的神祇系統。簡文將之總結爲：

> 后曰：“天、墬（地）、四巟（荒）、四冘、【簡26】[四桓（柱）、四維，是隹（唯）]羣神十又（有）八。方六司，是隹（唯）羣示（祇）廿₌（二十）又四。向七悳（職），是隹（唯）羣神廿₌（二十）又（有）八。【簡27】

這裏的神祇分三類，其中天、地、四荒、四冘、四桓、四維，是十八位“宇宙神”；四方各有六司，即下文所引行、明星、顓頊等，組成了二十四位“地祇”；四向各有七職，就是下文所引以大角、建星等爲代表的二十八星宿，可稱爲“星象神”。

---

① 馬楠：《清華簡〈五紀〉篇初識》，《文物》2021 年第 9 期。

② “人體推擬圖”又稱“神司人體推擬圖”，已先發表，見賈連翔：《清華簡〈五紀〉中的“行象”之則與“天人”關係》，《文物》2021 年第 9 期。“天紀圖”的推擬過程參看賈連翔：《清華簡〈五紀〉中的宇宙論與楚帛書等圖式的方向問題》，《清華大學學報（哲學社會科學版）》2023 年第 5 期。這兩幅圖現已收録入整理報告中，參看清華大學出土文獻研究與保護中心編，黄德寬主編：《清華大學藏戰國竹簡（拾壹）·下册》，上海：中西書局，2021 年，第 98、119 頁。本文所引《五紀》簡文内容也均出自此報告，與整理報告不同的意見，我們隨文説明。

這些神祇又可司掌人體的各個部位，以及六旬、十二辰。簡文的這一段内容就有明顯的對圖式進行描述的語言特點。文曰：

> 后事鹹(咸)成，萬生行象則之。天爲百(首)。陛(地)與四【簡79】巟(荒)与(與)行、盟(明)星、瑞=(顓頊)、司盟(明)爲朿(脊)，甲子之昀(旬)是司。高大=(大、大)川、大山与(與)月、婁、牂船、少昊、司录(禄)、大敢(嚴)及【簡80】門爲右臘(脅)，甲戌之昀(旬)是司。大音、大石、禝匿与(與)日、昜(陽)者、叒(照)昏、大昊、司命、癸中及司敎〈敎〉(校)爲右(左)臘(脅)，【簡81】甲申之昀(旬)是司。
>
> 南冘右肩，東冘右(左)肩，背(北)冘右(左)踔(髀)，西冘右踔(髀)。西查(柱)右厷(肱)，東查(柱)右(左)厷(肱)；西查(柱)右叧(股)，【簡82】東查(柱)右(左)叧(股)。右(左)南隹(維)右(左)辟(臂)，右南隹(維)右辟(臂)；北唯(維)之右=(右，右)骴(骸)，亓(其)右=(左，左)骴(骸)。是隹(唯)大神，尚(掌)大骨十二，十昬(辰)又二是司。
>
> 大【簡83】角爲耳，聿(建)星爲目，南門之辩(間)爲畀(鼻)，竿(箕)爲口，北主(斗)爲心，舶瞾(壁)爲脒(肺)肝，良(狼)爲衞(腎)，蜚(伐)爲晵(胺)，軫爲潫(尻?)，奎(奎)【簡84】爲穗(脾?)，甲午之昀(旬)是司。東維右(左)手，南維右手，甲昬(辰)之昀(旬)是司。西維右足，北維右(左)足，甲寅之昀(旬)是司。【簡85】六昀(旬)尚端(短)桼(節)少(小)骨，示(祇)神是司。

除了語言上的“述圖”特徵外，在内容安排上，將“十二辰”插在“六旬”之間，以“前三旬—十二辰—後三旬”爲結構，其邏輯關係不容易理解，推測這也很可能是在圖文轉化過程中形成的交錯現象。

根據這段描述，我們比較容易將上述神祇標繪於一個人體圖上，直觀呈現它們與人體骨骼、器官的對應關係。當然，由於簡文中“衞”“晵”“潫”“穗”四字的釋讀尚存疑難，因此“狼”“伐”“軫”“奎”四神的位置標注還不能完全確定。從《五紀》内容的系統性特徵看，我們傾向於將四者與古書中的九竅和五臟内容相對應。值得注意的是，由於兩脅、脊骨和五臟等内容，在單一視角的平面圖中一定存有重疊遮擋的關係，因此如要完整地標注這些内容，人體圖至少應具有兩個不同的視角。用一個正面人體和一個背面人體，是對此最爲直接的表現方法，猜想古人所繪的圖稿也很可能如此。

另須考慮的是，這個人體應該是怎樣的姿態？表面上看，簡文對此並無直接描述，然仔細分析，其中却暗藏玄機。大家知道，人體動勢姿態可以由主要骨骼的位置決定，簡文提到的“大骨十二”就是主要骨骼。這十二大骨又是由代表宇宙架構的四冘、四柦、四維十二位宇宙神司掌，由此便容易想到，宇宙神所代表的方位，實際決定着這個人體肢體的位置。也就是説，如果我們能搞清楚四冘、四柦、四維的概念及其所指，就可以確定這個人體的基本姿態。對於這一問題我曾另有文章詳細討論，[①]這裹簡要介紹幾點基本看法。

簡文記載"四冘"即"四正"，[②]其號爲"天冘"，由此可推"四冘"指天之東、南、西、北四正方向。西冘、北冘所對應的"髀"，傳統多以爲指"股"，即大腿，根據簡文内容，實應指"髖"。[③] "四冘"所司掌的兩肩、兩髀(髖)，可大致構成一個四向坐標。

"四桓"之"桓"可讀爲"柱"或"樹"，號爲"天桓"，按其功能，是支天之柱。"天梪(桓)"一詞又見於子彈庫帛書中間十三行文字中，按其形象，對應帛書四隅所繪的四棵神"樹"。故"四桓"的方位應爲東南、東北、西南、西北。後文依其功能統稱"四柱"。其中東南、東北之柱，皆稱爲"東柱"，西南、西北之柱，皆稱爲"西柱"，故上引簡文中"東柱""西柱"都兩次出現。

"四維"是指天球的四面，既有四個正向的劃分，也有四個隅向的劃分。參考清華簡《筮法》卦位圖等方向視角，其中"左南維"即東南維，"右南維"即西南維，"北維之右"即西北維，"北維之左"即東北維，是隅向四維。左臂由兩個"東柱"中代表東南的那個司掌，左肱由代表東南的"左南維"司掌，左上肢兩段的方位是一致的。同理，其餘三肢(右上肢、左下肢、右下肢)的方位情況也與之相同。由此可以推出，這一人體的四肢應是伸直而不是彎曲的。簡文又載雙手、雙足由東、南、西、北正向四維司掌，其所在方位正與兩肩、髀(髖)相合。據此又可進一步確定這一人體的姿勢爲，雙腿、雙臂伸直，兩臂斜上舉，夾角呈 90°，兩腿叉開，夾角亦爲 90°。

如果允許我們作進一步推演，雙手、雙足端的連綫可構成一個圓形，象徵"四維"所代表的"天球"。與此同時，我們再鏡像繪製出人體的背面，用以標注脊背等部位的神司。這一四肢伸展的人身像，可以呈現天地諸神對人體各部分的司掌情況，這是"人體圖"的第一個層次。

除了神祇職司外，《五紀》還將人身比例與數算結合，進行尺度的建立。其原則和方法爲：

> 武、跬、步徒(走)趣(趣)，兩足同尾(度)曰踣(計)，牂(拳)、扶、咫、尺、敫(尋)，再手同尾(度)曰弄(衰)，是胃(謂)踣(計)弄(衰)。戠(標)躬隹(惟)尾(度)，四幾(機)

---

① 參看賈連翔：《清華簡〈五紀〉中的宇宙論與楚帛書等圖式的方向問題》；賈連翔：《清華簡關於戰國時期"百科全書"的新發現》，《光明日報》2021 年 10 月 30 日第 11 版。

② 甲骨文中的"冘"與"方"字形極近，"四冘"或爲"四方"的訛傳。或説"冘"可讀爲"仲"，"四冘"即《淮南子·天文》的"四仲(中)"，參看黄德寬：《清華簡〈五紀〉篇"四冘"説》，《出土文獻》2021 年第 4 期。或説此字當釋爲"介"，參看鄔可晶：《釋清華簡〈五紀〉的"介"》，復旦大學出土文獻與古文字研究中心網，2021 年 11 月 18 日，http://www.fdgwz.org.cn/Web/Show/6834。

③ 賈連翔：《清華簡〈五紀〉的"骸"及相關字的再討論》，《出土文獻》2021 年第 4 期。

組聿(律),道【簡90】緹(盈)緯𢡆(十)。【簡91】

武、跬、步都是由足(下肢)所建立的長度單位,拳、扶、咫、尺、尋則是由手(上肢)所建立的長度單位。按照古書的記載,其中步長六尺,武、跬都是半步,長三尺。拳、扶是四指的寬度,長四寸。咫是一手的長度,長八寸。尋爲人之兩臂平展的長度,古書所記尋長有别,或云"七尺曰尋",[①]或云"六尺曰尋",[②]簡文似是取八尺,稱"八曰利"。所言"戠(標)躳隹(惟)尾(度)",是指建立尺度的方法,很容易讓人想到《大戴禮記·王言》"布指知寸,布手知尺,舒肘知尋"的記載。[③]《説文》亦稱:"尺,十寸也。……周制,寸、尺、咫、尋、常、仞諸度量,皆以人之體爲法。"[④]

從古書中對"尋"長記載的差異就可以認識到,"標躳惟度"這種確定尺度的方法,若想達到"同度"的效果,必要有一個預設的前提,就是建立一個身體各部分比例都很標準的"同度人"。有鑒於此,我們按照上述尺度規律,重新調整推擬圖中人體的比例,並附加了一個兩臂平伸、兩腿並攏的人體。其中平伸的雙臂和手,用以標注拳、扶、尋,並攏的雙腿與叉開的雙腿相結合,用來標注武、跬、步。這是"人體圖"的第二個層次。

經過上述分析繪製出的"人體圖"(圖1),很容易讓人想到達·芬奇(Leonardo da Vinci)的著名畫作"維特魯威人"(Vitruvian Man,圖2)。這幅人體比例圖是一件鋼筆素描稿,約作於1490年前後,畫幅高34、寬25釐米,現藏於威尼斯學院圖書館。[⑤]其實,在達·芬奇前後還有弗朗切斯科·迪·喬爾喬(Francesco di Giorgio)、切薩里諾(Cesarino)、丢勒(Albrecht Dürer)、阿格里帕(Henry Cornelius Agrippa von Nettesheim)、喬孔多(Fra Giocondo)、讓·佩雷亞(Jean Perreal)、克里斯蒂安·惠更斯(Christiaan Huygens)、費倫佐拉(Agnolo Firenzuola)、埃涅阿·塞爾瓦基亞(Enea Salvaggia)等人,都創作了相似題材的畫作,參看圖3。[⑥]其中切薩里諾的作品,與我們推擬的"人體圖"人物姿態更加接近(圖3第1行中間),只是没像達·芬奇的畫作成爲經典而廣爲人知。

① 參看[漢]司馬遷:《史記·張儀列傳》司馬貞《索隱》,北京:中華書局,1959年,第2293頁。
② 參看陳彭年:《鉅宋廣韻》,上海:上海古籍出版社,1983年,第144頁。
③ [清]王聘珍:《大戴禮記解詁》,北京:中華書局,1983年,第5頁。
④ [漢]許慎:《説文解字》,北京:中華書局,2016年,第173頁。
⑤ 亞曆山德羅·委佐齊主編,潘源文譯:《文藝復興三傑:達·芬奇》,合肥:安徽美術出版社,2019年,第160頁。
⑥ 畫作圖版及作者引自亞曆山德羅·委佐齊主編,潘源文譯:《文藝復興三傑:達·芬奇》,第162頁。

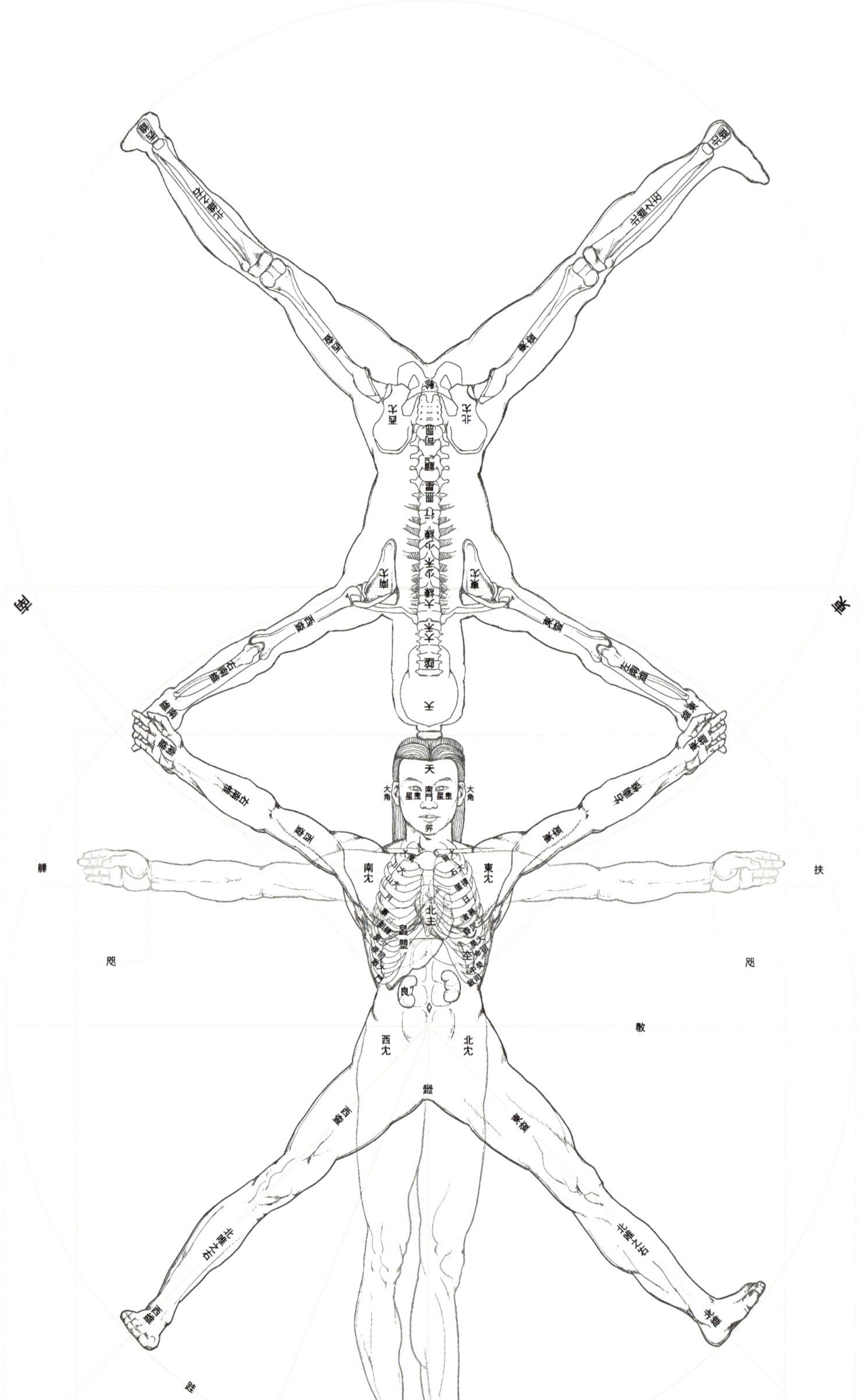

圖 1 《五紀》人體推擬圖

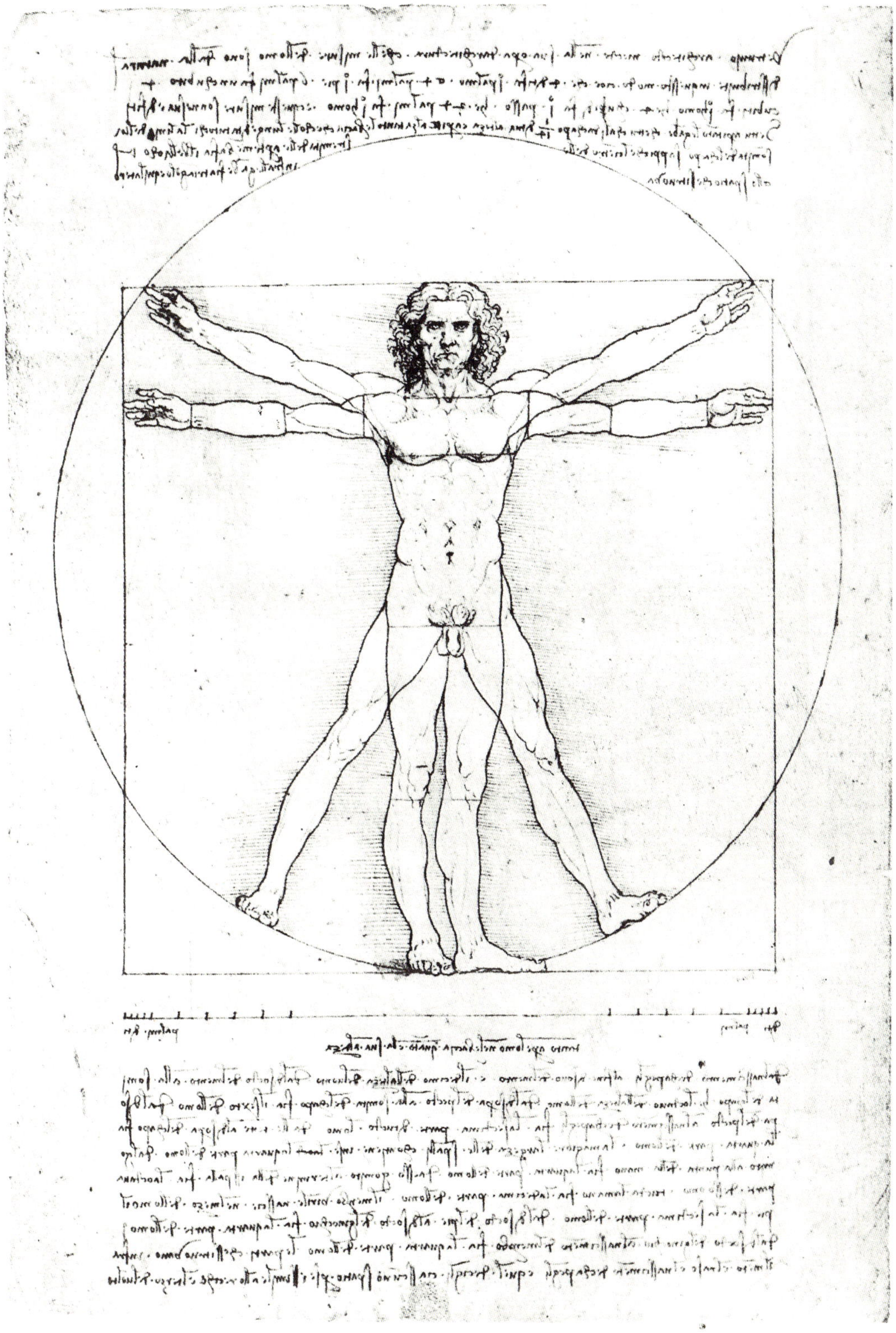

圖 2　達・芬奇"維特魯威人"手稿

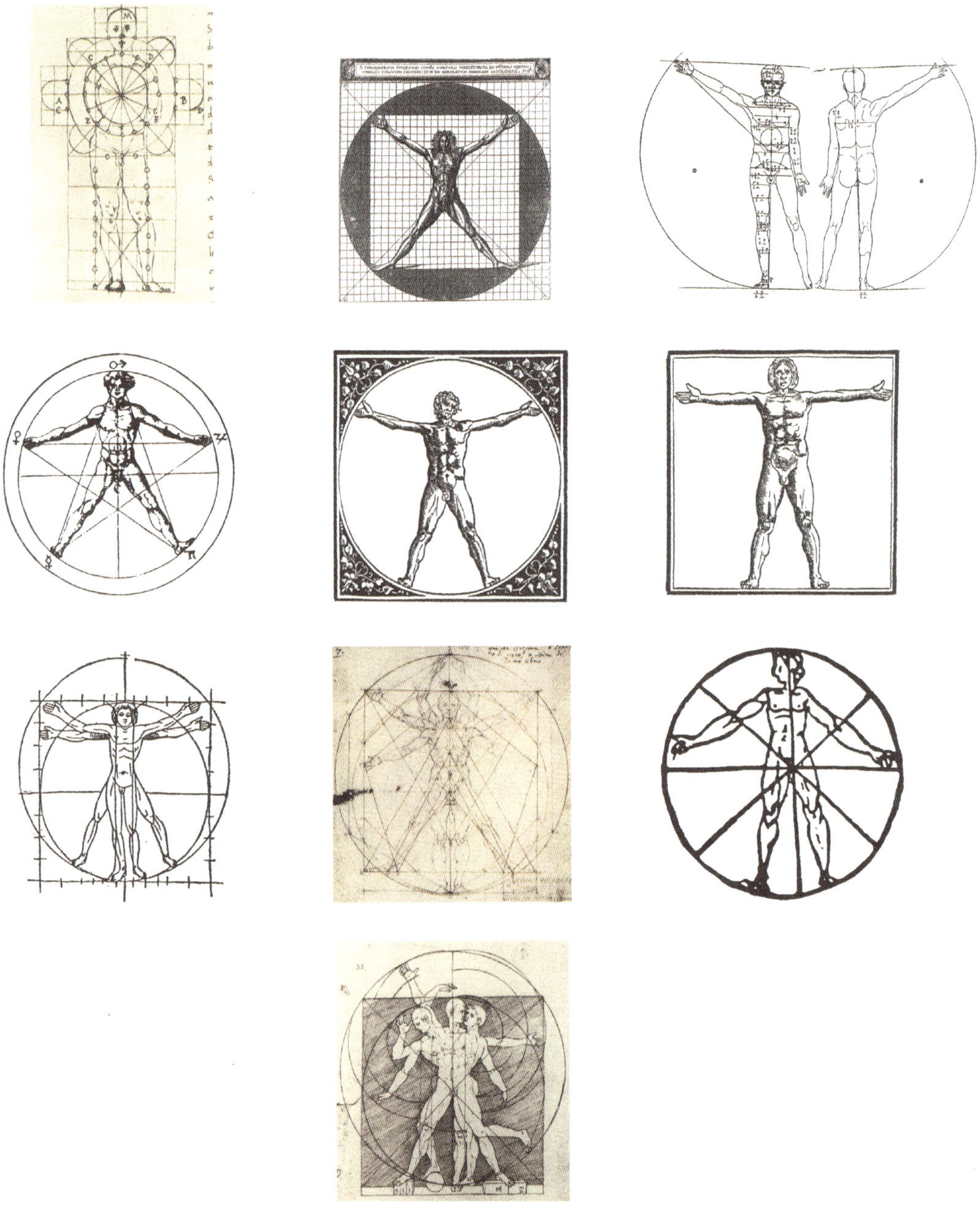

圖 3　與"維特魯威人"有關的多幅畫作

值得注意的是,達·芬奇在這幅手稿上還附有三段筆記,一段位於人體圖之上,兩段位於其下,内容爲:

建築學家維特魯威在他的建築學著作中指出,大自然把人體的尺寸安排如下:四指爲一掌,四掌爲一足,六掌爲一腕尺,四個腕尺爲人身高,四腕尺合一步,二十四掌合全身。他在建築裹也用過這些丈量方法。如果你叉開雙腿,使身高降低十四分之一,分别舉起雙臂,使中指指尖與頭頂齊平,此時肚臍恰好是伸展的四肢端點的外接圓的中心,而兩腿當中的空間恰好構成一個等邊三角形。

人平伸雙臂時的寬度等於他的高度。

從髮際綫到下頜的距離爲人身高的十分之一,從下巴底到頭頂的距離是人身高的八分之一,從胸部到頭頂的距離是身高的七分之一,乳頭到頭頂的距離是身高的四分之一,肩膀的最大寬度爲身高的四分之一。手肘到中指尖的距離也是身高的五分之一,手肘到腋窩的距離爲人體長度的八分之一。手掌全掌的長度是身長的十分之一。陰莖開始於人的正中。脚的長度是身長的七分之一。足踵至膝下爲人的四分之一,膝蓋到陰莖根部的距離爲人的四分之一。下頜到鼻子的距離,以及眉毛到髮際綫的距離都等於耳朵的長度,並且是臉的三分之一。①

上述筆記中提到的"維特魯威",是公元前一世紀的羅馬建築學家,著有《建築十書》,筆記内容源於對該書第三卷第一章内容的引用。原書中所論述的是關於建築的均衡原理,維特魯威稱:"没有均衡與比例便談不上神廟的構造體系,除非神廟具有與形體完美的人像相一致的精確體系。"②筆記内容清晰地説明,達·芬奇等人所研究創作的"維特魯威人",實際上是對所謂"形體完美的人"的構建。

維特魯威在《建築十書》此卷中還稱:

人體的中心自然是肚臍。如果畫一個人平躺下來,四肢伸展構成一個圓,圓心是肚臍,手指與脚尖移動便會與圓周綫相重合。無論如何,人體可以呈現出一個圓形,還可以從中看出一個方形。如果我們測量從足底至頭頂的尺寸,並將這一尺寸與伸展開的雙手的尺寸進行比較,就會發現,高與寬是相等的,恰好處於用角尺畫出的正方形區域之内。

既然大自然已經構造了人體,在其比例上使每個單獨的部分適合於總體形式,那麽古人便有理由決定,要使他們的創造物變得盡善盡美,並要求單個構建與整體外觀相一致。③

由此可見,西方藝術家對"維特魯威人"中的圓形和方形的構建,是本於對人體比例的認識。而我們所推擬的"人體圖"中的圓形和方形,則主要是基於對宇宙空間方位的認識。但從《五紀》所建立尺度的規律來看,尚不能排除一種可能,即戰國時人也已掌握了這些人體比例特點,並將之與宇宙空間的"天圓地方"説作了進一步結合。

《建築十書》是西方現存最古老且極具影響的建築學專著,據學者的研究,書約著

---

① 以下文字主要引自達·芬奇:《達·芬奇筆記》,北京:新星出版社,2009年,第91頁。同時參考了多個譯本,如周莉譯:《達·芬奇筆記》,南京:譯林出版社,2018年,第33頁。

② 維特魯威著,I.D.羅蘭英譯,T.N.豪評注、插圖,陳平中譯:《建築十書》,北京:北京大學出版社,2012年,第90頁。

③ 維特魯威著,I.D.羅蘭英譯,T.N.豪評注、插圖,陳平中譯:《建築十書》,第90頁。

成於公元前33—前22年間，相當於中國的兩漢之際，而書中提到的“古人”及涉及的相關思想，當源於更早的古羅馬時期。通過上述比較我們可以看到，《建築十書》與《五紀》對於人體的尺度和比例規律有比較相似的認識，這種相似的根本點在於，早期人類在建立尺度概念時，曾共同以人體的部位作爲標尺。比如大家熟知的“英尺(foot)”，就是源於使用脚進行長度測量。“腕尺(cubit)”“掌尺(palm)”等也曾廣泛用於埃及、希臘、羅馬等。這都反映了甚至可以進一步促進古人對人體比例規律的深刻認識。至於這種共同認識是源於文明的傳播互鑒，還是各自獨立的發展，尚存在討論的空間。值得注意的是，我國西周時期的相關考古發現中，就已出現具有明顯西方人特徵的人物形象，如上海博物館藏的一件西周早期馬車青銅轅飾品，①以及周原地區出土的一件西周晚期蚌雕人頭像，②説明周人已對不同人種的體貌特徵有相當深刻的認識。當然，人體的結構和比例規律屬於人類的一般性認識範疇，中國與其他古代文明的人們在歷史前進的過程中，即便在没有相互交流、傳播影響的情況下，也可能取得相同或相似的認識。如果情況確實屬於後者，則《五紀》與《建築十書》就爲在比較研究視野下探尋人類歷史發展的普遍法則又增添了一個例子。

最後必須要説明的是，雖然我們推測《五紀》的底本或取材的資料中可能存在的“人體圖”，與我們繪製的“《五紀》人體推擬圖”，在表達的内容上應當是相似的，但前者在藝術風格上絶不會是我們繪製的這個樣子，而應參看以清華簡《筮法》的“人身圖”爲代表的戰國圖書中人體繪畫的風格。但考慮到要將衆多神祇司掌與人體部位準確對應，以及簡文藴含的“同度人”與達・芬奇根據《建築十書》構建的“完美比例人”，無論是在内容上，還是後人在這一研究工作的性質上，都具有一定的相似性，我們在繪畫表現形式上選擇了借鑒西方的藝術風格。對於中國古代出土文獻研究使用這樣的做法是否合適，也懇望大家給予批評。

附記：本文撰寫得到了沈建華老師和武致知(Rens Krijgsman)先生的幫助，謹志謝忱。

【編按：本文收録於朱淵清、蘇榮譽主編：《有鳳來儀：夏含夷教授七十華誕祝壽論文集》，上海：中西書局，2022年，第253—261頁。文中提到的“圖1”，即筆者擬繪的“《五紀》人體推擬圖”，原圖注文字爲簡文原字，該圖已收入本書《清華簡〈五紀〉中的“行象”之則與“天人”關係》一文中(圖1)。爲免重録，今替换爲標注釋文之圖，此圖曾收入整理報告。】

① 陳佩芬：《夏商周青銅器研究》，上海：上海古籍出版社，2004年，第292號銅器，第220—221頁；夏含夷：《公元前1000年前後東西文明交流三則》，《華學》第9、10輯，上海：上海古籍出版社，2008年，第288—290頁。

② 尹盛平：《西周蚌雕人頭像種族探索》，《文物》1986年第1期。

跳出文本讀文本：據書手特點釋讀《參不韋》的幾處疑難文句

深入瞭解書手的字迹特點，不僅可以爲古書傳抄帶來一些新知，也可以爲文本中的疑難文句提供釋讀綫索和思路，新刊布的清華簡《參不韋》爲此提供了較爲突出的案例。該篇有簡 124 支，現存 2977 字（重文、合文、序號以一字計），經研究發現，通篇有三種字迹，分屬兩位書手，如果“以其抄寫内容首次出現在整理報告的篇目爲代表的命名方式”，[①]則可稱他們爲“《保訓》書手”和“《皇門》書手”。

《參不韋》是由“《保訓》書手”抄寫主體（含順序編號），由“《皇門》書手”校讎。值得注意的是，後者至少修改了 13 個字，[②]如果這些校改都是針對抄寫錯謬的話，“《保訓》書手”在本篇的錯誤率高達 4.4‰，這還不算下文將要討論的部分内容。與此同時，“《保訓》書手”在本篇中進行了兩次有一定時間間隔的抄寫，以簡 20 爲分界，前後字迹頗有不同，但又各自統一，是一種新見的“同卷異寫”類型。[③] 再聯繫他在《保訓》中所呈現的書寫面貌，以及他對一些文字的特殊創造，如將“𡗝（殃）”字寫作“”（上部從“才”，甲骨文“災”字即已附加“才”聲，《參不韋》中又多以“才”通“災”，這是以形聲字的聲符［或通假字］作爲意符；下部所從之“央”的中下半部也變爲“夭”，屬變形音化）。[④] 將這些現象情況綜合起來，我們認爲“《保訓》書手”很可能具有一定齊文化背景，能熟練掌握不同的書法風格和當時通行文字的多種異體，且具有很强的創新性和個性鮮明的審美追求，但抄寫作風著實不够嚴謹。

基於對《保訓》書手特點的認識，我們可以嘗試對《參不韋》中的幾處疑難文句進行討論。

---

① 賈連翔：《清華簡“〈尹至〉書手”字迹的擴大及相關問題探討》，《出土文獻綜合研究集刊》第 13 輯，成都：巴蜀書社，2021 年，第 79—100 頁。

② 具體爲簡 3 之“䂿”，簡 18、45、48、65 之“民”，簡 23 之“之”，簡 27 之“逗”，簡 47 之“隹”，簡 64 之“夂”，簡 65 之“烓”，簡 114 之“敀”“天”“則”。

③ 賈連翔：《守正與變易之間：“同卷異寫”現象的發現與古書底本特色判定方法的反思》，待刊稿。

④ 此承黄德寬先生告示。

一、由"害"之訛形釋"割(害)"

《參不韋》中見有下列一組字:

序號	隸定	字形	出處	文　　例
1	歚		簡 5	歚(顯)五色隹(唯)㝥(文)
2	害		簡 99	害(顯)五色隹(唯)㝥(文)
3	𡩁		簡 121	百神之兇𡩁(顯)
4	劏		簡 72	以劏〈割〉(害)於亓(其)身而罰(罰)之

"歚"左側所從雖與"害"("憲"字所從)有一些訛變,但根據文意二者應是同一字之異體,且應以簡 99 的字形爲正,將之釋讀爲"害(顯)"。"𡩁"則是在"害"下加了"又"旁,讀爲"顯",文意亦通。

由此聯繫到簡 72 的"劏"字,倘若如字釋讀,放諸簡文扞格難通。但當我們瞭解了本篇書手有將"害"的上部訛寫成"魚"形的弊病之後,就可以考慮"劏"是"割"字之訛,在文中讀爲"害",正契合於文意。

二、釋用爲"藏"義的"囩(槖)"字

簡文中有下列一組詞義相同的字:

序號	隸定	字形	出處	文　　例
1	囩		簡 46	天央(殃)不至,以自弇(掩)盍(蓋),自囩(槖)匿
2	厇		簡 47	弗厇(槖)弗匿
3	宅		簡 60	萬(萬)民隹(唯)自弇(掩)盍(蓋),自宅(槖)匿

這組字以“厇”爲讀音，詞義應與“掩蓋”“匿”相近。簡 96 又有“勿盇（蓋）勿匿”語，與“弗厇弗匿”相應。整理報告將這組字皆讀爲“宅”，認爲“宅”有“隱瞞之義”。此對於文意理解而言是正確的，但“厇”“宅”並無這一類的故訓，因此其釋讀仍可商討。

由“𡈅”字出發，我認爲這組字應釋讀爲“橐”。“厇”從乇聲，“橐”從石聲，均屬齒音鐸部。傅奕本《老子》“故貴身於天下，若可託天下”之“託”，馬王堆帛書乙本作“橐”。① 郭店簡本《老子》甲簡 23“天陞（地）之刎（間），丌（其）猷（猶）𡇒籊與”之“𡇒”，②馬王堆帛書《老子》甲、乙本，王弼本俱作“橐”。③ “𡇒”與“𡈅”應爲一字，當分析爲從口，乇（或厇）聲，是比“橐”更爲減省的形聲字。《玉篇》《集韻》等還收録有“橐”之古文“𡇵”“𡈂”，它們與“𡇒”“𡈅”的構形方式是一致的。

“橐”的本義是“盛物之袋”，其名動用法古書習見，義爲用口袋斂裝。由此進一步引申出“斂藏”義，是比較自然的。傳世古書雖未見相關文例，但《漢語大詞典》已有“藏”“窩藏”的義項。“橐”與“囊”本義相近，其詞義的引申情況亦可相參。《詩・大雅・公劉》“乃裹餱糧，于橐于囊”，毛傳：“小曰橐，大曰囊。”④“囊”明確引申有“藏”義，見於《管子・任法》“世無請謁任舉之人，無閑識博學辯説之士，無偉服，無奇行，皆囊於法，以事其主”，尹知章注：“囊者，所以斂藏也。謂人皆斂藏過行，以順於法，上事其主。”⑤《參不韋》中的這組“厇”聲字，也正用於“斂藏過行”的語境之中。

“𡈅”“𡧹”“厇”語境用法相同而用字不同，與上節所舉“歖”“𡖗”“害”相類，大概與底本無關，更可能屬於“《保訓》書手”的避複行爲，亦是其創新性的一種反映。

三、區分與“兵”同形的“戒”之異構字

簡文中有寫作“兵”形之字 3 例：

序號	字形	出處	文　　例
1		簡 11	司馬廛（繕）虖（甲）兵戎事
2		簡 41	才（在）𠟭（則）是胃（謂）兵〈戒〉民，才（在）悳（德）是胃（謂）季（教）衆

① 楊丙安：《老子古本合校》，北京：中華書局，2014 年，第 52 頁。
② 荆門市博物館：《郭店楚墓竹簡》，北京：文物出版社，1998 年，第 112 頁。
③ 楊丙安：《老子古本合校》，第 22—23 頁。
④ ［清］阮元校刻：《十三經注疏（清嘉慶刊本）・毛詩正義》，北京：中華書局，2009 年，第 1167 頁。
⑤ 黎翔鳳：《管子校注》，北京：中華書局，2004 年，第 903 頁。

續　表

序號	字形	出處	文　　例
3		簡 94	自兵〈戒〉自訢(慎)自悳(質)

“兵”屬常見字，上表例 1 用爲本字當無疑問。然簡 41、94 兩例，倘若如字釋讀則很難講通。整理小組討論時王磊先生曾提出，後兩例可能是“戒”字異體，即將“廾”上所從之“戈”换爲近義意符“斤”，從而與“兵”字同形混訛。例 2“戒民”與“教衆”相對應，例 3“自戒”與“自慎”“自質”並列，這個看法顯然是可信的。

尤其值得注意的是，這一組同形字的分布，正符合簡 20 前後的分界，可見這一現象屬於前面提到的兩次抄寫的區别。將作爲意符的“戈”换作“斤”，似乎符合戰國文字一般的異構邏輯，但“戒”的這一異體在文字系統内部已與“兵”字同形，必産生混訛，因此它不宜通行，大概只是“《保訓》書手”一時興起的創造。

四、由“固”釋與“由”同形的“古(辜)”

簡文中有下列一組與“古”相關的字：

序號	隸定	字形	出處	文　　例
1	古$_{1}$		簡 14	典尚音古筆(律)毋經(淫)
2	固$_{1}$		簡 8	隹(唯)固不屖(遲)
3	固$_{2}$		簡 66	免(勉)長免(勉)固，是胃(謂)内基
4	古$_{2}$		簡 62	乃奉不刑不古(辜)
5			簡 73	智(知)亓(其)亡(無)辠(罪)，以創〈割〉(害)於亓(其)身而罰(罰)之，是胃(謂)不古(辜)，内毁
6			簡 118	虐(虐)、不古(辜)、不刑，則威(滅)光
7	由		簡 71	智(知)亓(其)不宜也，以有嗌(益)於亓(其)身而陞(徵)由之，是胃(謂)内惪(憂)
8			簡 72	智(知)亓(其)宜也，以亡(無)嗌(益)於亓(其)身而弗陞(徵)由，是胃(謂)外惪(憂)

續　表

序號	隸定	字形	出處	文　　例
9	亩		簡 63	罰(罰)亓(其)不亩(辜)乃茖(落)，亩(辜)而不罰(罰)乃朋(崩)
10			簡 63	
11	甹		簡 74	智(知)亓(其)宜也，唯(雖)亡(無)嗌(益)於身而曾(增)甹(由)之，是胃(謂)外莘(屏)
12			簡 78	乃曾(增)定甹(由)宜，是胃(謂)外緩(援)，以自達也

其中“古$_1$”是標準形體，而“古$_2$”則與楚文字常見的“由”字同形。例 7、8 之字無疑應釋爲“由”，“陞(徵)由”即徵用。與此同時，因“古$_1$”形體的存在，從同篇内部用字的區别與統一的角度考慮，整理小組最初將“古$_2$”也皆釋爲“由”。大家都知道，古文字常於“口”形中加入飾筆，因此與“由”同形的“古”字也很常見。如果我們借助上表所舉“固$_1$”與“固$_2$”的並列，再結合前面提到“《保訓》書手”的“同卷異寫”情況就不難看出，“古$_1$”“固$_1$”與“古$_2$”“固$_2$”在文中的分布，也符合簡 20 前後的分界，應是在兩次抄寫風格不同的情況下所選用的不同形體。在第二次抄寫中，“古$_2$”與“由”應視爲同形字而分開釋讀。

“古$_2$”在文中的 3 處用例均與刑罰相關，應讀爲“辜”。“不辜”即“無辜”，指無罪而獲罪。《尚書・多方》：“開釋無辜，亦克用勸。”①《詩・小雅・正月》“民之無辜，并其臣僕”，朱熹集注：“言不幸而遭國之將亡，與此無罪之民，將俱被囚虜而同爲臣僕。”②《管子・權脩》：“法者，將用民之死命者也；用民之死命者，則刑罰不可不審；刑罰不審，則有辟就；有辟就，則殺不辜而赦有罪；殺不辜而赦有罪，則國不免於賊臣矣。”③《吕氏春秋・聽言》：“攻無辠之國以索地，誅不辜之民以求利，而欲宗廟之安也，社稷之不危也，不亦難乎！”④此皆可與簡文内容相參。

由“古$_2$”和“由”的同形異用，容易想到“亩”和“甹”也存在相對應的情況。二者在文中也是同形，據文意，前者應讀爲“辜”，後者則應讀爲“由”。

“同形異用”現象在“《保訓》書手”所抄寫的内容中已非個例。同樣很典型的例子還有本篇“四方”之“方”皆寫作“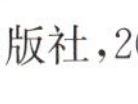”(凡五見)，與楚文字常見並且也出現於《保訓》

① ［清］阮元校刻：《十三經注疏(清嘉慶刊本)・尚書正義》，北京：中華書局，2009 年，第 486 頁。
② ［宋］朱熹：《詩集傳》，南京：鳳凰出版社，2007 年，第 151 頁。
③ 黎翔鳳：《管子校注》，第 58 頁。
④ 許維遹：《吕氏春秋集釋》，北京：中華書局，2009 年，第 292 頁。

的“堯”字同形。當然，這種所謂“堯”形之“方”還見於楚帛書、湖南常德所出的距末，[①]不是《保訓》書手的發明。這説明這類“同形異用”並非緣於“《保訓》書手”的大意訛誤，而是在他比較全面地掌握這些文字異體用法的情況下所做的一時選擇。

五、“機速如電，神速如化”句試讀

簡 43—44 有這樣一段内容：

> 日秉日月之幾(機)輅(略)，以還於亓(其)恴(則)，幾(機)迷(速)女(如)湄，神迷(速)女(如)寡。

其中“幾迷女湄，神迷女寡”顯然是形容“疾速”含義的比喻句，但兩個“女(如)”後的“湄”“寡”頗不易理解。整理報告注謂：

> 湄，疑讀爲“睨”。《墨子・經説上》：“慮也者，以其知有求也，而不必得之，若睨。”寡，讀爲“顧”。“睨”“顧”義近，對舉連用。《論衡・初稟》：“天無頭面，眷顧如何？人有顧睨，以人效天，事易見，故曰眷顧。”《卜筮》：“吉人與善兆合，凶人與惡數遇，猶吉人行道逢吉事，顧睨見祥物，非吉事祥物爲吉人瑞應也。”“如睨”“如顧”，大概指“機”與“神”稍縱即逝、難以得見之意。

讀爲“睨”的所謂“湄”字(見下表首字)，在戰國文字中尚屬初見，右側所從與“眉”有區别，因此上述釋讀尚可討論。

關於第一個比喻，如果考慮到“《保訓》書手”並不嚴謹的抄寫作風，同時將所謂“湄”字與該書手所寫近似部件相比較，尤其是參考簡 121“神”字右下形體的變化，我認爲該字可能是“沖”字之訛。

簡 44	簡 33	簡 44	簡 106	簡 116	簡 121

“申”“電”本一字之分化，《説文》分析“電”從雨從申，“氵”與“雨”作爲同類意符常可互換，因此“沖”可視爲“電”之異體。戰國古書也有以“神”通“電”之例。[②] 古漢語常

① 參李守奎：《釋㤹距末與楚帛書中的“方”字》，《漢語言文字研究》第 1 輯，上海：上海古籍出版社，2014 年，第 119—124 頁。

② 白於藍編著：《簡帛古書通假字大系》，福州：福建人民出版社，2017 年，第 1302 頁。

以“電”形容疾速，如《管子·七法》：“故舉之如飛鳥，動之如雷電，發之如風雨。”[①]《文選·江賦》“電往杳溟”，劉良注：“電，謂疾也。”[②]同書收《七命》“千鍾電釂”，李周翰注：“電，疾。”[③]

第二個比喻涉及的“寡”，即“顧”，屬見母魚部，今試讀爲曉母歌部之“化”。二者聲母都屬牙喉音，韻部旁轉，中古音都是二等合口。“寡”在戰國竹書中除作“顧”字本用之外，亦習通“寡”，而與“化”相通，過去例證寡鮮，今試舉一例。上博簡《從政》曰：

[教之以]豊（禮）則寡（化）而爲急（仁），諮（教）之以型（刑）則逐〈遯〉。

句中“寡”字諸家多讀爲“寡”，於文意實難講通。白於藍先生已將其看作動詞，是正確的，但讀爲“恪”，訓爲敬，[④]仍不理想。“豊（禮）”前三字已殘損，或據《論語·爲政》《緇衣》等補爲“齊之以”，或據下句補爲“教之以”，無論如何，“寡”在句中都是與動詞“教”（或“齊”“教”）形成搭配的。根據古書中的用詞習慣，我認爲這處“寡”也應讀爲“化”。“教化”不僅是成詞，如《荀子·議兵》：“禮義教化，是齊之也。”[⑤]而且分開使用的搭配也比較固定，如《列子·説符》：“使教明於上，化行於下。”[⑥]《晏子春秋》：“故化其心，莫若身教也。”[⑦]《管子·正世》：“故教可立而化可成也。”[⑧]同書《八觀》：“教訓習俗者衆，則君民化變而不自知也。是故明君在上位，刑省罰寡，非可刑而不刑，非可罪而不罪也。”[⑨]尤其是《八觀》將“教化”與“刑罰”並論，與《從政》思想十分相似。

“如寡（化）”是古書習語。《逸周書·武稱》“各寧其親，民服如化”，孔晁注：“變化之頃，謂其疾。”[⑩]《群書治要》引《逸周書·文傳》：“明開塞禁舍者，其取天下如化；不明開塞禁舍者，其失天下如化。”[⑪]“如化”又作“若化”，《吕氏春秋·孟秋紀》：“兵不接刃而民服若化。”[⑫]銀雀山漢簡《尉繚子·治談》：“故曰明於[禁舍開塞，其]取天下若化。”[⑬]王

① 黎翔鳳：《管子校注》，第117頁。

② [南朝梁] 蕭統選編，[唐] 吕延濟等注：《新校訂六家注文選》第2册，鄭州：鄭州大學出版社，2013年，第766頁。

③ [南朝梁] 蕭統選編，[唐] 吕延濟等注：《新校訂六家注文選》第4册，第2294頁。

④ 白於藍編著：《簡帛古書通假字大系》，第356—357頁。

⑤ [清] 王先謙：《荀子集解》，北京：中華書局，1988年，第275頁。

⑥ 楊伯峻：《列子集釋》，北京：中華書局，1979年，第248頁。

⑦ 張純一：《晏子春秋校注》，北京：中華書局，2014年，第276頁。

⑧ 黎翔鳳：《管子校注》，第923頁。

⑨ 黎翔鳳：《管子校注》，第256頁。

⑩ 黄懷信、張懋鎔、田旭東：《逸周書彙校集注（修訂本）》，上海：上海古籍出版社，2007年，第246頁。

⑪ [唐] 魏徵等：《群書治要》，日本早稻田大學圖書館藏天明七年刻本，第10a葉。

⑫ 許維遹：《吕氏春秋集釋》，第174頁。

⑬ 山東博物館、中國文化遺産研究院編，賈連翔整理：《銀雀山漢墓簡牘集成〔叁〕》，北京：文物出版社，2021年，第3頁。

念孫謂:"'如化'者,言其速也。"①

此外,《莊子・至樂》"萬物皆出於機,皆入於機",成玄英疏:"機者,發動,所謂造化也。"②即指事物變化之所由。又《周易・繫辭上》:"陰陽不測之謂神。"韓康伯曰:"神也者,變化之極。"③據此我們可以知道,"機速如電"與"神速如化"皆是説天象變化十分疾速。

六、據校補字迹試讀"民(彌)盈"

簡文中"民"字凡21見,多用爲本字,如"萬民"等。但其中有三處與"浧/温(盈)"固定搭配的用法,頗有不同。其文例爲:

(1) 五未(味):𢼄(啟),乃以爯(稱)五䂓(則)、五行、五音、五色之上下大少(小),以【簡18】班爲之䣃(厚),民浧(盈)有量有算。隹(唯)和。【簡19】

(2) 𢼄(啟),秉晷(辰)【簡44】之四正,民温(盈)以成戢(歲),碁(期)乃或退(起)。【簡45】

(3) 乃上隹(唯)天,司幾監【簡47】肞(乂),民温(盈)而浩(省)之。【簡48】

上述"民"如字讀在簡文中語義突兀,尤其是例(2),講述天象運行,與"庶民""萬民"難有邏輯關聯。我認爲這裏的"民"應讀爲"彌",訓爲遍、滿。"民""彌"聲母相同,韻部脂、真對轉,中古音皆爲三等開口。上博簡《孔子見季桓子》簡18"行年民舊",陳劍先生已主張讀爲"行年彌久"。④ 例(1)中"彌盈"是被量、算的對象,語義搭配是比較合適的,而例(2)(3)中的"彌盈"則都是指天體運行滿一周。

尤其值得注意的是,上述三處"民"字都經過"《皇門》書手"的校改,相關情況可參下表。這也是他在本篇中修改最多的單字,現在看來應是與該字的特殊用法直接相關。

"《皇門》書手"校改的"民"				"《皇門》書手"在其他篇目中寫的"民"			

簡18	簡45	簡48	簡65	皇門 簡6	孺子 簡3	子犯 簡8	越公 簡58

① [清]王念孫:《讀書雜志》,南京:江蘇古籍出版社,1985年,第7頁。

② 郭慶藩:《莊子集釋》,北京:中華書局,2012年,第629頁。

③ 李鼎祚:《周易集解》,北京:中華書局,2016年,第403頁。

④ 陳劍:《〈上博(六)・孔子見季桓子〉重編新釋》,《戰國竹書論集》,上海:上海古籍出版社,2013年,第291頁。

續　表

《参不韋》其他"民"字形體							

簡 30	簡 31	簡 39	簡 45	簡 57	簡 63	簡 97	簡 110

由此推及"《皇門》書手"所改的第四處"民"，其文曰：

（4）爯（稱）以五悳（德），和以五沓（味），民以婎（匡）以自定（正）【簡65】也。

這處的"民"也可讀爲"彌"，訓爲終。

結　　語

書手作爲寫本古書的直接呈現者，對寫本的特點有相當大的決定作用。戰國竹書中的文字常被認爲是當時的"俗寫體"，這個"俗"即是對書手個人特點變化多樣的總體認識。即便抄寫製作古書在當時有大的職業守則，然而就具體執行的每個書手而言，其文字知識水準有高下之别，文化結構背景也可能有國别地區之異，甚至在性格上有的中規中矩而墨守底本，有的頗具才華、善於革新却不够嚴謹，等等，可以説書手特點是古書抄寫流傳過程中的重要"變量"之一。我們在整理寫本古書的過程中，要充分認識古書抄寫流傳的複雜性，不得不考慮這些"變量"在文本中可能起到的作用，尤其是像"《保訓》書手"這樣個性特點突出的抄寫者，其對文字的影響應予以特別關注。這中間遇到的一些文本疑難問題，或許可以嘗試通過"跳出文本讀文本"的辦法來思考解決。

附記：本文草成於《参不韋》整理報告定稿後，部分意見已在整理報告校樣修改過程中被采納。

【編按：本文刊發於《出土文獻》2022 年第 4 期。】

清華簡《五音圖》《樂風》兩種古樂書初探

清華大學於 2008 年 7 月入藏的戰國竹簡(通稱“清華簡”),内容包括經、史、子等多類珍貴文獻,有重要學術價值,已得到國内外有關學術界的極大關注。其中還有一小部分與“樂”相關内容,最近完成了復原,包括古樂書兩種,都是前所未見的佚籍,特在此分别作以簡單介紹和初步分析。

一、《五音圖》

第一種樂書簡長 19.3 釐米、寬 0.5 釐米,兩道編,入藏時已完全散亂,簡上無編號,簡背無竹節、劃痕等可供參考的編連信息。這組竹簡書寫特殊,單支簡上文字極簡,書寫方向有正有倒,且位置不定,甚至有約三分之一的竹簡上只有一兩個墨塊或幾條墨綫,編連工作頗費心力。今簡序是我們依據内容推擬的,以下討論也以此爲基礎,是否妥當還要請大家批評。

從目前的復原看,本篇原至少有簡 37 支,現存 35 支,部分存簡也有殘損。全篇猶如一件正方形帛書,繪寫形式近似清華簡《筮法》的人身圖、卦位圖部分,内容爲一幅“五音圖”(參圖 1),比較系統地記載了五音音階異名,現題是整理時試擬的。

圖中央繪有一個五角星,其上角對應宫組音名,其他四角分别對應商、角、徵、羽各組,按逆時針方向依次分布。五角星圖形由“宫—徵”“徵—商”“商—羽”“羽—角”“角—宫”五條連綫構成。《淮南子・墬形》載“變宫生徵,變徵生商,變商生羽,變羽生角,變角生宫”,高誘注:“變,猶化也。”[①]又同書《天文》載:“徵生宫,宫生商,商生羽,羽生角……”劉績、王念孫等據《晉書・律曆志》《宋書・律志》等,將前兩句校正爲“宫生徵,徵生商”。[②] 這五條墨綫如果從“宫—徵”開始依次勾連,其順序正與《淮南子》所記

① 何寧:《淮南子集釋》,北京:中華書局,1998 年,第 355 頁。
② 何寧:《淮南子集釋》,第 252 頁。

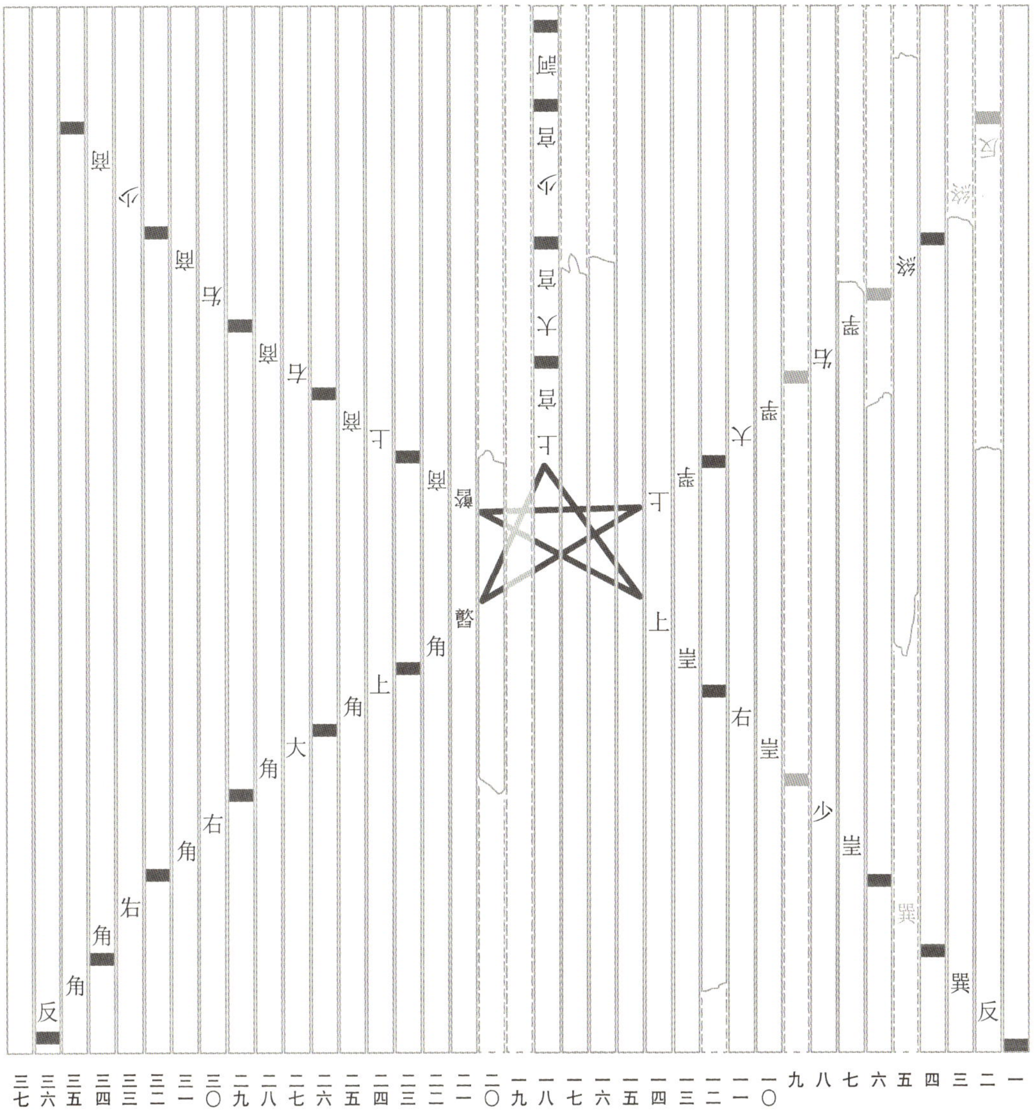

圖 1 《五音圖》復原圖

五音生成順序相合。《管子・地員》則對此有更詳細説明:"凡將起五音,凡首,先主一而三之,四開以合九九,以是生黄鍾小素之首以成宫。三分而益之以一,爲百有八,爲徵。不無有,三分而去其乘,適足以是生商。有三分而復於其所,以是成羽。有三分去其乘,適足以是成角。"①只是少了"變角生宫"這一循環相生之綫。過去研究已表明,《管子》此處所載的"三分損益法"在東周時期廣爲流行,②本圖則是這一思想的又一反映。

① 黎翔鳳:《管子校注》,北京:中華書局,2004 年,第 1080 頁。

② 參看黄翔鵬:《先秦編鐘音階結構的斷代研究》,《江漢考古》1982 年第 2 期;李純一:《曾侯乙墓編磬銘文初研》,《音樂藝術》1983 年第 1 期;黄翔鵬:《音樂考古學在民族音樂型態研究中的作用》,《人民音樂》1983 年第 8 期。

五組音名以五角星爲中心，分别向正上和四隅五個方向發散書寫。其中不記正音而只記音階異名，每個音名皆以墨塊爲界格，各組音名數量不等。推測本圖完整時有音名24個（羽組的高音區現存内容以“終”爲最後一音，但圖左上角簡2、3上端有殘失，所失部分還可容寫下一個音名，或爲“終反”，若如此，則有25個音名），現存23個。具體音階異名列如表1。

表1 《五音圖》音階異名表

宫組	上宫、大宫、少宫、訶（歌）
徵組	上峕（徵）、右峕（徵）、少峕（徵）、[巽]、巽反
商組	簪（逝）商、上商、右商、右（左）商、少商
羽組	上翠（羽）、大翠（羽）、右（左）翠（羽）、終……
角組	簪（逝）角、上角、大角、右角、右（左）角、角反

音階異名大多有前、後綴修飾詞，修飾詞多曾見於以曾侯乙墓鐘磬爲代表的出土樂器銘文，以及一些傳世文獻。依據曾侯乙墓編鐘實測音值所反映的規律可知，各組内的音名應是按由低音到高音逐次書寫的。由此我們可以將圖中所見全部修飾詞也按低音至高音總結爲“簪—上—大—右—左—少—反”。

這些修飾詞具有較爲明顯的兩兩對應的特點。前綴修飾詞“簪”，曾見有幾種異體，這組字過去已有了很好的討論，[①]它們修飾的音，在曾侯乙墓編鐘等表低八度或最低音。[②] 現在根據“簪”“反”相對的關係，這組字在修飾音名時似應讀爲同屬禪母月部的“逝”，郭店簡《老子》甲：“虐（吾）㢡（强）爲之名曰大，大曰潧（逝），潧（逝）曰連（轉），連（轉）曰反（返）。”[③]今本“潧”作“逝”，《説文》：“往也。”義正與“反”相對。

需要指出的是，古醫家曾用音名命名經穴，主要見於《黄帝内經》的《素問·五常政大論》《素問·六元正紀大論》《靈樞·陰陽二十五人》《靈樞·五音五味》等篇，本圖

① 參看裘錫圭、李家浩：《曾侯乙墓鐘、磬銘文釋文與考釋》，《曾侯乙墓（上）》，北京：文物出版社，1989年，第553—554頁；李零：《郭店楚簡校讀記》，《道家文化研究（郭店楚簡專號）》第17輯，北京：生活·讀書·新知三聯書店，1999年，第481頁；孟蓬生：《郭店楚簡字詞考釋》，《古文字研究》第24輯，北京：中華書局，2002年，第406—407頁；王子楊：《關於〈别卦〉簡7一個卦名的一點看法》，復旦大學出土文獻與古文字研究網，2014年1月9日，http://www.fdgwz.org.cn/Web/Show/2212。【編按：原稿文中援引了王先生的文章，但因其是網絡發表，按刊物要求，發表時删除，今據原稿恢復。】

② 參看黄翔鵬：《曾侯乙鐘、磬銘文樂學體系初探》，《音樂研究》1981年第1期；饒宗頤、曾憲通：《隨縣曾侯乙墓鍾磬銘辭研究》，香港：中文大學出版社，1985年，第105—127頁。

③ 武漢大學簡帛研究中心、荆門市博物館編著：《楚地出土戰國簡册合集·1·郭店楚墓竹書》，北京：文物出版社，2011年，第3頁。

所記音名多在其列。雖然《五常政大論》《六元正紀大論》等篇明確爲唐王冰所補，但其所記經穴之名當淵源有自。比如過去不容易想到是用來修飾音名的“左”“右”，在《靈樞・五音五味》則有載：“左商與右商同左手陽明上。”[①]“左商”“右商”今也出現在《五音圖》中。我們也可以對《黄帝内經》中的音名修飾詞進行反推，比如“判商”“判角”“判徵”的“判”，有可能就是出土文獻中“反”的通假，只是由後綴變爲了前綴。而“質徵”之“質”與“桎羽”之“桎”，上古音近可通，如果考慮到《周易・履》：“履虎尾，不咥人”之“咥”有異文作“噬”的話，[②]它們也可能都是“誓（逝）”的通假。

根據修飾詞兩兩相對的特點還可以推斷，在“少”“反”之間應有與“上”相對的“下”。《國語・周語下》載景王問鐘律於伶州鳩，伶州鳩談及以音律配時辰時特舉了“上宫”“下宫”兩音，[③]“上宫”在本圖中已出現。同時，曾侯乙墓編鐘銘文也屢見音名“下角”，如下 1・1、下 2・3 等，足見修飾詞“下”的存在。

《五音圖》中没有出現的正音，似應列於“左”“右”之間的正中位置。在新出齊國石磬中出現的“中商”一名，[④]應即正音的繁稱。

上述修辭詞配合五音，就形成了一個較爲完整的基本標音體系，我們將其列爲表 2。從大量出土樂器銘文的使用情況看，它應是當時較爲通行的基本原則。

表 2 《五音圖》所反映的基本標音體系

逝	【逝宫】	逝商	逝角	【逝徵】	【逝羽】
上	上宫	上商	上角	上徵	上羽
大	大宫	【大商】	大角	【大徵】	大羽
右	[右宫]	右商	右角	右徵	[右羽]
正/中	【宫】	【商】	【角】	【徵】	【羽】
左	[左宫]	左商	左角	【左徵】	左羽
少	少宫	少商	【少角】	少徵	【少羽】
下	【下宫】	[下商]	【下角】	[下徵]	[下羽]
反	【宫反】	【商反】	角反	【徵反】	【羽反】

注：《五音圖》裹出現的音名，直接列出；見於其他文獻的音名，括注“【 】”；尚未得見的音名，括注“[ ]”。

① 王冰注：《靈樞經》卷十，《四部叢刊正編》第 19 册，臺北：臺灣商務印書館，2011 年，第 308 頁。
② 高亨纂著：《古字通假會典》，濟南：齊魯書社，1989 年，第 563 頁。
③ 徐元誥：《國語集解》，北京：中華書局，2002 年，第 126—127 頁。
④ 焦新帥編著：《乾堂藏東周磬銘》，杭州：西泠印社出版社，2023 年，第 197 頁。

值得注意的是，在《五音圖》中，羽組的高音區記有“終”，而在曾侯乙墓編鐘中，“終”則屬於徵的高音。徵組的最高音位置記有“巽反”，其前所缺的音名應爲“巽”，而在曾侯乙墓編鐘中，“巽”則對應宫的高八度音。漢代編磬銘文中的音名“筭”，[1]應是“巽”的通假。圖中宫組的最高音位置記爲“訶(歌)”，這是過去不曾見過的音名。在曾侯乙墓編鐘銘文中，還有對應角的低音“鍴”，羽的高音“壴”等。這些情況顯示出，五音的高音各有不同的專名，但似乎它們的使用並不嚴格。此外，曾侯乙墓編鐘銘文還有前綴修飾詞“珈”，亦見於《黄帝内經》，這些特殊音名可能有其他來源，也可能存在與表 2 音名重疊的情況。

上述音名體系還反映了一個重要的問題。大家知道先秦樂器所能演奏的音域，目前以曾侯乙墓編鐘所跨“5”個八度爲最廣，而《五音圖》中音名修飾詞的種類已超出這一數目。如果相鄰修飾詞音名之間的音程關係，仍按過去根據曾侯乙墓編鐘等所推導的不同八度來理解，那麽上述體系則要跨“9”個八度之多，這是很難想象的。其實過去學者已指出，在曾侯乙墓編鐘銘文中有音名相互抵牾難解之處，如鐘下一・1 正面標音爲“宫”，反面樂律名既出現了“濁文王之宫”，又出現了“濁文王之渚(逝)宫”；下二・1 鐘銘爲“羽”，鐘架刻文則爲“大羽”，等等。[2] 綜合來看，這些相鄰修飾詞之間的音程很可能本不固定，標音體系只是在理論上用以區别音階的相對高低關係，它們只有在進行音樂實踐時才會形成具體的音程。

表 2 推擬的標音體系包含基本音階名 45 個，而《五音圖》中僅有 24(或 25)個，可見《五音圖》並非是一個以完整闡釋音樂理論體系爲目的的圖譜，更可能用於某種具體的音樂實踐。在先秦樂器中，“24(或 25)”這一音名數不禁讓人聯想到東周時期常見的絲弦樂器“瑟”。瑟在戰國時期楚文化區域格外流行，經統計，在考古發現的戰國楚墓中目前已有數十件出土。[3] 雖傳世文獻對古瑟形制有 5 弦、15 弦、23 弦、25 弦、45 弦、50 弦等不同記載，但出土實物瑟的弦數(根據弦孔數)則在 18 弦至 26 弦之間，其中以 25 弦占大多數，23、24 弦次之。除 25 弦這一固定形制外，24 弦瑟現已見有 5 件：湖南長沙瀏城橋 M1、湖北江陵拍馬山 M2、M21 各 1 件，江陵天星觀 M1 有 2 件，[4]應也是一種普遍形制。

瑟可通過瑟柱調弦，古瑟可能用五聲音階，《莊子・徐無鬼》：“於是爲之調瑟，

---

① 李學勤：《西漢晚期宗廟編磬考釋》，《文物》1997 年第 5 期。

② 曾憲通：《曾侯乙墓編鐘銘文音階名體系試釋》，《隨縣曾侯乙墓鐘磬銘辭研究》，第 109 頁。

③ 參看黄曼華、朱安嵐：《江陵出土的楚瑟》，《樂器》1994 年第 3 期；劉曉：《瑟演變初探》，《南方文物》2013 年第 2 期；李守奎：《先秦文獻中的琴瑟與〈周公之琴舞〉的成文時代》，《吉林大學社會科學學報》2014 年第 1 期。

④ 湖南省博物館：《長沙瀏城橋一號墓》，《考古學報》1972 年第 1 期；湖北省博物館、荆州地區博物館、江陵縣文物工作組發掘小組：《湖北江陵拍馬山楚墓發掘簡報》，《考古》1973 年第 3 期；湖北省荆州地區博物館：《江陵天星觀 1 號楚墓》，《考古學報》1982 年第 1 期。

廢一於堂，廢一於室，鼓宫宫動，鼓角角動，音律同矣。夫或改調一弦，於五音无當也，鼓之二十五弦皆動，未始異於聲，而音之君已。”[①]《韓詩外傳》：“趙王使人于楚，鼓瑟而遣之，曰：‘必如吾言，慎無失吾言。’使者受命，伏而不起，曰：‘大王鼓瑟未嘗若今日之悲也。’王曰：‘然，瑟固方調。’使者曰：‘調則可記其柱。’王曰：‘不可。天有燥溼，絃有緩急，柱有推移，不可記也。’”[②]音樂學家曾根據馬王堆一號漢墓出土的瑟，對調弦進行過探索。[③] 瑟與琴是相似的弦樂器，宋沈括《夢溪筆談·樂律二》曰：“如今之調琴，須先用管色合字定宫弦，乃以宫弦下生徵，徵弦上生商，上下相生，終於少商。”[④]《五音圖》中五角星的指示意義，以及只記音名不記律名的特點，似乎都可與瑟的調弦相聯繫。當然，這只是我們關於《五音圖》用途的一種猜想，尚不足爲據。

二、《樂風》

第二種樂書簡長 9.9 釐米、寬 0.5 釐米，是目前所見長度最短的戰國竹書，其形制小巧，便於隨身攜帶，顯然也具有一定實用功能。完整竹簡滿寫八字，行款整飭，在第二和第六字下各有一道編繩，原簡無序號，但簡背有劃痕，今簡序是參考劃痕和内容綜合擬定。本篇原應有簡 14 支，現存 12 支，其中簡 8、13 已佚失，簡 9、10 有殘損。

簡文分兩部分。簡 1 至簡 5 爲第一部分，竹簡完整，所記内容爲音名，其末寫有“樂風”二字，下留空白，應是題記，故我們以之命篇。“樂風”指歌曲，《山海經·大荒西經》“祝融生太子長琴，是處榣山，始作樂風”，郭璞注：“創制樂風曲也。”[⑤]可見這部分性質當爲樂曲譜。樂風曲與詩關係緊密，《詩經》有《國風》。《國語·周語上》：“使公卿至於列士獻詩，瞽獻曲，史獻書。”[⑥]上博簡《采風曲目》也記載了一些當時流行於地方的其他曲目。

譜中所記音名可按原標點分爲 17 組，每組似爲一節，其中只有第 6 組“徵埅(地)”和第 11 組“穆”用了特殊音名，其他 15 組皆爲兩個正聲，如第 1—5 組分别是“宫徵”“宫羽”“宫商”“徵羽”“商徵”。“穆”作爲音名見於楚王酓章鐘和曾侯乙墓編

---

① ［清］王先謙：《莊子集解》，北京：中華書局，1987 年，第 214 頁。
② 許維遹：《韓詩外傳集釋》，北京：中華書局，1980 年，第 238 頁。
③ 李純一：《漢瑟和楚瑟的調弦》，《考古》1974 年第 1 期；丁承運：《古瑟調弦與旋宫法鉤沉》，《音樂研究》2002 年第 4 期。
④ ［宋］沈括：《夢溪筆談》，北京：中華書局，2015 年，第 55 頁。
⑤ ［晉］郭璞傳，［清］郝懿行箋疏：《山海經箋疏》，《郝懿行集》，濟南：齊魯書社，2010 年，第4994 頁。
⑥ 徐元誥：《國語集解》，第 11 頁。

鐘,學者對此已多有討論,[①]應屬變音。此外曾侯乙墓編鐘下二・2、中二・11又將“穆”用爲律名,上博簡《采風曲目》也有“宮穆”。“徵陛(地)”則是新見,應該也是一個變音。《説文》謂“重濁陰爲地”,先秦時期清、濁表高、低音之差,“徵地”或可按此解。無論如何,樂曲譜在這兩處都發生了明顯變化。

從“徵地”“穆”所處位置來看,恰好將樂曲等分爲3段,每段有音名5組。結合“樂風”一詞,這一格式可讓人想到《詩經》篇末“三章章五句”的標注,如《召南・江有汜》《秦風・無衣》《鄭風・叔于田》等。在新近發表的荆州王家嘴《詩經》中,這一標注則作“若干言若干章”,甚至有的詩篇章、言(即句)數與今本不同。[②]

第二部分從簡6換行書寫,至簡14結束,殘缺比較嚴重。其内容皆以“綾某某緸某某”或“某某緸某某”爲記述格式,文辭簡約且前所未見,這裏只能試作一點推測。“綾”“緸”二詞殊難確解,“緸”前、後之詞則具有明顯的等次關係,在殘損的簡文中已見有“刹下”“刹上”“大下”“大上”“少下”五種,它們也具有兩兩相對的規律,故可推測原應有與“少下”相對的“少上”。“刹”疑讀爲“次”,可位於“大”“少”之間,則完整的等次序列可以是“大上—次上—[少上]—少下—次下—大下”。

這部分内容應與前面的樂曲譜有一定關聯,按其標點和格式應有12組,也可等分爲3段,每段4組,如果將其與前面的每段5組相對應,則可均分於組間。樂曲需要記録的要素是基本固定的,其音高是由前一部分的音名體現,每組兩個音名這一特點,有可能與弦樂所能發出的可變化音高的“腔音”有關。[③] 至於樂曲的音强、節奏或演奏技法,大概就是後一部分可能記録的,尚有待進一步破解。

清華簡《五音圖》和《樂風》的形制、字迹不同,内容恐無直接關聯,然它們對中國早期樂理體系以及先秦音樂史研究,無疑具有重要意義。近聞湖北荆州王家嘴M798也有竹簡《樂》出土,或許也與墓中同出的“瑟”的演奏指法有關。[④] 這些新材料可謂繼曾侯乙墓鐘磬之後,先秦音樂史上的又一重大發現,相信它們一定會對相關研究産生深刻影響。

附記:本文寫作過程得到了黄德寬先生的幫助。《五音圖》五角星的連綫與《管子》所載五音生成順序相關,是胡其偉博士在整理小組討論時指出的,後蒙胡博士賜示相關研究未刊稿,受益匪淺。關於王家嘴798號楚墓所出《樂》,程浩先生在與筆者

① 參看黄翔鵬:《曾侯乙鐘、磬銘文樂學體系初探》附録《釋“穆、和”》;饒宗頤、曾憲通:《隨州曾侯乙墓鐘磬銘辭研究》,第27—34頁。

② 蔣魯敬、肖玉軍:《湖北荆州王家嘴M798出土戰國楚簡〈詩經〉概述》,《江漢考古》2023年第2期。

③ 參看杜亞雄、秦德祥:《“腔音”説》,《音樂研究》2004年第3期。

④ 荆州博物館:《湖北荆州王家嘴798號楚墓發掘簡報》,《江漢考古》2023年第2期。

一同考察實物時曾討論提出是配合同墓所出瑟演奏的瑟譜。附記於此，謹致謝忱。

【編按：本文發表於《中國史研究的動態》2023年第5期，按刊物要求將原文改爲文内注格式，並調整了部分引文的表述，今按本書體例恢復原稿格式。原稿附記中提到的胡其偉博士的未刊稿，即其後來發表的《清華簡〈五音圖〉的初步研究》（《出土文獻》2023年第4期）。】

戰國時期基本標音體系的呈現：從《五音圖》的復原説起

新一輯清華簡整理報告刊布了兩種珍貴的先秦“樂”類佚籍，筆者此前曾撰文介紹了一些初步認識。[①] 其中《五音圖》對戰國時期的標音方式及其原理有較爲系統的體現，尤其引人關注。《五音圖》的結構是開展相關研究的前提，對這個結構的復原曾面臨很大困難，這裏有必要先將我們的復原思路和過程進行説明。

這組竹簡現存36枚，綴合後有35支，其中9支有殘損，完整竹簡長19.3釐米、寬0.5釐米，兩道編，入藏時已完全散亂，簡上無編號，簡背無劃痕。正面書寫的内容十分特別，可分爲四類：(1) 中部繪有綫條者5支；(2) 書寫文字者21支，單支簡上通常書寫兩個字，上下分布，方向正倒相對，各簡位置不同；(3) 只書寫墨塊者8支，單支簡上通常也是上下兩個，各簡位置不同；(4) 空白無字者1支。復原工作可概括爲四個步驟：

其一，由於簡上文字正倒相對，因此需要先確定竹簡的放置方向。經觀察發現，這些簡的兩道編痕距兩個簡端的位置有差，分别是3.8釐米和5.0釐米，可據此統一竹簡的放置方向。從大量出土竹書實物看，其編繩契口通常位於竹簡的右側，可再據之將距簡端3.8釐米的編痕視爲上道，距簡端5.0釐米的編痕視爲下道。

其二，確定竹簡方向後，第(1)組中部繪有綫條的5支竹簡，顯現出了較爲明顯的規律。經編連我們驚奇地發現，這些綫條可以恢復爲一個由五條綫段勾連而成的五角星。五角星原應跨簡15—20(爲便於説明，本文皆用復原後的竹簡序號進行稱引，可參圖1)，其中簡19已佚失，五角星上角位於簡18上，致使重心略向左偏移。

其三，在簡18上，與五角星上角相對，依次倒書有“上宫”“大宫”“少宫”“訶”4個音名，每個音名下都有一個墨塊作爲界格，對這一格式規律的認識，是復原工作的重要突破口。經反復排列，第(2)(3)組的内容恰好可以對應五角星的剩餘四角，按向四隅方向發散書寫的規律進行依次編連。編連後可知，簡9已佚失，原内容應是兩個墨

① 賈連翔：《清華簡〈五音圖〉〈樂風〉兩種古樂書初探》，《中國史研究動態》2023年第5期。

塊；簡 6 上段殘損，缺失了一個墨塊；簡 5 係根據編繩位置遥綴，下端殘損，應缺失了一個單字音名，可補爲“巽”；簡 2、3 上部殘損，所缺之處尚可容下一個音名。

其四，按照竹書書寫的一般規律，將空白簡置於左側篇末（簡 37）。簡 33—37 簡背尚存有一組能夠銜接的編繩痕迹，可對此提供佐證。

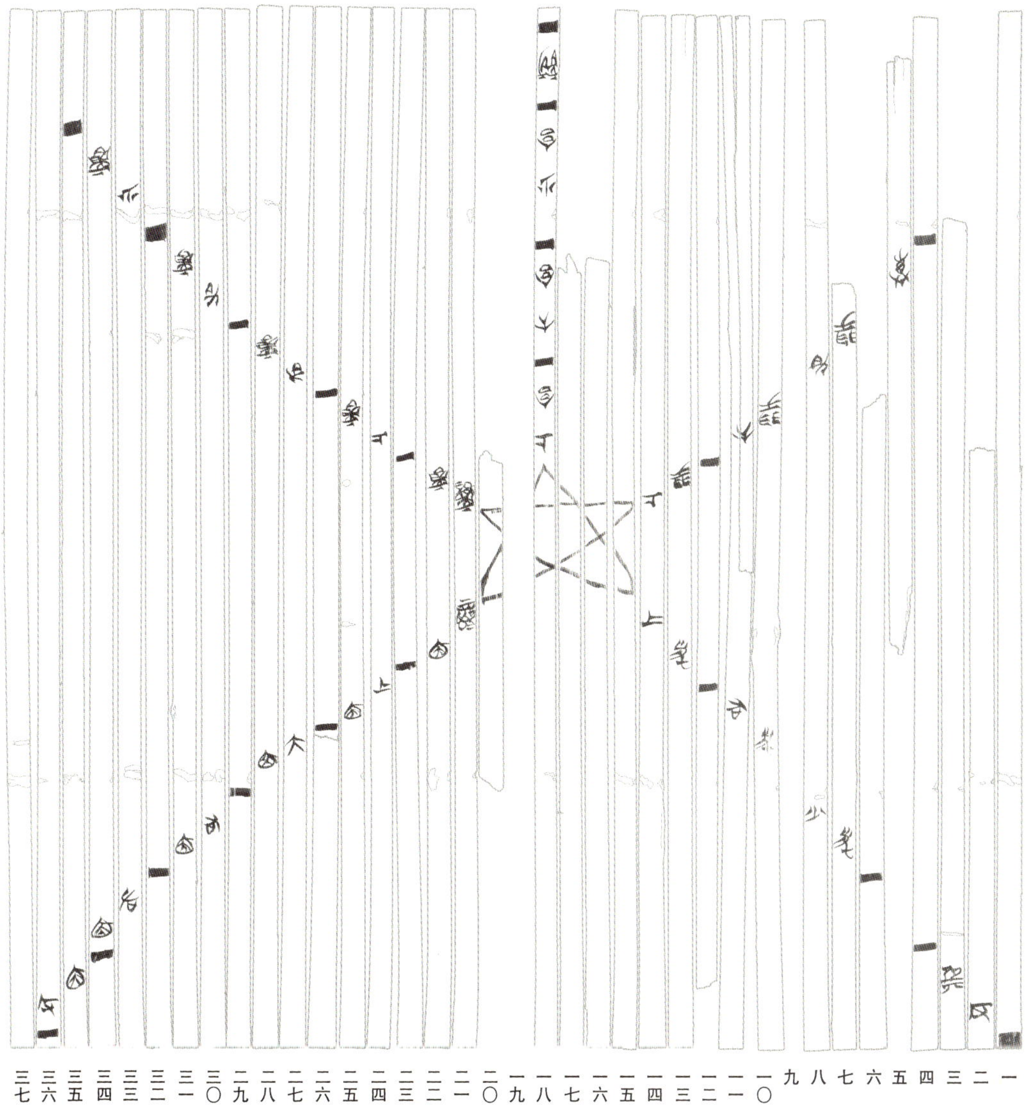

圖 1　清華簡《五音圖》摹本

經過上述工作，一幅古音圖便呈現在我們面前。這幅圖的形式猶如帛書，一些細節能反映出它經過精心設計。從五角星的繪製看，全篇應是先編後寫的，方法近似清華簡《筮法》的人身圖、卦位圖部分。我們推測全篇原有簡 37 支，其展開寬度已與簡長十分接近，原圖應是按正方形製作。前文提到的五角星重心向左偏移，應是爲了更靠近寬度中央。從全圖結構看，若右上方簡 2、3 殘損處不記音名，則有失平衡感，因此我們試補了“終反”，當然這處補文尚存疑問。至於左側的空白簡，從左下方的角組最末兩個音名將墨塊緊湊書寫的情況看，似乎是爲書寫題記所作的預留。

《五音圖》以五角星爲中心，從其上角開始，依逆時針序分别記載了宫、商、角、徵、羽五組音階異名，它們可按通行文字依次轉寫爲，宫組：上宫、大宫、少宫、訶；商組：逝商、上商、右商、左商、少商；角組：逝角、上角、大角、右角、左角、角反；徵組：上徵、右徵、少徵、[巽]、巽反；羽組：上羽、大羽、左羽、終、[終反?]。音階異名的前、後綴修飾詞，多曾見於以曾侯乙墓鐘磬爲代表的出土樂器銘文以及一些傳世文獻，可按高音至低音總結爲“反—少—左—右—大—上—逝”。

我之前曾提出這些修飾詞具有兩兩對應的特點，據之能對這一標音體系形成兩點認識。一是在“反”“少”之間應有“下”，《國語·周語下》見有“下宫”，曾侯乙墓鐘銘屢見“下角”皆可爲證。《五音圖》没有記“下”音，却在宫、徵、羽三組的高音區分别記有“訶”“巽”“終”，這些單字音名在本圖中很可能指代“下”音。尤其在徵組中，擬補把握比較大的“巽”，位於“巽反”和“少徵”之間，可爲此提供支持。

二是在“左”“右”之間還應有正音的位置，從新出齊國石磬銘文“中商”來看，正音可加“中”來修飾。《五音圖》之所以省略了正音，應與五角星的各角本就有此指示意義有關。於是，音名修飾詞的完整等次序列可推爲“反—下—少—左—中—右—大—上—逝”，它們與五音配合就可有 45 個音階異名，形成一個基本標音體系。

這個標音體系最令人困惑的是有 9 種音程等次。受人類聽覺的限制，無論古代還是現代，大多數音樂實踐都在 2 至 5 個八度音之内，先秦樂器所能演奏的音域，目前也以曾侯乙墓編鐘所跨 5 個八度爲最廣。上述 9 種等次若視爲 9 個八度音，顯然是有違實際的。因此在整理小組討論時有學者提出，“右—大—上—逝”同表低八度音，“左—少—反”同表高八度音，“巽反”是高八度之高八度的徵音，加上省略的五正音，《五音圖》實際爲 4 個八度。可是，圖中各組内的音名是嚴格按照一定等次序列書寫的，如果“右—大—上—逝”這些相鄰修飾詞的音名之間的音程無差别，似並不合理。我過去推測：“這些相鄰修飾詞之間的音程很可能本不固定，標音體系只是在理論上用以區别音階的相對高低關係，它們只有在進行音樂實踐時才會形成具體的音程。”恐怕也不合適。

現試提出一個新看法，這要從五角星的功能説起。五角星由“宫—徵”“徵—商”“商—羽”“羽—角”“角—宫”五條連綫構成，若從“宫—徵”起始，其順序與《管子·地員》《淮南子·地形》等所載的五音生成順序相合，應是“三分損益法”的直接體現。按《地員》所載，“三分損益法”包括“三分損一”和“三分益一”，前者就是將基音乘以 (3－1)/3，2/3 的倒數 3/2 就是純五度的音程係數，後者就是乘以(3＋1)/3，4/3 就是純四度的音程係數。此法與十二律結合，可將一個八度分爲十二個不完全相等的半音。曾侯乙墓編鐘用除“角”外的四音配合“四曾”“四角”“四輔”的方式，對這些半音進行標示，可能是一種地方標音特色。

“三分損益法”有兩個值得注意的地方，一是有“先益後損”和“先損後益”兩種，前者本於《管子・地員》，後者見於《吕氏春秋・音律》《史記・律書》《淮南子・天文》以及放馬灘秦簡《日書》乙種等。傳統十二律推算采用“先損後益”，按一益一損的順序，可是，由蕤賓生大吕時本應是“損”，爲了保持一個八度，則變爲“益”。二是從黄鐘生至第十二次，由於音差而無法再生回黄鐘，《天文》稱其爲“極不生”，因此一般算到十二次便停止了。我曾强調《五音圖》的特點是有“角—宫”這一循環相生之綫，也就意味着這些音名可能是依“三分損益法”一直推算而成，爲了保持八度音程和修飾音的高低規律，其中可能也存在損益調整。

我們不妨做一點推測。如果以正音宫爲基音，假設其相對波長是 1，按“三分損益法”，可試擬表 1。

表 1　戰國時期基本標音體系相對波長表

逝	校	4.000	損	2.667	益	3.556	損	2.370	益	3.160
	△	**逝宫**	→	**逝徵**	→	**逝商**	→	**逝羽**	→	**逝角**
上	損	2.107	損	1.405	益	1.873	損	1.249	益	1.665
	→	**上宫**	→	**上徵**	→	**上商**	→	**上羽**	→	**上角**
大	校	2.000	損	1.333	益	1.778	損	1.185	益	1.580
	△	**大宫**	→	**大徵**	→	**大商**	→	**大羽**	→	**大角**
右	損	1.053	損	0.702	益	0.936	損	0.624	益	0.832
	→	**右宫**	→	**右徵**	→	**右商**	→	**右羽**	→	**右角**
中	基	1.000	損	0.667	益	0.889	損	0.593	益	0.790
	▲	**宫**	→	**徵**	→	**商**	→	**羽**	→	**角**
左	損	0.527	損	0.351	益	0.468	損	0.312	益	0.416
	→	**左宫**	→	**左徵**	→	**左商**	→	**左羽**	→	**左角**
少	校	0.500	損	0.333	益	0.444	損	0.296	益	0.395
	△	**少宫**	→	**少徵**	→	**少商**	→	**少羽**	→	**少角**
下	損	0.263	損	0.176	益	0.234	損	0.156	益	0.208
	→	**下宫**	→	**下徵**	→	**下商**	→	**下羽**	→	**下角**
反	校	0.250	損	0.167	益	0.222	損	0.148	益	0.198
	△	**宫反**	→	**徵反**	→	**商反**	→	**羽反**	→	**角反**

表中有兩點要説明，一是按“三分損益法”（表中“損”指“三分損一”，即前一個數

乘以 2/3,“益”指“三分益一”,即前一個數乘以 4/3)推演 5 的倍數次,無論如何都無法回到宫音,其中應存有一定校正,於是我們擬將宫反、少宫、大宫、逝宫分别校正爲宫的純八度音程(即分别乘以 1/4、1/2、2、4)。二是從宫開始,采用了“先損後益”,直至由“中”音轉入“左”音,即由角生左宫,都是“一損一益”,可是由左宫再生左徵,若繼續“益”,則會打破音名修飾詞的高低序列,因此我們參考蕤賓生大吕時的情況,將之變爲“損”,下宫生下徵、右宫生右徵、上宫生上徵都是如此。這樣一來,此標音體系的音域可以在 5 個八度之内,而且每個音的縱列都能保持一致的相對高低關係。

將此驗諸曾侯乙墓編鐘銘文也並無抵牾。過去知道“大”“逝”皆爲正音的低音,“少”“下”“反”皆爲正音的高音,現在看來“大”爲低八度,“逝”爲“大”之低八度,“少”爲高八度,“反”爲“少”之高八度,故在鐘銘中也稱“少某之反”。

一般認爲,中國古代音樂是由五聲音階發展至六聲、七聲音階,這一過程自然要遇到小二度音程音名的標示問題。“變宫”“變徵”可能是這種嘗試在古書記載中的遺存,從另一角度看,十二律也是增加“半音”所形成的。《五音圖》所呈現的基本標音體系,理應也要滿足半音標記的需求。在我們的推擬中,每相鄰的三個修飾詞所記音名,其中必有一個純八度(相對波長比爲 2∶1)和一個小二度(相對波長比爲 18∶17)音程。例如,宫與少宫爲純八度,左宫與少宫爲小二度;上商與右商爲純八度,與大商爲小二度,等等,這樣就可以實現半音的標示。如果以宫的音高爲“C”,可排擬表 2,其中“右徵”較爲特别,它與“徵”爲小二度,與“角”爲大二度。

表 2 戰國時期基本標音體系八度音程十個半音排列表

C	♭D	D	♭E	E	♯F/♭G	G	♭A	A	B
1.000	0.936	0.889	0.832	0.790	0.702	0.667	0.624	0.593	0.527
宫	**右商**	**商**	**右角**	**角**	**右徵**	**徵**	**右羽**	**羽**	**左宫**

當然,我們推擬的這一標音體系本質上是一個理論模型,至於是否要使用其中某一個音名,則要看具體音樂實踐的需要。同時,標音體系表示的是相對音位,具體音高要靠律均來定。《五音圖》本身應具有一定的實際用途,因此只記載了一部分音名,我曾根據其音名數量,猜想它是用於“瑟”的標音。這些看法是否能成立,還要請大家批評指正。

附記:本文寫作過程中與胡其偉、陳民鎮先生多有討論,獲益匪淺,特此致謝。

【編按:本文刊發於《光明日報》2023 年 12 月 23 日第 11 版。爲便於説明,今補充了《五音圖》摹本,該摹本曾收録於整理報告。】

清華簡《兩中》篇復原研究

——出土竹書的微觀考古實踐

引　言

出土竹書的復原是整理研究的基礎，清華簡的復原工作努力學習學界以往經驗，也不斷總結自身失誤和教訓，[①]堅持以古文字學和考古學等相結合的方法，綜合文字釋讀和竹簡物質形態信息兩方面内容，[②]我曾試將之稱爲竹書的"微觀考古"。[③] 清華簡整理報告受體例限制，以展示復原後的竹書爲主，鮮少涉及復原過程的相關説明，隨着整理工作步入攻堅階段，所餘個别篇目入藏時保存狀況欠佳，在復原工作上遇到很大挑戰，爲給後續研究提供一個可以查驗的基礎，需要對這類竹書的復原過程作以必要的説明。計劃收録於整理報告第十四輯的《兩中》篇，篇幅較長，無順序編號，竹簡殘損較爲嚴重，

* 本文是國家社科基金重大項目"以定縣簡爲代表的極端性狀竹書的整理及其方法研究"(21&ZD306)階段性研究成果。

① 現已知道《程寤》《算表》《鄭武夫人規孺子》《越公其事》四篇中有簡序編連的錯誤，學者們對此已有糾正，《鄭文公問太伯》《封許之命》兩篇中有殘簡的遺漏，整理小組曾對此進行補充説明。前一情況可參看復旦大學出土文獻與古文字研究中心研究生讀書會：《清華簡〈程寤〉簡序調整一則》，復旦大學出土文獻與古文字研究中心網，2011 年 1 月 5 日，http://www.fdgwz.org.cn/Web/Show/1343；肖芸曉：《清華簡〈算表〉首簡簡序小議》，簡帛網，2014 年 4 月 21 日，http://www.bsm.org.cn/?chujian/6189.html；子居：《清華簡〈鄭武夫人規孺子〉解析》，中國先秦史網，2016 年 6 月 7 日，http://xianqin.byethost10.com/2016/06/07/338?i=1；尉侯凱：《清華簡六〈鄭武夫人規孺子〉編連獻疑》，簡帛網，2016 年 6 月 9 日，http://www.bsm.org.cn/show_article.php?id=2573，該文主要内容後收入其《讀清華簡六劄記（六則）》，《出土文獻》第 10 輯，上海：中西書局，2017 年，第 124—125 頁；賈連翔：《清華簡〈鄭武夫人規孺子〉篇的再編連與復原》，《文獻》2018 年第 3 期，第 54—59 頁；陳劍：《〈越公其事〉殘簡 18 的位置及相關的簡序調整問題》，復旦大學出土文獻與古文字研究中心網，2017 年 5 月 14 日，http://www.fdgwz.org.cn/Web/Show/3044；後一情況參看馬楠：《關於〈清華大學藏戰國竹簡(陸)〉的一則説明》，《出土文獻》第 9 輯，上海：中西書局，2016 年，第 286 頁；賈連翔：《〈封許之命〉綴補及相關問題探研》，《出土文獻》2020 年第 3 期。

② 廣義的竹簡物質形態信息，除竹簡本身的形態結構外，還應包括竹簡在原墓中的存儲位置和竹簡之間的層位等出土發掘信息，由於清華簡是非考古發掘品，這部分内容完全缺失。

③ 賈連翔：《淺談竹書形制現象對文字識讀的影響——以清華簡幾處文字補釋爲例》，《出土文獻》2020 年第 1 期。

且簡文内容邏輯關係不够清晰，是迄今爲止清華簡中復原難度最大的篇目之一，也是探索運用微觀考古方法的一個絶佳樣本。本文試以此方法對《兩中》篇進行復原研究，並希望能對當前竹書整理的已有範式提供一些補充，不當之處請大家批評。

一、復原思路及相關標記説明

由於本文内容是以補充整理報告爲主，故將以隸定釋文的形式呈現復原文本，釋文不作破讀和標點，相關綴合編連依據，以竹簡物質形態信息爲主，用脚注進行説明，一些關鍵證據，配以圖示。下面先將復原的思路和釋文中所用標記及其在復原過程中的意義進行説明。

（1）本篇現存竹簡 142 枚，經綴合，可形成竹簡 87 支，其中完整簡長約 45.8 釐米，寬約 0.5 釐米。爲便於稱引，我們在每枚竹簡釋文最末字的右下方，標記有四位阿拉伯數字入藏編號，[①]此標記可反映竹簡的綴合位置。入藏編號整體信息可參看整理報告所附《竹簡信息表》。

（2）根據簡背竹節位置和形態的不同，可將綴合後的竹簡分爲 6 組，它們分屬 6 個不同的竹筒，用序號字“甲”至“己”進行標記。序號字標記相同的竹簡，意味着同屬一段竹筒。根據過去對竹書製作過程的推擬，[②]同一段竹筒的竹簡大多可以接續編連。

（3）這 6 組竹簡簡背原均有劃痕，只是大多數劃痕比較淺淡，即使在高清圖版上也不易分辨。簡背劃痕是對各組内竹簡進行排序的重要輔助依據之一，爲清晰呈現其位置信息，我們在仔細觀察並結合其他物質形態證據（詳見第二節注釋）分析的基礎上，對可見劃痕進行了標示。此後，對各組竹簡按劃痕的貫連關係進行排序，並以在序號字後加兩位阿拉伯數字的辦法對其依次編號，例如：“甲 06”指甲組按劃痕貫連關係排在第 6 支的竹簡。

要特别説明的是，個别劃痕無法辨認的竹簡（簡背未作標示），以及劃痕部位已殘失而其餘部分仍保留的竹簡，我們綜合各類信息給了一個具有可能性的順序編號，屬於前一情況的有“乙 10”“乙 11”“丁 16”共三支，屬於後一情況的有“甲 07”“甲 16”兩支。根據劃痕貫連關係判斷現已缺失的竹簡，我們也給了一個模擬編號，這一類情況有“乙 07”“丙 06”“丙 11”“丙 12”“丙 15”“戊 06”“己 04”，這七支模擬簡是我們查驗本篇竹簡佚失情況的主要依據。見圖 1 至圖 6。

① 除初步整理的竹簡之外，我們在剩餘殘簡中現又發現存有墨迹且屬於本篇的碎簡 23 枚，其入藏編號是在三位阿拉伯數字前冠以字母“C”。左右拼接的中裂竹簡，入藏編號之間標以“+”號。

② 賈連翔：《戰國竹書形制及相關問題研究：以清華大學藏戰國竹簡爲中心》，上海：中西書局，2015 年，第 82—102 頁。

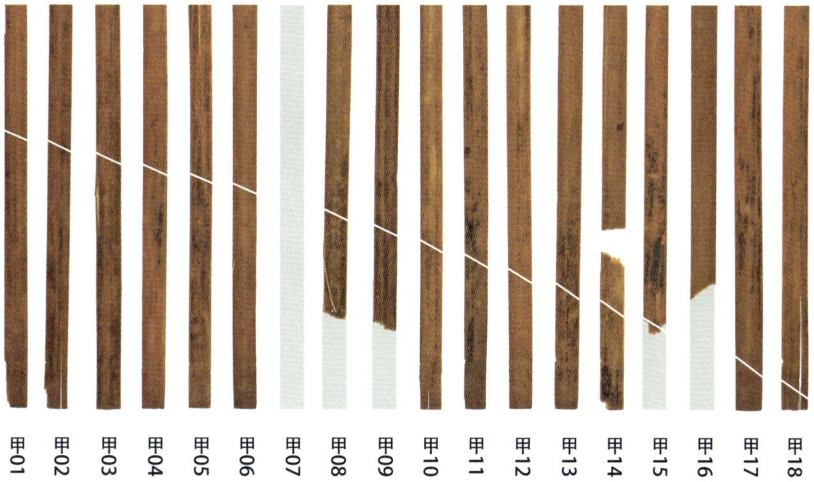

圖 1　甲組竹簡簡背劃痕標示圖

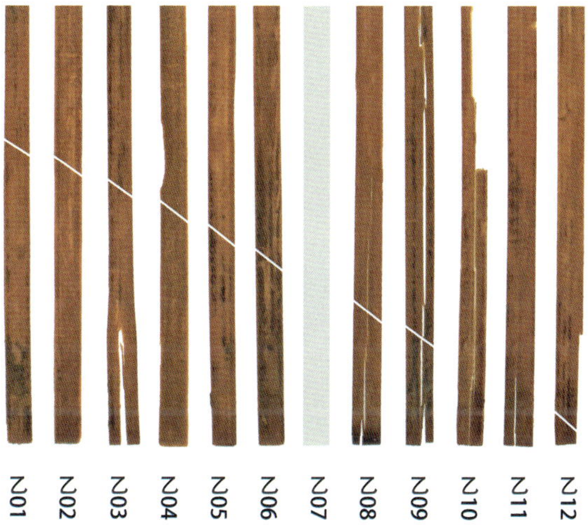

圖 2　乙組竹簡簡背劃痕標示圖

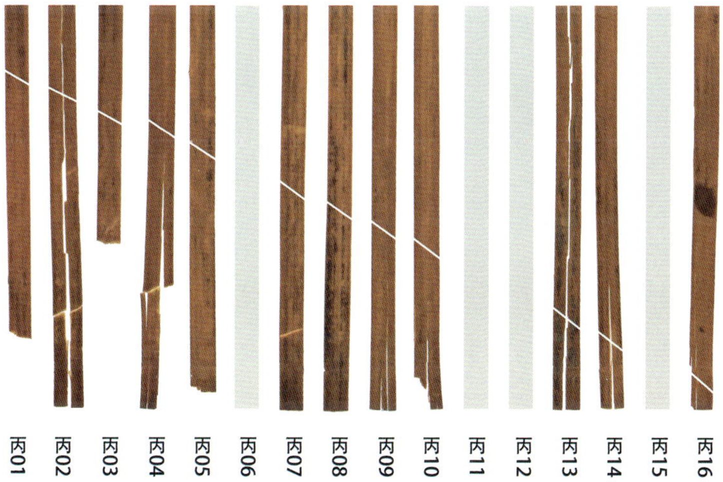

圖 3　丙組竹簡簡背劃痕標示圖

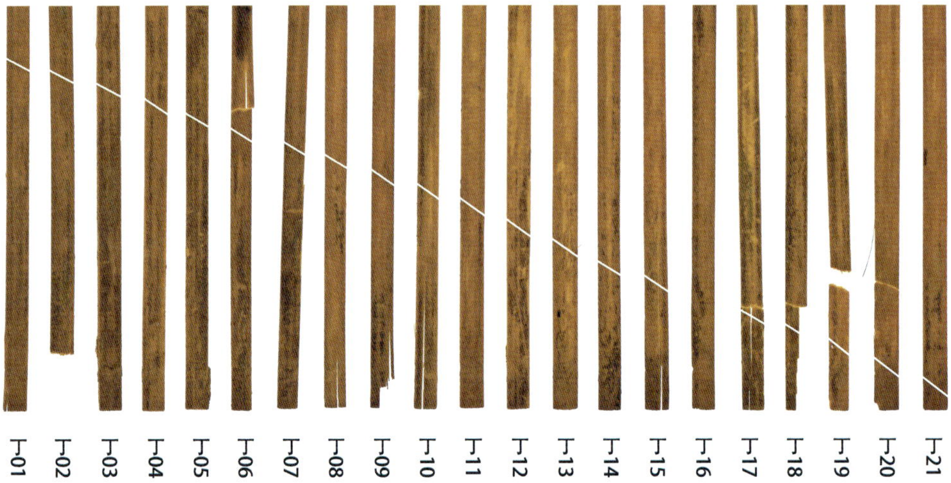

圖 4　丁組竹簡簡背劃痕標示圖

圖 5　戊組竹簡簡背劃痕標示圖

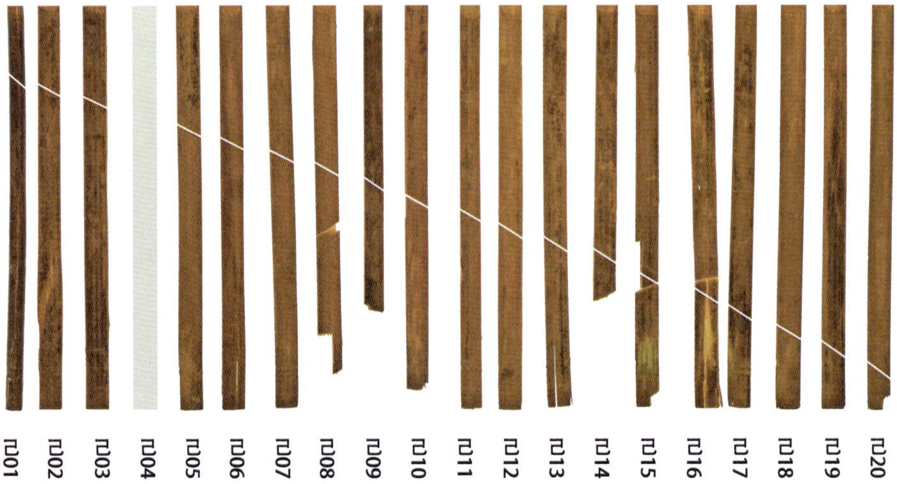

圖 6　己組竹簡簡背劃痕標示圖

在隸定釋文中，上述編號相接，則意味着簡背劃痕相連，編號由小至大爲次第，則意味着竹書按簡背劃痕順序編連，反之，則意味着按簡背劃痕逆序編連。

（4）根據上述信息將竹簡綴合、排序後，再在每組内通讀簡文，調整簡序，組内竹簡順序確定後，再對各組進行排序，確定初步編連方案。有時竹簡的綴合、組内簡序的調整與各組的排序是反復斟酌、綜合進行的，這部分工作涉及對簡文内容的具體理解，論述起來較爲繁瑣，同時整理報告的注釋對此已多有疏解，本文限於篇幅，除必要説明外，不作贅述。

（5）根據反印墨迹、竹簡殘痕等信息，進一步探索本篇的收卷形態，並對初步編連和缺簡情況進行檢驗。由此推定的簡序方案，我們用數目字標記，與簡背劃痕標記一同括注於每支竹簡末字後的“【 】”號中，並以“/”號間隔二者。例如：“【甲 13/五】”，表示甲組竹筒按刻劃綫應排在第 13 支的竹簡，編連後位於全篇第五簡的位置。經綜合推斷已佚失的竹簡，我們仍給予一個位置編號，這有助於表明本篇竹書的原總體簡數。

（6）考慮到物質形態信息對本篇復原的關鍵作用，我們將隸定釋文按用簡情況分組撰寫，大致遵循整理報告放大圖版釋文部分的隸定原則。其中殘字可釋者，徑直隸定；殘字不可釋者，以“□”標之；簡文殘損處，以“[ ]”括注，可推定字數者，每字以“■”標之，不可確定字數者，以“……”標之。個别與整理報告隸釋意見不同之字，我們在脚注中略作説明。

二、隸定釋文及綴合編連説明

甲組：

虽后奠卣庶霝因$_{1346}$固九悳専昜兩中乃内睯于又河三年才日乙丑兩中或$_{1987}$【甲 01/一】①

隆萿于又虽敓戣天㚒専綸天聿乃后槲亥攺乃賓遱而散成齋三日乃$_{1965}$【甲 02/二】

善大備専$_{C029}$埶隹貺黄丩玄𢁅朱常索䌰并稟賜枽廿$_{=}$玄棆𢉖舄以$_{1970}$【甲 03/三】②

宗稟立于會門之右珪宑乃進右$_{2132}$埶玄珪$_{C044+C054}$右埶玄戉以賓$_{1781}$于后所羕中$_{1826}$【甲 04/四】③

① 1346 與 1987 可直接拼接（本文所稱“直接拼接”是指接縫處可以密合，此處接縫情況可參見圖甲：1346＋1987，列入文末所附《編連綴合關鍵證據圖示表》，後文説明中提到的圖示皆見於此表，所謂“直接拼接”的情況也與本簡類同，不再配圖示）。綴合後該簡首尾完整，據簡背劃痕，它應爲甲組現存的首簡，據其所記内容，也應爲本篇的首簡。

② C029 僅存右半，可與 1970 直接拼接，連接處將“専”字拼接完整。

③ C044 與 C054 是左右直接拼接，拼接後的殘簡又可綴於 2132 和 1781 之間，將之補全，1781 下部可與 1826 直接拼接。1826 簡背有刻劃痕迹，可定位於甲 04。“羕”本篇多見，寫作“”，整理報告隸釋爲“羕”，該字下部應看作與羊共用兩横畫而省寫的“示”，字即“祥”。

乃進右執瑞右執黄鈇以㕸珪宷攺乃訓敚義妾豩儇戜拜旨百乃言曰$_{1760}$【甲13/五】[①]

譻隹皇天中大瑞埶降萫于絃乃方虽天$_{1780}$ 邑戝隹皇之命$_{C056+C013+C007+C040}$ 尔虐$_{=}$ 天中尚$_{0625}$【甲 05/六】[②]

正坪我國而告我鳫聿而比者帝悳敔以寵不若敔以智天則$_{=}$女訋圭中乃$_{1715}$【甲06/七】

言曰后又虽余方告女乃皇天帝$_{=}$ 山川溪$_{1733}$【甲 07/八】[③]

浴百神虐夾會讐而罯于玄天帝曰埶尔各女百神余㥯隆由于下以㚔宔皇天$_{0788}$【甲08/九】[④]

及山川百神敔以爲百旹白而菓庶民之䊷則女訋乃山川百神虐畠一燹乃拜$_{1246}$【甲 09/一〇】[⑤]

䏊$_{=}$ 曰旱戋屯譻乃贀后帝聳若會讐$_{1242}$ 隹$_{C088}$ 帝之常帝曰繇員乃我$_{1217}$ 志帝乃言自乃朕由$_{2306}$【甲 10/一一】[⑥]

山川百神之由及日月壘晷之由隹休鳫之用而能爲下國王山川百神曰允哉乃$_{2204}$【甲11/一二】

臧句余亡乃言曰譻后帝尔夾萫庶由曰隹禾若之用則隹高昜之孫而壐之元子乃隹$_{2112}$【甲 12/一三】

枓$_{=}$亥之悳犕$_{=}$共敬而罯事皇天虔秉九悳而不涚于棠齊$_{=}$ 隹志紳㙗亓又$_{2304}$ 皇秉$_{2198}$【甲14/一四】[⑦]

心大忞亓能爲下國王帝曰悥舀戋乃脂帝乃命大赤命敓于枳山之昜曰寵栽$_{2302}$【甲 15/一五】[⑧]

---

① 1760 按簡背劃痕應爲位於甲組第 13 支簡,但據文意,簡首與前一簡連接的"羕中乃進",簡尾與後一簡連接的"乃言曰:'譻(疇)隹(唯)皇天中……'",均密合無間,故此簡編連時應插於甲 04、甲 05 之間。

② 1780 下端"方虽天"三字僅存右半,C056 僅存左半,其上半可與 1780 之"方虽天"三字拼接,下半可依次與僅存右半的 C013、C007、C040 拼接,拼接處可補全"邑戝隹皇"諸字,C040 可與 0625 拼接,拼接處有殘損,但可補全"命"字,見圖甲:C040+0625。

③ 1733 下半殘損,簡背劃痕處已不見,但其上部有一個可以與 0788、1246 貫連的天然傷痕,見圖甲:1733+0788+1246,可輔助確定此簡應爲甲 07。

④ 夾,本篇三見(簡九、一三、二二),寫作"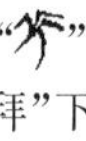",整理報告皆釋讀爲"厺(次)",此字或爲"來"之異體。

⑤ 1246 末字僅餘上部,可確定爲"拜","拜"下是否有合文號則不可確定,其内容可與 1242 簡首之"䏊$_{=}$ 曰"連接。

⑥ C088 僅存右半,可與 1217 直接拼接,這段殘簡又可遥綴於 1242、2306 之間,因其處於竹節位置,可據鄰簡的竹節輔助定位,見圖甲:C088+1217。又 1217 與 2204(甲 11)簡背有一塊天然傷痕,見圖甲:1217+2204,2306 簡背有劃痕,綜合二者,可將遥綴殘簡定位於甲 10。1242 末字僅剩上半,整理報告闕,字可推釋爲"讐","會讐"一詞見於簡九,如此拼綴後遥綴處文字行款均匀,本簡幾無缺字。

⑦ 2304 與 2198 係遥綴,2304 簡背上部有一處傷痕,與 2302(甲 15)相連,見圖甲:2304+2302,可輔助定位。2198 簡背有劃痕,可定位於甲 14。遥綴處的"皇"字殘失左上角,可釋,且行款均匀,應無缺字。甲 12 與甲 14 内容可直接連接。

⑧ 2302 下端在簡背劃痕處殘斷,所餘部分尚可見部分劃痕,見圖 1(甲 15),正面無缺字。

化秝乃弋之爲王吟尔尚固秉天中而□斾五商母毀九悳是隹天尚王中乃言1831[■]【甲16/一六】①

攺余方告女會𤁨好民隹休隹悳母危之于幾専中隹悳天則皆民亓請不可匿1932【甲17/一七】

乃鬲亓善而逸夌之禀乃𨐨亓波加爲之則圭中或言曰祀悳不咯隹言寺訊天1936【甲18/一八】

乙組：

邑未大隹后寺人百售和坪女見因辟善貣休之而庶民虐迭𢦏戝訧之民則虐憙邦2119【乙01/一九】②

國亓坪后亓亡詢羕中乃言曰悳祀大章隹天之尚帝=亓憙永命亓長齋佰必以䂿0554【乙02/二〇】③

義牲必斾亓吉威義而母遂是胃大吉圭中言曰天則五色亓固不可𡗜帝=皆民亓隹中0678【乙03/二一】

與亓井夾降萬0562民是后是政獄□叏迟必亟民0559□㲋之訧之級之緄之求亓級言與亓緄0563【乙04/二二】④

詢乃比者参以成亓志級虐比是胃訏斎=至級緄不同言則不斾乃求庶登以緟爲之兇羕2292【乙05/二三】⑤

中1874國言曰句政庶民尚童乃事亓乍乃詶母咬於目以ム利亓晦民必憙之是胃天事圭1857【乙06/二四】⑥

中或言后敓方告女=涚于尚乃雁受天言以爲下鄘王隹九卲六早六路疋䜌𦿊𢻻鑼鐲林1722【乙09/二五】⑦

---

① 1831在下端殘損，簡背劃痕處已不存，上部有一道傷痕，可與1932(甲17)相連，見圖甲：1831+1932，可輔助定位於甲16。本簡内容也可承接於甲15、甲17之間。“斾”上一字左從“禾”，右側殘失不可識；簡尾缺失一字，據文意可補爲“曰”。

② 據簡背劃痕，2119是乙組現存的首簡。其内容可與甲組末簡1936(甲18)相接，相接之處的“祀悳(德)不咯(恪)，隹(唯)言寺(時)訊(誇)，天邑未大，隹(唯)後寺(時)人”，文意連貫，格式整飭，故可將乙組置於甲組之後。

③ 0554雖僅有一個入藏編號，但是兩枚殘簡遥綴，殘缺在“隹”“天”二字間，是竹節位置，不缺字。乙02的遥綴定位可參看圖乙：0554、0559+0563

④ 0562與0559可直接拼接，拼接後的殘簡可與0563遥綴，殘缺發生在竹節位置，遥綴定位亦可參看圖乙：0554、0559+0563。0563簡背有劃痕，可定位於乙04。0563上端首字僅存下半，疑爲“青”字，此讀爲“情”，除此之外本簡無缺字，文意可連貫。“獄”下一字漫漶，整理報告釋爲“訟”，於字形不合，疑爲“訞”，字見於《晉文公入於晉》簡二、《越公其事》簡四一、四三等。

⑤ 據文意“級虐”之間應脱一“緄”字。

⑥ 1874與1857可直接拼接，成爲完簡。

⑦ 1722據簡背劃痕可定位於乙09，其簡首與1857(乙06)承接之“圭中或言”，可以密合，簡尾與1727(乙08)承接之“林遂”可讀爲“靡失”，亦可連接，故本簡可插在乙06與乙08之間。

逹祝致剸均隹則母浣忑言天降五商曰青赤白黑黄天降豊義曰孆咠賀豊必卲齊₌1727【乙 08/二六】

洍₌天降庶考曰2188□□隹厇母高母下母耑母長羕2171中乃言痽之曰言之逹則静虘嚚亓商之2309+C052【乙 10/二七】①

逹則比虘腹亓豊之逹則句以多譏亓考之逹則弱虘費尚母逹于厇亓長虘固凮民隹2124【乙 11/二八】②

中亓長虘夂圭中或言曰后隹獄寺罡夫帝₌犕中而忎皮亡祐夫厶訟之于上埶成亓亡余2229【乙 12/二九】

丙組:

兩乃痽之曰凸皮庶獄又参又五参五虐許是胃繿于人則不可僿于天亓繿于人而2219【丙 01/三〇】③

或僿之于天是胃不許亓又民天僿弗訓埶成亓玄圭中或言曰后凸皮庶獄亡1267参C002+C092【丙 02/三一】④

亡五亓言曰許是胃自繿則可僿1272[■]天₌僿是聖是埶成亡型兩乃痽之曰天1273[■]【丙 03/三二】⑤

事悳而司皮不型與禕明叐詢折登譏允1262隹天繧尚1266+C073又虽勿弋皇天晋之是胃禕1238□C036【丙 04/三三】⑥

圭中乃言曰天兩丞中惪舀才尼訇夫皇天帝₌皆虡五夫天僿固四維天鈞軌中以睘1716【丙 05/三四】

四方思橐夜相弋又昏又盥啬虽鉠各各即亓行夫亟吟不弋而引亓才蚉盥兩或痽之曰

---

① 2188與2171可直接拼接,拼接處有三個字僅存右半,第一字可確定爲"曰",後兩字闕疑。2171與2309可直接拼接。2309末九字只存右半,C052可與之拼接,補全末尾"亓商之"三字左半,其餘六字結合後文文意可釋讀爲"之逹(失)則静(爭)虘(且)嚚"。本簡背面未尋得可辨識的劃痕,"乙 10"係擬編號。簡首之"洍₌"可與1727(乙 08)末尾之"齊₌"承接,讀爲"濟濟蹌蹌",文見《詩·小雅·楚茨》《大雅·公劉》;其後"天降庶考"與1727(乙 08)之"天降五商(章)""天降豊(禮)義(儀)"相應,故可置此簡於乙 08之後。

② 本簡背面未尋得可辨識的劃痕,"乙 11"係擬編號。其與2309+C052(乙 10)末連接之"亓(其)商(章)之逹(失)則比虘(且)腹(擾)",與2229(乙 12)首連接之"凮(凡)民隹(唯)中,亓(其)長虘(且)夂(終)",均可以密合。"腹"字左半所從"肉"旁訛作"勿"形。

③ 據簡背劃痕,2219是丙組現存的首簡。其正面文字以"兩乃痽(應)之曰"開頭,是一個段落的起始,其後之"凸(凡)皮(彼)庶獄"云云,可與乙組末簡2229(乙 12)所記"隹(唯)獄寺(時)罡(疏)"等内容相接續,故可將丙組置於乙組之後。本簡末尾殘損,從行款和内容綜合分析,應不缺字。

④ 1267下端中裂,可與C002、C092直接拼接,成爲完簡,見圖丙:1267+C002+C092。

⑤ 1272與1273是遥綴,二者文意貫連,1273可據簡背竹節位置定位於丙 03,定位後二者中間應缺一字,可補爲"於",見圖丙:1272+1273。遥綴後該簡下端仍有殘缺,據文意應缺一字,試補爲"僿(質)"。

⑥ 1262、1266、C073、1238可直接拼接。1238簡背有劃痕,可定位於丙 04,其下端中裂,右側可與C036拼接,見圖丙:1238+C036。如此本簡可基本補全,唯最末一字左側殘失,疑爲"祀"。

又$_{1430}$虽$_{1466}$【丙 07/三五】①

乃后夫天中隹盈則又下后土夫天𢁉隹䋎則大嚴又北民不可亙夫智言之若隹中$_{1444}$【丙 08/三六】

不頪必行天悳不反不昊不向不飤虔受大命不受賂賂不可𠬝革夂古不巳業萬不弋$_{2268}$【丙 09/三七】

中或言曰又$_{C026}$邦𧦝僨以𪏆一戢及五是胃𧝑祀天大禍所僨亦不大皇思亓邦民不章歲斯$_{1717}$【丙 10/三八】②

[……]【丙 11 或丙 12/三九】

[■■■■]□圭中或言曰后乃民奞紼䦟不可坪夫戔民甚多天折民鮮敬后女曾之亓$_{1723}$【丙 13/四〇】③

亦不可緹夫或娧或𧧼或利或亡后女弗昏或亓羅匩尚至亓𦣞而㪔亓𢼸思民母教母思邦$_{1986}$【丙 14/四一】

𧝑女緹亓𦣞而曼亓頪或$_{C059+C060}$以不坪折民以貴吉埊弗歸邦以多祟美中乃言曰后政獄坪或$_{1556}$【丙 16/四二】④

丁組:

獄敝則桂夫庶民莫各后請是智民乃救利相效爲㐅以正爲詢天百眚相戴大事不䣿$_{1164}$【丁 01/四三】⑤

庶民以寘亓才命是胃相儨民則行貧而士女相告皇天弗訓曰媥$_{=}$亓邦思執成不由圭中或言$_{1201}$【丁 02/四四】

曰后㕣皮庶政或級或緹則庶民以𥿇亓級則兇亓緹$_{0588}$亦兇是胃不𢓊則非天之二尚級緹相𢍈天$_{0681}$【丁 03/四五】⑥

少大相𣈅民乃不𥿇百眚乃服是胃先工天中之則恙中或言曰后𦘦人䣿政獄隓則句大邦則吉$_{1185}$【丁 04/四六】

---

① 1430 與 1466 可直接拼接,成爲完簡,據 1430 簡背劃痕,可定位於丙 07。本簡簡首與 1716(丙 05)連接的"天〈而〉僨(質)固四維,天鈞𣪊(幹)中,以睘(環)四方",文意連貫。

② C026 僅存右半,可與 1717 直接拼接,將本簡基本補全,據 1717 簡背劃痕,可定位於丙 10。本簡上端缺失左半的四字可釋爲"中或言曰"。

③ 1723 上端殘損,約缺四字,據其簡背劃痕,可定位於丙 13。1723 上端首字僅餘下半,似爲"卿"字。丙 10 與丙 13 之間的缺簡情況詳見第四節討論。

④ C059+C060 係左右直接拼接,綴合後的殘簡又可與 1556 拼接,拼接處略有殘缺,見圖丙: C059+C060+1556。1556 據簡背劃痕,可定位於丙 16,其簡首與 1986(丙 14)連接之"思(使)民母(毋)教,母(毋)思(使)邦𧝑(瀆)",文意連貫。

⑤ 據簡背劃痕,1164 是乙組現存的首簡。其內容可與丙組末簡 1556(丙 16)相接,相接之處的"政獄坪(平)或(國),獄敝(蔽)則桂(詿)",文意連貫,故可將丁組置於丙組之後。

⑥ 0588 與 0681 可直接拼接,成爲完簡。

少邦乃毆曰建人不政獄冒則紞少邦則吉大邦則羅百眚亙干折民用遲圭中或言又虽乃后天$_{1139}$【丁 05/四七】

子余方告女天竈皇斘帝$_{=}$之成思比于百神而山川虞政則女訇啟□$_{0541}$[■]韻$_{=}$而言曰天$_{1383}$中休才乃㾏$_{1193}$【丁 06/四八】①

尚聿告我皇天之不訇$_{2098}$帝$_{=}$之不尚思乃身旻建弜以相虽之方啟或言曰皇不愈而帝$_{=}$固向紞$_{=}$ $_{0478}$【丁 07/四九】②

四維濬$_{C045+C046}$亓有商訔虽斯各各即亓行敔不智天事尚告我四尚圭中曰后貞訔三月茻木皆生$_{1755}$【丁 08/五〇】③

百神服遳$_{1382}$句余亡爲正皇$_{=}$帝$_{=}$乃才玄天受會悳祀齊傴義牲帝朝監民乍乙女靁后女齎是$_{1763}$【丁 09/五一】④

日斯是胃共天亓才命大吉是胃考夂于生中曰貞虽三月茻木方實百神服迲宊讎秉戮帝才絑$_{2264}$【丁 10/五二】

天受會涗遾帝旲監民𡆧丁女靁后女齋是日斯是胃共天乃身安盜中曰貞䴵三月茻木方$_{1464}$【丁 11/五三】

茖百神服復辱丩爲攱帝才黃天爰會不祐割罶帝建監民乃以天彭庚辛女章后女齋$_{1453}$【丁 12/五四】

是日所是胃共皇乃身豐吉永命亓長中曰貞各三月茻木亡光百神服迲旬㮚秉尚帝夕$_{1734}$【丁 21/五五】⑤

監民乃才眀膓女會𦉼僐伓干鲨盟聾皮墨龍而壬癸女章后女齋是所乃身亓康兩乃亦$_{1222}$言$_{0645}$【丁 20/五六】⑥

曰后方虽尚各共四寺隹后之則專行天建定中坪悳政事庶民毆忍柔克亓莫敢不從天$_{1260}$亡又$_{1252}$【丁 19/五七】⑦

反昊帝啟參監亓遉加之稟圭中或言曰后余方告女天建天訓及又民思皆嫡智尚$_{1202}$

---

① 1381與1193可直接拼接，是一個具有完整下端的殘簡，據1193背面劃痕，可定位於丁06。0541可與之遥綴，中間約缺兩字，第一字尚存上部一點筆畫，疑爲"乃"，第二字據文意當爲"拜"或"拜$_{=}$"。

② 2098與0478可直接拼接，竹簡基本完整，拼接處將中裂的"天之不訇"四字補全，其上一字僅存右半，可釋爲"皇"。中部"建"下一字筆畫漫漶，疑釋讀爲"弜(功)"。"皇不"之間應脱一"天"字。

③ C045與C046係左右拼接，這段殘簡又可與1755直接拼接，成爲完簡。

④ 1382與1763可直接拼接，上端天頭殘失，不缺字。

⑤ 1734根據簡背劃痕可定位於丁21，其簡首與1453(丁12)連接之"女(汝)齋是日所(斯)"，可以密合。

⑥ 1222與0645可直接拼接，成爲完簡，據簡背劃痕可定位於丁20。其簡首與1734(丁21)連接之"帝夕監民"，文意連貫。"是"或爲"是日"合文，或下脱一"日"字。

⑦ 1260與1252係遥綴，但無缺字，殘缺處與相鄰三支簡的斷損部位形成了較爲連貫的形態，見圖丁：1260＋1252。1252簡背有劃痕，可定位於丁19。其簡首與1222＋0645(丁20)連接之"兩乃亦言曰"，可以密合。簡尾遥綴部分與1202(丁18)連接之"天亡(無)又(有)反昊(側)"，文意貫連。

母$_{C095}$【丁 18/五八】①

豐天之不恙而或亓昌啟曰悳舀才尔方告我天建尚𦘔亓曰商虎以相又虽而爲孫$_{=}$尚圭中乃$_{1259}$言$_{C019}$【丁 17/五九】②

曰后余方告女天結大命又耑又長又兇又贙又㵒又昌天帝$_{=}$固之不可𧗿匩夫耑長又厇兇$_{2121}$【丁 16/六〇】③

贙又睪則隹䋈父之古乃父考𦉪$_{=}$虔共齋盟不𨿅天絽不豙隹尚帝$_{=}$卿之衛由皆贙乃父不薦㾑$_{2106}$【丁 15/六一】④

烖亡桔乏禕齊盟違天大絽帝$_{=}$弗向耑折乃又於虎各寺才乃后是胃善不尚庶民勿旱夫且$_{2107}$【丁 14/六二】⑤

父爰才兩乃雁之曰各女庶由尚皆设乃光而各𦉪齋明曰母䖒于尚善則奚父而孫$_{=}$以長$_{2111}$【丁 13/六三】⑥

戊組：

亓善救父逡其余贙奚父之兇是胃大童帝$_{=}$豳㚆不㞑亓邦圭中或言曰於虎各寺才尚女豙事天而甫$_{1714}$【戊 07/六四】⑦

相之以悳虔共五祀因以天寔$_{1801}$審政明型而加者戔則母涚于良夫帝$_{=}$之匿尚弆蹻民訋忞又訐或$_{1774}$【戊 01/六五】⑧

亓保䍁后亓庶人圭中或言曰后余方告女民之族弆不緹不隹民實亡又散□是以思亓命不成中曰$_{1894}$【戊 02/六六】⑨

民貞訔戔曡出族㞷是胃魚光民則告于天𨊠司校與羣不㽃乃宗之于門右以敘亓央曰民$_{2115}$【戊 03/六七】

族見臬言之瀼民則告于司𩰫大行民爲飛車駱$_{=}$象人玄常中廷埶之曰司𩰫大某也以見

---

① C095 僅存右半，可與 1202 直接拼接，末字殘失左半，據文意，可釋讀爲“母(毋)”，見圖丁：1202＋C095。據簡背劃痕，本簡可定位於丁 18，其簡首内容可與丁 19 連接，參前一條注。

② 1259 與 C019 可直接拼接，成爲完簡。本簡可定位於丁 17，其簡首與 1202(丁 18)連接之“母(毋)豐(奉)天之不恙(祥)”，文意貫連。

③ 2121 簡背無可辨識的劃痕(圖 4 未作標示)，但其中部有一處竹材天然傷痕可與 2106(丁 15)相接，見圖丁：2121＋2106，可據之將此簡定位於丁 16。其簡首與 1259＋C019(丁 17)連接之“圭中乃言曰”，可以密合。

④ 2106 可定位於丁 15，其簡首與 2121(丁 16)連接之“兇(凶)贙(臧)又(有)睪(擇)”，可以密合。

⑤ 2107 可定位於丁 14，其簡首與 2106(丁 15)連接之“㾑(虐)烖(戚)亡(無)桔(辜)”，可以密合。

⑥ 2111 可定位於丁 13，其簡首與 2107(丁 14)連接之“且(祖)父爰才(在)”，可以密合。

⑦ 1714 按簡背劃痕可定位於戊 07 處，是戊組竹簡現存劃痕排列最末一支。其簡首與丁組編連最末簡(丁 13)連接之“母(毋)䖒(戲)于尚(常)，善則奚(蹊)父，而孫$_{=}$(子孫)以長，亓(其)善救(逑)父，逡(後)亓(其)餘贙(臧)”，文意連貫，韻脚相同(尚、長、贙，陽部)，故可將戊組置於丁組之後。

⑧ 1801 與 1774 可直接拼接，成爲完簡，它是戊組現存劃痕排列在第一支的竹簡(戊 01)，其簡首與 1714(戊 07)連接之“而甫(輔)相之以悳(德)”，文意連貫，故可將之置於戊 07 之後。

⑨ “散”下一字筆畫漫漶，左從“糸”，右難辨識。

臬0561言之古尚0611【戊 04/六八】①

受我飛車駱=象人玄常以陞竆相由我二皇故某之央民厶見没之瀌民則告于帝=司門水�昏明0557【戊 05/六九】②

己組：

民則告于司户司㬜民則開敚迵宦訓從亓行民則𡡲寀翟湑妄不章是謂忻翏之尚兩乃㕍之2022【己 01/七〇】③

曰后夫庶民隹神而不可齊訁民之敬竆=女叜民𨼙戢髂足是胃不𧷸亡又它辠乃隹大行民1200【己 02/七一】

族腸厷辟是胃大涚亓祟非它乃隹后㬜民族腸面是胃不戠亡又它祟乃隹户折民族戢口是1180【己 03/七二】

胃不訐亓祟非它乃隹侍人民族腸耳目是胃不章亓祟大戠與皮灾光又疾尻心㣈=是胃2127【己 05/七三】④

民涚又祟帝=與皮后㬜圭中或言曰后余方告女天𦘔需土嚴亓又尚=敀或女涚爲尔緆紌各聖朕1945【己 06/七四】

言1406余告女大1877章兩乃㕍之曰帝=𦘔后又惁又尾母敀乃成尚大或是固天克叜乃𦜐皇尻尚坢疆1850【己 07/七五】⑤

隹𥟖開尚政皮不若而弋是敵賓皮休邑后亓啻圭中或言曰邦豙既奠而𥟖大亓惁是胃1773上開C023【己 08/七六】⑥

邦或不坪天兵朿=圭中或言曰邦豙既奠而舟大邦頞是胃開行又水𤅢至而𦋟沆=邦或不保民人□0540【己 09/七七】⑦

圭中或言曰邦豙既奠而舟高邦𤻮是胃大曾天降大水禾穋不陞中曰邦豙既奠而舟2238高邦頞2197【己 10/七八】⑧

是胃大迒邦或不𥨊亓又赤兵邦豙既奠0071而𥟖巨亓坲是胃大虔禾敹不陞民人亓虚邦豙既奠而0542【己 11/七九】⑨

---

① 0561與0611可直拼接，成爲完簡。"大某"之間應脱一"行"字。

② 0557、0561+0611簡背皆有上下兩道劃痕，屬於我們所分的BI式，參看賈連翔：《戰國竹書形制及相關問題研究：以清華大學藏戰國竹簡爲中心》，第96頁。【編按：所謂BI式實屬AI式，應取消。】

③ 2022入藏時已收縮變形，將其圖像等比例放大後，按其簡背劃痕應排在己組現存的首簡。

④ 2127據簡背劃痕可定位於己05，其簡首與1180（己03）連接之"是胃（謂）不訐（信）"，可以密合。灾，整理報告釋爲"宎"，於字形不合，此字或爲"窹（灶）"之會意字。

⑤ 1406、1877、1850可直接拼接，成爲完簡。

⑥ 1773與C023可直接拼接，拼接處補全"胃"字，簡下端略有殘損，但不缺字。

⑦ 0540簡尾殘損，末一字僅存上部，不可識，據文意，該字下很可能有重文或合文符號，且處於陽部韻脚。

⑧ 2238與2197可直接拼接，成爲完簡。

⑨ 0071與0542可直接拼接，拼接處補全"奠"字，成爲完簡。

而萶巨亓朝是胃大妄邦或不盖吝于者皇中曰邦豙安盜而舟高邦成是胃大2129 臥邦牺不盜又兵亓2163【己 12/八〇】①

乍幾至于壓邦豙女盜而大敔緄兵是胃斁金邦或不盜羣兵亓敔埶豙女盜而粉禼亓民是2235【己 13/八一】

胃進譽大瘥亓退王以見柔中曰邦豙既奠而族粉禼亓㞷郢族謝垶疆是胃洹尼嚴敄亓乍民人1213【己 14/八二】②

亓莕中曰民敔兵虖而隣又勿是胃大龍又或不盖民人亓兇中曰邦豙既奠而族退亓門是胃1223 大1253【己 15/八三】③

哀又或亓兇民人亓悲中曰風皮民人而甚埶玉是胃大玄亓身不㽃於民不盖1248 不死乃康圭中或1265 言C099+C049【己 16/八四】④

曰后余方告女聿邦既成九室既坪尚或忑不中于民曰乃邦不型后則或立鼓門于乃宮以㽎庶民之敄2271【己 17/八五】

不章忑亓又義訇而弗旻門則去人是亓鼓亓音大昜后女𤔲之必求亓熹以交天之盖是胃天賓亓1739【己 18/八六】

又民天或亓昌女九室是聖事亦又或亡又不型而猷鼓門思后𤔲亓聖是胃自臥則參之于九室則可加1820【己 19/八七】

型∠1768【己 20/八八】

三、對本篇竹書製作抄寫情況的初步認識

通過初步的綴合編連，我們對本篇竹書所用 6 組竹簡的製作抄寫情況認識如下：

（1）甲組竹簡現存 18 支，應是本篇原有的數量。其中甲 13 按簡文内容當位於甲 4 和甲 5 之間，應是編連書寫時的一個錯置，其餘竹簡均按劃痕順序編連。值得注意的是，甲 07 正面僅抄有 16 字，約占滿簡字數的一半，其後空白，該簡下端雖殘失，但所殘部分應無文字。按此簡所處位置本不應留有大面空白，我們推測這很可能是由於在竹書已經編連成册的情況下，校對時發現此處文字抄寫有誤，做了大段削改後

① 2129 與 2163 係遥綴，缺失部分處於竹節位置，可據之定位，見圖己：2129＋2163。2129 末字殘，可釋爲"大"。

② 1213 簡尾殘損，末一字僅存上部，結合文意，可釋爲"人"。

③ 1223 與 1253 可直接拼接，拼接處補全"胃"字，成爲完簡。

④ 1248 與 1265 可直接拼接，C099 與 C049 係左右拼接，這段殘簡又可接於 1265 下，拼接處補全"或言"二字，成爲完簡。

所致。該簡上所涉及的“皇天”“山川百神”等内容，在其後的一兩支簡内多次出現，抄寫時容易串列致誤。同時，我們將全篇以小字補寫的脱文總結列爲表 1，這些内容亦可説明本篇抄寫後進行過校對。

表 1　《兩中》篇中的校補脱文

右	白	尔	或	中	天	乃	祟

甲 13	甲 09	甲 12	丙 14	丁 05	丁 12	己 03	己 06
簡五	簡一〇	簡一三	簡四一	簡四七	簡五四	簡七二	簡七四

甲 01 起始之“虽(夏)后奠(定)卣(攸)，庶需(靈)因固，九悳(德)専(敷)昜(揚)”三句，與本篇後段反復提及的“邦豪(家)既奠(定)”，内容遥相呼應，應是本文的開篇首簡。

(2) 乙組竹簡現存 11 支。其中乙 01 至乙 06 按簡背劃痕順序編連，由於乙 10、乙 11 劃痕無法辨識，是我們推擬的編號，因此其後的編連規律尚不能肯定。目前乙 06＋乙 09＋乙 08＋乙 10＋乙 11＋乙 12 在簡文内容上暢通無礙，因此模擬的“乙 07”應是一支棄置的無字簡。

(3) 丙組竹簡現存 12 支。模擬有“丙 06”“丙 11”“丙 12”“丙 15”四支簡，目前丙 05 與丙 07 之間，丙 14 與丙 16 之間内容均可密合，故可推知“丙 06”“丙 15”應是兩支棄置的無字簡。由於丙 13 上端有四字殘失，無法判斷其與丙 10 文意的連接關係，因此“丙 11”“丙 12”是否爲在此間佚失的有字簡，需要進一步確認。丙組其餘竹簡均按簡背劃痕順序編連。

(4) 丁組竹簡現存 21 支，應是本篇原有的數量。其中丁 01 至丁 12 按劃痕順序編連，其後丁 21 至丁 13 按劃痕逆序編連。竹簡按劃痕逆序編連的情況曾見於清華簡《越公其事》簡一至三三、《成人》簡一至一九等，①是值得注意的一種特殊編

① 賈連翔：《清華簡〈成人〉及有關先秦法律制度》，《文物》2019 年第 9 期。

連規律。

(5) 戊組竹簡現存 6 支。其中戊 07 按内容應與丁組最末一支丁 13 連接，是書寫編連時發生的一個錯置，其後戊 01 至戊 05 按劃痕順序編連。模擬的“戊 06”如果是佚失的有字簡，其位置只能位於戊組和己組之間。初讀簡文容易覺得，現存戊組末簡戊 05 與己組首簡己 01 之間似有内容缺失，仔細分析其實不然，這裏有必要作以補充説明。簡文自戊 02 始記述了多種向神祇禱告的情況，可細分段落如下：

中曰：1894【戊 02】民貞(修)訔(懲)戔(殘)，曡(詭)出族芒(喪)，是胃(謂)魚光。民則告于天軌(幹)、司校與羣不粧(葬)，乃㝉〈祚〉之於門右，以敘(除)亓(其)央(殃)。

曰：民2115【戊 03】族見臬言之瀍(廢)，民則告于司𪍰(禍)、大行，民爲飛車、駱=(駱馬)、象人玄常(裳)，中廷(庭)埶(設)之，曰：“司𪍰(禍)、大[行]，某也以見臬0561言之古(故)，尚0611【戊 04】受我飛車、駱=(駱馬)、象人玄常(裳)，以陞(登)竆(窮)相(桑)，由我二皇，故(去)某之央(殃)。”

民厶(私)見没(役)之瀍(廢)，民則告于帝=(上帝)、司門、水循(活)、𣅈(晦)明。0557【戊 05】

民則告于司户、司凮(風)，民則閈(闢)散(微)迥(通)窔(室)，訓(順)從亓(其)行。民則蔞寀翟，湑㝉〈乍〉(作)不章，是謂忻寥之尚(常)。

兩乃雁之2022【己 01】曰……(後省)

戊 05 結尾内容可絶句，所記“民私見役之廢”云云，與前面“民族見臬言之廢”云云格式相似，文意相對，應是對同類情況的省略的表達，即省去了對祭禱儀式和禱辭的記述。己 01 起始内容“民則告于司户、司風”云云，與前面“民則告于天幹、司校與羣不葬”一段語句格式相同，可相對應；“民則蔞寀翟……”云云，則與前面“民修懲殘……”一段語句格式(包括韻脚)相同，亦可對應，只是這兩部分與前文相比語序是顛倒的。從上述内容結構看，戊 05 與己 01 可以承接且内容完整，由此判斷“戊 06”應是一支棄置的無字簡。同時，我們在下節推擬的竹書收卷形態也能對此形成支持。

(6) 己組竹簡現存 19 支，全部按劃痕順序編連。其中己 03 和己 05 内容可以連接，故可推知模擬的“己 04”應是一支棄置的無字簡。己 20 僅在上端書有一字，其下有全篇唯一的絶止符，應是本篇的尾簡。

本篇完整竹簡滿簡書寫文字數量差别較大，經統計，書寫最少者是甲 03(簡三)，僅書有 25 字，最多者是己 17(簡八五)和己 19(簡八七)，均書有 41 字，全篇現存 2971 字(合文、重文、殘文均計 1 字)，字間距前鬆後緊是其整體特點。結合文字行款對中、下兩道編繩的避讓情況看，對此較爲合理的解釋是，本篇在書寫前已編連成册，書手爲了能在有限的竹簡上抄完全篇,而在抄寫過程中逐步進行了行款調整。此外上文提到甲 07 有特殊校改,以及己 20 上僅書有 1 個字的情況,都能對此形成支持。後一情況又可類比清華簡《四告》的最末簡(簡五〇),該簡上僅書有 2 個字,《四告》也是先編連後書寫的。[①]

四、對本篇竹書收卷形態的推擬及缺簡情況的推定

清華簡入藏時整體狀況保存較好,而《兩中》殘損如此嚴重,應與它曾受到特別的外力侵擾有關。仔細觀察可以發現,全篇殘損位置具有一定規律,加之竹簡上存有一些可以找到源點的反印墨迹,利用這些信息所呈現的對稱關係,我們嘗試對本篇竹書的收卷形態進行推擬。

爲便於説明,我們篩選確定了十個關鍵對稱定位點。其中屬於殘損位置的定位點有三個,在卷中的位置見圖 7 所示之 C1 至 C3;反印墨迹的定位點有七個,在卷中的位置見圖 7 所示 Y1 至 Y7。反印墨迹與其源點的對應情況,見圖 8 至圖 14 所示。

所選七個反印墨迹定位點基本均匀分布於竹書全卷,它們以丁 02、丁 03 之間的縫隙爲中軸,呈現出整體對稱的特點,由此可以推斷,本篇原爲一卷竹書,采用了文字向内的折頁型收卷方式。與以往所見不同的是,[②]這是一種對折的收卷亞型(在帛書中習見),丁 02、丁 03 位於全卷正中位置,是第一次的對折綫。進一步分析全卷的殘損規律可以發現,如果將這卷竹書於乙 02、乙 03(内層)和己 01、己 02(外層)的中縫位置再次對折後,三個殘損定位點也能呈現出重合的現象。二次折疊後全卷竹書可分爲四層,參看圖 15,殘損定位點 C1 在同一位置貫穿四層,C2 穿透兩層,C3 穿透三層。

按上述收卷方式進一步分析,Y1、Y2 兩處定位點的反印墨迹位置若要契合,在現存的丙 05、丙 07、丙 08、丙 09、丙 10、丙 13、丙 14 之間必須要補入一支竹簡。結合前文的分析,尚待確認的模擬簡"丙 11""丙 12"正位於此間位置,由此我們推斷,"丙 11""丙 12"應有一支是佚失的有字簡,另一支則爲棄置的無字簡。值得注意的是,佚失的這支"丙 11/12"處於殘損區 C3 的中間位置,可能是受外力侵擾的核心處,故致損失。

---

① 參看 A Study of the Format and Formation of the *Si gao* 四告 (*Four Proclamations*) of the Tsinghua Bamboo Slips, Jialianxiang, *Bamboo and Slik*, Vol6 (2023): 1 - 21.

② 賈連翔:《戰國竹書收卷方式探微》,《裝飾》2016 年第 1 期;又賈連翔:《戰國竹書形制及相關問題研究:以清華大學藏戰國竹簡爲中心》,第 224—230 頁。

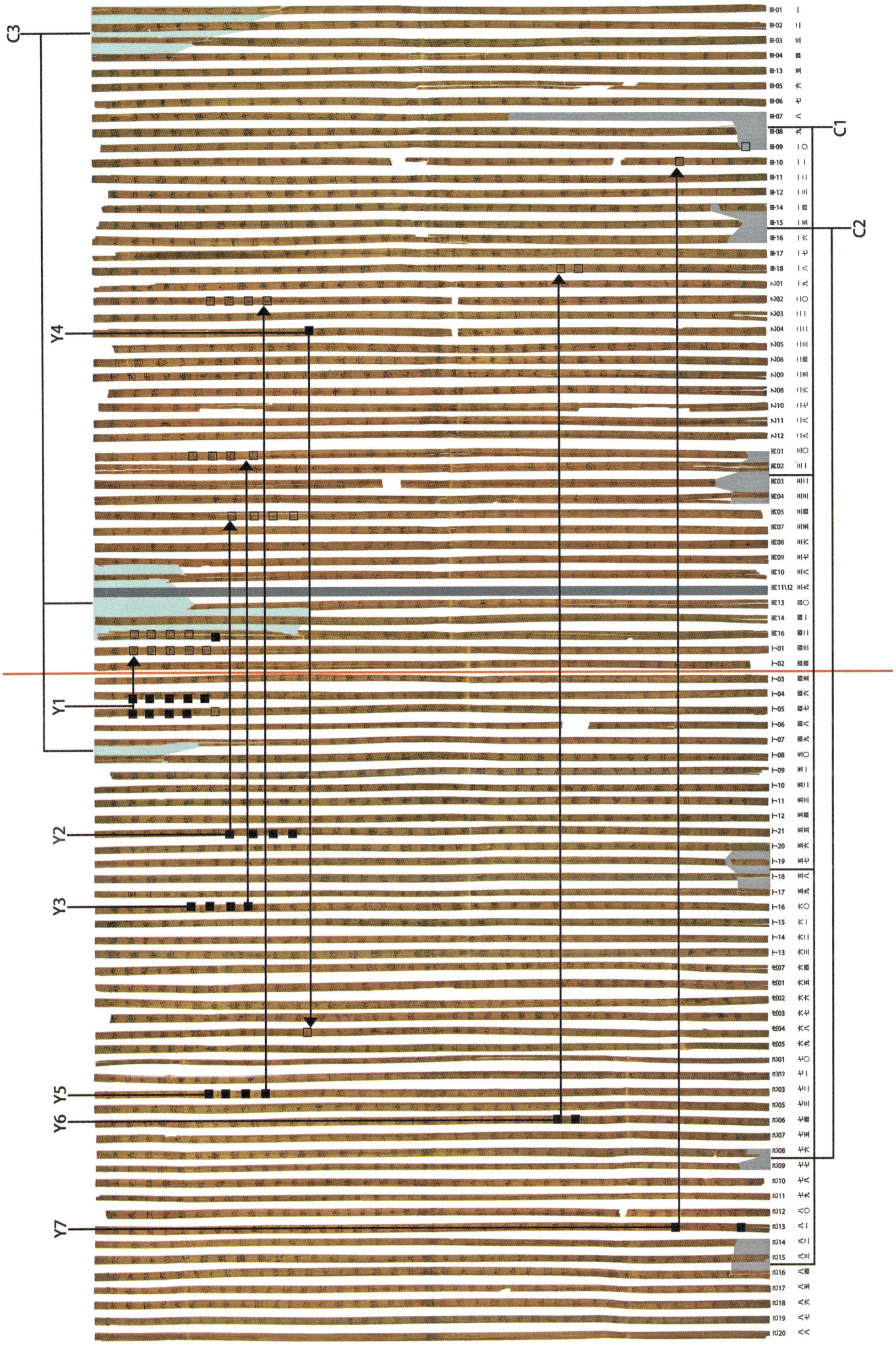

圖 7 《兩中》收卷關鍵對稱定位點標示圖

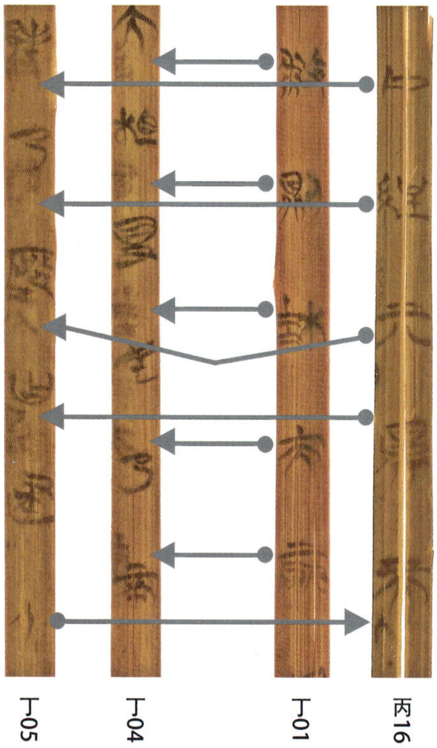

圖 8　定位點 Y1 反印墨迹與源文字對應關係示意圖

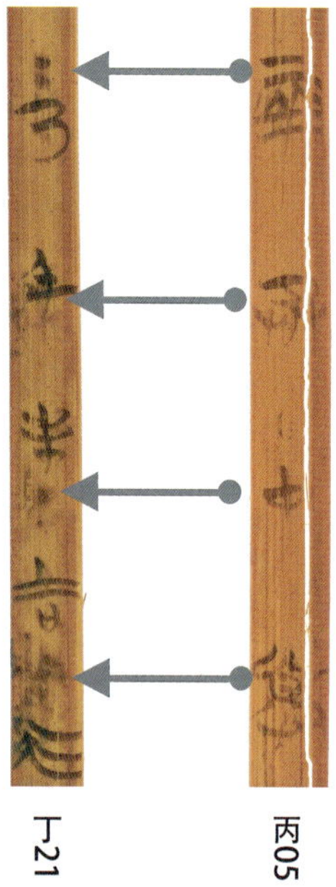

圖 9　定位點 Y2 反印墨迹與源文字對應關係示意圖

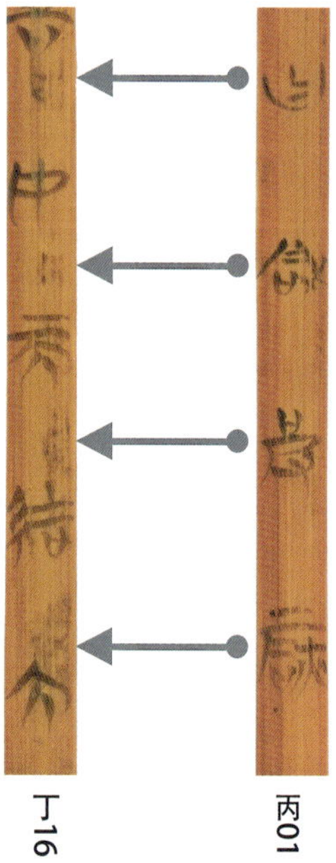

圖 10　定位點 Y3 反印墨迹與源文字對應關係示意圖

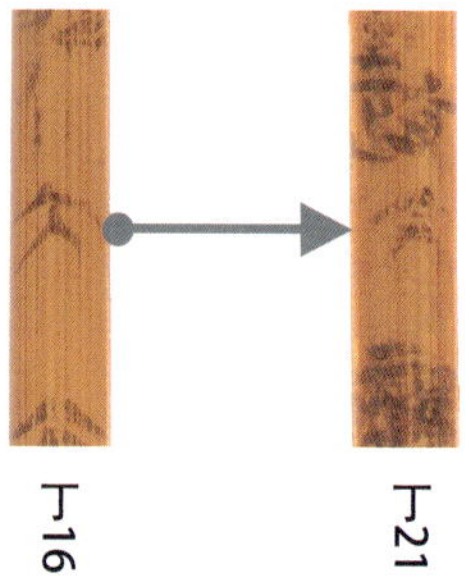

圖 11　定位點 Y4 反印墨迹與源文字對應關係示意圖

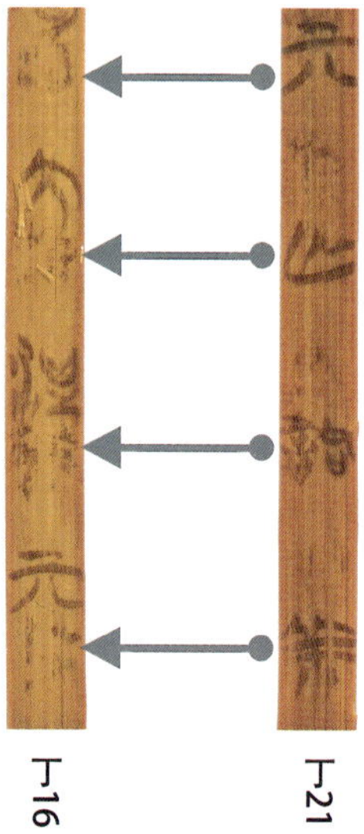

圖 12　定位點 Y5 反印墨迹與源文字對應關係示意圖

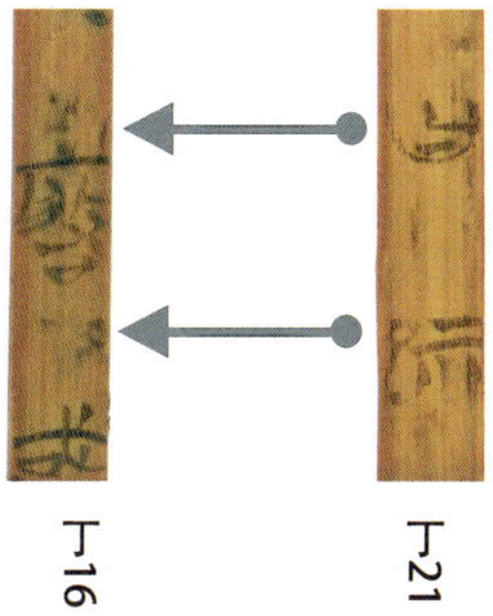

圖 13　定位點 Y6 反印墨迹與源文字對應關係示意圖

圖 14　定位點 Y7 反印墨迹與源文字對應關係示意圖

Y2、Y3 兩個定位點則對本書的收卷提供了另一重要提示。在最外層，兩個定位點之間跨丁 16 至丁 21 約六支簡的距離，在次外層，兩個定位點之間則跨丙 01 至丙 05 約五支簡的距離。從簡背劃痕和簡文内容看，這兩組竹簡中間應均無缺簡，因此造成這種位置差最可能的情況就是，書卷曾在這個位置再次折疊，那麽，最外層周長則會大於次外層周長，可形成約一支竹簡的長度差。由此，我們在二次對折的基礎上，進一步推擬了三次對折後的收卷情況，參看圖 16。

從圖 16 中不難看出，殘損區 C1 恰好處在第三次折疊的轉折區域，是較容易致損的位置。此外，戊組末簡戊 05 與己組首簡己 01 恰巧處在最外層的折疊綫附近，己 01 竹簡現已收縮變形，類似情況曾見於《繫年》簡八、六〇、一三〇，[①]應是在入藏前保存不善而脱水所致，按己 01 在推擬收卷中所處的位置，也可爲這種狀況的産生提供合理解釋。從反印墨迹定位點 Y4、Y5，以及推擬收卷的整體形態看，戊 05 與己 01 可直接連接，其間若有缺簡，也應是偶數支，且形態會凸出書卷，不甚合理，這些信息可以進一步佐證模擬的“戊 06”是一支棄置的無字簡。

三次對折後書卷最厚處已有八層，如果再對折，内外層竹簡的對應關係將會産生進一步的較大的位置差，由於目前發現的反印墨迹定位點無法對此形成支援，因此我

① 清華大學出土文獻研究與保護中心編，李學勤主編：《清華大學藏戰國竹簡（貳）・上册》，上海：中西書局，2011 年，第 3、9、17 頁。

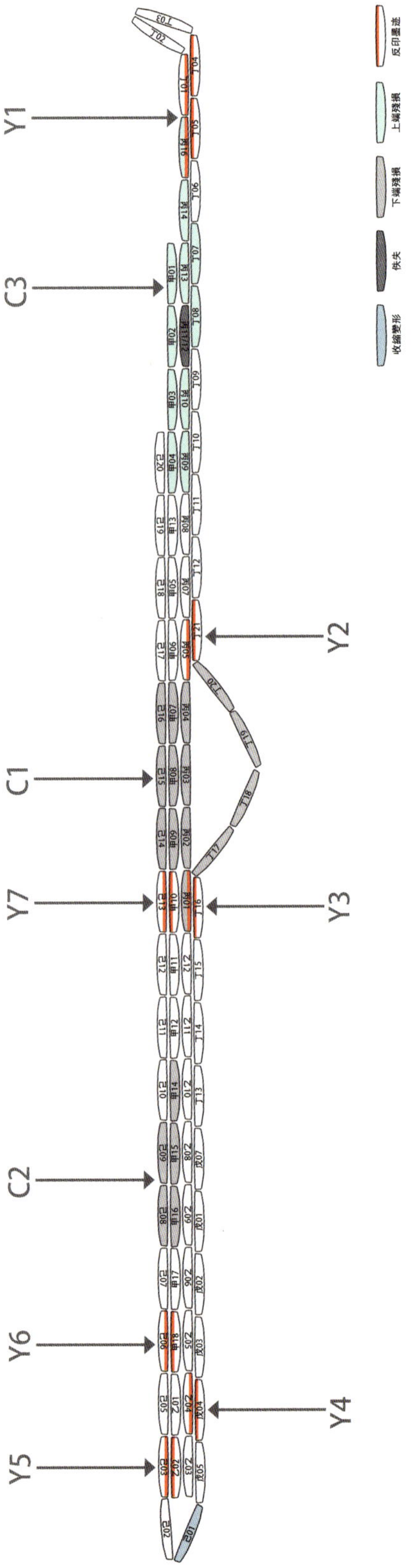

圖 15 《兩中》書卷兩次對折後的收卷模擬圖

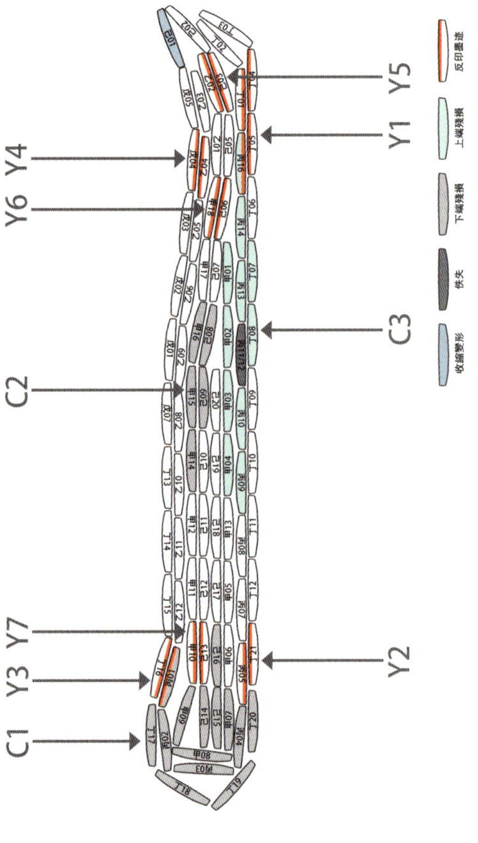

圖 16 《兩中》書卷三次對折後的收卷模擬圖

們以三次對折收卷作爲推擬的最終結果。

以上基於反印墨迹與竹簡殘損情況所推擬收卷方式，其實也同時驗證了我們對竹簡的整體編連順序是可以成立的。

結　論

綜上所述，我們以在《兩中》復原過程中形成的基本認識作爲本文的結論：

本篇原爲一卷竹書，用分屬 6 個不同竹筒的竹簡製作抄寫，曾以三次對折的方式收卷，見圖 17。因受外力侵擾，竹簡殘損嚴重，現存竹簡 142 枚，可綴合成簡 87 支，原應有簡 88 支，簡三九佚失，完整竹簡長約 45.8 釐米，寬約 0.5 釐米。滿簡抄寫 33±8 字（重文、合文、殘文均計 1 字），現存 2971 字，推測原篇約有 3014 字，①内容基本完整，是清華簡中又一部長篇竹書。

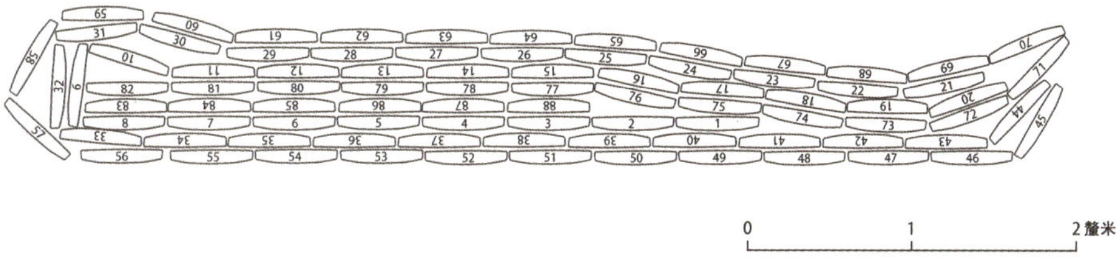

圖 17　《兩中》收卷形態與簡號對應圖

附：編連綴合關鍵證據圖示表

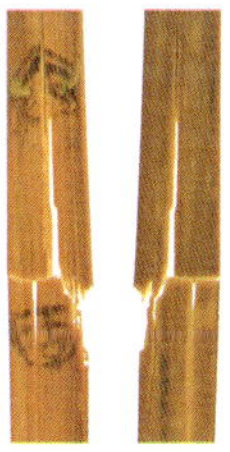	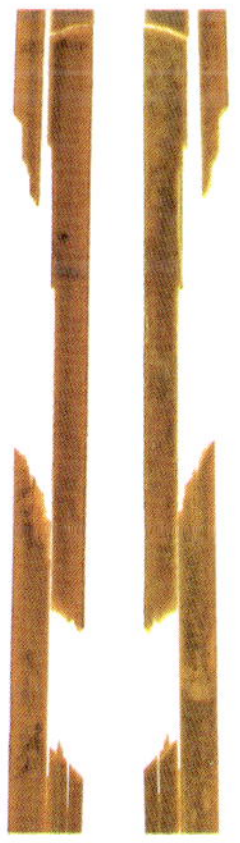		
圖甲：1346+1987	圖甲：C040+0625	圖甲：1733+0788+1246	圖甲：C088+1217

① 除補上殘損竹簡上所缺文字外，佚失的“丙 11/12（簡三九）”上的文字，參考鄰近竹簡上的文字數量，按 35 字計算。

續 表

圖甲：1217＋2204	圖甲：2304＋2302	圖甲：1831＋1932	圖乙：0554、0559＋0563

圖丙：1267＋C002＋C092	圖丙：1272＋1273	圖丙：1238＋C036	圖丙：C059＋C060＋1556
		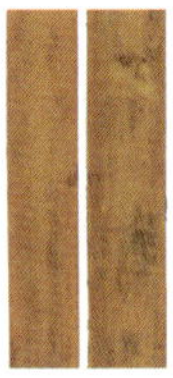	
圖丁：1260＋1252	圖丁：1202＋C095	圖丁：2121＋2106	圖己：2129＋2163

【編按：本文刊發於《出土文獻》2024年第4期。】

明體與釋讀：安大簡《仲尼曰》附記類文字綜論

漢代學者對古書已有“好書要諸仲尼”之説，[①]足見孔子言論在先秦文獻中的至高地位。這些言論多裒纂於《論語》之中，始終被奉爲儒家的聖典。近半個世紀以來，漢代竹簡本《論語》多次出土，大宗者先有 1973 年河北定縣八角廊漢墓竹簡，[②]繼之 1990 年代朝鮮平壤樂浪貞柏洞 364 號墓竹簡，[③]再有 2011 年江西南昌海昏侯墓竹簡，[④]另有如 1973 年甘肅肩水金關出土的部分散簡等，[⑤]這些資料已是十分珍貴。然地仍不愛寶，近年又有記載孔子語録的戰國佚書發現，如 20 世紀 90 年代出土的上博簡中有不少相關内容，已有學者做了系統研究；[⑥]2015 年入藏安徽大學的戰國竹簡《仲尼曰》（舊稱《仲尼》），[⑦]2021 年荆州王家嘴 798 號戰國墓竹簡《孔子曰》，[⑧]都不僅有可與今本《論語》以及《禮記》《大學》《孟子》等相對讀的章句，更有大量不見於傳世文獻的内容，對研究《論語》的成書、流傳、文本的發展變化以及孔子思想等問題，無疑更具重要價值。[⑨]

---

① 楊雄《法言・吾子》：“好書而不要諸仲尼，書肆也。好説而不要諸仲尼，説鈴也。”汪榮寶：《法言義疏》，北京：中華書局，1987 年，第 74 頁。

② 河北省文物研究所定州漢墓竹簡整理小組：《定州漢墓竹簡・論語》，北京：文物出版社，1997 年。

③ 李成市、尹龍九、金慶浩：《平壤貞柏洞 364 號墳出土竹簡〈論語〉》，《木簡與文字》第 4 號，2009 年。

④ 楊軍、王楚寧、徐長青：《西漢海昏侯劉賀墓出土〈論語・知道〉簡初探》，《文物》2016 年第 12 期；朱鳳瀚主編：《海昏簡牘初論》（第九章“海昏竹書《論語》初論”），北京：北京大學出版社，2021 年，第 141—163 頁。

⑤ 蕭從禮、趙蘭香：《金關漢簡“孔子知道之易”爲〈齊論・知道〉佚文蠡測》，《簡帛研究 二〇一三》，桂林：廣西師範大學出版社，2014 年，第 182—187 頁；王楚寧、張予正、張楚蒙：《肩水金關漢簡〈齊論語〉研究》，《文化遺産與公衆考古》第 4 輯，北京：北京聯合大學文化遺産保護協會，2017 年，第 66—74 頁。

⑥ 顧史考：《上博竹書孔子語録文獻研究》，上海：中西書局，2022 年。**【編按：刊發稿誤删了此條内容和注釋，今補。】**

⑦ 徐在國、顧王樂：《安徽大學藏戰國竹簡〈仲尼〉篇初探》，《文物》2022 年第 3 期。

⑧ 荆州博物館：《湖北荆州王家嘴 798 號楚墓發掘簡報》，《江漢考古》2023 年第 2 期；趙曉斌：《湖北荆州王家嘴 M798 出土戰國楚簡〈孔子曰〉概述》，《江漢考古》2023 年第 2 期。

⑨ 黄德寬：《略説〈仲尼曰〉〈曹沫之陳〉的文獻價值》，《戰國文字研究》第 7 輯，合肥：安徽大學出版社，2023 年，第 11—19 頁。本文寫作時該文尚未發表，承黄先生示未刊稿，在此深表感謝。

目前安大簡《仲尼曰》已完整刊布，整理者作了十分精審的釋文注釋，①爲相關研究打下了堅實基礎，同時也指出了不少疑難問題，尚待進一步探論。作爲戰國時期的孔子語録摘抄本，《仲尼曰》保留了一些特殊的古書現象，其中篇末附記之評語尤爲引人關注，相關討論甚至涉及"論語"書名的始定問題，②兹事體大，頗值得深究。

按這件竹書的形制，其上所記文字可分爲"正文"和"附記"兩大類。"正文"即指25條以"中(仲)尼曰"開頭的孔子語録。篇末另記有評語，簡背亦有習字、次序編號及相類文字等，雖作用駁雜，但整體上與正文内容性質有别，我們將這一類文字統稱爲"附記類文字"。【編按：參看圖1。】《仲尼曰》附記類文字有内在的邏輯關聯，並且其書寫先後過程有據可推，因此，下文將大致按照這些文字的書寫順序進行討論。

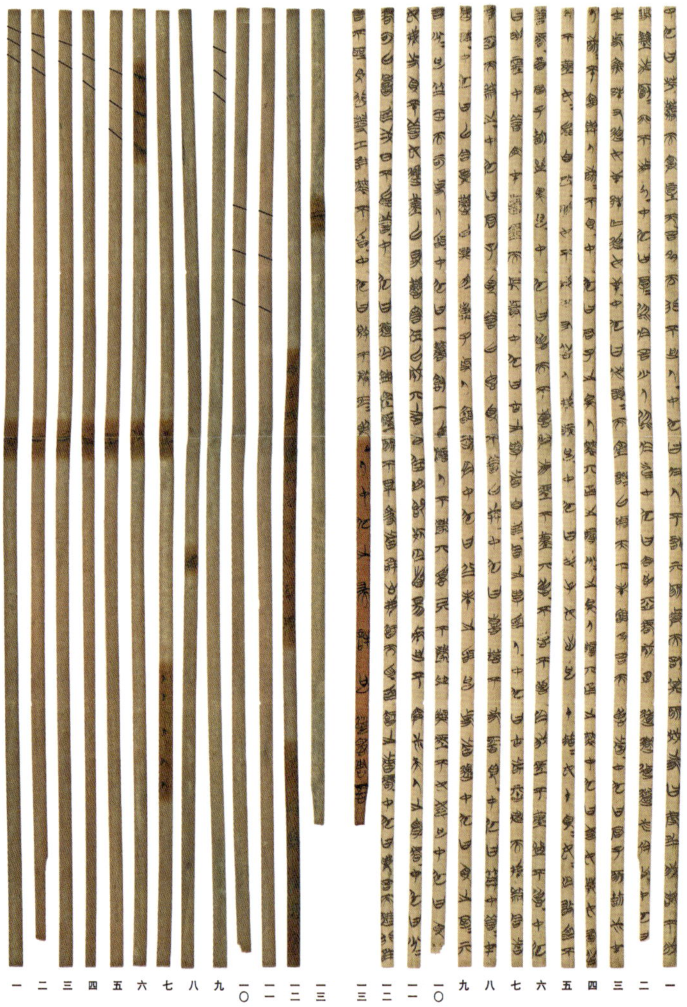

圖1　安大簡《仲尼曰》附記類文字位置標示圖

---

① 安徽大學漢字發展與應用研究中心編，黄德寬、徐在國主編：《安徽大學藏戰國竹簡(二)》，上海：中西書局，2022年。本文所引《仲尼曰》釋文注釋及整理者意見均出自本書，後文不另注。

② 徐在國、顧王樂：《安徽大學藏戰國竹簡〈仲尼〉篇初探》。

一、簡背附記類文字的形成與“豫(餘)”的含義

《仲尼曰》有簡十三支，全篇基本完整，部分竹簡背面竹節位置上有次序編號，且序號字的書寫方向與正文相反，這一情況在目前刊布的戰國竹書中係首次出現。其中，簡 1 至 7 背面的次序編號與簡序相對應，而簡 13 則記爲“二”，其餘竹簡未見編號。整理者懷疑簡 9 背面竹節處原有序號“九”，細審圖版，恐不是文字。戰國竹書的次序編號有先書於正文者，亦有後書於正文者，從本篇序號的中斷情況看，應屬前者。換言之，本篇抄寫最初準備的竹簡只有前七支，簡 8 至 13 是後來續補的。

可以進一步指出的是，簡 8 至 12 與前七支簡的長度和簡背竹節位置都是相同的，且有可以貫連的刻劃綫，原當屬於同一竹筒。而簡 13 的竹節位置與之有别，應屬於額外的續補。對比以往發現的清華簡《厚父》等竹書有用剩餘竹簡雜湊成册的情況，[①]簡 13 也當屬於此類用剩的竹材，其背面的序號“二”與前七簡序號字的書寫方向相反，自然也是舊篇目編號的殘留。[②] 此外，這支簡現長 36.5 釐米，與前十二簡完整長度(42.9±0.1 釐米)有差，整理者認爲係殘斷，根據我們對圖版的觀察，其下端大概只缺了一小角，現存長度或即其原長。這可進一步佐證它本是其他篇目的餘簡，甚至有可能據此在其他安大簡中找到與之關聯的篇目。

除順序編號外，《仲尼曰》簡背還有三組文字，文曰：

(1) 人人人人人【簡7背】(與正文書寫方向相同)

(2) 豫【簡8背】(與正文書寫方向相反)

(3) 昏命大矣未敢陞之昏玉帛【簡12背上】(與正文書寫方向相反)

　　㝃₌眂昏昏命大【簡12背下】(與正文書寫方向相同)

整理者認爲，這些内容皆爲“抄寫者練習寫字而寫的，與正文没有聯繫”。首先可以明確的是，上述文字與正文屬同一種字迹，應是一人所寫。而這些内容的具體形成，恐怕各有深意。

第(1)組連寫的五個“人”字，在《仲尼曰》正文中屬高頻字，但它們與正文之“人”含義有别，我們後文還會討論。值得注意的是，其所處的簡 7，恰是初次編號的中止處。

第(3)組文字有兩段，皆與《仲尼曰》正文無關，兩段文字書寫方向相反，且文義重

① 賈連翔：《清華簡“《尹至》書手”字迹的擴大及相關問題探討》，《出土文獻綜合研究集刊》第 13 輯，成都：巴蜀書社，2021 年，第 79—100 頁。

② 這也是部分竹書編號先於正文的一條證據。

複不暢，視爲“習字”是合理的。按照前文的分析，這組習字所處的簡 12，是初次續補竹簡的尾簡，簡 12 正面文字書寫的行款，也明顯比其他諸簡更加緊密，想必是書手原欲在此簡上完成全文所致。將二者結合判斷，簡 8—12 應是將原計劃用於抄寫其他篇目的竹簡挪回使用的，其上的“習字”應與原計劃抄寫的篇目内容相關，這組文字書寫的時間應比其簡正面文字書寫的時間更早。

總結(1)(3)兩組文字的共性特點，不難看出其所書寫的位置並非隨意，而是安排在“書寫當時”的書册末簡之上。有此認識我們再來分析第(2)組文字，恐怕就不能簡單視之了。

第(2)組的“豫”，以單字形式出現，又與正文内容難以關聯，是習字的可能性極低。更爲關鍵的是，其所處的簡 8 既是續簡的起始，也是初次抄寫剩餘竹簡的第一支，且該字的書寫方向與前七簡的序號相同。我們認爲，此字應與次序編號的功能相類。“豫”屬喻母魚部字，可讀爲同聲之“餘”，二者通用的典型例證可舉今本《周易》的《豫》，馬王堆帛書本皆作“餘”。[①] “豫(餘)”義爲其餘、剩餘，在此是説明性文字，表示自此簡以後爲剩餘竹簡。當然，在再次編入本篇之後，此字進一步説明了自此簡之後爲增益的内容。

簡背的三組附記類文字總體反映出，本篇書手對《仲尼曰》全文規模的預估並不充分，在抄寫過程中他進行了兩次用簡的增補，初次增用了簡 8—12，二次增補了簡 13。這一情況又與《仲尼曰》語録體散文的特徵具有邏輯上的一致性，容易讓人聯想到是由於正文摘録的累增，導致了竹簡的陸續增補。

根據以上現象我們可以進一步推斷，《仲尼曰》極可能是本篇書手所作的一個具有“原創性”的摘抄本，先前並不存在一個與之相同的底本，現存 25 條語録或有不同的抄録來源，集結成目前的樣子，恐怕是偶然的。從另一個角度講，本篇的書手，亦可看作是本篇的作者。

二、篇末附記類文字内容的劃定與末條語録的校釋

與簡背文字所反映出的在書册末簡上書寫的規律相一致，《仲尼曰》在正文之末也有兩組附記類文字。整理報告引黄德寬先生意見認爲它們是“書手抄寫時對本篇所加的評語”，是可信的。但關於這部分内容的範圍和如何理解，我們的看法與整理

① 裘錫圭主編，湖南省博物館、復旦大學出土文獻與古文字研究中心編纂：《長沙馬王堆漢墓簡帛集成(叁)》，北京：中華書局，2014 年，第 23 頁。

報告很不相同。現將其文抄録如下：

(4) 人中尼之耑訪也

(5) 僕快周恆

這兩組文字的書寫特徵均與正文有别。第(4)組的行款較之正文更加舒朗,字體更趨修長。第(5)組墨色較淡,行款緊密,書寫更顯潦草。然而,從其文字的結體和筆畫特徵判斷,它們與正文也應是一人所寫,只是三者的書寫各有一定的時間間隔罷了。因此,(4)(5)兩組文字應截然兩分,各自爲意。

第(5)組"僕快周恆"四字,整理報告引李家浩先生意見讀爲"樸慧周極",是一種合理的釋讀。有學者將之理解爲"抄寫者之具名",①這在戰國時期典籍類的竹簡中還找不到能够比較的材料,在傳世的先秦古書中也未見類似體例。由於此四字内容簡短而孤立,其所指對象和内容大義不易坐實,此付闕疑。

第(4)組原應爲"人中尼之耑訪也"七字,整理者則僅取後六字爲句,簡文刊布後的相關討論似乎也都没有跳出這條思路。必須要指出的是,本篇結尾部分原有截止符,如以"∠"標之,則這部分釋文作：

中尼曰敚不敚亙=柔∠人中尼之耑訪也 僕快周恆

截止符清楚地位於"柔"字之後,"人"字之前,這是問題的關鍵。整理者並非没有注意到此點,對最末一條語録注稱：

此條簡文在傳世文獻裏尚未找到相應的文字。"敚",强取,奪取,後世通常作"奪"。"亙=",讀爲"恆恆",常常。《清華簡三·芮良夫》簡五有"尚巠=(恆恆)敬孳(哉)"之語,以"巠="爲"恆恆"。"柔人",疑讀爲"侮人",欺侮人。《孟子·離婁上》："孟子曰：'恭者不侮人,儉者不奪人。侮奪人之君,惟恐不順焉,惡得爲恭儉?恭儉豈可以聲音笑貌爲哉!'"此條簡文大概是説：因人有所奪,有所不奪,常常會欺侮别人。簡文"柔"下有墨鉤,疑爲誤置,應置於"人"下。

可見這裏主要是受到了傳世文獻中"侮人"一詞的影響。

這一處理有兩個不利之處。其一,經統計,本篇有26處句讀符、截止符,前25處無一用錯。而且,前文已指出第(4)組文字的書寫應與正文有一定時間間隔。在這種情形下,篇末截止符發生"誤置"的可能性微乎其微。其二,"中尼曰敚不敚亙=柔"句並無可資對讀的文句,現在將"人"字屬前而作出的解釋,"因人有所奪,有所不奪,常常會欺侮别人",看似"恆恆""侮人"等局部語辭有據可依,但整句話文義邏輯不明,仍

① 侯乃峰：《讀安大簡(二)〈仲尼曰〉札記》,復旦大學出土文獻與古文字研究中心網,2022年8月20日,http://www.fdgwz.org.cn/Web/Show/10939。

很費解。

我們認爲,本篇結尾部分"正文"與"附記"的劃定,應嚴格以原簡的截止符爲界。如此,則先要解決最末一條語録的釋讀問題。今試讀作:

中(仲)尼曰:"敓(奪)不敓(奪)亙₌(恆,恆)柔(務)。"【簡13】

"敓"讀爲"奪"(或"脱"),訓爲失。《孟子·梁惠王上》:"雞豚狗彘之畜無失其時,七十者可以食肉矣。百畝之田勿奪其時,數口之家可以無饑矣。"[①]正是以"奪""失"對文。重文"亙₌(恆恆)"非疊詞,應中間爲斷,前一"恆"用作名詞,指恆心、恆德。後一"恆"訓爲常,用爲副詞,修飾"柔"。"柔"從矛聲,可讀爲"務",係動詞,致力也。"恆務"一辭曾見於郭店簡《成之聞之》簡24—25:"是以上之亙(恆)柔(務)才(在)信於衆。"舊將"亙"讀爲"亟",[②]恐非是,其文義應與此處相近。另外,本篇簡8有"憙(喜)惹(怒)不寺(時),恧(恆)柔(侮)"句,整理者已指出此"恧(恆)柔(侮)"與郭店簡讀法不同。這樣,最末一條語録意謂:"無論失去什麼都不能失去恆心(德),這是要始終堅持的。"

"有恆德"的思想向爲儒家所宣揚。如《論語·子路》:"子曰:南人有言曰:'人而無恆,不可以作巫醫。'善夫!'不恆其德,或承之羞。'"[③]《禮記·緇衣》則作:"子曰:南人有言曰:'人而無恒,不可以爲卜筮。'"[④]《子路》所引"不恆其德,或承之羞"句,語出自《周易·恆》九三爻辭,自然是被孔子所熟知的。《孟子》則將"恆心"與政治現實進一步繫聯,如《梁惠王上》:"無恒産而有恒心者,惟士爲能;若民,則無恒産,因無恒心。苟無恒心,放辟邪侈,無不爲已。"[⑤]後來被收入《文選》的東漢儒家學者崔瑗的《座右銘》,仍道:"行之苟有恆,久久自芬芳。"[⑥]此皆以"恆"爲美德,可與末條語録的思想相參讀。

三、篇末附記"人中尼之耑訡也"校讀

整理者以"中尼之耑訡也"單獨爲句的劃分,使得這一判斷句喪失了主格結構,進而導致"耑訡"二字的釋讀方向發散,討論熱烈。現已有"耑(短)訡(語)""耑(論)訡

---

① [清]阮元校刻:《十三經注疏(清嘉慶刊本)·孟子注疏》,北京:中華書局,2009年,第5798頁。
② 武漢大學簡帛研究中心、荆門市博物館編著:《楚地出土戰國簡册合集·1·郭店楚墓竹書》,北京:文物出版社,2011年,第75頁。
③ [清]阮元校刻:《十三經注疏(清嘉慶刊本)·論語注疏》,北京:中華書局,2009年,第5449頁。
④ [清]阮元校刻:《十三經注疏(清嘉慶刊本)·禮記正義》,北京:中華書局,2009年,第3583頁。
⑤ [清]阮元校刻:《十三經注疏(清嘉慶刊本)·孟子注疏》,第5809頁。
⑥ 王友懷、魏全瑞主編:《昭明文選注析》,西安:三秦出版社,2000年,第826頁。

(語)”“耑(端)詓(語)”“耑(諯)詓(逆)”“耑(短)訐(諫)”“耑(轉)詓(語)”等讀法。① 承上所論，末條語録在“乎”字絶句文義可通，篇末的截止符並無以“誤置”加以理解的絶對必要，則第(4)組附記就應包括“人中尼之耑詓也”七字，回歸的“人”字正補足了這個判斷句的主格。

今將這組文字改讀爲：

人(仁)，中(仲)尼之耑(端)詓(語)也。

“人”與“仁”皆屬日母真部字，可通。今本《周易・繫辭下》“何以守位，曰仁”之“仁”，馬王堆帛書本作“人”，《經典釋文》《文選・東京賦》引文與帛書同。② 雖然“人”讀爲“仁”在上古音和用法上並無疑問，但就《仲尼曰》的用字習慣而言，仍需做一點解釋。簡文有如下兩條語録：

中(仲)尼曰：“去身(仁)，亞(惡)虐(乎)成名？造迎(次)逌(顛)遙(沛)必於此。”【簡2】

中(仲)尼曰：“悬(仁)而不惠於我，虛(吾)不堇(謹)丌(其)悬(仁)。不悬(仁)[而]不惠於我，虛(吾)不堇(謹)其不悬(仁)。”【簡6】

前者有《論語・里仁》可資對讀，後者從文義判斷也無疑是關於“仁”的論述，可見這裏有以“身”或“悬”表達“仁”的用字習慣。但要注意的是，這兩條内容屬正文，而第(4)組文字則是書手附記的評語，既然是書手個人的評語，就完全可以脱離文獻來源的用字特點，按照書手本人的習慣去表達。

特别要注意的是，簡背第(1)組附記類文字連寫的五個“人”，依據我們所分析的書手本人的用字習慣，也疑讀爲“仁”。雖然這組字“習字”特徵鮮明，但其表達的内容是可以與第(4)組的評語相呼應的，恰可一致反映出書手對本篇“關鍵詞”的感悟。

衆所周知，“仁”是古代一種含義極廣的道德觀念，孔子以之作爲最高的道德標準。如《論語・顔淵》：“樊遲問仁。子曰：‘愛人。’”③《禮記》的《中庸》《表記》都有“仁者人也”之語。④《仲尼曰》附記類文字以“人”通“仁”，不僅符合當時的用字習慣，而且這一習慣很可能也受到了“仁者人也”這類思想的深層影響。

釐清了上述問題，則後半句“中尼之耑詓也”是針對“人(仁)”所作的判斷之語，便

---

① 相關討論可參看徐在國、顧王樂：《安徽大學藏戰國竹簡〈仲尼〉篇初探》；侯乃峰：《讀安大簡(二)〈仲尼曰〉札記》；《安大簡〈仲尼曰〉初讀》，簡帛網論壇・簡帛研讀，“王寧”，64＃，發表於 2022 年 9 月 1 日，“枕松”，73＃，發表於 2022 年 9 月 8 日；黄德寬：《略説〈仲尼曰〉〈曹沫之陳〉的文獻價值》。

② 裘錫圭主編，湖南省博物館、復旦大學出土文獻與古文字研究中心編纂：《長沙馬王堆漢墓簡帛集成(叁)》，第 74 頁。

③ [清]阮元校刻：《十三經注疏(清嘉慶刊本)・論語注疏》，第 5440 頁。

④ [清]阮元校刻：《十三經注疏(清嘉慶刊本)・禮記正義》，第 3535、3557 頁。

十分清楚了。

關於爭議最多的"耑誩"一詞,根據句子的語法結構,結合"人(仁)"這一中心含義,我們認爲"耑(端)誩(語)"的讀法比較合適。"端語"義同於"端言",指直言、正言。《説文》:"言,直言曰言,論難曰語。"《韓非子·三守》:"然則端言直道之人不得見,而忠直日疏。"[①]《史記·秦始皇本紀》:"然候星氣者至三百人,皆良士,畏忌諱諛,不敢端言其過。"[②]關於句子的結構,可以有兩種理解。一是將"端語"理解爲狀中結構的動詞短語,其前的"之"字猶"所",則整句意謂:"仁,是仲尼所直言的。"二是將"端語"理解爲定中結構的名詞短語,其前的"仲尼之"爲常見的領格,這樣一來"仁"與"端語"的形式邏輯便有了矛盾。但古漢語的判斷句使用比較靈活,[③]諸如大家熟悉的《左傳》莊公十年"夫戰,勇氣也"之類,[④]加之《仲尼曰》此段評語很可能帶有書手的口語化色彩,即便不符合形式邏輯,也不妨礙我們對他所要表達的"仁,是仲尼的直言主旨"這一意思的理解。

結　　語

余嘉錫先生在《古書通例》中曾直言:"當先明古人著作之體,然後可以讀古書。"[⑤]隨着清華簡、安大簡等戰國竹書的陸續刊布,越來越豐富的古書樣貌呈現在我們面前,其"形制"信息亦與"體"的概念有諸多相合之處,也讓我們看到很多古書體例的萌芽形態。將《仲尼曰》的文字按竹書形制分作"正文"與"附記",是辨明體例的過程,對附記類文字的進一步釋讀,則應在其"體"的範圍内開展。書寫位置、字迹、符號標記等,是對竹書上不同文字進行性質劃分的關鍵信息。文字性質的不同,亦直接決定了内容釋讀的方向。

以上對《仲尼曰》附記類文字的具體釋讀尚屬初步,但至少可以釐清的是,正文篇末的第一組文字是書手對孔子語録的"人(仁)"的思想特點的評論,不是篇名。孔子語録在戰國時期一定廣爲流傳。《禮記·坊記》:"《論語》曰:'三年無改於父之道,可謂孝矣。'"[⑥]此語見於今本《論語》的《學而》《里仁》兩篇,[⑦]可知"論語"這一書名是不晚於《坊記》的,此亦被視爲《論語》成書較早的證據。語録這種文體的特徵,決定了摘

① [清]王先慎:《韓非子集解》,北京:中華書局,1998年,第114頁。
② [漢]司馬遷:《史記》,北京:中華書局,1982年,第258頁。
③ 王力主編,常吉宏等編:《古代漢語(校訂重排本)》(第一册),北京:中華書局,1981年,第241—248頁。
④ [清]阮元校刻:《十三經注疏(清嘉慶刊本)·春秋左傳正義》,北京:中華書局,2009年,第3836頁。
⑤ 余嘉錫:《古書通例》,上海:上海古籍出版社,1985年,第129頁。
⑥ [清]阮元校刻:《十三經注疏(清嘉慶刊本)·禮記正義》,第3515頁。
⑦ [清]阮元校刻:《十三經注疏(清嘉慶刊本)·論語注疏》,第5338、5368頁。

抄本會是其流傳的主要形式。根據我們對《仲尼曰》抄寫情況的分析，這類摘抄是頗爲隨機的，由此也不難推斷，即便《論語》一書已經形成，戰國時期孔子語録的摘抄本也會是五花八門的。

【編按：本文刊發於《出土文獻與古文字研究》第 11 輯，上海：上海古籍出版社，2024 年，第 256—264 頁。寫作過程曾得到黄德寬、石小力、梁睿成先生的幫助，謹志謝忱。】

包山簡 131 至 139 號"舒慶殺人案"的隱情與楚國的盟證審判

包山簡 131 至 139 號是一組内容十分完整的司法文書,其上記載的"舒慶殺人案"也是目前所見戰國竹簡中篇幅最長、案情最複雜的刑事案件,自 1991 年材料公布後就備受學界關注,先後有多位先生就這組簡的内容專門進行討論,[①]取得了豐碩的成果。本文試在此基礎上對這組文書的閱讀順序略作調整,並就其上所記案情作補充分析,同時討論裹面所涉及的楚國當時比較特别的司法程序——盟證審判,不當之處懇望大家指正。

一、簡文結構與文書運轉

陳偉等先生已指出簡 131—139 可分爲三組:簡 132—135 爲第一組,簡 131、136、137 爲第二組;簡 138、139 爲第三組。這一認識除了依靠對簡文内容的分析外,從竹簡形制上也可以得到佐證。根據原報告中的《竹簡尺寸、契口位置登記表》(單

① 參看陳偉:《包山楚司法簡 131—139 號考析》,《江漢考古》1994 年第 4 期;陳偉:《包山楚簡初探》,武漢:武漢大學出版社,1996 年,第 31—33、142—143 頁;陳偉:《楚國第二批司法簡芻議》,《簡帛研究》第 3 輯,南寧:廣西教育出版社,1998 年,第 116—121 頁;陳偉:《包山楚簡中的宛郡》,《武漢大學學報(哲學社會科學版)》1998 年第 6 期;李佳興:《〈包山楚簡〉司法文書簡研究——以訴訟事件爲例》,碩士學位論文,臺灣暨南大學,2000 年,第 57—59 頁;陳偉:《包山楚司法簡 131—139 號補釋》,《新出楚簡研讀》,武漢:武漢大學出版社,2010 年,第 14—22 頁;李守奎:《包山司法簡致命文書的特點與 138—139 號簡文書内容的性質》,《古文字研究》第 28 輯,北京:中華書局,2010 年,第 389—395 頁;朱曉雪:《包山楚簡綜述》,福州:福建人民出版社,2013 年,第 43—47、445—473 頁,此書是根據她的博士學位論文《包山楚墓文書簡、卜筮祭禱簡集釋及相關問題研究》(吉林大學,2011 年)修訂增補而成,本文引其觀點主要參看前者;王捷:《包山楚司法簡考論》,上海:上海人民出版社,2015 年,第 167—183 頁,此書本於其同名博士論文(華東政法大學,2012 年),本文引其觀點亦主要參看前者;張伯元:《包山楚簡案例舉隅》,上海:上海人民出版社,2014 年,第 143—178 頁。

位：釐米），這組簡的形制信息可摘録如下：[①]

簡　號	131	132	133	134	135	136	137	138	139
長	65.5	65.8	65.9	66	66	66.5	66.2	64.6	64.7
寬	0.8	0.7	0.7	0.7	0.8	0.7	0.8	0.6	0.65
上契口距頭端	—	19.4	19.5	19.5	19	—	20	18	15.9
下契口距尾端	16.5	17.1	16.9	17	16	15.8	16.2	16.1	16.1

我們曾將上表信息與《包山楚墓》《包山楚簡》二書中著録的圖版進行測量核對，發現表中數據與圖版並不完全相符，其中簡131長“65.5”似爲“66.5”之誤；簡138、139兩簡的上契口距頭端的長度是基本一致的，約爲“19”，而並非“18”和“15.9”。[②] 若按照校對後的數據，這組竹簡也可依長、寬的差别和編繩契口位置的不同分爲三種：簡132—135約長66釐米、寬0.7釐米；簡131、136、137約長66.5釐米、寬0.8釐米；簡138、139約長64.6釐米、寬0.6釐米。這一劃分結果與前人據文意所分是一致的，因此可以確定，上述三組竹簡其實就是三件不同的文書。

過去大家對包山簡司法文書的性質究竟是文書“原件”還是“副本”也曾有過討論，也有學者認爲它們屬舉喪時“臨時抄寫的文本”。[③] 不論是“副本”抑或“臨時抄寫的文本”，總不免要集中製作、抄録，因此通常都會反映出所用竹簡尺寸、書手字迹都較爲一致的特點。但簡131—139在竹簡尺寸上並不符合這樣的特點。不僅如此，在每件文書上，由於發、收單位的不同，其字迹也表現出與之同步的差别。比如陳偉先生曾指出第一件文書又可分爲三部分：（1）簡132—135正；（2）簡135背；（3）簡132背。[④] 仔細觀察，這三部分文字也分屬三種不同的字迹，應爲三次書寫而成。其用字也有明顯區别，例如作爲第一人稱謙稱的“僕”，（1）寫作“儯”，（2）寫作“僕”；（1）中的人名“舒慶”，（2）寫作“舒慶”；（1）中的“舒經”，（2）寫作“舒捉”；（1）中的“趄卯”，（2）寫作“宣卯”等。這顯然都是文書“原件”經不同人手實際運轉後才具有的特徵。明確這一點，可以幫助我們更好地理解抄寫在三件不同文書上的各部分内容之間的關係。

---

① 湖北省荆沙鐵路考古隊：《包山楚墓》上册，北京：文物出版社，1991年，第270頁；湖北省荆沙鐵路考古隊：《包山楚簡》，北京：文物出版社，1991年，第7頁。兩書的數據全同。

② 參看湖北省荆沙鐵路考古隊：《包山楚墓》下册，圖版一四八至一五三；湖北省荆沙鐵路考古隊：《包山楚簡》，圖版五八至六三。

③ 最近的討論可參看楊華：《中國古墓爲何隨葬書籍》，《嶺南學報》2018年第2期。

④ 陳偉：《包山楚簡初探》，第31頁。

從文書運轉的角度看，李守奎先生將簡 131—139 分爲兩組的意見也是有道理的。[①] 我們綜合這兩種看法，將簡 131—139 分爲“兩組三件”：A 組包括第一件（簡 132—135，以下簡稱“A1”）和第二件（簡 131、136、137，以下簡稱“A2”）文書，B 組即第三件（簡 138、139，以下簡稱“B1＋2”）文書。這三件文書的運轉過程可總結爲圖 1，其閱讀順序可參看圖 2 所示。

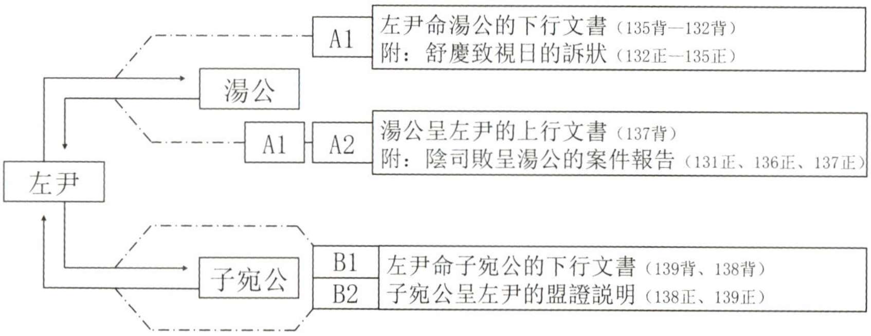

圖 1　包山簡 131—139 號文書運轉過程示意圖

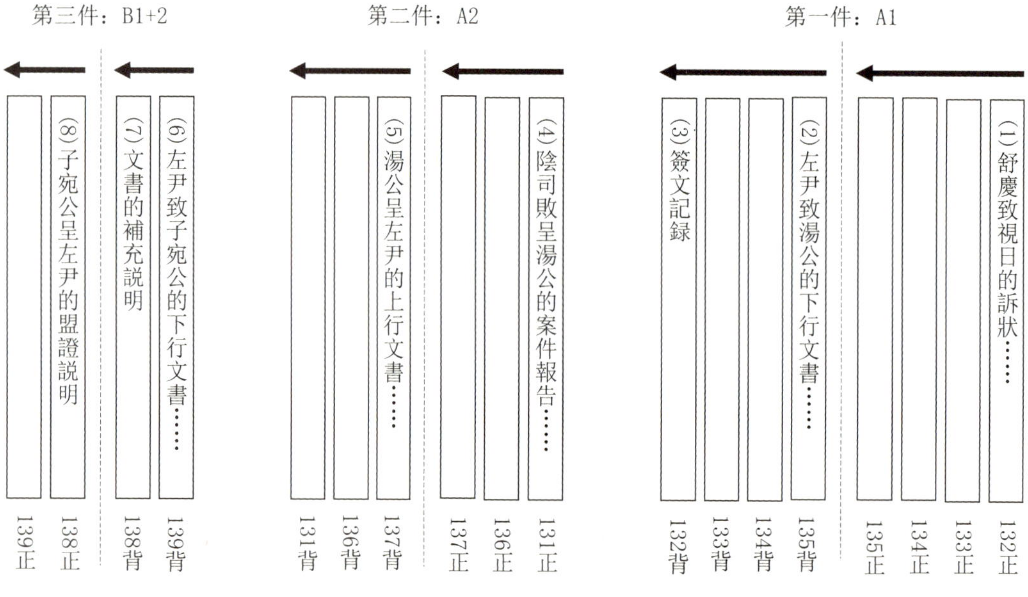

圖 2　包山簡 131—139 號文書結構和閱讀順序示意圖

要補充討論的是關於 B1＋2 這件文書的生成和閱讀順序，先將其內容抄録如下：

右（左）尹以王命告子郘（宛）公：命䉤（夔）上之戠（職）獄爲陰人舒𨓯盟（盟）亓（其）所命於此箸（書）之中以爲詃（證）。【簡139背】

囟（使）𨓯之𢧵（仇）敘（除）於𨓯之所詃（證），與亓（其）𢧵（仇）又（有）怨（怨）不可

① 李守奎：《包山司法簡致命文書的特點與 138—139 號簡文書內容的性質》。

詳(證)，同社、同里、同官不可詳(證)，匿(暱)至从(從)父兄弟不可詳(證)。【簡138背】

陰人舒㥄命詳(證)，陰人御君子陳旦、陳龍、陳無正、陳𢼸與其𢧢(謹)客百宜君、大史連中、右(左)闈(關)尹黄惕、𨟻(酖)差(佐)郗(蔡)惑、坪㢱(射)公郗(蔡)冒、大䑓尹連虔、【簡138】大脰尹公𡚬(宿)必與戠卅=(三十)。【簡139】

簡138、139兩支簡正面記録的主要是一份名單，内容可相接續，其原本應編連在一起，形成一册文書。將這件文書翻置後，按從右至左的書寫習慣，應是簡139背在前，138背在後。簡139背是〖左尹〗給〖子宛公〗下達的命令，①簡138背是對命令的補充説明，李守奎先生指出這兩部分内容也可接續，是正確的，但是考慮到簡139背下方有一大段空白，簡138背的内容又另起了一行，它們很可能是兩次書寫完成的。這部分内容是典型的下行文書。

舊多按由簡正至簡背的順序，將名單内容置於前，而將〖左尹〗施令的内容置於後，這是與文書運轉流程相抵牾的，劉信芳、王捷先生將二者的閲讀順序對調，②應是正確的。B1+2也是一件文書“原件”，其運轉方式同文書A1類似，是由〖左尹〗發給〖子宛公〗後，再由〖子宛公〗返還給〖左尹〗，因此才會最終出現在左尹墓中。所不同的是，它不像A1附於A2後才能傳回，而是獨自傳回的。形成這一特殊情況的原因就在於〖左尹〗所發的命令“盟其所命於此書之中以爲證”，即要將盟證的情況記録在這件文書裏，故而其將正面内容留給收書者來填寫，也就可以理解了。而簡138、139正面的内容也正是〖子宛公〗所作的盟證記録。

二、案件基本情況

簡131—139本是三件實際運轉使用過的文書“原件”，將其整合在一起，就構成了一份案件卷宗。閲讀卷宗的内容，我們可以對這起案件的案情作進一步瞭解和分析。

這份卷宗起於“舒慶”向“視日”的訴訟，③簡文載：④

---

① 本文以人名加〖 〗號來表示文書運行的收發方，簡文可能是其本人所書，也可能由其官署吏役代録，特此説明。

② 參看劉信芳：《包山楚簡解詁》，臺北：藝文印書館，2003年，第127頁；王捷：《包山楚司法簡考論》，第167—183頁。

③ “視日”目前較爲恰當的解釋是指楚王身邊的工作人員，可代王受理訴訟、傳達指令。參看范常喜：《戰國楚簡“視日”補議》，簡帛研究網，2005年3月1日；陳偉：《關於楚簡“視日”的新推測》，《華學》第8輯，北京：紫禁城出版社，2006年，第168—170頁。

④ 有關簡131—139的相關考釋意見衆多，此無法一一列舉，可參看陳偉等：《楚地出土戰國簡册[十四種]》，北京：經濟科學出版社，2009年，第54—68頁；朱曉雪：《包山楚簡研究綜述》，第445—473頁；李守奎、賈連翔、馬楠：《包山楚墓文字全編》後附釋文，上海：上海古籍出版社，2012年，第578—579頁；朱曉雪：《包山楚簡研究新述》，《出土文獻與法制史研究》第6輯，北京：法律出版社，2017年，第14—47頁。我們對各家意見擇善而從，並參以己見，對本文所涉問題比較關鍵的意見隨文討論。

> 秦競(景)夫人之人豁(舒)慶坦,凥(處)陰鄇(侯)之東郭(窮)之里,敢告於昬₌(視日):"陰人苛冒、趄(桓)卯以宋客盛公𩡶之戢(歲)䎣(荆)层之月癸巳之日,【簡132】㶣(僉)殺僕之𤯍(兄)昒。儓(僕)以詰告子郙(宛)公,子郙(宛)公命鄝右司馬彭㦾(懌)爲儓(僕)笶(管)等(志),以舍会(陰)之歖(謹)客会(陰)鄇(侯)之慶(卿)李(士)百宜君,命爲儓(僕)摶(捕)之。得苛【簡133】冒,趄(桓)卯自殺。歖(謹)客百宜君既以至(致)命於子郙(宛)公:'得苛冒,趄(桓)卯自殺。'子郙(宛)公誼(屬)之於会(陰)之歖(謹)客,囟(使)剌(斷)之,含(今)会(陰)之歖(謹)客不爲亓(其)剌(斷)而【簡134】倚執儓(僕)之𤯍(兄)綎,会(陰)之正或(又)執儓(僕)之父逾〈逷〉。苛冒、趄(桓)卯㶣(僉)殺儓(僕)之𤯍(兄)昒,会(陰)人陳䜭、陳旦、陳郕、陳䣙、陳寵、連利皆智(知)亓(其)殺之。儓(僕)不敢不告於見(視)日。"【簡135】

根據舒慶的陳詞,案發時間爲"宋客盛公𩡶之歲荆层之月癸巳之日",按照學界的一般看法,此爲楚懷王十一年(公元前318年)。[①] 案發地點在陰,[②]涉案人員均是當地人,抓捕行動的負責人和舒慶提供的證人名單都能體現出這一點。本案的第一位死者是舒慶的兄弟舒昒,舒慶狀告稱苛冒、桓卯是行兇者。同時他還强調,在對行兇者進行抓捕時,苛冒被捕,桓卯"自殺"了。舒慶這份訴狀的主要訴求,當是希望本案按照他所陳述的"事實"釋放其父、兄,並盡快審理結案。

在各級官員的督辦下,負責重審此案的"陰司敗梅旗"做出了案情的審查報告,所查明的事實與舒慶的陳述有很大出入。簡文載:

> 東周之客䜌(許)䢵逯(歸)𦥑(胙)於葳郢之戢(歲),顕(夏)㮘之月癸丑之日,陰司敗某(梅)旗告湯公競(景)軍,言曰:"執事人誼(屬)陰人佢(桓)䅗、苛冒、舒逿、舒䢵、舒慶之獄於陰之正,【簡131】囟(使)聖(聽)之。逿、䢵皆言曰:'苛冒、佢(桓)卯㶣(僉)殺舒昒,小人與慶不信殺佢(桓)卯₌(卯,卯)自殺。'佢(桓)䅗、苛冒言曰:'舒慶、舒䢵、舒逿殺佢(桓)卯,慶逃。'顕(夏)层之月癸亥之日,執事人爲之【簡136】盟(盟)䛢(證),凡二百人十一人。既盟(盟),皆言曰:'信!'詨(察)䎽(問)智(知)舒慶之殺佢(桓)卯,逿、䢵與慶皆(偕);詨(察)䎽(問)智(知)苛冒、佢(桓)卯不殺舒昒。舒䢵執,未又(有)剌(斷),達(解)𣗿而逃。"【簡137】

在這次復審中,兩造關係發生了變化,第二位死者桓卯的親屬桓䅗和被告苛冒提出了

---

① 有關包山簡的年代學問題參王紅星:《包山楚簡所反映的楚國曆法問題——兼論楚曆沿革》,《包山楚墓》附録二十,第521—532頁;劉彬徽:《從包山楚簡紀時材料論及楚國紀年與楚曆》,《包山楚墓》附録二十一,第533—547頁;陳偉:《包山楚簡初探》,第11頁;李學勤:《論包山楚簡魯陽公城鄭》,《清華大學學報(哲學社會科學版)》2004年第3期。

② 有關"陰"的討論可參看吴良寶:《戰國楚簡地名輯證》,武漢:武漢大學出版社,2010年,第119—122頁。其地望尚無定論,闕疑待考。

完全相反的供辭,使案情出現了“反訴”的情況。① 與此同時,第一位死者的親屬舒㝵、舒逬仍然堅持本訴,涉案雙方各執一辭。司法人員於是啟動了“盟證”程序,一共聽取了211人的證詞,這樣的證人規模也足見此案社會影響之大。最終查明的結果是,第二位死者桓卯並非“自殺”,而是被原告舒慶夥同兄弟舒㝵、父親舒逬殺害的;而第一位死者舒晹,也不是被苛冒、桓卯所殺,他的真實死因報告中並没有交代。這份報告同時也解釋了舒慶在訴狀中提到的陰之謹客和陰之正拘捕舒㝵、舒逬而久不判決的緣由。至此,整個案件的事實已經徹查清楚,接下來本應進入審判程序了。然而就在此時,案情又有了突發狀況,犯罪嫌疑人舒㝵越獄逃跑了。

過去大家都認爲,B組文書所列之名單是舒㝵出逃後進一步申訴所要求盟證的人員,②這其實並不合情理。舒㝵此時已出逃,應係被通緝的對象,到哪裏去提出盟證要求呢? 或説舒㝵再次向王申訴,第二次盟證是左尹按楚王要求再次督命,③也是一樣不合理。又從時間上看,舒㝵出逃是在其兄舒慶提出訴訟以後的事情,舒慶向視日提出的訴訟已經屬於最高級别的申訴了,而此次訴訟的結果就是地方司法機關已經認定舒慶、舒㝵的犯罪事實,報告的内容楚王也會很快知曉。再退一步講,如果第二次盟證真的是舒㝵提出的要求,其目的無非是要證明自己無罪,但在盟證人員名單上,最先拘捕舒㝵的謹客百宜君也在其列,此人已揭示舒㝵有罪,又豈會爲其作無罪證明? 因此,有關舒㝵逃跑的性質問題,我們認爲只能是畏罪逃亡。

值得注意的是,舒㝵的名字又見於“所詎”簡184,文曰“八月辛未,舒緹”,“舒緹”即“舒㝵”。“所詎”意謂上級官長將訟獄交付給下級官員,這部分簡文内容應是左尹將訟案轉付於屬官辦理的記録,④其中一些人名也出現在“受旮”“集箸言”兩組簡中,有的是原告,有的是被告,⑤所記事件大都是尚未完成之事。八月是夏栾的次月,綜合看來,簡184的這條内容應該就是對舒㝵進行通緝的記録。

三、案件審理與案中隱情

關於案件初審的過程,舒慶在訴狀中有描述,此從略。這份訴狀直達王廷,王作出了指示,簡文載:

---

① 在現代訴訟中,本訴的被告以本訴的原告爲被告提起的訴訟稱之爲“反訴”,目前尚未見戰國時期有“反訴”之説,這裏只是借用其概念。

② 參看劉信芳:《包山楚簡解詁》,第134頁。

③ 王捷:《包山楚司法簡考論》,第179—180頁。

④ 參看陳偉:《包山楚簡初探》,第33、106頁。

⑤ 朱曉雪:《包山楚簡綜述》,第34頁。

右(左)尹以王命告湯公:"舒慶告胃(謂):'苛冒、宣(桓)卯殺亓(其)䏴(兄)昀。陰之勤(謹)客敏(捕)得冒,卯自殺。陰之勤(謹)客或(又)執佁(僕)之䏴(兄)㹇,而舊(久)不爲剸(斷)。'君命:'速爲之剸(斷)!題(夏)㮚之月,命一執事人以至(致)命於郢。'"【簡135背】

王命的對象應是左尹,王命的重點在於限定了結案的時間,即"夏㮚之月"。訴狀呈送的具體日期和〖左尹〗收到王命的日期簡文並沒有記載,[①]卷宗的第二個時間點是〖湯公〗對A1的簽收時間"許緹之亯月甲午之日","許緹"係"東周之客許䋎歸胙於葳郢之歲"的省稱,是案發的次年,即楚懷王十二年(公元前317年)。從前一年案發的荊𡱝到這一年的亯月,已有14個月。[②] 王命夏㮚致命,即亯月的次月,即使以夏㮚最末一日算,案件的重審時間也只有1個多月。可見"時間緊"是此案復審的一大特點。

左尹將王命傳達給了湯公景軍,[③]湯公應該是派人責令陰之正復審此案,而陰之正又吩咐陰司敗梅旗進行具體工作。這從A2文書開頭的内容就可以分析明白。案件的復審效率確實很高,從湯公收到王命的"亯月甲午",到陰司敗彙報的"夏㮚癸丑",時間僅僅過去了19天。但令人意想不到的是,已落網的犯罪嫌疑人舒㹇突然越獄逃跑了。眼看王命的最終期限將至,湯公不得不向左尹呈報案件進展。

仔細吟味〖湯公〗所呈文書的内容,他對突發狀況並非束手無策,簡文載:

儯(僕)軍造言之:"見(視)日以陰人舒(舒)慶之告詎(屬)儯(僕),命速爲之剸(斷)。陰之正既爲之䀢(盟)䛠(證),慶逃,㹇逵(解)宿,亓(其)余(餘)執,牆(將)至旹(時)而剸(斷)之。見(視)日命一執事人至(致)命以行古(故),𧜟(褻)上恖〈恧〉(亟),儯(僕)徛(倚)之以至(致)命。"【簡137背】

案件的兩位重要犯罪嫌疑人都在逃,判決上似乎遇到了瓶頸,但湯公却言"將至時而斷之",説明在當時的司法審判程序中,這種情況的案件也是可以判決的。這個問題很重要,涉及對B1+2文書的理解。

第二次盟證顯然是按照湯公的請求而進行,我們需要對湯公的話作進一步分析。"視日命一執事人致命以行故"一句,以往句讀的意見很多,後出整理報告已説明據紅外圖版"故"下有一斷讀符號,[④]故斷句當以此爲據。

此句難點在於"𧜟上"一詞不易理解,朱曉雪女士綜合各家意見讀爲"漨上",並認

---

① 朱曉雪、王捷等學者將簡135背的内容誤認爲是"左尹"簽收王命的日期,不可從。
② 張伯元:《包山楚簡案件舉隅》,第143頁。
③ 劉信芳讀"湯"爲"唐",即《漢志》南陽郡上唐鄉,地在今湖北隨縣西北,參看其《包山楚簡解詁》,第128頁。
④ 陳偉等:《楚地出土戰國簡册[十四種]》,第67頁。

爲是地名。① 前文已揭,此案發生的地點在“陰”,涉案人員和具體辦案人員均是當地人。B組文書所涉名單也基本可以認定是陰人(詳見下文),在這種情況下出現一個不相干的地名,是頗爲費解的。“豰上”又見於簡139背,辭例爲“豰上之戠獄”,“戠獄”當讀爲“職獄”,“豰上”可作爲“職獄”的修飾語。根據這條綫索,我們認爲“豰”的釋讀可以參看清華簡《湯在啻門》的一段内容:

> 型(刑)情(清)以不方(妨),此胃(謂)岦(美)型=(刑;刑)竷(褻)以亡(無)祟(常),此胃(謂)亞(惡)型(刑)。②

“竷”原整理者隸作“竜”,程燕女士糾正字右側本从“啻”,③段凱先生進一步將其讀爲“褻”。④ “豰”與“竷”所从聲符相同,故“豰上”可讀爲“褻上”。褻,訓爲輕慢,這一動詞後接的對象常爲典獄刑法或上級,如《禮記·緇衣》:“故上不可以褻刑而輕爵。”⑤《禮記·表記》:“不敢以其私褻事上帝。”⑥又曰:“是以上不瀆於民,下不褻於上。”⑦簡文“褻上”應是“褻上之職獄”的省稱,指“輕慢於上的職獄”,即妨礙司法公正的執法人員。舊多將“豰上之戠獄”看作第二次盟證的主持者,我們認爲正好相反,其實他們是被盟證的對象。

“褻上亟”之“亟”原作“恆”,楚文字“亙”與“亟”常混訛相通,⑧據文意此當讀爲“亟”。此句意謂:“因視日要求一位執事人前往復命的緣故,現在急需對妨礙司法公正的涉案執法人員進行盟證,我要依靠這份盟證報告來結案復命。”

之所以將這段話作上述理解,還因湯公的話語涉及一個此前不被大家關注的關鍵審理細節。在舒慶的訴狀中,本案初審的負責人是“会(陰)之歎(謹)客会(陰)矦(侯)之慶(卿)李(士)百宜君”,⑨他最初向子宛公所作的報告稱“得苛冒,桓卯自殺”,尤其認爲桓卯之死是“自殺”這一點,與舒慶的陳詞相一致,顯然是其支持者。然而後

---

① 參看朱曉雪:《包山楚簡綜述》,第457—458頁。“瀫上”或認爲是議罪之所,或認爲此地人多善“識獄”云云,皆屬臆測。

② 清華大學出土文獻研究與保護中心編,李學勤主編:《清華大學藏戰國竹簡(伍)·下册》,上海:中西書局,2015年,第143頁。

③ 程燕:《清華五劄記》,簡帛網,2015年4月10日,http://www.bsm.org.cn/?chujian/6360.html。

④ 段凱:《〈清華藏簡(伍)〉拾遺》,《簡帛》第14輯,上海:上海古籍出版社,2017年,第21—25頁。

⑤ [清]孫希旦:《禮記集解》,北京:中華書局,1989年,第1326頁。

⑥ [清]孫希旦:《禮記集解》,第1318頁。

⑦ [清]孫希旦:《禮記集解》,第1320頁。

⑧ 參看裘錫圭:《是“恆先”還是“極先”?》,《裘錫圭學術文集·古代歷史、思想、民俗卷》,上海:復旦大學出版社,2012年,第326—337頁。

⑨ 賈濟東先生認爲百宜君身兼二職,見其《從出土竹簡看楚國司法職官的建置與演變》,《江漢論壇》1996年第9期。關於“歎客”一職,陳斯鵬先生指出應讀爲“謹客”,見其《楚璽“謹交”“謹通捕”考釋》,《古文字研究》第32輯,北京:中華書局,2018年,第325—329頁。“慶李”則應讀爲“卿士”。前者是“陰”地之官,後者是“陰侯”之屬。

來他又更改了自己的判斷，拘捕了舒握，使得舒慶不得不向視日“越訴”。百宜君立場轉變的原因或許有這樣兩種可能：一是他本人未曾到抓捕苛冒、桓卯的現場，他向子宛公的報告是據下屬的回稟，而其下屬很可能已被舒慶買通，做了僞證，百宜君在查明真相後秉公執法，拘捕了真兇；另一種是百宜君最初也被舒慶買通，但其後迫於苛冒、桓猾申訴的壓力，不得不依事實辦理。無論哪種，這背後都涉及一批曾到過拘捕苛冒、桓卯現場，目睹桓卯被他殺的真相，却在報告中稱他是自殺的執法人員，由於他們的作僞，險些釀成冤案。這些人應是所謂“褻上之職獄”。

“褻上之職獄”應視爲舒慶、舒握的共案犯，在舒慶、舒握在逃的情況下，他們的口供直接關係到本案的最終判決，B1+2 文書的内容即由此而作。按照湯公的請示，左尹繼續以王命的方式令子宛公對涉案的公職人員進行盟證。之所以請子宛公來主持，是因爲此前的辦案人員皆是由他委任的。這次盟證比較特别，由於犯罪嫌疑人舒握在逃，無法當面對質，爲了使盟證更具公正性，參與盟證的人員須進行篩選，簡文要求：

> 囟(使)握之戟(仇)敘(除)於握之所誁(證)，與亓(其)戟(仇)又(有)悁(怨)不可誁(證)，同社、同里、同官不可誁(證)，匿(暱)至从(從)父兄弟不可誁(證)。【簡138背】

前文已指出這段内容應是二次補抄的，如果允許我們作以猜想的話，這裏抄録的也許是楚國當時的律條，〖左尹〗在寫完下行文書之後，將相關律條要求補充上去，也是符合情理的。

簡 138—139 所列出的名單應即實際參加盟證的人員。值得注意的是，這份名單中有兩個連詞“與”，所列人名可以此爲界分爲三類。第一類人在第一個“與”字之前，包括“陰人御君子陳旦、陳龍、陳無正、陳𡘷”。這四人的身份爲“御君子”，應是有爵禄的，他們是舒慶在訴狀中提到的所謂“知情證人”，是最直接的作僞證者。舒慶當時提供的名單有六人：“陰人陳脅、陳旦、陳郕、陳鄬、陳寵、連利。”兩相對比，除“陳旦”姓名全同外，“陳龍”即“陳寵”也是比較清楚的。另外，“陳無正”應即“陳脅”，“脅”可讀爲“誟”，《説文》“誟，亂也”，“無正”與“脅(誟)”當係一名一字。“陳𡘷”應即“陳郕”，“𡘷”从夬聲，是見母月部字，“郕”从戉聲，是匣母月部字，二者音近可通。所不見的“陳鄬”和“連利”應該就是不符合參加盟證要求的人。第二類人在兩個“與”字中間，包括“其謹客百宜君、大史連中、左關尹黄愓、酖佐蔡惑、坪射公蔡冒、大膆尹連虔、大廚尹公宿必”。首字“其”承前指代“陰”，也就是説這組人也都是陰地之人。這裏只有“謹客百宜君”此前出現過，其餘六人則能看出都具有一定的職位。第三類人稱“戥三十”，“戥”字不識，陳偉讀爲“僚”，[①]可備一説。《左傳》文公七年“同官爲僚”，[②]根據對盟證

① 陳偉：《包山楚簡初探》，第 143 頁。

② ［清］阮元校刻：《十三經注疏(清嘉慶刊本)·春秋左傳正義》，北京：中華書局，2009 年，第 4007 頁。

人的要求，這些人自然不是舒𡭡的“同官”，而是參與拘捕苛冒、桓卯以及最初審判的一些官吏、雜役，他們由於身份較低，故不稱名姓，以人數泛言之。按照前面的討論，以上三類人應該都是“褻上之職獄”。

關於本案的審理過程，我們總結爲圖 3。

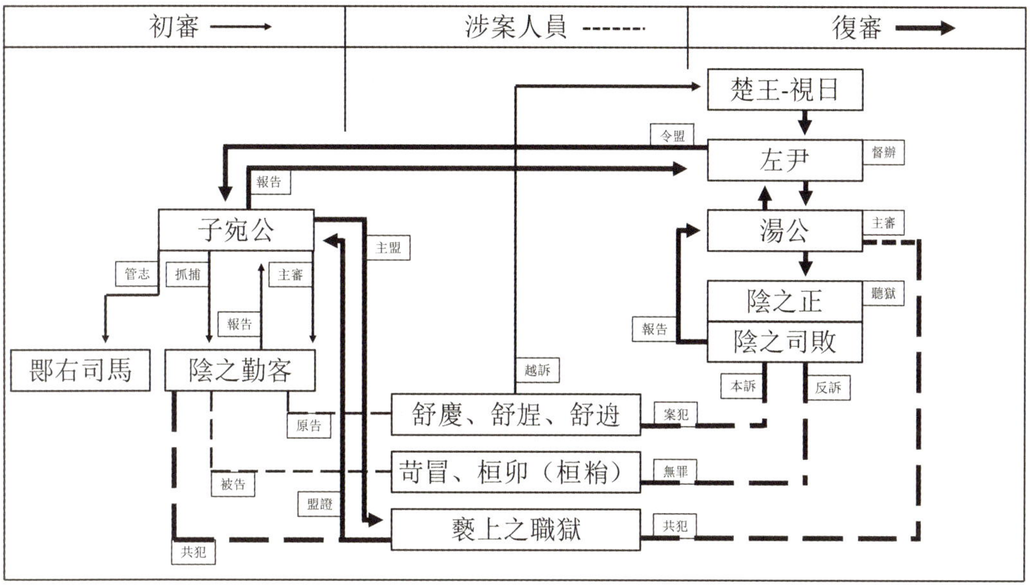

圖 3　包山簡 131—139 號案件審理過程示意圖

四、楚國的盟證審判

根據湯公的説法，有了“褻上之職獄”的盟證就可以向王致命了，而王命的要求是在限定的時間内爲本案作出判決。如此看來，第二次盟證的意義就在於完成整個案件的最終審理。陳偉先生認爲：“簡文雖然有時盟證連言，但盟與證實際上是兩件事。盟是兩周時流行的一種儀式。……《周禮・秋官・死盟》云：‘有獄訟者，則使之盟詛。’鄭玄注：‘不信則不敢聽此盟詛，所以省獄訟。’《墨子・明鬼下》記述一則故事説：齊國二人爭訟久而不決，齊君乃命二人盟於神社。在讀到其中一人的盟辭時，充當犧牲的羊跳起來將他觸死。這裏與盟的爲爭訟雙方，《墨子》所記還有神判的色彩。上舉簡書的盟施於證人，目的則是爲了舉證的真實性（即‘信’）。”①也有學者認爲“盟證”是一個手續，②其實只是所論角度不同而已。

① 陳偉：《包山楚簡初探》，第 143 頁。

② 廣瀨薰雄著，曹峰譯：《包山楚簡所見的“盟”》，《簡帛研究 二〇〇二、二〇〇三》，桂林：廣西師範大學出版社，2005 年，第 24—33 頁。朱曉雪女士進一步指出，盟證指“以盟誓的形式來作證”，應是正確的，見《包山楚簡綜述》，第 456 頁。

最近公布的清華簡《成人》篇也有相關的記載，簡文曰：

> 凡民五爭，【簡20】正之于五＝詞＝（五辭，五辭）亡（無）詘（屈），正之于五＝祟＝（五常，五常）不逾，正之于五＝正＝（五正。五正）之詣（稽），隹（惟）爽，隹（惟）方，隹（惟）或（惑），咸餘（訊）亓（其）【簡21】又＝衆＝（有衆，有衆）無貽（稽），則审（中）幾之于示所，爭臘（獵）内（入）于公。【簡22】[①]

上述流程與本案的審理過程（參圖3）十分契合，其中"爭獵入于公"之"公"相當於本案中的"子宛公""湯公"，"五正"或相當於"陰之正"，[②]"有衆"相當於參與盟證的"凡二百人十一人"等。尤其值得注意的是，"示所"即神示之所，也就是盟證之處，足見"盟證"在楚國當時是一個重要的斷獄手段。[③] 楚人好巫，盟誓之後的證辭應具有很强的公信力，文書A2中已經查明了舒旌的犯罪事實，同案犯"褻上之職獄"們所作的第二次盟證自然也會得出相同結論。經過了這樣的審判程序，主要犯罪嫌疑人舒旌即使在逃，整個案件也可以最終判決定案。

以盟證的方式結案並不止"舒慶殺人案"一起，包山簡120—123所記的"竊馬殺人案"，情況也是相似的，過去也被認爲其並未進行最終審判。[④] 這份卷宗的結尾載：

> 邾倖未至剅（斷），有疾，死於宥。
>
> 雁（應）女丞（返）、埸（唐）賈、競（景）不割（害）皆既累（盟）。

在這起案件中，犯罪嫌疑人邾倖已經對自己殺人的罪行供認不諱，只是他未等到最終宣判，就病死獄中，如果説這樣的案子也没有判決，顯然是説不過去的。此外，周鳳五先生還指出，簡文在記録邾倖瘐死獄中之後，留有約八九字的空白，然後才記"雁汝返、埸賈、競不害皆既盟"，可見這十一字是後來才添上的，亦記主犯邾倖死後，查緝工作並未放鬆，最後終於使三名共犯接受審判。[⑤] 這份卷宗以同案犯"皆既盟"的方式作爲結束，我們認爲也是以"盟證"的方式作爲最終判決而結束了案件的審理過程。

將這兩份卷宗結合起來看，兩起案件主案犯的犯罪事實都很清楚；其中一起主案犯在逃，另一起主案犯已死，情況也相類似；共犯都進行了盟證，而且案件也都以盟證作爲結尾。由此我們可以得出這樣一個推論，在戰國時期楚國的司法審判程序中，如

---

① 清華大學出土文獻研究與保護中心編，黄德寬主編：《清華大學藏戰國竹簡（玖）·下册》，上海：中西書局，2019年，第155頁。

② 承趙相榮先生告示，據《國語·齊語》所載的"五正"，可將《成人》之"五正"理解爲"聽獄官"的泛稱，特此致謝。

③ 賈連翔：《清華簡〈成人〉及有關先秦法律制度》，《文物》2019年第9期。

④ 有關這起案件的討論可參看朱曉雪：《包山楚簡綜述》，第407—426頁；王捷：《包山楚司法簡考論》，第187—199頁；張伯元：《包山楚簡案例舉隅》，第95—119頁。

⑤ 周鳳五：《舍睪〈命案文書〉箋釋——包山楚簡司法文書研究之一》，《臺灣大學文史哲學報》第41期，1994年。

果犯罪嫌疑人犯罪事實清楚，却因死亡、逃亡等原因無法直接接受審判時，可以通過對相關證人、同案犯進行盟證的方式，完成案件的最終判決。此可稱爲“盟證審判”。

【編按：本文刊發於《出土文獻研究》第 19 輯，上海：中西書局，2020 年，第 49—62 頁。包山簡 131 至 139 號内容雖不是典籍，但却是一份内容完整的卷宗，本文對其各部分的性質和内容的分析，亦是在“微觀考古”方法引導下進行的，故收入本書。】

漢代竹書的復原與整理研究

銀雀山漢簡《尉繚子·治談》殘卷復原嘗試

《尉繚子》一書傳世本共五卷二十四篇，以南宋刻《武經七書》本爲最古，《續古逸叢書》有影印本（以下簡稱“宋本”），唐初魏徵等編《群書治要》節録了《尉繚子》四篇（以下簡稱“《治要》本”），此二本中皆有題爲《兵談》的篇目。1972 年山東臨沂銀雀山 1 號西漢前期墓出土了一批竹簡古書，其中發現了與《尉繚子》相合的竹書六篇（以下簡稱“竹書本”），也包括與《兵談》相合的篇目。在銀雀山漢簡的相關研究中，《尉繚子》雖不如《孫子兵法》《孫臏兵法》等篇備受世人矚目，然隨着資料的陸續刊布，《尉繚子》是僞書、疑書之説已徹底得到釐正，對於傳世本的研究也涌現了一批重要成果。①

《兵談》篇作爲三本皆見的内容，在《尉繚子》相關研究中是最受關注的。如 1977 年何法周最早發表的《〈尉繚子〉初探》一文，就從篇章内容、文字記録、文章風格等角度對三個本子的《兵談》部分内容進行了比較。② 徐勇先生也曾專門對本篇的軍事思想進行討論。③ 此外，學者們從文字釋讀、詞句訓釋、傳本校勘以及軍事思想等方面還有一些討論，散見於其他相關論著中，近期，有同好將這些成果從不同角度進行了綜述和集録，④可供大家參看。

銀雀山漢簡出土時殘斷比較嚴重，《治談》篇尤甚。整理者對本篇的綴合編連做

---

① 參看八六九五五部隊理論組、上海師範學院古籍整理研究室：《尉繚子注釋》，上海：上海古籍出版社，1978 年；華陸綜：《尉繚子注譯》，北京：中華書局，1979 年；鍾兆華：《尉繚子校注》，鄭州：中州書畫社，1981 年；徐勇：《尉繚子淺説》，北京：解放軍出版社，1989 年；李解民：《尉繚子譯注》，石家莊：河北人民出版社，1992 年；劉春生：《尉繚子全譯》，貴陽：貴州人民出版社，1993 年。

② 何法周：《〈尉繚子〉初探》，《文物》1977 年第 2 期。

③ 徐勇：《從〈兵談〉篇看尉繚子“談兵”》，《松遼學刊》1989 年第 2 期。

④ 相關研究綜述，可參看張申：《二十世紀七十年代以來〈尉繚子〉研究回顧》，《高校社科動態》2015 年第 3 期；該内容又收入其《〈尉繚子〉研究》，碩士學位論文，河北師範大學，2016 年；此外，另有多位研究生在學位論文中專辟章節，總結相關研究成果，如張小文：《〈尉繚子〉軍事用語研究》，碩士學位論文，西南師範大學，2003 年；張盼盼：《〈尉繚子〉思想研究》，碩士學位論文，聊城大學，2015 年。論著觀點集録，可參看蔣魯敬：《銀雀山漢墓竹簡〈尉繚子〉、〈晏子〉、〈六韜〉集釋》，碩士學位論文，吉林大學，2012 年；張海波：《銀雀山漢簡兵書類文獻校釋》，博士學位論文，吉林大學，2015 年。

了很好的基礎工作，①除對與傳本可相比勘的竹簡進行了準確的綴合編連之外，還將字迹風格相同、内容密切相關的若干殘簡歸入本篇附録。是以得知，竹書本《治談》不僅包含傳世《兵談》二本的章句，而且内容更爲豐富。然受當年的整理技術條件所限，整理報告中的圖版是以最初拍攝的黑白照片配以高水平的摹本發表的，且只有竹簡正面信息，對於竹簡圖像不很清楚的地方，後來的研究也都以整理者的意見爲準。因此，對於該篇的綴合、編連等涉及竹書本復原方面的問題，尚未見有更進一步的討論和推動，這從一定意義上講，也限制了相關研究的進一步深入。

2015 年，山東博物館啟動了對館藏銀雀山漢簡再整理的工作，利用目前最新的技術手段，重新采集了全部竹簡的紅外、彩色圖像，且包含竹簡的正、背兩面，②使我們對這批竹簡的形制等信息有了更爲全面的掌握，也爲竹書的再整理提供了前所未有的條件。借此契機，我們試就《兵談》篇的文本復原提出一些不成熟的意見，請大家批評指正。

竹書本原有兩個字的篇題，是在正文内容之後施以"●"符，其後記有"治□"二字。第二字筆畫殘損，原整理者未釋。③ 今據新采集的紅外綫圖像可辨析，此殘字左从"言"，右乃"炎"字所餘左半，故可定爲"談"。此殘字與《守法守令十三篇》中第八九九號簡之"談"字對比可參看圖 1。

圖 1　篇題之"談"字

由是可知竹書本原篇名爲"治談"。《武經七書直解》解釋傳本篇題時稱："兵談者，談論治兵之法也。蓋取書中義以名篇焉。"④然無論是傳本内容，還是竹書本的内容，全篇都不只論"治兵之法"。篇中内容實際上大略包括治國、治將、治軍三個方面。治者，治理、統治也，故"治談"一題顯然要比"兵談"更能隱括全篇文意。即便如此，我們目前尚無法認定"兵談"一名爲後出，因爲從近些年出土的古代竹書來看，同書異名的情況並不鮮見，雖然漢初抄本已有"治談"之名，然並不排除"兵談"一題也有較古的來源。我們以"治談"改命本篇，是從竹書本整理的角度出發，並非對傳本的否定。⑤

① 本文引"整理者"觀點，皆見於銀雀山漢墓竹簡整理小組編：《銀雀山漢墓竹簡(壹)》，北京：文物出版社，1985 年，第 77—81 頁。如無特殊情況，不再出注。

② 參見郭思克：《銀雀山漢墓簡牘研究及保護整理》，《中國文物報》2015 年 2 月 13 日。

③ 陳偉武先生曾推測所殘之字爲"兵"或"軍"，見其《試論出土古文字資料之擬補》，《華學》第 5 輯，廣州：中山大學出版社，2001 年，第 178 頁。

④ 《武經七書直解》(丁氏八千卷樓藏書影明本)，《中國兵書集成》編委會編：《中國兵書集成》(第 10—11 册)，北京：解放軍出版社、沈陽：遼沈出版社，1990 年，第 809 頁。

⑤ 本文所稱之《治談》篇，即指《銀雀山漢墓竹簡(壹)》中的《尉繚子・一》，下文皆同，不再注出。

原整理者以字迹特徵爲基礎,審核内容,共將60枚殘簡歸入《治談》篇。其中見於傳本的内容被編爲24支簡,整理報告編號四五六至四七九號,這裏的首簡是據宋本首句内容而定,尾簡則是據其文末所見的“●”符以及下面所記篇題而定。不見於傳本而疑似本篇的内容被編爲15支簡,整理報告編號四八〇至四九四號,附列尾簡之後。這些分類基礎工作是十分堅實可靠的。此外,我們又將整理者誤編入《孫子兵法·用間》的1枚殘簡(編號一四二c)綴入本篇。本文對於《治談》的相關討論,即以此61枚殘簡爲研究對象。

今見宋本《兵談》篇共有340字,《治要》本《兵談》節録有164字,其中約有一半文字爲宋本所無,因此,我們能够知道的傳本内容約在420字左右。同時,從《治要》本節録的内容來看,《兵談》當時的傳本篇幅應遠在420字以上。竹書本比傳本内容大爲豐富是顯而易見的,僅以可與傳本相對應的内容來算,原整理者已編有24支簡(第四五六至四七九號),推測這部分所涉完簡字數已在700字以上。如果我們承認其餘15支不見於傳本内容的殘簡也確是本篇的散遺,想要進一步恢復竹書本的原貌,就需要將它們儘可能地綴合編連入原篇之中。

利用新獲取的圖像,我們先將61枚殘簡的形制信息進行了整理,並製成了表格,爲進一步的綴合編連工作提供參考依據。具體情況詳見表1。

對於表1中各項内容還需作以下説明:

1. 原整理號,即《銀雀山漢墓竹簡(壹)》中整理者排定的簡序。

2. 原簡序號,即《銀雀山漢簡釋文》中所記序號,應即原始出土編號。

3. 竹簡長度,由於原簡實物已十分脆弱,不宜測量,故此數據是在電腦中對數字圖像測算所獲得的,數值精確到0.1釐米。

4. 編痕情況,除記編痕數量外,還對其所屬“上”“中”“下”三道編的位置作以説明。

5. 簡背劃痕,除“有”“無”之外,還對疑似沿劃痕處折斷的竹簡注以“疑有”。

表1 《治談》篇竹簡形制信息表

序號	原整理號	原簡序號	竹簡長度 cm	編痕情況		簡背劃痕
				數量	所屬位置	
1	四五六 a	0792	10.0	1	中	無
2	四五六 b	2334	7.5	1	下	無
3	四五七 a	3224	5.9	0	—	疑有
4	四五七 b	2385	6.0	1	下	無

續 表

序號	原整理號	原簡序號	竹簡長度 cm	編痕情況		簡背劃痕
				數量	所屬位置	
5	四五八 a	3721	4.2	0	—	有
6	四五八 b	3446	4.4	0	—	無
7	四五九	1971	8.5	0	—	無
8	四六〇a	4350	2.4	0	—	無
9	四六〇b	2115	9.5	1	下	無
10	四六一	2098	8.7	1	下	無
11	四六二 a	1040	12.5	1	中	有
12	四六二 b	4604	5.3	0	—	無
13	四六二 c①	3775	4.6	1	下	無
14	四六三 a	0752	15.5	1	中	有
15	四六三 b	1085	10.4	1	下	無
16	四六四 a	0898	14.9	1	中	有
17	四六四 b	2117	8.2	1	下	無
18	四六五 a	3307	4.8	0	—	疑有
19	四六五 b	2174	6.4	1	中	無
20	四六六	S12－01	2.8	0	—	無
21	四六七 a	1313	12.4	1	上	有
22	四六七 b	3312	5.3	1	中	無
23	四六七 c	2081	9.6	1	下	無
24	四六八 a	2068	12.4	1	中	有

① 此簡中裂爲二,《銀雀山漢墓竹簡(壹)》的圖版和摹本只録其左半,僅見“不出罣而”四字左側筆畫,此段在殘簡中編號爲 S03－12。《銀雀山漢簡釋文》第 3775 號,釋文作“……出□而□”,乃此簡右半。將二者綴合後可見“不出罣而畏”五字,且位於簡之下端,故知整理報告釋文所録“甲不出罣(橐)。威”,乃多一“甲”字,漏一“而”字,又將“畏”誤作“威”。今以 3775 爲號,相關信息以綴合後的殘簡測算。參見銀雀山漢墓竹簡整理小組編:《銀雀山漢墓竹簡(壹)》,圖版第 45 頁,摹本第 77 頁,釋文注釋第 77 頁;吴九龍:《銀雀山漢簡釋文》,北京:文物出版社,1985 年,第 184 頁。

續　表

序號	原整理號	原簡序號	竹簡長度 cm	編痕情況		簡背劃痕
				數量	所屬位置	
25	四六八 b	1094	8.4	1	下	無
26	四六九 a	1015	14.1	1	中	疑有
27	四六九 b	0502	10.1	1	下	無
28	四七〇a	0825	14.6	1	中	有
29	四七〇b	2116	9.7	0	—	無
30	四七〇c	3255	6.0	0	—	無
31	四七一	0657	10.1	1	中	無
32	四七二	1053	9.7	1	下	無
33	四七三 a	1447	13.4	1	中	有
34	四七三 b	1629	8.6	1	下	無
35	四七四 a	S03 - 14	2.0	0	—	—①
36	四七四 b	0706	10.8	1	下	無
37	四七五	0757	13.9	1	中	有
38	四七六	0902	13.2	1	中	有
39	四七七	1092	10.9	1	下	無
40	四七八 a	0914	9.9	1	中	疑有
41	四七八 b	0672	9.9	1	下	無
42	四七九 a	2362	7.1	0	—	無
43	四七九 b	0641	9.8	1	下	無
44	四八〇	3350	5.36	0	—	無
45	四八一	2149	8.5	1	下	無
46	四八二	1364	10.5	1	中	有
47	四八三	1732	6.8	1	下	無

① 此簡未能采集簡背圖像，劃痕信息不明。

續　表

序號	原整理號	原簡序號	竹簡長度 cm	編痕情況		簡背劃痕
				數量	所屬位置	
48	四八四 a	4883	13.3	1	中	無
49	四八四 b	0712	10.1	1	下	無
50	四八五	3100	3.8	0	—	無
51	四八六	2176	5.4	0	—	有
52	四八七	1081	9.9	1	下	無
53	四八八	3518	3.4	0	—	無
54	四八九	1867	13.2	1	中	有
55	四九〇	1067	10.7	1	下	無
56	四九一 a	3984	4.3	0	—	有
57	四九一 b	1799	7.8	1	中	無
58	四九二	2566	7.1	0	—	疑有
59	四九三	3309	5.4	1	中	無
60	四九四	3334	6.8	0	—	有
61	一四二 c①	S74－27	1.8	0	—	無

由表 1 不難看出，本篇所涉 61 枚竹簡已全部殘斷，根據綴合後最爲完整的第四六七號簡（含 a、b、c 三枚）測算，整簡長度應在 27.5 釐米左右，寬約 0.5 釐米。② 簡身見有三道編痕，中間一道位於竹簡正中，第一道編痕至簡首的“天頭”部分皆已不見，唯第四六七號簡見有第一道編繩的殘痕，第三道編痕至簡尾的“地脚”部分大多保存完整，現存完整簡尾的有 21 枚。根據簡尾的殘存數量以及其他殘簡所屬竹簡的位置關係綜合判斷，原篇應至少有整簡 28 支。

竹簡背部未見竹節，也没有次序編號，當是取材於兩竹節之間的部分，製作比較考究。我們在 15 枚竹簡的背部發現有刻劃痕迹，另有 5 枚竹簡懷疑在劃痕處殘斷。

① 此簡原整理者據傳本遥綴於《孫子兵法·用間》篇中，然根據形制及殘存筆畫，我們認爲此可與本篇四六四 a 簡綴合。

② 該簡綴合後長 26.4 釐米，然其第一道編繩以上的“天頭”部分已殘損，以“地脚”的長度推算，約缺 1 釐米，故完簡約長 27.5 釐米。

這些劃痕采用了較爲常見的自左上至右下的刻劃方向，[①]約略可以排列爲三組。根據傳本可以確定的内容判斷，本篇簡文應是按照簡背劃痕的順序編連的，因此，我們在復原過程中將劃痕的貫連關係作爲了重要的參考依據。

爲便於討論，我們先將新整理的釋文抄録出來，並與傳本逐句進行對勘，具體情況可見表 2。所録釋文用嚴式，其中重文、合文符號，以"＝"標出；通假、異體、重文、合文之字，以"（　）"注出；可按宋本、《治要》本或傳世文獻成語補充之缺文，以"[　]"標出；可依殘存筆畫、抄寫間距和形制信息推算出具體字數的缺文，以"□"標出；不確定所缺字數者，以"……"標示。釋文中的簡號是我們重新編排的序號，其與原整理號、原簡序號的對應關係詳見表 3。釋文中的段落是我們據文意擬分的，原篇乃連續抄寫，不分段落。原篇中見有大量斷讀符號，因本釋文已添加標點，故不再標注。

表 2　《兵談/治談》三本對勘表

續古逸叢書景宋刻武經七書本（宋本）	唐《群書治要》（《治要》本）	銀雀山漢墓竹書（竹書本）
量土地肥墝而立邑建城，稱地，以城稱人，以人稱粟。三相稱，則内可以固守，外可以戰勝。		[量土地肥]墝而立邑建城。② 以城稱地，以地稱[人，以人稱粟，三相]稱也，故迫（退）可以守固，【簡一】[進可以]戰勝。③
戰勝於外，備主於内，勝備相應，猶合符節，無异故也。		戰勝於外，福産於内。
治兵者，若秘於地，若邃於天，生於無。		……□＝焚＝（焚焚），産於無。【簡二】
故關之，大不窕，小不恢。		[開之，]大而不咷（窕）；闢之，細而不欬。
	王者，民望之如日月，歸之如父母，歸之如流水。	行廣[足以容]衆，故王者民之歸之如流水，朢（望）[之如日月，親]【簡三】[之如父母，]□□□□□□少而歸之。
明乎禁舍開塞，	故曰明乎禁舍開塞，其取天下若化。	故曰明於[禁舍開塞，其]取天下若化。

① 這種劃痕應自戰國竹書修治方式中繼承而來，在簡背劃痕中屬 A 型Ⅰ式，參見賈連翔：《戰國竹書形制及相關問題研究：以清華大學藏戰國竹簡爲中心》，上海：中西書局，2015 年，第 89—95 頁。

② "墝"字左殘，據宋本補，又銀雀山漢墓竹簡《田法》有"量土地肥墝而立邑建城"之語，或簡本皆用"墝"字。

③ 整理者認爲或可補爲"出可以"。

續　表

續古逸叢書景宋刻武經七書本(宋本)	唐《群書治要》(《治要》本)	銀雀山漢墓竹書(竹書本)
民流者親之,地不任者任之。	故曰國貧者能富之,地不任者任之,四時不應者能應之。	國貧者能富之,【簡四】……□而行必廣其處……[四]時不應者能應之。
夫土廣而任,則國富,民衆而治,則國治。	故夫土廣而任,則其國不得無富,民衆而制,則其國不得無治。	土廣【簡五】[而任則]國不得毋富。民衆而制,則國不得毋治。
富治者,民不發軔,車不出暴,而威制天下。	且富治之國,兵不發刃,甲不出暴,而威服天下矣。	夫[治]且富之國,車不發[軔,甲]不出睪(櫜),而畏(威)【簡六】[服]天下。①
故曰兵勝於朝廷。	故曰兵勝於朝廷,勝於喪絶,勝於土功,勝於市井。	故兵勝於朝廷,勝於喪紀,勝於土功,勝於市井。
不暴甲而勝者,主勝也;陳而勝者,將勝也。	暴甲而勝,將勝也;戰而勝,臣勝也;	睪(櫜)甲而勝,主勝也。陳而勝,主勝也。戰勝,臣【簡七】[勝]也。
	戰再勝,當一敗。	戰再勝,當壹敗。
	十萬之師出,費日千金。故百戰百勝,非善之善者也,不戰而勝,善之善者也。	十萬之師出,費日千金,□□□□₌□□□□故百戰百勝,不善者善【簡八】[者也,不戰而勝,]善者善者也。
兵起非可以忿也,見勝則與,不見勝則止。		故善者成其刑而民□……勝而止,出……【簡九】……外不能成其勝。
		大兵無創,與鬼神[通],□□國可滅也。無衝籠而攻,無【簡一〇】[渠詹而守。]小魚₌(漁漁)淵(淵)而擒亓(其)魚,②中魚₌(漁漁)國而擒亓(其)士夫₌(大夫),大魚₌(漁漁)天下而擒亓(其)萬國諸侯。故大之注【簡一一】大矣,壹收而天下并。③
患在百里之内,不起一日之師;患在千里之内,不起一月之師;患在四海之内,不起一歲之師。		故患在百里之内者,不起一日之師;患在千里之内,不起一月之師;【簡一二】[患在]四海内者,不起一歲之師。

① 暫據《治要》本補缺字"服"。

② 淵,陳劍先生釋,在 2017 年 8 月 22 日銀雀山漢簡整理初稿討論會上提出的意見。

③ 收,王輝先生釋,見其《銀雀山再讀釋字》,2018 年 6 月 15 日内部傳閱稿。

續　表

續古逸叢書景宋刻武經七書本（宋本）	唐《群書治要》（《治要》本）	銀雀山漢墓竹書（竹書本）
		戰勝其國，則攻亓（其）[都，不勝其]國，不攻其都。戰勝天下，【簡一三】[則攻其國，]不勝天下，不攻亓（其）國。
將者，上不制於天，下不制於地，中不制於人。		故名將而無家，絶苦俞（逾）根（垠）而無主，左提鼓右慮（攄）枹而【簡一四】[無]生焉。故臨生不爲死，臨死不爲生。得帶甲十萬，驟（馳）車千乘，① 兵絶苦俞（逾）根（垠），不□□□【簡一五】□日，不有虜將，必□於君。十日，不□□兵而□……勝議也，故能戰勝。【簡一六】
寬不可激而怒，清不可事以財。		……[寬不可激而]怒，精（清）不可事以財。
		將之自治兆＝（兆兆）【簡一七】……
		……耳之生恖（聰），目之生明。然使心狂【簡一八】者誰也？難得之貨也。使耳聾者誰也？曰□□[也。使目盲]者誰也？曰娩澤好色也。【簡一九】
夫心狂、目盲、耳聾，以三悖率人者，難矣。		……耳聾……
兵之所及，羊腸亦勝，鋸齒亦勝，緣山亦勝，入谷亦勝，方亦勝，圓亦勝。		[兵之所]及者，羊腸亦勝，鋸齒亦勝，緣山入【簡二〇】溪亦勝，方亦勝，圜亦勝，遀（櫛）亦勝。
重者，如山如林，如江如河；輕者，如炮如燔，如垣壓之，如雲覆之。		兵重者如山[如林，輕者如燔如炮，如漏如潰，如垣]【簡二一】之廮（壓）人，如雲鯢（霓）復（覆）人。
		閉關辤（辭）交而廷中之，故入……塞邪而食足……【簡二二】□食，發号（號）出令不□……如秋冬如□喬□□……【簡二三】□□如春□如夏□事□……地利，中失民請（情）。夫民飢者不得食，【簡二四】[寒]者不得衣，勞者不得息。故舉兵而加□□□□□□□□不殺殀（夭）台（胎），不膾（劊）不成之財（材）。【簡二五】□□□□之如春夏。所加兵者……

① 驟，陳劍先生釋，同上。

續　表

續古逸叢書景宋刻武經七書本（宋本）	唐《群書治要》（《治要》本）	銀雀山漢墓竹書（竹書本）
令之聚不得以散，散不得以聚，左不得以右，右不得以左。		所加兵者，令聚者不得【簡二六】[散=（散，散）者不得]聚；備（俛）者不得迎=（仰，仰）者不得備（俛）；左者不[得右=（右，右）者不]得左。
		知（智）士不給慮，甬（勇）士不【簡二七】……
兵如總木，弩如羊角，人人無不騰陵張膽，絶乎疑慮，堂堂決而去。		……□木，弩如羊角，民人無……昌于=者，勝成去。
		●治談【簡二八】

表2中簡一、二、六、七、一一、一二、一三、一四、一五、一七、一八、一九、二〇、二一、二七、二八係原整理者舊已綴合，其餘諸簡爲新調整的内容，下面我們將對其綴合編連的理由逐一加以説明，相關内容可與圖2、圖3相參看。

簡三，包括原整理號四五八、四五九兩支，係3721＋3446、1971號三枚綴合。[①] 3721和3446號斷口契合，文意相聯，舊已綴接。3721號簡背有劃痕，根據劃痕關係及傳本内容，3721＋3446號離上道編繩應有2字之距。此段末二字爲“行廣”，不見於傳世本，按《晏子春秋·内篇諫上》曰：“古之王者，德厚足以安世，行廣足以容衆，諸侯戴之以爲君長，百姓歸之以爲父母。”[②]1971號文曰“故王者民之歸之如流水朢（望）”，“故”前一字仍見有殘餘筆畫，似爲“衆”字右下，因此我們將其與上一段遥綴。“行廣”後可補“足以容衆”四字，“朢（望）”後可補“之如日月”4字，之後又有1字距而至簡尾。後面可能爲“親之如父母”一類文辭，行款轉入下一支簡，現已殘損不可確知。

簡四，包括原整理號四八八、四六〇兩支，係3518＋4350、2115號三枚綴合。3518號文曰“□少而歸之”，應與前面“王者”“行廣”内容相關，其下端斷口可與4350號契合。4350、2115乃原整理者遥綴，可信，其間可據傳本補入“禁舍開塞其”5字。2115號已見下道編痕及簡尾，以此爲據，三枚殘簡皆可準確定位。

① 本文對遥綴的殘簡中間以“、”號相連，直接綴合的殘簡以“＋”號相連，下文及表格中的内容情況相同，不再注出。

② 張純一：《晏子春秋校注》，北京：中華書局，2014年，第37頁。

簡五，包括原整理號四八〇、四六一兩支，係3350、2098兩枚綴合。2098號見下道編痕及簡尾，原整理者已準確定位，其文曰"時不應者能應之土廣"，3350號文曰"□而行必廣其處"，應與上一簡所補"禁舍開塞"以及本簡之"土廣"内容相關，據形制可將其置於上、中兩道編繩之間。[①] 又簡二至簡八背面劃痕形成貫連關係（如圖2所示），3350號簡背不見劃痕，故其位置應在劃痕以下，離上端編繩至少有5字之距。

簡八，包括原整理號四六四、一四二c兩支，係0898＋S74－27、2117號三枚綴合。0898號見中道編痕，簡背有劃痕，其上端離上道編繩應有1字距，缺文可據文意補全，其下端中裂，見有"費日千金"四字右半。S74－27號見"費日千"三字左半，原整理者以爲是《孫子兵法·用間》篇之語，遥綴在一四二簡中，不確，今將其拼綴於0898號下端，可吻合。2117號已見下道編痕及簡尾，文曰"故百戰百勝不善者善"。0898號在"費日千金"後仍見有4字右半殘筆，不可識，且第4字有重文（或合文）符號，皆爲傳本所無。《治要》本"費日千金"後直接接"故百戰百勝"，因此，原整理者即已將0898與2117綴爲一簡。

簡九，包括原整理號四六五、四六六兩支，係3307＋2174、S12－01號三枚綴合。3307上端疑似在劃痕處折斷，其下端與2174號可吻合拼接。2174號見中道編痕，故這一段可準確定位，其離上道編繩應缺6字，原整理者補"者也不戰而勝"，可從。S12－01號文曰"勝而止出"，當是宋本"兵起非可以忿也，見勝則與，不見勝則止"的殘文，[②]據宋本此句在篇中的位置，我們將此殘簡綴於本簡。

簡一〇，包括原整理號四八二、四八一兩支，係1364、2149號兩枚綴合。1364號簡背見有中道編痕和劃痕，劃痕可與簡六、七、八的劃痕及簡九的斷口貫連，其文曰"□外不能成其勝大兵無創與鬼神"，約距上道編繩有6字之缺。2149號見下道編痕及簡尾，文曰"國可滅也無衝籠而攻無"。此二處内容均不見於傳本。按《六韜·武韜·發啟》："全勝不鬥，大兵無創，與鬼神通。微哉微哉！與人同病相救，同情相成，同惡相助，同好相趨。故無甲兵而勝，無衝機而攻，無溝塹而守。"[③]銀雀山漢簡《六韜》亦見此後一句，作"毋（無）甲兵而勝，毋（無）衝龍（隆）而功（攻），毋（無）渠詹而守"。[④] 傳本《尉繚子·武議》："古人曰：'無蒙衝而攻，無渠答而守。'"整理者已指出《治談》此處當是襲用《六韜》之語，故據《發啟》之文將兩段殘簡遥綴。二者之間應缺3

---

① 整理者已指出此簡與前四五八號内容相關，又劉春生先生認爲《兵教下》云"兵弱能强之，主卑能尊之，令弊能起之，民流者親之，人衆能治之，地大能守之"，或與此處相類，其説可參，然殘簡中並不見相關内容，見其《尉繚子全譯》，第9頁。

② 李解民先生指出，銀雀山竹簡佚書《王兵》有："見勝而起，不見勝而止。"參見其《尉繚子譯注》，第13頁。

③ 唐書文：《六韜·三略譯注》，上海：上海古籍出版社，2012年，第33—34頁。

④ 銀雀山漢墓竹簡整理小組編：《銀雀山漢墓竹簡（壹）》，釋文注釋第114頁。

字,可據《發啟》文將第一字補爲"通"。又《淮南子·兵略》:"刑,兵之極也,至於無刑,可謂極之矣。是故大兵無創,與鬼神通,五兵不厲,天下莫之敢當。"[1]前一簡見有"故善者成其刑而民□"之語,或與《兵略》所述相關,故將本簡編連於此。

簡一六,包括原整理號四八九、四八三兩支,係1867、1732號兩枚綴合。1867號見中道編痕,簡背有劃痕,此劃痕可以與簡一二、一三、一五以及簡一四的斷口貫連,其文曰"□日不有虜將必□於君十日不□□兵而□",不見於傳本。整理者指出,《六韜·龍韜·輪將》:"故曰:兵不兩勝,亦不兩敗,兵出逾境,期不十日,不有亡國,必有破軍殺將。"語與此近。我們認爲此應接前一簡"得帶甲十萬驪車千乘"之後,故編連於此。1732號見下道編痕及簡尾,其文曰"勝議也故能戰勝",在全篇中與此處文意最爲密切,故綴於此。

簡二二,包括原整理號四七六、四八五兩支,係0902、3100號兩枚綴合。0902號見有中道編痕,簡背有劃痕,上端在上道編繩處殘斷,故簡首並不缺字,其文可與傳本相對應。3100號文曰"塞邪而食足",不見傳本,或可與下一簡上段文意聯屬,故綴於此。

簡二三,包括原整理號四八六、四九三兩支,係2176、3309號兩枚綴合。2176號簡背有劃痕,可與簡一九、二一、二二相貫連,[2]故編連於此,據劃痕定位後,上端已近上道編繩,蓋簡首不缺字,其文曰"□食發号出令不□",不見傳本。3309號見中道編痕,其文曰"如秋冬如□喬□□",似與下一簡上半文意相聯,故綴於此。

簡二四,包括原整理號四九四、四九〇兩支,係3334、1067號兩枚綴合。3334號簡背有劃痕,可與簡二三相接,故編連於此,據劃痕定位後,上端距上道編繩約缺2字,簡文曰"□□如春□如夏□事□",不見傳本。1067號見下道編痕及簡尾,其文曰"地利中失民請夫民飢者不得食",蓋前面還有"天時"一類的文辭,[3]故將其綴於此。

簡二五,包括原整理號四九一、四八七兩支,係3984+1799、1081號三枚綴合。3984號簡背有劃痕,可與簡二四相接,據劃痕定位後,上端距上道編繩約缺1字,其下端可與1799號吻合相接。1799號見有中道編痕。此段文曰"者不得衣勞者不得息故舉兵而加",原整理者已指出此可與1067號内容相接。1081號見下道編痕及簡尾,其文曰"不殺殀台不膾不成之財"。按"殀台"當讀爲"夭胎",[4]《逸周書·文傳》:"無殺夭

---

① 何寧:《淮南子集釋》,北京:中華書局,1998年,第1052頁。

② 簡二〇上部已殘損。

③ 整理者已指出,四九〇、四九一、四九二號原位置可能在四七六、四七七號之間。

④ 參見吴九龍:《簡牘帛書中的"夭"字》,《出土文獻研究》,北京:文物出版社,1985年,第251頁。

胎,無伐不成材,無墮四時,如此者十年,有十年之積者王。"[①]《漢書·禮樂制》"青陽開動,根荄以遂。膏潤并愛,跂行畢逮。霆聲發榮,壛處頃聽。枯槀復産,乃成厥命。衆庶熙熙,施及夭胎。羣生噍噍,惟春之祺",顔師古注:"少長曰夭,在孕曰胎。"[②]夭胎又可作胎夭,又《吕氏春秋·季冬紀》:"季冬,行秋令則白露蚤降,介蟲爲妖,四鄰入保。行春令則胎夭多傷,國多固疾,命之曰逆。行夏令則水潦敗國,時雪不降,冰凍消釋。"[③]可見土地所宜與四時關聯密切,下一簡有"□之如春夏",故將其綴於此。

簡二六,包括原整理號四九二、四七七兩支,係2566、1092號兩枚綴合。2566號上端疑似在劃痕處折斷,文曰"□之如春夏所加兵者",[④]不見於傳本,若據劃痕定位,上端距上道編繩約缺4字。1092號見下道編痕及簡尾,文曰"所加兵者令聚者不得",後5字見於宋本,前4字當與2566號相關,故綴合於此。

綜上所述,重新編連綴合後的《治談》篇由28支簡組成,推算其完篇約有911字,現殘存629字(含重文),約占原篇規模的三分之二。復原後的《治談》正面情況如圖2所示,背面情況見圖3所示。最後,我們以《治談》篇的復原情況表作爲本文的結論,參看表3。

表3 《治談》篇復原情況表

新整理號	原整理號	原簡序號	簡背劃痕	現存字數	約缺字數	可補字數	重文、合文數
一	四五六	0792、2334	無	21	11	11	0
二	四五七	3224、2385	疑有	13	19	3	4
三	四五八、四五九	3721+3446、1971	有	23	11	10	0
四	四八八+四六〇	3518+4350、2115	無	20	14	5	0
五	四八〇、四六一	3350、2098	無	16	17	1	0
六	四六二、?[⑤]	1040、4604、S03-12+3775	有	28	6	6	0
七	四六三	0752+1085	有	36	1	1	0

① 黄懷信、張懋鎔、田旭東:《逸周書彙校集注》,上海:上海古籍出版社,2007年,第247頁。
② [漢]班固:《漢書》,北京:中華書局,1962年,第1054—1055頁。
③ 許維遹:《吕氏春秋集釋》,北京:中華書局,2009年,第261頁。
④ 劉春生先生指出,簡本又有殘簡"……地利,中失民請(情)。夫民饑者不得食,【490】【□】者不得衣,勞者不得息,故舉兵而加【491】……□之如春夏。所加兵者【492】……",與此文相近,或是"□□□□所加兵者"之上殘文,參見其《尉繚子全譯》,第12頁。
⑤ 3775號簡,原整理報告未收録。

續 表

新整理號	原整理號	原簡序號	簡背劃痕	現存字數	約缺字數	可補字數	重文、合文數
八	四六四+一四二 c	0898+S74-27、2117	有	29	5	1	1
九	四六五、四六六	3307+2174、S12-01	疑有	18	15	6	0
一〇	四八二、四八一	1364、2149	有	24	9	1	0
一一	四八四	4883+0712	無	30	4	4	4
一二	四六七	1313+3312+2081	有	34	0	0	0
一三	四六八	2068、1094	有	26	6	6	0
一四	四六九	1015+0502	疑有	28	4	4	0
一五	四七〇	0825+2116+3255	有	29	3	1	0
一六	四八九、四八三	1867、1732	有	25	8	0	0
一七	四七一	0657	無	12	21	5	0
一八	四七二	1053	無	12	21	0	0
一九	四七三	1447、1629	有	25	5	4	0
二〇	四七四	S03-14、0706	無	15	18	3	0
二一	四七五	0757	有	17	14	0	0
二二	四七六、四八五	0902、3100	有	23	10	0	0
二三	四八六、四九三	2176、3309	有	16	17	0	0
二四	四九四、四九〇	3334、1067	有	21	10	0	0
二五	四九一、四八七	3984+1799、1081	有	26	5	1	0
二六	四九二、四七七	2566、1092	疑有	21	10	0	0
二七	四七八	0914、0672	疑有	23	8	8	3
二八	四七九	2362、0641	疑有	18	11	0	1

【編按：本文刊發於《出土文獻研究》第 17 輯，上海：中西書局，2018 年，第 255—272 頁；主要觀點收録於《銀雀山漢墓簡牘集成〔三〕》（山東博物館、中國文化遺産研究院編，賈連翔整理，北京：文物出版社，2021 年）一書中。】

圖 2 《尉繚子·治談》篇正面復原示意圖

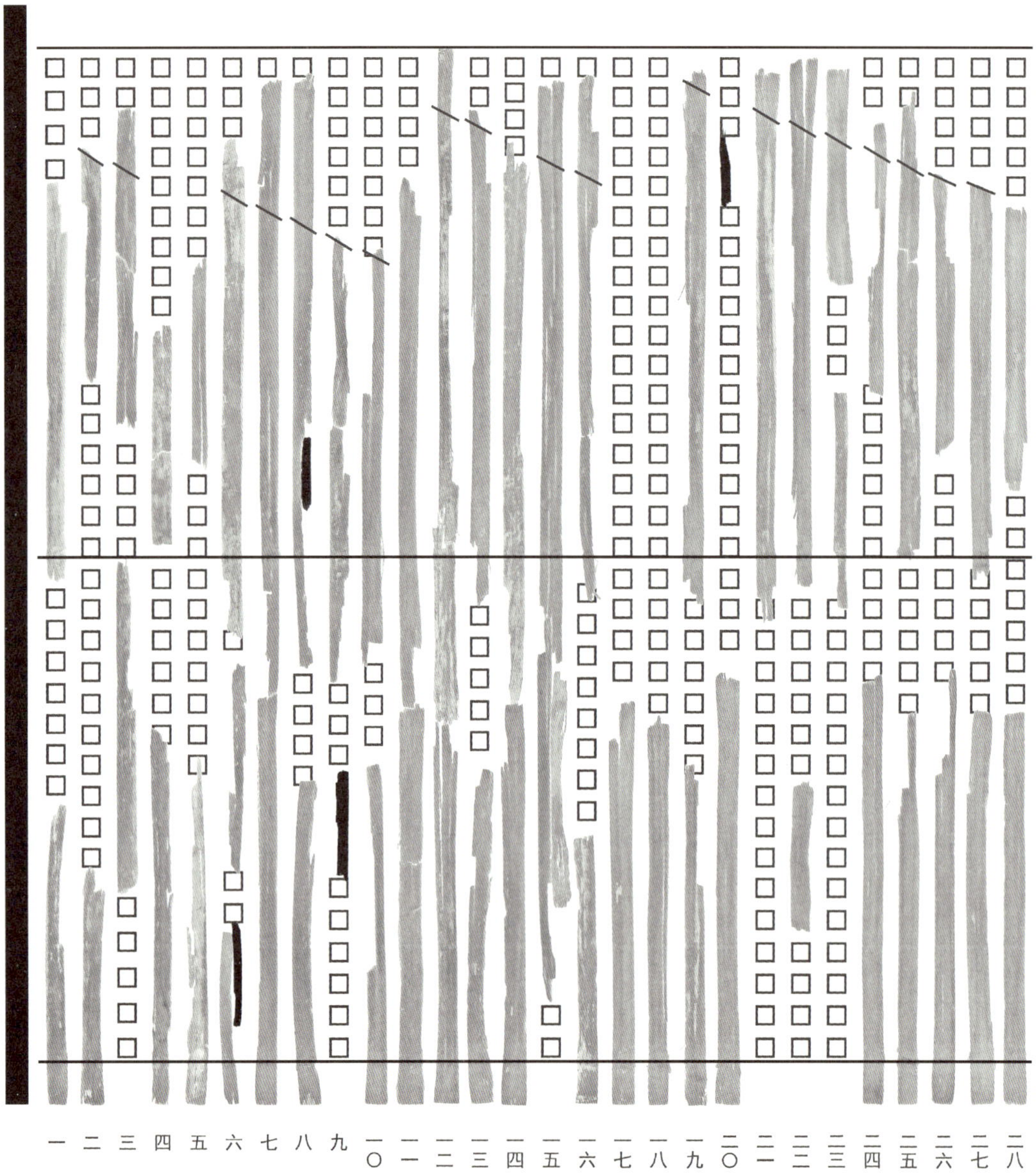

圖 3 《尉繚子·治談》篇背面復原示意圖

銀雀山漢簡《尉繚子·治談》的結構與思想

《尉繚子》一書以前頗不受重視,甚至被認爲是僞書。1972 年山東臨沂銀雀山 1 號西漢前期墓所出竹簡中,發現了與《尉繚子》相合的竹書六篇(以下稱"竹書本"),才將這一古書冤案徹底昭雪。傳世本《尉繚子》一共五卷二十四篇,以南宋刻《武經七書》本爲最古,有《續古逸叢書》影印本,[①]唐初魏徵等編《群書治要》,也節録了《尉繚子》四篇。[②] 這基本是今人可見《尉繚子》的全部内容。[③]

《漢書·藝文志》"雜家"録《尉繚》二十九篇,"兵形勢家"録《尉繚》三十一篇,篇數都與傳世本之二十四篇不合。《漢志》總結兵形勢家的特色説:"形勢者,雷動風舉,後發而先至,離合背鄉,變化無常,以輕疾制敵者也。"[④]其特點與傳世本《尉繚子》也很不相同。傳世本《治本》《原官》兩篇不見軍事内容;《十二陵》與《逸周書·王佩》内容相近,[⑤]亦非兵家之言;《將理》主要論及刑法問題,可見《尉繚子》内容比較駁雜,並非純粹論兵之書。裘錫圭先生對相關問題有精審的論説,並主張傳世本《尉繚子》出自雜家。[⑥] 當然,即便如此也並不影響《尉繚子》因有論兵的内容而被同時列入兵家,因爲《藝文志》在雜家"四百三十篇"下小注就稱:"入兵法。"[⑦]

《尉繚子》顯著的雜家特徵,不僅體現在各篇内容、體例的異類上,即使同一篇内,思想來源似乎也很多元。最近,山東博物館啟動了銀雀山漢簡再整理項目,[⑧]進一步

---

① 《武經七書·尉繚子》,商務印書館《續古逸叢書》本之三十八。後文所謂"宋本"引文皆出此,不再注出。

② [唐] 魏徵等:《群書治要》卷三七《尉繚子》,日本早稻田大學圖書館藏天明七年刻本,第 26b—31b 葉。後文所謂"《治要》本"引文皆出此,不再注出。

③ 徐勇先生對《尉繚子》的逸文有所研究,可參,見其《〈尉繚子〉逸文蠡測》,《歷史研究》1997 年第 2 期。

④ [漢] 班固:《漢書》,北京:中華書局,1962 年,第 1759 頁。

⑤ "王佩"或作"玉佩",與《十二陵》兩篇通體皆格言萃精之語,這種體例與郭店簡《語叢》四篇比較接近,似是戰國時比較流行的一類書體。

⑥ 參裘錫圭:《裘錫圭學術文集·雜著卷》,上海:復旦大學出版社,2015 年,第 250—252 頁。

⑦ [漢] 班固:《漢書》,第 1741 頁。

⑧ 參郭思克:《銀雀山漢墓簡牘研究及保護整理》,《中國文物報》2015 年 2 月 13 日。

復原了竹書本《治談》篇,①也使該篇内容有了比較完整的呈現。下面我們在新釋文的基礎上討論本篇的結構和思想特點,不當之處懇請大家指正。

一、竹書本《治談》與傳世本《兵談》的結構關係

本文所稱的《治談》篇,是指《銀雀山漢墓竹簡(壹)》中的《尉繚子・一》,②也即傳世本《尉繚子》的《兵談》篇。竹書本原有兩字篇題,舊因第二字筆畫殘泐而未得全識,現據重新采集的圖像釋爲“治談”。

宋本《兵談》篇共有 340 字,《治要》本《兵談》節録有 164 字,其中約一半文字爲宋本所無,故已知的的傳世本内容約 420 字。經復原,竹書本《治談》原來至少有 28 支簡,完整時約有 911 字,其中還至少含有重文、合文 13 個,這比傳世二本内容之和還多出一倍。顯然竹書本比傳世本内容完足。這種“完足”一部分是體現在辭句繁簡的差異上。③ 如竹書本“故兵勝於朝廷,勝於喪紀,勝於土功,勝於市井”,《治要》本“故”後多一“曰”字,而宋本則將全句省作“故曰兵勝於朝廷”。又如竹書本“[凡]兵者,羊腸亦勝,鋸齒亦勝,緣山入溪亦勝,方亦勝,圜亦勝,遀(橢)亦勝”,宋本則省去了最末的“橢亦勝”。除小部分辭句之外,竹書本更大的特色在於還有大段不見於傳世本的逸文,主要集中於三處,皆位於竹書本的後半。

第一處:

> 十萬之師出,費日千金,□□□□₌□□□□故百戰百勝,不善者善[者也,不戰而勝,]善者善者也。故善者成其刑而民□……勝而止,出……□外不能成其勝。大兵無創,與鬼神[通,□□]國可滅也。無衝籠而攻,無[渠詹而守。]小魚₌(漁漁)淵(淵)而擒亓(其)魚,中魚₌(漁漁)國而擒亓(其)士夫₌(大夫),大魚₌(漁漁)天下而擒亓(其)萬國諸侯。故大之注大矣,壹收而天下并。故患在百里之内者,不起一日之師;患在千里之内,不起一月之師;[患在]四海内者,不起一歲之師。戰勝其國,則攻亓(其)[都,不勝其]國,不攻其都。戰勝天下,[則攻其國,]不勝天下,不攻亓(其)國。

---

① 參賈連翔:《銀雀山漢簡〈尉繚子・治談〉殘卷復原嘗試》,《出土文獻研究》第 17 輯,上海:中西書局,2018 年,第 255—272 頁。

② 銀雀山漢墓竹簡整理小組編:《銀雀山漢墓竹簡(壹)》,北京:文物出版社,1985 年,第 77—81 頁。

③ 以下所引爲重新復原後的新釋文,參賈連翔:《銀雀山漢簡〈尉繚子・治談〉殘卷復原嘗試》。其中重文符號以“₌”標出;通假、異體、重文、合文之字,以“( )”注出;可按宋本、《治要》本或傳世文獻成語補充之缺文,以“[ ]”標出;可依殘存筆畫、抄寫間距和形制信息推算出具體字數的缺文,以“□”標出;不確定所缺字數者,以“……”標示。

以上内容的邏輯關係比較清晰，先是提倡“不戰而勝”，次而論及“百戰百勝”，進而指出要做到“百戰百勝”的具體方略和禁忌。《治要》本與之對應的一段則作：“十萬之師出，費日千金。故百戰百勝，非善之善者也，不戰而勝，善之善者也。”宋本作：“兵起非可以忿也，見勝則興，不見勝則止。患在百里之内，不起一日之師；患在千里之内，不起一月之師；患在四海之内，不起一歲之師。”相比之下，傳世本是對竹書本的節録和括述。

第二處：

> 故名將而無家，絶苦俞(逾)根(垠)而無主，左提鼓右慮(攄)枹而[無]生焉。故臨生不爲死，臨死不爲生。得帶甲十萬，驩(馳)車千乘，兵絶苦俞(逾)根(垠)，不□[□□]□日，不有虜將，必□於君。十日，不□□兵而□……勝議也，故能戰勝。……[寬不可激而]怒，精(清)不可事以財。將之自治兆₌(兆兆)……耳之生恖(聰)，目之生明。然使心狂者誰也？難得之貨也。使耳聾者誰也？曰□[□也。使目盲]者誰也？曰腕澤好色也。……耳聾……

這段内容雖殘損較重，但所論爲將者治軍的方法、原則和禁忌比較清楚。《治要》本全無此段，宋本則作：“將者，上不制於天，下不制於地，中不制於人。寬不可激而怒，清不可事以財。夫心狂、目盲、耳聾，以三悖率人者，難矣。”顯然也是對竹書本的節録和概括。

第三處：

> 閉關辤(辭)交而廷中之，故入……塞邪而食足……□食，發号(號)出令不□……如秋冬如□喬□□……□□如春□如夏□事□……地利，中失民請(情)。夫民飢者不得食，[寒]者不得衣，勞者不得息。故舉兵而加[□□□□□□]□□不殺殀(夭)台(胎)，不膾(劊)不成之財(材)。[□□□]□之如春夏。所加兵者……所加兵者，令聚者不得[散₌(散，散)者不得]聚；俻(俛)者不得迎₌(仰，仰)者不得俻(俛)；左者不[得右₌(右，右)者不]得左。知(智)士不給慮，甬(勇)士不……

這段内容不僅殘損殊甚，且有的綴合尚存疑問，但仍可瞭解其主旨是論率軍征戰的方法、原則和禁忌。《治要》本不見此段，宋本則僅存“令之聚不得以散，散不得以聚，左不得以右，右不得以左”一句。

儘管有上述大量逸文存在，但竹書本與宋本的總體結構仍可對應。李學勤先生在總結古書的産生和流傳過程時曾指出有“後人增廣”一類，即“古書開始出現時，内容較少。傳世既久，爲世人愛讀，學者加以增補，内容加多，與起初大有不同”。[①] 今見

① 李學勤：《對古書的反思》，《簡帛佚籍與學術史》，南昌：江西教育出版社，2001年，第30頁。

竹書本《治談》與傳世本《兵談》的關係正與之相反，即傳世本在維持竹書本文章結構的基礎上，對其作了較大的“瘦身”。裁剪最爲劇烈的是有關爲將者治軍、率軍的論述，而三本皆有的内容，則是竹書本前半部分關於“明於開塞禁舍，不戰而威服天下”的論述。

在古書流傳過程中，像《治談》這樣的變化，或可總結爲“後人删減”一類。古書删減的原因有多種可能，就《治談》這類兵書而言，大概是爲使不同文化層次的人（如武人等）易於理解書中大義。裁去的内容，應是後人出於不同目的而認爲的篇中冗餘；保留下來的内容，大概也體現了後人對這篇文獻核心思想的認定。

二、《治談》思想的“雜”家特徵

《治談》開篇云：

> [量土地肥]磽而立邑建城。以城稱地，以地稱[人，以人稱粟，三相]稱也，故迡（退）可以守固，[進可以]戰勝。戰勝於外，福産於内。

此段不見於《治要》本，但與宋本内容基本相同，是本篇的總論。尤其是“戰勝於外，福産於内”一句，將“兵”與“政”緊密結合起來，植根於法家的農戰之説。《管子・治國》：“民事農則田墾，田墾則粟多，粟多則國富，國富者兵强，兵强者戰勝，戰勝者地廣。”[①]可幫助我們更好地理解“戰勝於外”與“福産於内”之間的關係。

《治談》在分論兵、政時，很多思想也見於其他古書。在論兵方面，簡文曰：

> 十萬之師出，費日千金，□□□□=□□□□。故百戰百勝，不善者善[者也，不戰而勝，]善者善者也。

《孫子・謀攻》：“是故百戰百勝，非善之善者也；不戰而屈人之兵，善之善者也。”[②]又《孫子・用間》：“凡興師十萬，出征千里，百姓之費，公家之奉，日費千金；内外騷動，怠於道路，不得操事者，七十萬家。”[③]又《尉繚子・將理》：“兵法曰：十萬之師出，日費千金。”[④]《史記・平津侯主父列傳》：“故兵法曰：‘興師十萬，日費千金。’”[⑤]皆可與之合觀。又如，簡文曰：

> 大兵無創，與鬼神[通，□□]國可滅也。無衝籠而攻，無[渠詹而守。]

---

① 黎翔鳳：《管子校注》，北京：中華書局，2004年，第924頁。
② 楊丙安：《十一家注孫子校理》，北京：中華書局，1999年，第45頁。
③ 楊丙安：《十一家注孫子校理》，第289頁。
④ 華陸綜：《尉繚子注譯》，北京：中華書局，1979年，第38頁。
⑤ ［漢］司馬遷：《史記》，北京：中華書局，2014年，第3579頁。

傳世本無此句。《六韜・武韜・發啟》:"全勝不鬥,大兵無創,與鬼神通。微哉微哉!與人同病相救,同情相成,同惡相助,同好相趨,故無甲兵而勝,無衝機而攻,無溝塹而守。"①"沖籠"又作"沖龍",銀雀山竹書本《六韜》作"毋沖龍而功,毋渠詹而守"。② "沖籠"即"蒙沖","渠詹"即"渠答",傳世本《尉繚子・武議》:"古人曰:'無蒙沖而攻,無渠答而守,是爲無善之軍。'"③"大兵無創"語又見於《淮南子・兵略》:"是故大兵無創,與鬼神通,五兵不厲,天下莫之敢當。"④又如,簡文曰:

> 故患在百里之内者,不起一日之師;患在千里之内,不起一月之師;[患在]四海内者,不起一歲之師。

宋本與此基本相同。相似的句子還見於傳世本《尉繚子・攻權》:"故凡集兵,千里者旬日,百里者一日,必集敵境。"⑤《管子・參患》:"一期之師,十年之蓄積殫;一戰之費,累代之功盡。"⑥凡此皆極言出師耗資之巨大,準備之不易。再如,簡文曰:

> [凡]兵者,羊腸亦勝,鋸齒亦勝,緣山入溪亦勝,方亦勝,圜亦勝,遀(橢)亦勝。

《孫臏兵法・十陣》:"凡陳有十:有枋陣,有員陳……枋陳者,所以剸也。員陳者,所以榑也。"⑦《荀子・議兵篇》:"圜居而方止,則若磐石然,觸之者角摧。"⑧可與之合觀,皆論及兵陣的種類。

在論政方面,簡文曰:

> 行廣[足以容]衆,故王者民之歸之如流水,望[之如日月,親之如父母,]……少而歸之。

此段不見於宋本,《治要》本作:"王者民望之如日月,歸之如父母,歸之如流水。"簡文後面又稱:"……[四]時不應者能應之。"《治要》本作:"故曰:國貧者能富之,地不任者任之,四時不應者能應之。"宋本作:"民流者親之,地不任者任之。"此外《晏子春秋・内篇諫上》:"古之王者,德厚足以安世,行廣足以容衆,諸侯戴之以爲君長,百姓歸之以爲父母。是故天地四時和而不失,星辰日月順而不亂,德厚行廣,配天象時,然後爲帝王之君、神明之主。"⑨與這兩段簡文合觀,其文辭相仿,思想也一致。

---

① 盛冬鈴:《六韜譯注》,石家莊:河北人民出版社,1992年,第48頁。
② 銀雀山漢墓竹簡整理小組編:《銀雀山漢墓竹簡》,第115頁。
③ 華陸綜:《尉繚子注譯》,第31頁。
④ 劉文典:《淮南鴻烈集解》,北京:中華書局,2013年,第493頁。
⑤ 華陸綜:《尉繚子注譯》,第21頁。
⑥ 黎翔鳳:《管子校注》,第535頁。
⑦ 張震澤:《孫臏兵法校理》,北京:中華書局,1984年,第129頁。
⑧ [清]王先謙:《荀子集解》,北京:中華書局,1988年,第268頁。
⑨ 張純一:《晏子春秋校注》,北京:中華書局,2014年,第37頁。

古書引文常不作注,篇章之間重複的現象也較常見。李學勤先生曾認爲這種情況出現的原因不外兩種:“有的是由於當時學多口傳,學者在傳授記録以至著諸竹帛時有所不同;有的是由於學説思想的影響傳播,學者在著作時彼此輾轉引述。無論如何,總是表現着學術上的一定聯繫。”①據近人研究,《尉繚子》一書的著作時代約略在戰國末期,②從以上所引與《治談》篇内容聯繫緊密的諸古書篇目的時代來看,可爲此説提供支持。此外,涉及的《孫子》《孫臏》,是流傳較廣的兵書,《治談》引之似不足奇,而《管子》《晏子》《六韜》乃至《荀子》,或爲齊人著述,或深受“稷下”影響,由此來看《治談》篇出現在齊地,實非偶然。

三、《治談》與《逸周書·文傳》

《治談》除了具有上述“雜”家思想特點外,在論“政”方面的内容,又與傳世本《逸周書·文傳》篇關係十分密切,不少辭句可以對讀。試舉其中最關鍵的一段:

> 故曰明於[禁舍開塞,其]取天下若化。國貧者能富之,……□而行必廣其處……[四]時不應者能應之。土廣[而任則]國不得毋富。民衆而制,則國不得毋治。

簡文此處已不很完整,《治要》本省作“故曰:明乎禁舍開塞,其取天下若化”,宋本則僅剩“明乎禁舍開塞”一句。傳世本《逸周書·文傳》云:“不明開塞禁舍者,其如天下何?”③王念孫已指出“其如天下何”乃後人竄改。④ 值得注意的是,《群書治要》録《文傳》此句是正反對言的,文作:“明開塞禁舍者,其取天下如化;不明開塞禁舍者,其失天下如化。”⑤其前一句與《治談》之“故曰明於[禁舍開塞,其]取天下若化”幾乎完全一致。

“開塞禁舍”是《治談》的重要思想,陳逢衡云:“開謂開其源,塞謂塞其流,禁謂裁其太過。舍,施也,施謂補所不及。”⑥“開塞禁舍”古書或作“開闔決塞”,如《管子·地數》:“伊尹善通移輕重,開闔決塞。”⑦然將此思想來源歸於伊尹,顯然有很强的假託特

① 李學勤:《〈管子·輕重〉篇的年代與思想》,《古文獻叢論》,上海:上海遠東出版社,1996年,第199頁。

② 參張烈:《關於〈尉繚子〉的著録和成書》,《文史》第8輯,北京:中華書局,1980年,第27—38頁;何法周:《〈尉繚子〉初探》,《文物》1977年第2期;龔留柱:《〈尉繚子〉考辨》,《河南師大學報(社會科學版)》1983年第4期;裘錫圭:《裘錫圭學術文集·雜著卷》,第250—252頁;徐勇:《尉繚子的軍事思想研究》,《孫子研究》2017年第3期。

③ 黄懷信、張懋鎔、田旭東:《逸周書彙校集注(修訂本)》,上海:上海古籍出版社,2007年,第236—250頁。以下引文《文傳》皆出此。

④ 黄懷信等:《逸周書彙校集注(修訂本)》,第246頁。

⑤ [唐]魏徵等:《群書治要》,第10a葉。

⑥ 黄懷信等:《逸周書彙校集注(修訂本)》,第246頁。

⑦ 黎翔鳳:《管子校注》,第1352頁。

點。“開塞禁舍”在古書中常省稱“開塞”，如同受稷下學派影響的《文子》一書，[①]在《下德》篇中曾論：“則四時者，春生夏長，秋收冬藏，取與有節，出入有量……伐亂禁暴，興賢廢不肖，匡邪以爲正，懷險以爲平，矯枉以爲直，明於施令開塞之道，乘時因勢，以服役人心者也。帝者體陰陽即侵，王者法四時即削，霸者用六律即辱，君者失準繩即廢。”[②]這裹反映出的思想與《文傳》《治談》相仿。《鹽鐵論·非鞅》稱：“昔商君明於開塞之術。”[③]從上引《管子》《文子》的内容不難看出商君的“開塞之術”與稷下法家的淵源關係，《漢書》顔師古注引劉向《别録》亦稱“繚爲商君學”，[④]由此也可理解《治談》篇爲何會傳“開塞禁舍”的主張了。

“明於禁舍開塞”，既要度地所出，又要順應四時。本節上引簡文後半段，《治要》本作：“故夫土廣而任，則其國不得無富。民衆而制，則其國不得無治。”所謂任土，或稱任地，見於《周禮·地官·司徒》，鄭注：“任土者，任其力勢所能生育，且以制貢賦也。”[⑤]任土是國家徵繳賦税的重要手段。《文傳》曰：

> 土可犯，材可蓄。潤濕不穀，樹之竹、葦、莞、蒲；礫石不可穀，樹之葛、木，以爲絺綌，以爲材用。故凡土地之閑者，聖人裁之，并爲民利。

孔晁注：“所爲土不失宜。”[⑥]《管子·治國》云：“凡治國之道，必先富民，民富則易治也，民貧則難治也，奚以知其然也？民富則安鄉重家，安鄉重家則敬上畏罪，敬上畏罪則易治也。民貧則危鄉輕家，危鄉輕家則敢陵上犯禁，淩上犯禁則難治也。故治國常富，而亂國必貧。是以善爲國者，必先富民，然後治之。”[⑦]這段論述清楚地闡明了“任土”與“富國”，“民利”與“國治”之間的關係。《文傳》又曰：

> 山林非時不升斤斧，以成草木之長；川澤非時不入網罟，以成魚鱉之長；不麛不卵以成鳥獸之長。畋漁以時，童不夭胎，馬不馳騖，土不失宜。

《太平御覽》引此作：“畋獵唯時，不殺童羊，不夭胎。童牛不服，童馬不馳不騖。澤不行害，土不失其宜，萬物不失其性，天下不失其時。”[⑧]《藝文類聚》引此文句類似。孔晁

---

① 《文子》一書傳爲尹文所作，有關尹文的活動時間及其學術特點，參錢穆：《先秦諸子繫年》，北京：九州出版社，2011年，第393—395頁；劉節：《管子中所見之宋鈃一派學説》，《古史考存》，北京：人民出版社，1958年，第238—258頁；郭沫若：《宋鈃尹文遺著考》，《郭沫若全集·歷史編》第1卷，北京：人民出版社，1982年，第547—572頁；李學勤：《〈管子·心術〉等篇的再考察》，《管子學刊》1991年第1期。

② 王利器：《文子疏義》，北京：中華書局，2009年，第422頁。

③ 王利器：《鹽鐵論校注》，北京：中華書局，1992年，第95頁。

④ ［漢］班固：《漢書》，第1742頁。

⑤ ［清］阮元校刻：《十三經注疏(清嘉慶刊本)·周禮注疏》，北京：中華書局，2009年，第1561頁。

⑥ 黄懷信等：《逸周書彙校集注(修訂本)》，第240頁。

⑦ 黎翔鳳：《管子校注》卷一五，第924頁。

⑧ 《太平御覽》卷八四，縮印上海涵芬樓影宋本，北京：中華書局，1960年，第396頁。

注:“言土地宜悉長之。”[①]《文傳》後文稱:“無殺夭胎,無伐不成材,無墮四時。”這種不違農時的思想,即與《治談》所謂“四時不應者能應之”相呼應。此外,《文傳》還引用了《開望》之辭,曰:“土廣無守可襲伐,土狹無食可圍竭,二禍之來,不稱之災。”又《潛夫論・實邊》引《周書》:“土多人少,莫出其材,是謂虚土,可襲伐也;土少人衆,民非其民,可匱竭也。是故土地人民必相稱也。”[②]孔晁注:“《開望》,古書名也。”[③]或以之爲《歸藏》之《啟筮》,尚不可確證。但從其内容不難看出,這與《治談》開篇所言“[量土地肥]磽而立邑建城。以城稱地,以地稱[人,以人稱粟]”也十分契合。

《治談》與《文傳》的密切關係,其性質不外三種可能:一是《文傳》早於《治談》,《治談》襲用《文傳》;二是《治談》早於《文傳》,《文傳》襲用《治談》;三是兩者同時,類似文句是出於學派相同,或者襲用同一來源。《逸周書》各篇不出一手,年代也大爲不同。《周書序》説《文傳》:“文王受命之九年,時維暮春,在鄗。”[④]就《文傳》的内容而言,稱其爲“文王”時作,顯然不合事實。吕思勉曾指出:“《文傳》後半,文字極類《管子》,‘開塞’爲商君之術,亦已見本篇中。”[⑤]蔣善國也認爲,《文傳》後半不僅文辭類《管子》,開塞是商君政策,且以爲“《管子》各篇可能有些是《商君書》作者作的,在這一點上又可看出《文傳解》與法家的關係”。[⑥] 黄懷信先生曾提出《文傳》之作當不早於春秋中期,[⑦]最近也有學者提出“《文傳》的時代不可能早於《商》《管》”。[⑧] 究其緣由,當是由於《文傳》篇具有“集成”的特點。[⑨]《文傳》全篇約略可分爲前後兩部分,前一小半部分或有更早的來源,而自“山林非時不升斤斧”以下,與《管子》《商君書》等思想近同。後一部分内容從時代上看,應産生於戰國中期以後,並爲齊國稷下所傳襲,因此《治談》篇纔會與《文傳》有較深的思想淵源。

【編按:本文刊發於《文史》2022 年第 1 輯,第 257—264 頁;主要觀點收録於《銀雀山漢墓簡牘集成〔三〕》(山東博物館、中國文化遺産研究院編,賈連翔整理,北京:文物出版社,2021 年)一書中。】

---

① 黄懷信等:《逸周書彙校集注(修訂本)》,第 239—240 頁。

② 彭鐸:《潛夫論箋校正》,北京:中華書局,1985 年,第 286 頁。

③ 黄懷信等:《逸周書彙校集注(修訂本)》,第 244 頁。

④ 黄懷信等:《逸周書彙校集注(修訂本)》,第 236 頁。

⑤ 吕思勉:《經子解題》,上海:華東師範大學出版社,1995 年,第 37 頁。

⑥ 蔣善國:《尚書綜述》,上海:上海古籍出版社,1988 年,第 445 頁。

⑦ 黄懷信:《〈逸周書〉源流考辨》,西安:西北大學出版社,1992 年,第 100 頁。

⑧ 牛鴻恩:《論〈逸周書〉寫作的時代與地域——兼與劉起釪、李學勤先生商榷》,《耕耘學刊(文學卷)》2012 年第 1 期,第 183 頁。

⑨ 羅家湘:《從〈文傳〉的集成性質再論〈逸周書〉的編輯》,《雲南民族大學學報(哲學社會科學版)》2004 年第 4 期。

定縣簡出土五十年整理新進展

1973 年河北省定縣八角廊 40 號漢墓發掘出土了一批竹簡，學界通稱“定縣簡”。該墓等級較高，出有金縷玉衣、車馬等，並留有“黄腸題湊”遺存，墓主一般認爲是西漢中山懷王劉脩。① 可惜墓葬約在西漢末年被盜被焚，墓中竹簡遭到嚴重擾亂，並完全炭化。定縣簡出土時已散亂、變形、殘損嚴重，通體呈炭黑色，文字墨迹與之相混，在可見光下殊難辨識，其性狀極端，是學界公認的整理難度最大的簡牘之一。

一、定縣簡整理的三個階段

定縣簡出土至今已半個世紀，資料尚未能全部發表，其間的整理工作勞神艱辛，且坎坷多舛。從竹簡實物性狀變化的角度，我們可以將定縣簡的整理工作分爲三個階段。

(1) 初次整理(1974—1976)

1974 年 6 月，八角廊 40 號墓考古發掘主持人、河北省文物研究所劉來成先生將定縣簡送至國家文物局進行保護和整理。② 1976 年 6 月，由文物出版社邀請曾參加馬王堆帛書整理的張政烺、李學勤、顧鐵符、于豪亮先生參與整理定縣簡，劉來成、信立祥先生配合工作。李先生曾向我們回憶介紹，當時是在臺燈下通過調整竹簡的側視角度，發現炭化竹材的反光略强於其上的墨迹，可勉强辨識出文字。用這一辦法所作的竹簡釋文，抄録在形制相同的卡片上，一簡一卡，順序編號。這次整理已初步認識到竹簡中有《論語》《文子》《太公》《六安王朝五鳳二年正月起居記》《日書》，蕭望之等人的奏議以及其他有關孔子及弟子言論的内容。整理工作到 1976 年 7 月唐山大

① 參看河北省文物研究所：《河北定縣 40 號漢墓發掘簡報》，《文物》1981 年第 8 期。

② 關於定縣簡前兩次整理情況介紹，參看河北省文物研究所定州漢墓竹簡整理小組：《定州西漢中山懷王墓竹簡〈文子〉的整理和意義》，《文物》1995 年第 12 期；河北省文物研究所定州漢墓竹簡整理小組：《定州漢墓竹簡〈論語〉》，北京：文物出版社，1997 年，“前言”，第 1—2 頁。

地震後停止。

（2）二次整理（1979—2001）

地震過程中定縣簡得到精心照管，但轉移後封存的盛簡木箱被不知情者倒置，致使竹簡又一次散亂，遭遇了二次損毀。

1979 年 7 月，整理者對竹簡重新排順編號。同年 9 月至次年 5 月間，張守中先生在北京對部分性狀較好的竹簡作了摹本，約占總數的五分之二。①

1980 年 4 月，經國家文物局古文獻研究室召集，由李學勤先生負責，聯合河北省博物館、河北省文物研究所，成立了定縣漢墓竹簡整理小組，繼續開展整理工作，共整理出《儒家者言》《論語》《文子》《太公》《保傅》《哀公問五義》《六安王朝五鳳二年正月起居記》《日書・占卜》等八種文獻，於 1981 年第 4 期《文物》上介紹了竹簡的概況，並發布了《儒家者言》釋文。② 由於竹簡在可見光下難以采集有效的圖像信息，整理小組曾借助公安部的紅外膠卷相機，拍攝了少數竹簡的紅外照片，這些照片連同張守中先生所作的摹本，一並發表在當期的《文物》上。此間參與整理工作的主要有劉來成、胡紹衡、劉世樞、何直剛等先生。後來由於一些原因，整理工作暫停。

1995 年 8 月，河北省文物研究所單獨成立了定州漢墓竹簡整理小組，先後於《文物》1995 年第 12 期、2001 年第 5 期上發布了《文子》《六韜》（即《太公》）釋文，《論語》釋文則單輯成册，1997 年 7 月由文物出版社出版。③ 這一時期，定縣簡被轉運回石家莊，入藏在河北省文物研究所。其間參與整理的主要有劉來成、孟繁峰、韓立森等先生。

目前已發表的定縣簡相關資料，都集中在二次整理階段。④ 自 2001 年《六韜》釋文發表後，定縣簡整理工作又一次陷入了長期停頓。

（3）三次整理（2019—今）

直至 2019 年 11 月，河北省文物考古研究院（原河北省文物研究所）聯合清華大學出土文獻研究與保護中心、中國文化遺産研究院和荆州文物保護中心，開展了新一輪定縣簡保護修復、信息提取和整理研究工作。2020 至 2021 年間，通過調研、檢測、

① 承張守中先生惠示其著《定縣漢簡臨稿》手稿，其中記有對臨寫過程的詳細説明，摹寫總數爲 970 簡。

② 參看國家文物局古文獻研究室、河北省博物館、河北省文物研究所定縣漢墓竹簡整理組：《定縣 40 號漢墓出土竹簡簡介》，《文物》1981 年第 8 期；國家文物局古文獻研究室、河北省博物館、河北省文物研究所定縣漢墓竹簡整理組：《〈儒家者言〉釋文》，《文物》1981 年第 8 期；何直剛：《〈儒家者言〉略説》，《文物》1981 年第 8 期。

③ 參看河北省文物研究所定州漢簡整理小組：《定州西漢中山懷王墓竹簡〈文子〉釋文》，《文物》1995 年第 12 期；河北省文物研究所定州漢簡整理小組：《定州西漢中山懷王墓竹簡〈文子〉的整理和意義》；河北省文物研究所定州漢簡整理小組：《定州西漢中山懷王墓竹簡〈文子〉校勘記》，《文物》1995 年第 12 期；河北省文物研究所定州漢墓竹簡整理小組：《定州漢墓竹簡〈論語〉》；河北省文物研究所定州漢墓竹簡整理小組：《定州西漢中山懷王墓竹簡〈六韜〉釋文及校注》，《文物》2001 年第 5 期；河北省文物研究所定州漢墓竹簡整理小組：《定州西漢中山懷王墓竹簡〈六韜〉的整理及其意義》，《文物》2001 年第 5 期。

④ 後文所稱各篇原整理者釋文，皆參看本節注釋所引的參考文獻。

實驗和統計，我們較爲詳細地瞭解了定縣簡的現狀。

定縣簡出土後在持續老化，經二次損毀後又歷時四十餘年，竹簡現存總數已分解至約 11000 枚。其中可以分篇並單獨存放的有 3500 枚左右，另有尚未分篇以及二次損毀後情況不明的小塊殘簡，存置於兩個紙盒中，每盒約有 3000 餘枚。竹簡實物上有考古編號，用白色油漆書寫在竹簡的背面，大多是多枚竹簡對應一個編號。這個號碼可能是初次整理時所編，二次整理時，又對進一步殘碎且關係明確的竹簡進行了補寫。兩個紙盒中的殘簡大多没有明確編號，或編號已殘，無法辨識。竹簡現狀參看下圖。

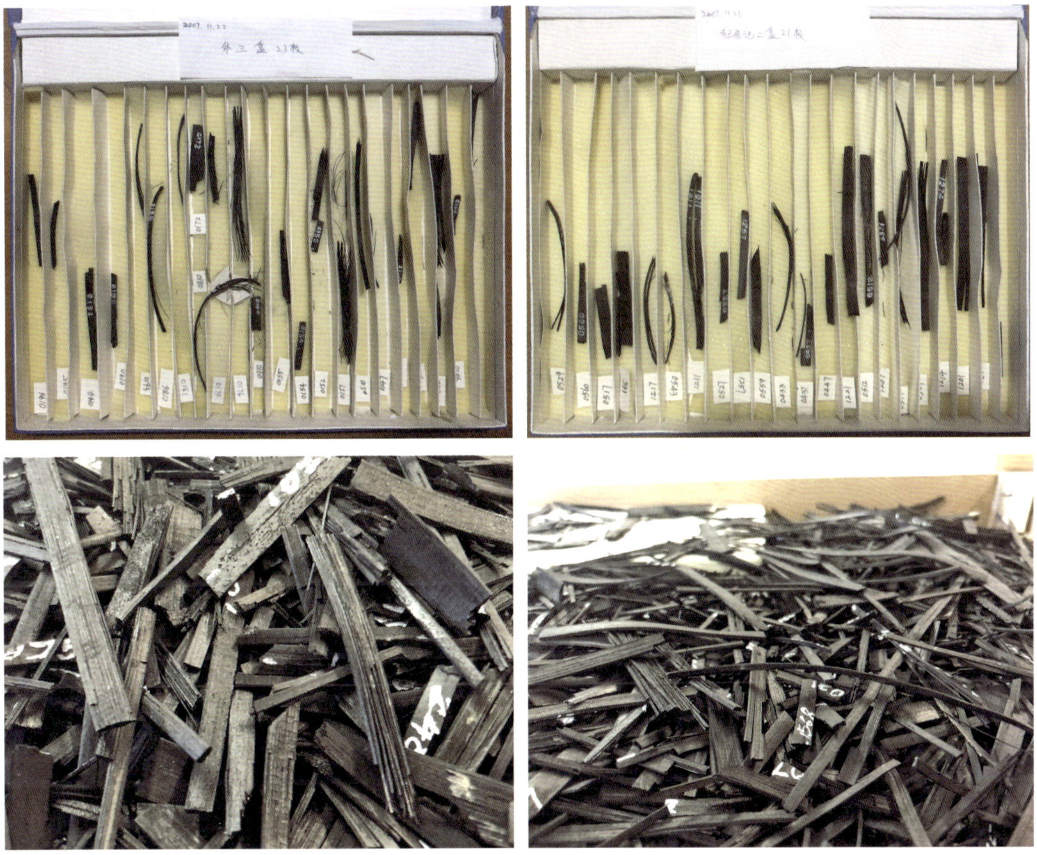

定縣簡保存現狀

2021 年 12 月，四家單位聯合申報的“以定縣簡爲代表的極端性狀竹書的整理及其方法研究”課題，獲國家社科基金重大項目立項。最近，課題組攻克了炭化竹簡圖像信息采集等關鍵難題，成功獲取了現存全部定縣簡的廣域高清圖像，奠定了本次整理工作的原始資料基礎。進一步的釋讀、綴合復原等工作，正在全面開展。

二、原整理者所作釋文卡片情況説明

由於定縣簡經歷過二次損毀，現狀已大不如前，本次整理的一個重要目標便是，儘可能將竹簡綴合恢復至二次損毀之前的狀態。四十餘年前初次整理時形成的釋文卡片,記録了竹簡二次損毀前的信息,現在已具有無可比擬的資料價值。在各方的幫助下,目前我們已掌握了部分流傳下來的卡片,卡片編號可與竹簡實物上的考古編號相對應。這樣,借助這些卡片上的信息,我們便可深入瞭解過去整理工作的一些過程和細節,充分研習並繼承前輩學者們已取得的成績。

卡片統一寬 10.2 釐米,長 15.2 釐米,豎式使用,並有固定的録寫格式,前兩次整理的成果,在其中都有一定程度的體現。以《論語》卡片爲例,其左上角横排右行書寫考古編號,其他内容都是豎排左行書寫。中間録有釋文;釋文兩旁或有相關注釋,大多是與傳世本對勘的情況説明;右下角記有與傳世本對應的篇名等。這幾部分内容應是初次整理的成果,整理者確定的文字,通常用鋼筆書寫,存疑的内容則用鉛筆,其中張政烺、李學勤先生的字迹特點鮮明,其他先生的字迹還有待辨識。左下方有用鉛筆書寫的核對竹簡實物和校改釋文的情況説明,從内容看應是竹簡二次損毀後所作,屬於二次整理的成果。卡片右上方還有鉛筆書寫的“××頁××行××—××”等字,可能是竹簡釋文在某個版本《論語》中的位置。這兩處鉛筆書寫的内容都與初次整理的幾種字迹不同,具體是何人所作,也有待調查辨認。卡片内容所反映的情況,與二次整理時發表的釋文成果基本相符。下面略舉幾個例子作進一步説明。

【例 1】

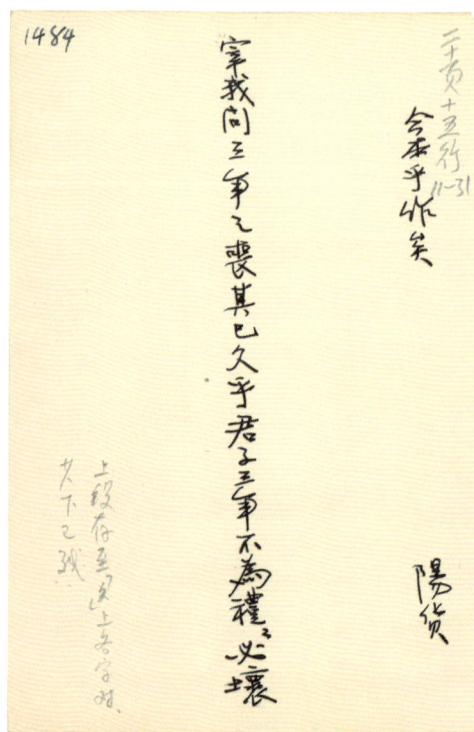

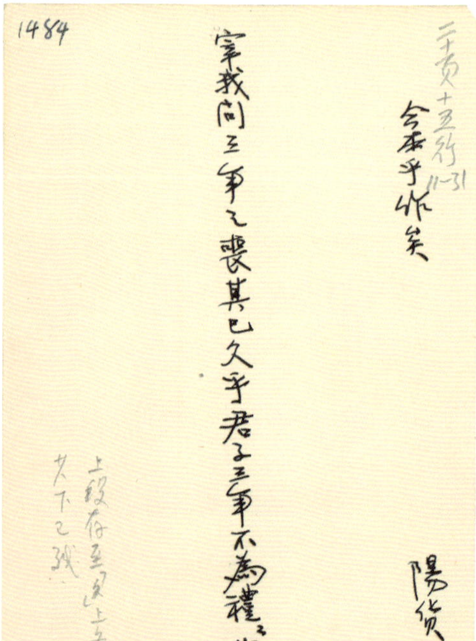

圖 1　定縣簡原整理者所作 1484 號卡片

《論語·陽貨》五三九簡，原釋文作：

宰我問："三年之喪，其已久[乎。君子三年不爲禮，禮必壞]

對應考古編號 1484，[①]卡片實物參看圖 1。初次整理的釋文應是張政烺先生所作，用鋼筆録有以上全部内容，兩個"禮"字原爲重文。卡片左下方另有鉛筆批注：

上段存至"久"上，各字對，其下已殘。

按原整理者發表的《論語》凡例，"簡文因唐山地震擾動殘損的，釋文本外加[ ]號表示"，可見"乎君子三年不爲禮=必壞"一段竹簡在二次整理時已殘斷。本次整理我們找到了"年不爲禮=必"一段殘簡，其餘部分尚未尋得。根據張先生所作釋文，這支竹簡初次整理時尚存有 20 字(重文以一字計)，對比《論語》完整竹簡所書寫的字數標準(參看例 16 所述 1953 號簡)，它原來也應是一支内容完整的竹簡。

【例 2】

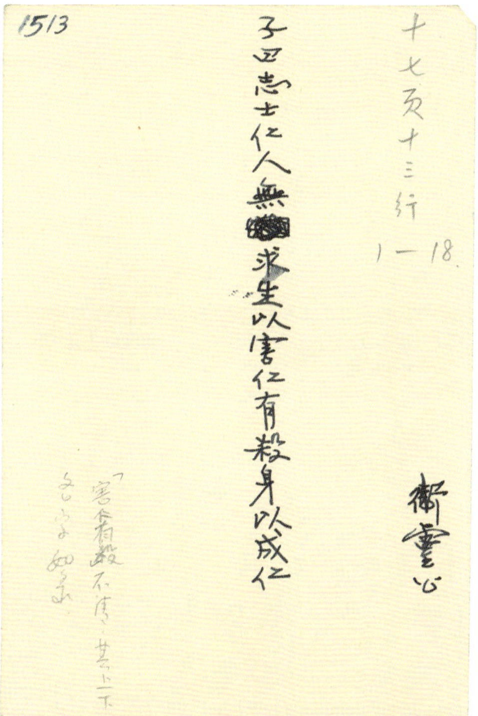

圖 2　定縣簡原整理者所作 1513 號卡片

《論語·衛靈公》四二二簡，原釋文作：

子曰："志士仁人，無求生以[害仁，有殺]身以成仁。"

① 《論語》釋文發表時並未著録考古編號，我們此次整理根據釋文内容逐一查找核對出了全部考古編號，後文所述情況相同。

考古編號 1513，卡片實物參看圖 2。初次整理録有以上全部釋文（張政烺先生字迹）。卡片左下方鉛筆批注：

“害仁有殺”不清，其上下各字如録。

今據廣域圖像，“害仁有殺”四字尚存，雖很漫漶，但仍可識。簡文並未殘損，而此處以“[ ]”括注，與其體例不符，給人以此段竹簡已殘失的誤導。初次整理時張先生已徑寫出了釋文，本次整理我們也對這一類已有成果進行了恢復。

【例 3】

《論語・泰伯》一九五簡，原釋文作：

曾子曰：“可以托六尺之□，□以寄百里之命，臨大

這是由兩枚竹簡綴合而成，“之”前内容屬 1535，“以”後内容屬 1593。初次整理分作了兩張卡片，由兩位先生録寫，參看圖 3。其中 1535 應是李學勤先生的字迹。【編按：經胡平生、李均明、劉少剛、吴振武先生幫助辨認，1593 這種字迹屬於于豪亮先生，謹致謝忱。後文不再説明。】兩張卡片左下方另有鉛筆書寫的批注：

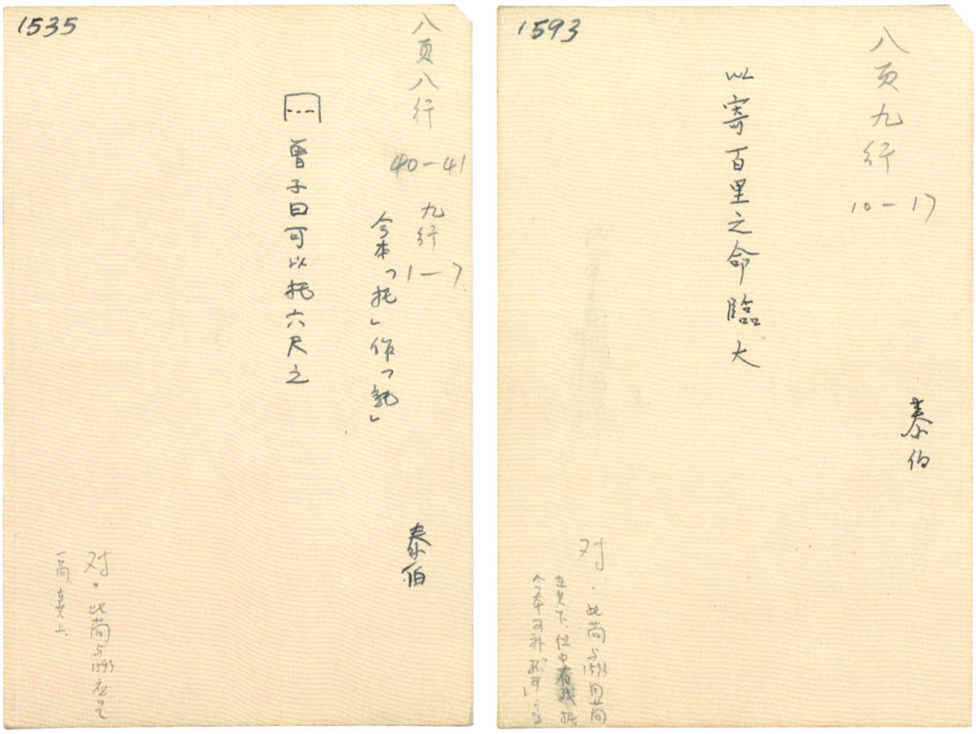

圖 3　定縣簡原整理者所作 1535、1593 號卡片

對。此簡與 1593 應是一簡，在其上。【1535】

對。此簡與 1535 同簡，在其下，但中有殘，據今本可補“孤可”二字。【1593】

所謂"對",應是指初次整理的釋文與二次核對原簡的内容相一致。釋文所體現的正是兩張卡片彙總後的成果。

此外,1535 卡片李先生又記:

今本"托"作"託"。

注釋保留了這條内容,並擴充爲:

托,今本作"託",《玉篇》引《論語》作"侂",《説文》段注云:"侂與託音義皆同,俗作托非也。"

也應視爲二次整理的進展。當然,根據新獲取的廣域圖像,這個所謂"托"字其實從疒從乇,寫作"疕",與"託""侂"同從"乇"聲,是過去未曾見過的同音異文。

由於《論語》只標有整理號,沒有考古編號,過去我們並不清楚其編連綴合的情況。現根據卡片和竹簡實物,我們可以瞭解前兩次整理的綴合成果。

【例 4】

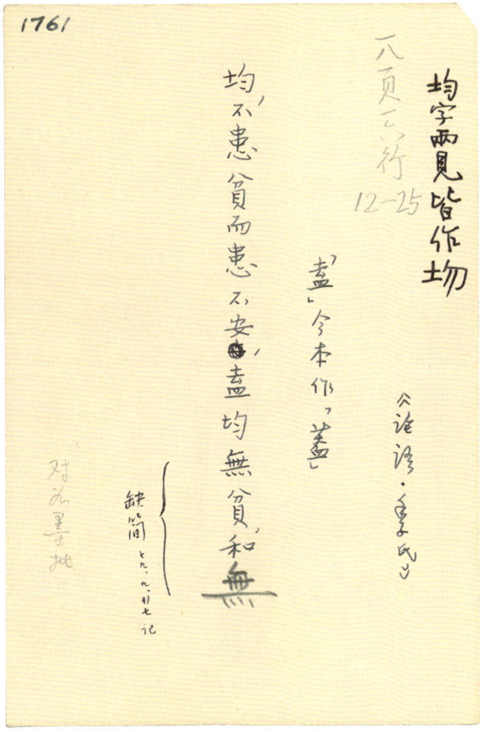

圖 4　定縣簡原整理者所作 1761 號卡片

《論語・季氏》四六八簡,原釋文作:

均,不患貧而患不安。盍均[無貧,和無]

考古編號 1761,卡片上初次整理時已録有以上全部釋文,參看圖 4。其中最末的"無"

字是鉛筆後補的,餘皆爲鋼筆書寫。值得注意的是,釋文“無貧和無”左旁用毛筆括注:

> 缺簡。七九.九.廿七記。

從字迹上看應是張守中先生所書。“記”前是日期,時在唐山大地震之後,應是張先生爲定縣簡作摹本時留下的校對批注。這段注文再左,有鉛筆書批注:

> 對。如墨批。

可知卡片左下鉛筆批注應在張守中先生作摹本之後。本次整理我們找到了“無貧和無”四字左半的殘簡,基本恢復了初次整理時的成果。

【例 5】

圖 5　定縣簡原整理者所作 794 號卡片

考古編號 794 號竹簡,卡片如圖 5,初次整理的釋文録於卡片左側,文曰:

> 不事不忠士毋不死不□□□□

前九字爲鋼筆,後四個“□”爲鉛筆。其右旁有對釋文單字的多次改寫。如“事”改爲“爭”,“士毋”改爲“忠而”,四個“□”先後被辨識出是“廉今陳脩”。今據廣域圖像可識出此段内容爲:

> 不爭不忠亡如不死不廉今陳脩

可見除“亡如”外，經過兩次整理辨識出的文字都是正確的。

這段内容見於傳世本《韓詩外傳》第十二章：“孔子曰：‘國亡而弗知，不智也。知而不爭，非忠也。爭而不死，非勇也。脩門者雖衆，不能行一於此，吾故弗式也。’”①《説苑・立節》則作：“孔子曰：‘丘聞之，國亡而不知不智，知而不爭不忠，忠而不死不廉。今陳修門者，不能行一於此，丘故不爲軾也。’”②相比而言，簡文更近於《説苑》。卡片下方還注：

仈：楚伐陳

“仈”即“儒”在1977至1986年間行用的第二批簡化字，指“儒家者言”；“楚伐陳”即《韓詩外傳》第十二章。可見當時已認清此簡的歸屬，然而，《儒家者言》却未收録此簡。

以上五個例子已可説明，釋文卡片所録内容，無論是在資料價值上，還是在學術水平上，都是後世整理者應當充分研究和繼承的。可惜現在掌握的卡片數量遠遠少於竹簡實物，或許卡片在流傳過程中有佚失，或許是初次整理時間較短，並未完成全部竹簡的釋讀録入，具體情況現在已難以知曉了。

三、利用卡片、原整理釋文、廣域圖像等綜合推進定縣簡再整理

此次再整理，我們根據竹簡的現狀以及可以掌握的研究資料，設定了四個不同層級的整理目標。下面我們仍用舉例的方式，介紹當前在這四個層面上取得的初步進展。

1. 恢復二次整理的成果

二次整理的《論語》等四種文獻釋文此前已發表，但竹簡實物現狀與之尚有不少差别。將現在采集到的竹簡圖像，綴合至二次整理時的狀態，是本次整理最基本的目標。

【例6】

《論語・季氏》一三六簡，原釋文作：

必也聖乎！堯舜其猶病□！［夫］仁者，己欲立而立人，

考古編號1522，今卡片已失，兩次整理時竹簡的具體性狀不明。我們根據釋文内容，現找到相關竹簡11枚，具體綴合情況可參看圖6。本次整理發現，原整理釋文較爲連貫的竹簡，現大多已分解爲若干枚，且有相當一部分殘片已散亂，利用原整理釋文尋找殘片、拼接綴合的工作量仍很巨大。

---

① 許維遹：《韓詩外傳集釋》，北京：中華書局，1980年，第14頁。
② 向宗魯：《説苑校證》，北京：中華書局，1987年，第79頁。

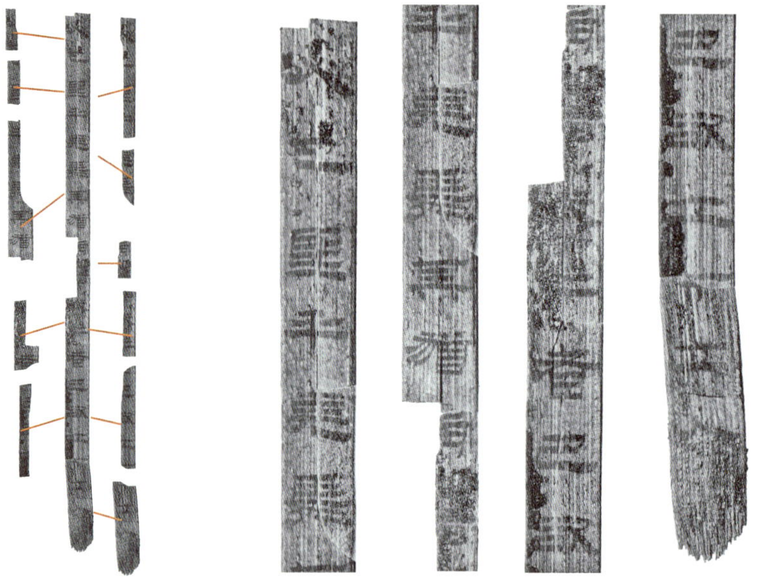

圖 6　定縣簡《論語·季氏》一三六簡廣域圖像綴合示意圖

從本簡綴合後的廣域圖像看,"病"後之"□"尚存右半"者",對照傳世本,可釋爲"諸";"夫"字現已清晰可辨,不必以"[　]"括注;"人"下已見簡下端,竹簡現存 19 字,根據《論語》簡 20 字的滿簡書寫標準,上端應殘一"仁"字,可補。新釋文作:

[仁]必也聖乎! 堯、舜其猶病諸! 夫仁者,己欲立而立人,

【例 7】

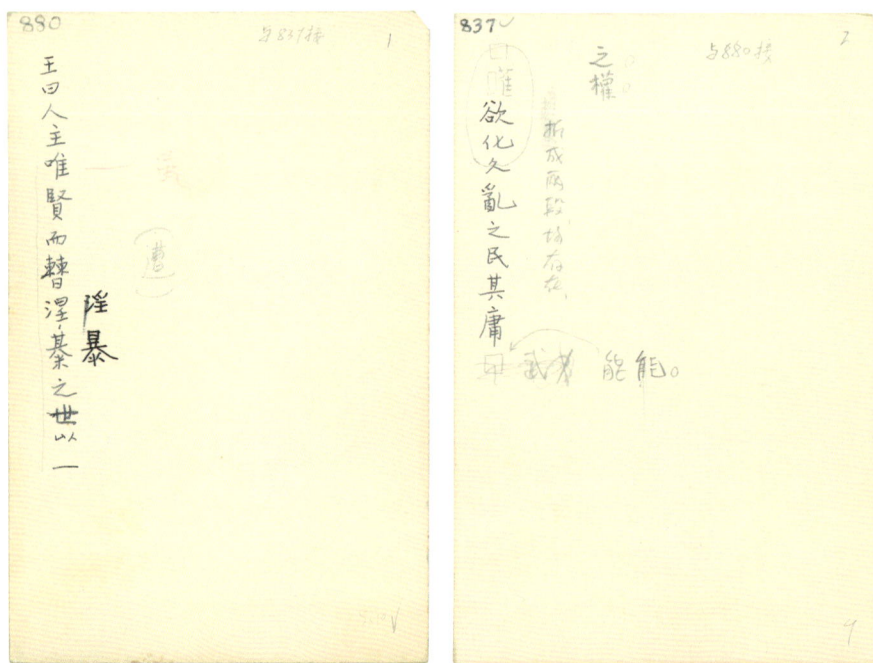

圖 7　定縣簡原整理者所作 880、837 號卡片

《文子》原釋文有：

0880　王曰：“人主唯（雖）賢，而曹（遭）淫暴之世，以一

0837　[之權]，欲化久亂之民，其庸能

此段内容見於傳世本《文子・道德》：“平王問文子曰：‘吾聞子得道於老聃，今賢人雖有道，而遭淫亂之世，以一人之權，而欲化久亂之民，其庸能乎？’”①原整理者釋文所補“之權”二字，今竹簡尚存其右半。根據《文子》簡的形制，這兩枚殘簡應可遥綴爲一支簡。二次整理發表的《文子》釋文，以考古編號爲條目録寫，没有完全體現出已取得的綴合成果，本次整理對這一類情況也作了進一步分析和恢復。

2. 恢復竹簡二次損毁前的狀態

從已公布的《論語》釋文與卡片的比較中可以看出，二次損毁的碎簡，在二次整理時大多没有找到，即發表釋文以“[　]”標示的内容。我們對竹簡現存情況調查後發現，這些殘損下來的碎簡，有一些可以在兩個大盒中尋得。由此，我們將恢復二次損毁的竹簡設定爲本次整理的進一步目標。只是這兩個大盒中的碎簡總量達 7000 餘枚，殘簡綴合的工作難度較大。從已進行的工作看，未來能確定完全恢復或部分恢復的，恐怕只能是其中一部分。

【例 8】

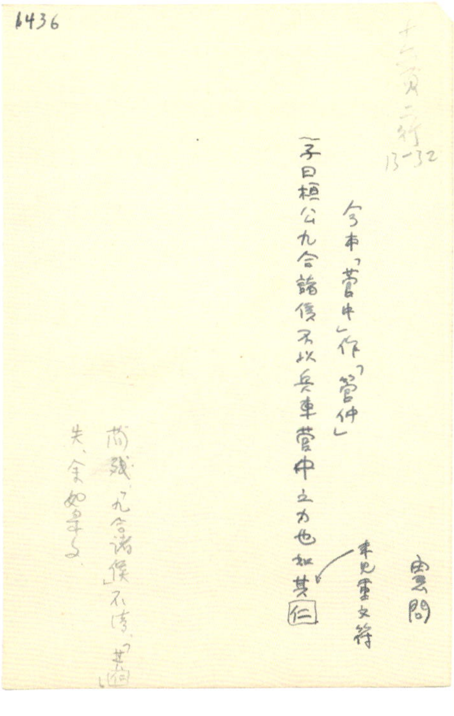

圖 8　定縣簡原整理者所作 1436 號卡片

① 王利器：《文子疏義》，北京：中華書局，2009 年，第 255 頁。

《論語·憲問》三八〇簡，原釋文作：

子曰："桓公[九合諸侯]，不以兵車，管中之力也。如[其仁]。"

考古編號1436，卡片用鋼筆録有以上全部釋文(李學勤先生字迹)，並在"仁"字旁標注"未見重文符"。卡片左下方鉛筆記：

簡殘。"九合諸侯"不清，"其仁"失，餘如録文。

與釋文反映的情況相一致。本次整理看到"九合諸侯"原已殘斷，現僅找到"諸侯"左半殘片，又找到"如其仁"左側大半的殘片，因右側殘失，尚無法核驗原是否有重文符。

此外，所謂"車"字，原寫作"轝"；"子"字之上還存有一字殘畫，據傳世本可補"乎"字。遥綴後的竹簡從"乎"至"仁"已有21字，接近《論語》一支完整竹簡書寫的標準字數，若"如其仁"原有重文符，則本章恰可在此結束。

【例9】

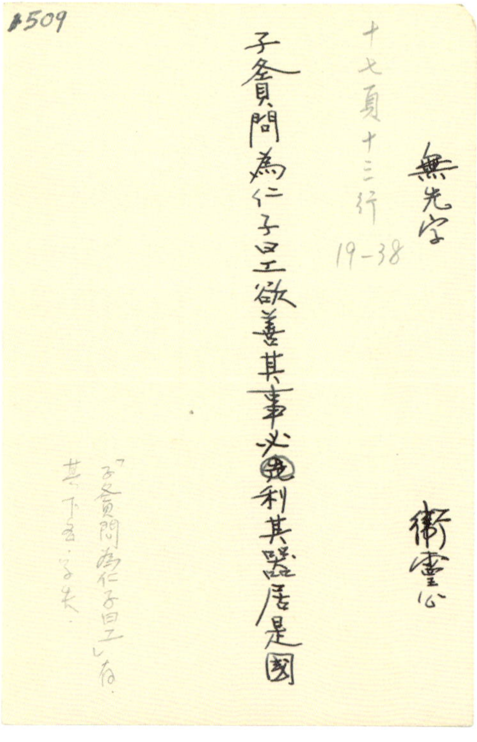

圖9　定縣簡原整理者所作1509號卡片

《論語·憲問》四二三簡，原釋文作：

子貣問爲仁。子曰："工[欲善其事，必利其器。居是國]

考古編號1509，卡片用鋼筆録有以上全部釋文(張政烺先生字迹)。卡片左下方鉛筆記：

"子贛問爲仁子曰工"存，其下各字失。

與釋文反映的情況一致。現已找到了"欲善其""事必利其器居""是國"三枚殘簡，可恢復二次損壞殘失的部分。此外，"贛"字本不從工，寫作"貣"，釋文中的"贛"字實際情況多如是。

【例 10】

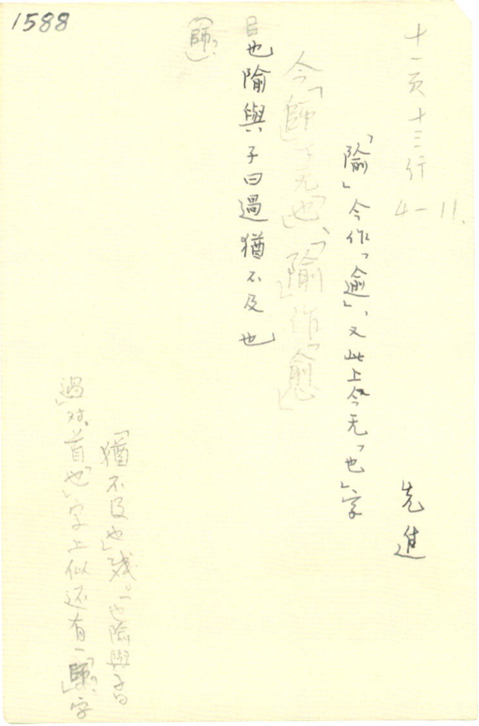

圖 10　定縣簡原整理者所作 1588 號卡片

《論語・先進》二七九簡，原釋文作：

師也喻與?"子曰："過[猶不及也]。"

考古編號 1588，初次整理"師"字未識出，餘皆以鋼筆録寫。卡片左下方鉛筆批注：

"猶不及也"殘。"也喻與子曰過"對。首"也"字上似還有一"師"字。

"師"字已釋定。今"猶不及也"四字殘簡已找到，可綴合至初次整理時的狀態。此外，原釋文之"喻"，據廣域圖像應改爲"喻"。

【例 11】

《儒家者言》第十五章簡 706，原釋文作：

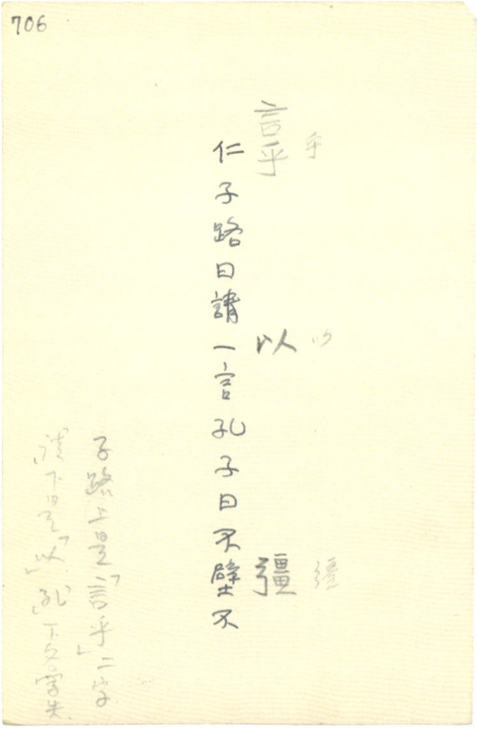

圖 11　定縣簡原整理者所作 706 號卡片

言乎子路曰請以言孔[子曰不彊不]

卡片初次整理時將“言乎”釋爲“仁”,“以”釋爲“一”,“彊”釋爲“壁”。左下鉛筆批注：

子路上是“言乎”二字,“請”下是“以”,“孔”下各字失。

今據廣域圖像看,二次整理時所作校改均是正確的。同時,我們也找到了“子曰不彊不”殘簡的右半,基本恢復了二次損毁前的狀態。

3. 在兩次整理基礎上進一步綴合復原

利用最新的研究資料和竹書整理方法,在兩次整理基礎上進一步綴合復原,是本次再整理的更高目標,目前我們在這方面也取得了一定進展。

【例 12】

《論語・季氏》四九二簡,原釋文作：

……其人也。

考古編號 1759,卡片初次整理的釋文在“其”上補有“[未見]”二字。傳世本此章全文爲：

孔子曰見善如不及見不善如探湯吾見其人矣吾

聞其語矣隱居以求其志行義以達其道吾聞其語

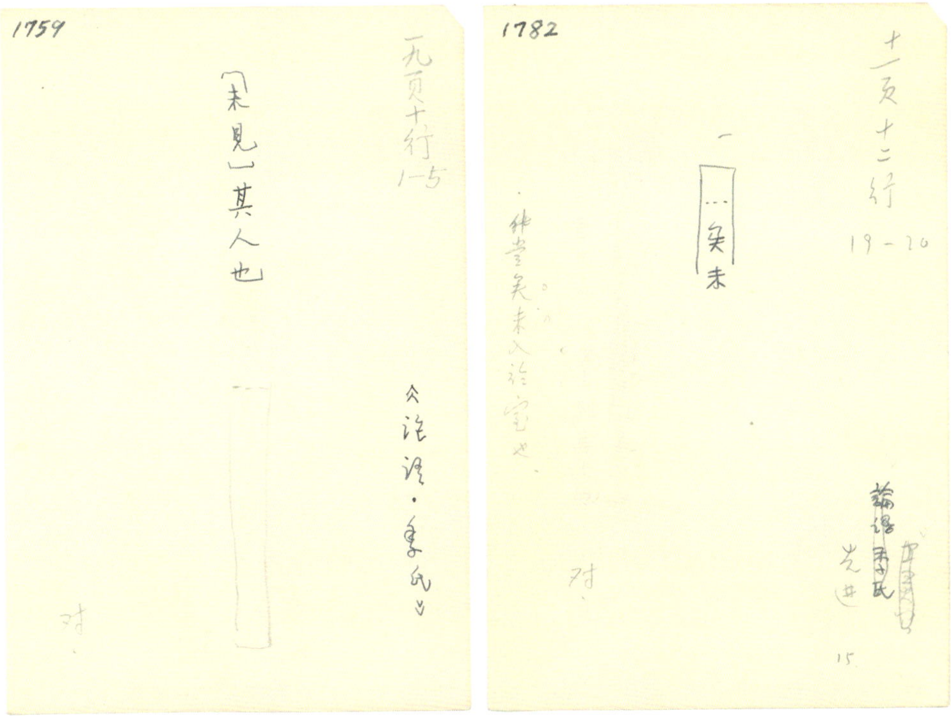

圖 12　定縣簡原整理者所作 1759、1782 號卡片

　　　矣未見其人也

按《論語》滿簡書寫 20 字標準計算，可按上述引文格式將此章分書於三支簡上，第三支簡應有“矣未見其人也”六字。

　　又《先進》二七八簡，文曰：

　　　矣，未

考古編號 1782，卡片初次整理釋文將“矣”標注爲本簡上端首字，且已繪出簡端示意圖，並標注該簡屬《論語·季氏》（李學勤先生字迹）。但後來整理者將其改歸入《先進》，對應傳世本第十五章，文曰：

　　　子曰由之瑟奚爲於丘之門門人不敬了路了口由也升堂
　　　矣未入於室也

如若按上述行款在“矣未”處换簡，則前一簡書寫有 23 字，即便中間的兩個“門”字用重文，也略超出標準字數。本次整理我們按卡片上李先生的意見，將 1782 歸入《季氏》，與 1759 遥綴。如此，不僅行款字數更加合適，而且兩枚殘片均有中裂，其裂縫位置也可以契合。

　　【例 13】

　　《論語·堯曰》五九八簡，原釋文作：

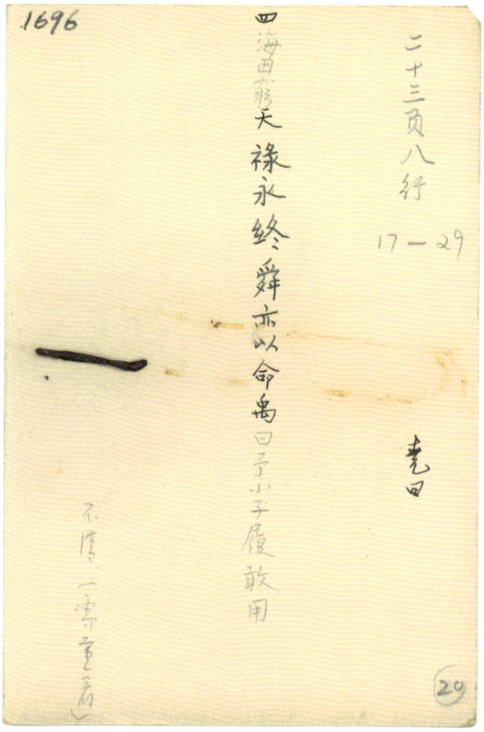

圖 13　定縣簡原整理者所作 1696 號卡片

[四海困窮，天祿永終。"舜亦以命禹。曰："予小子履敢用]

考古編號 1696，卡片初次整理釋文中"四""天祿永終舜亦以命禹"爲鋼筆録寫，餘皆用鉛筆。二次整理所作鉛筆注文説明了竹簡糟糕的情況：

不清。（需重看）

釋文將上述釋文均加以"[ ]"，給人以竹簡全失的誤解。今據廣域圖像，原簡並不見有"四海困窮"一段，其餘釋文已清晰可辨。其中"禹""予"之間並無"曰"字，與傳世本不同，此處原是一道編繩殘留，故被誤認。我們又新覓得了"玄牡敢菑"四字殘簡，綴補於"用"字之後，可與傳世本"玄牡敢昭"相對應。新釋文作：

天祿永終。"舜亦以命禹。曰："予小子履敢用玄牡，敢菑（昭）

綴合後的竹簡已有 20 字，是《論語》一支完整簡的標準字數。傳世本此章起始内容爲：

堯曰咨爾舜天之曆數在爾躬允執其中四海困窮
天祿永終舜亦以命禹曰予小子履敢用玄牡敢昭

若"四海困窮"置於前一支，恰好也是 20 字，我們據此重做了編連。

本次整理還發現，個别考古編號相同的殘簡，卡片釋文只録有其中一部分，推測大概是重排二次損毁竹簡時，就實物新作的綴合，可惜二次整理時並未吸收。根據竹簡上同考古編號的綫索，我們也恢復了一些“新綴合”。

【例 14】

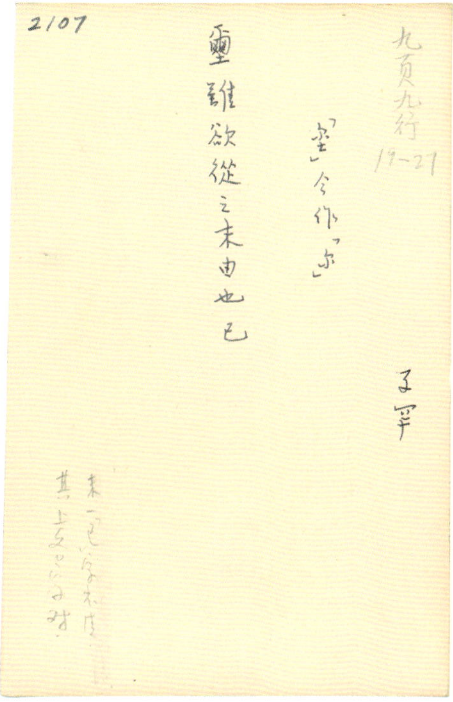

圖 14　定縣簡原整理者所作 2107 號卡片

《論語・子罕》二二四簡，原釋文作：

壐。雖欲從之，無由也［已］。

考古編號 2107，卡片初次整理釋文中“無”誤識爲“末”，其餘同。卡片左下方鉛筆記：

末一“已”字不清，其上各字對。

與釋文情況一致。另有一枚簡背油漆號碼也是 2107 的殘簡，正面存“□財而有所立卓”七字右半，據傳世本内容，它應緊接於二二四簡之前。此外從廣域圖像上看，這支簡的“也”字後應無“已”字。新釋文作：

□財（才），而有所立卓壐（爾）。雖欲從之，無由也。

【例 15】

《論語・堯曰》六〇九簡，原釋文作：

君子正其衣冠，尊其瞻視，嚴然人望而畏之，不亦

考古編號 1514，卡片初次整理用鋼筆録有以上全部釋文（李學勤先生字迹）。該簡上

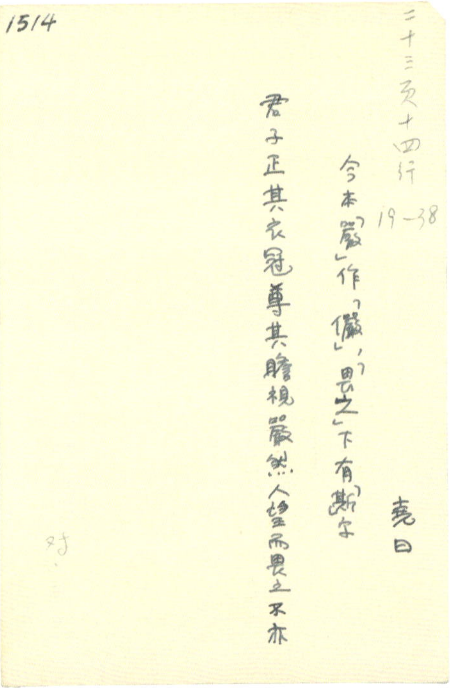

圖 15　定縣簡原整理者所作 1514 號卡片

端天頭尚存，末“亦”字右捺畫略殘。按傳世本，“亦”下當是“威”。我們在一枚背面油漆號碼也是 1514 的小殘片上找到了“亦”字殘失的捺畫，以及“威”字的右半。補入“威”字後，該簡已書有 20 字，是標準的滿簡字數，同時新綴殘片上也看到了下道編繩的殘留，可見此簡已基本復原。

4. 根據廣域圖像進一步校改竹書釋文

本次整理在釋文校改上取得了不少進展，這當然是依賴於新采集的廣域圖像所呈現的較爲清晰的文字墨迹，這是前輩學者整理時所未能得到的科技輔助。前面所舉例子中對此已多有體現，下面再舉幾個典型例子。

【例 16】

《論語・先進》三〇六簡，原釋文作：

> 風乎舞雩，咏而歸。”夫子喟[然]□[曰]：“吾與點也！”三子者□

考古編號 1953，卡片初次整理用鋼筆録有以上全部釋文（李學勤先生字迹），並在“然”下補“[歎]”，“者”下補“[出]”，“[出]”旁另標注“不見”。卡片左下方鉛筆書寫：

> 簡完整。“然歎曰”及末字“出”不顯，餘如録。

今據廣域圖像可見，所謂“雩”字本從羽從于，寫作“翆”；“然曰”二字緊鄰，其間並無“歎”字；所謂“點”字本從黑從今，寫作“黔”；末字“出”也清晰可辨。新釋文作：

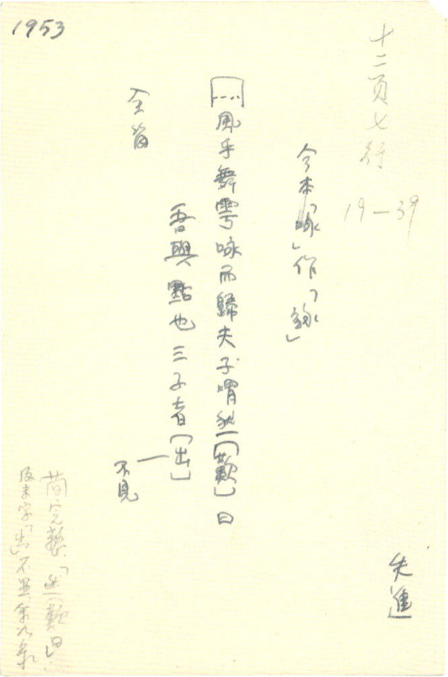

圖 16　定縣簡原整理者所作 1953 號卡片

風乎舞翇(雩),咏而歸。”夫子喟然曰:“吾與黔也!”三子者出

此外,本簡現已在“吾與”之間折斷,綴合後仍十分完整,簡長 16.2 釐米,滿簡書寫 20 字,可作爲對《論語》簡進行復原參考的“標準簡”。

【例 17】

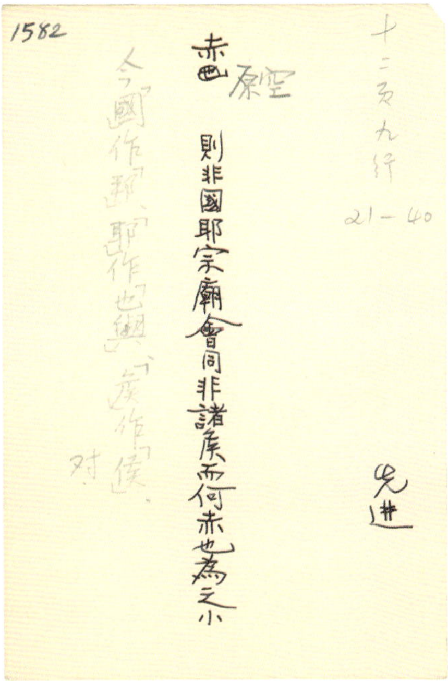

圖 17　定縣簡原整理者所作 1582 號卡片

《論語·先進》三〇九簡，原釋文作：

赤則非國耶?"宗廟會同，非諸侯而何? 赤也爲之小

考古編號1582，卡片初次整理用鋼筆録有以上全部釋文（張政烺先生字迹），並在“赤”下塗改了一個“也”字，其旁用鉛筆標注“原空”。今據廣域圖像可見，“原空”之處仍存有部分“也”字的殘畫，大概是被刮削處理後的結果。張先生應是看到了這一情況，只是後來的釋文注釋没能體現出對這一特殊現象的認識。

【例18】

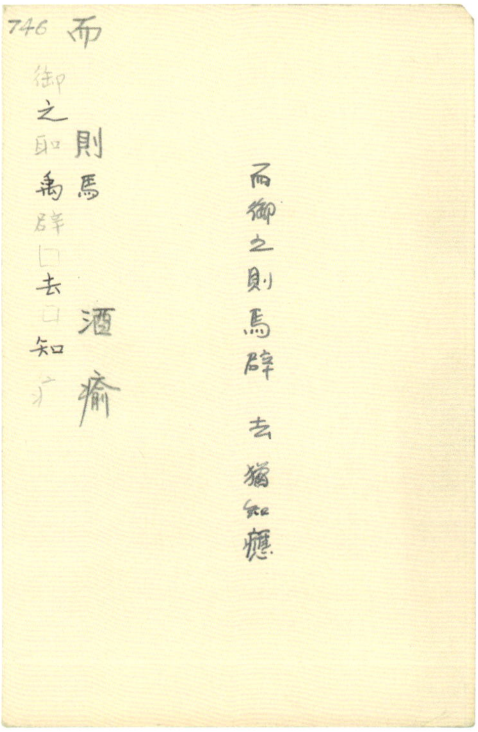

圖18　定縣簡原整理者所作746號卡片

《六韜》佚文中收有簡746，原釋文作：

而御之則焉辟瘧去猶知

卡片初次整理釋文則作：

而御之則馬辟　去猶知瘧

在“辟”“去”之間有一字空格，應是爲無法辨識之字所留（李學勤先生字迹）。卡片左側還有一些反復釋讀的意見，此略。今據廣域圖像可知，“馬”字釋讀是正確的；“辟”後之字爲“聾”；所謂“去”字，應爲“虫”。初次整理已有很大進展，發表的釋文並未充分吸收，且有一定的誤置，或是排版誤植。

此外，過去發表的釋文中還有一些比較奇怪的隸定字形，現在看來，有不少也是因原簡的文字筆畫辨識困難而造成的誤解。比如，《論語·子罕》二一四簡"文王㵒殁"之"㵒"，原整理者認爲"㵒古既字"。其實，原字從溉從皿，寫作"𥂴"。《衛靈公》四二七簡"曰：人而無遠慮，必有近憂"之"遠"，在廣域圖像上看，就是一個"遠"字。類似情況此不煩贅舉。

以上内容僅是我們在重新整理定縣簡過程中形成的初步認識，很多進展得益於前輩學者打下的堅實基礎。作爲性狀最爲極端的出土竹簡之一，借用定縣簡《論語·泰伯》一九七(考古編號 1418)簡文中的内容來形容未來的整理工作，正可謂"不可以不弘頴(毅)，任重而道遠"！①

附記：2023 年是定縣簡出土 50 周年，新一輪的整理工作得到了國家文物局宋新潮，河北省文物局韓立森，河北省文物考古研究院張文瑞、毛保中、徐文英、丁伯濤，中國文化遺産研究院柴曉明、胡平生、鄭子良、楊小亮，荆州文物保護中心方北松、史少華，清華大學出土文獻研究與保護中心黄德寬、李均明、趙桂芳、李守奎、趙平安、劉國忠等先生的大力支持。

在劉少剛先生的鼎力幫助下，我們有幸收集了部分原整理釋文卡片，張守中先生也熱情提供了所藏定縣簡摹本的原稿，這都是本研究的重要基礎。中心師生郭偉濤、唐詩、張馳、田碩、趙相榮參加了卡片整理、廣域圖像采集和處理，以及釋文整理研究等工作。在此一併致以衷心感謝！

2023 年也是李學勤先生誕辰 90 周年，先生生前爲定縣簡整理研究傾注了很大心血，在離開我們的前一兩年仍在關心和推動其再整理，也希望我們能從中發揮作用。今謹以小文所述工作，紀念敬愛的李先生，同時也向過去參與整理定縣簡的前輩學者們致以誠摯敬意！

【編按：本文刊發於《出土文獻研究》第 21 輯，上海：中西書局，2022 年，第 202—218 頁；後作爲《定縣八角廊漢墓竹簡選粹》(河北省文物考古研究院、清華大學出土文獻研究與保護中心、中國文化遺産研究院編，毛保中、賈連翔、鄭子良整理，上海：中西書局，2023 年)一書的前言。今補充了定縣簡現狀照片和文中所涉釋文卡片的圖版。】

① 頴，是據廣域圖像新校改之字。

後　記

在這本小册子中，占比最多的是清華簡的内容，這得益於我自其入藏清華大學起，便有幸參與了這批珍貴竹書的整理，並一直受惠於整理小組師友們的集體討論、傳教解惑和相互啟發。此外，銀雀山漢簡整理組、五一廣場漢簡整理組和定縣八角廊漢簡整理組等諸位前輩、同道的指教，也開拓了我的視野和思維。能加入這些研究團隊，長期在簡牘整理一綫工作中學習，是我學術成長進步的幸運。

我自幼學畫，慣於形象思維，剛接觸清華簡時，常通過其物質形態的圖像信息在整理小組裏提出一些問題和看法。做博士後期間，合作導師李守奎老師覺得這方面内容對竹書整理的意義頗爲重要，鼓勵我寫出了小書《戰國竹書形制及相關問題研究》，遂有了我持續關注的這一研究方向和對相關問題的不斷思考。此次，李老師又在百忙之中爲小册作序，對我勖勉有加。

這本小册子的編纂得到了國家社科基金重大項目、古文字與中華文明傳承發展工程的資助。編輯出版得到了中西書局秦志華、張榮先生的大力支持，責任編輯田穎女士爲小册勞心費力。中心的博士生王先虎、趙相榮、田碩、張甲林幫助完成了稿子的校閱。

劉少剛老師題寫書名，爲小册增色。中心黄德寬、沈建華等老師長期在學習、工作和生活上給予我很大支持和關懷。

謹此向大家致以深深謝意！

我在學術文稿中鮮少提及家人，十多年來自己始終在一邊工作一邊學習，家庭擔子乃至我的衣食起居，都由父母和妻子照料，我的點滴成績也都凝聚了他們的辛勞。兩個兒子也是我學習工作的動力。願把這本小册子也獻給我的家人。

賈連翔

二〇二四年十一月十五日

圖書在版編目（CIP）數據

出土竹書的微觀考古與復原 / 賈連翔著. -- 上海:
中西書局, 2025. -- ISBN 978-7-5475-2363-6

Ⅰ. K877.54-53

中國國家版本館CIP數據核字第2025MP6601號

出土竹書的微觀考古與復原

賈連翔 著

封面題簽	劉少剛
責任編輯	田　穎
裝幀設計	梁業禮
責任印製	朱人傑
出版發行	上海世紀出版集團 中西書局 (www.zxpress.com.cn)
地　址	上海市閔行區號景路159弄B座（郵政編碼：201101）
印　刷	上海雅昌藝術印刷有限公司
開　本	889毫米 × 1194毫米 1/16
印　張	18.25
字　數	357 000
版　次	2025年1月第1版 2025年1月第1次印刷
書　號	ISBN 978-7-5475-2363-6 / K・488
定　價	198.00元

本書如有質量問題，請與承印廠聯繫。電話: 021-31069579